Das Beste für meine Katze

Brian Kilcommons · Sarah Wilson

Das Beste für meine Katze

Profitips für Katzenfreunde

KOSMOS

Aus dem Amerikanischen übersetzt von Elmar Kreihe
Titel der Originalausgabe: „Good Owners, Great Cats", erschienen
bei Warner Books Inc., A Time Warner Company, New York 1995,
ISBN 0-446-51807-7 (hc). Copyright © Brian Kilcommons und Sa-
rah Wilson, 1995.
Mit 91 Schwarzweißfotos von Nancy Gush (Seite 80, 304), Juniors
Bildarchiv/Schanz (2), Brian Kilcommons (85, 159, 160, 162, 166,
167, 170, 171, 172, 258, 320), Diane Laratta (42, 108), Tina McDer-
mott (68, 116, 175, 199, 209, 233, 261), Shirley Minatelli (125),
Eileen Nixon (14, 305), Kathryn Parise (19, 75, 78, 96, 106, 107),
C.J. Puotinen (45, 92, 207, 266, 285), Reinhard Tierfoto (Vor- und
Nachsatz), Marsha Wilson (247), Sarah Wilson (21, 35, 41, 48, 71,
83, 111, 119, 141, 153, 155, 185, 192, 202, 221, 239, 240, 242, 255,
260, 272, 289, 315, 318), Wells Wilson (12, 29, 53, 100, 114, 124,
129, 213) und einer Schwarzweißzeichnung von Marianne Golte-
Bechtle.

Umschlaggestaltung von Atelier Reichert, Stuttgart, unter Verwendung von 4 Farbaufnahmen von Werner Layer (große Aufnahme),
Juniors Bildarchiv (kleines Bild oben: Liebold; unten Caspersen)
und Kilcommons/Wilson.

CIP-Titel der Deutschen Bibliothek

Kilcommons, Brian:
Das Beste für meine Katze : Profitips für Katzenfreunde / Brian
Kilcommons ; Sarah Wilson. [Aus dem Amerikan. übers. von
Elmar Kreihe]. – Stuttgart : Kosmos, 1997
   Einheitssacht.: Good owners, great cats <dt.>
   ISBN 3–440–07292–4
NE: Wilson, Sarah:

KOSMOS Bücher · Videos · CDs · Kalender · Seminare
zu den Themen: • Natur • Garten und Zimmerpflanzen • Astronomie • Heimtiere • Pferde &
Reiten • Kinder- und Jugendbücher • Eisenbahn/
Nutzfahrzeuge

Nähere Informationen sendet Ihnen gerne
Kosmos Verlag · Postfach 10 60 11 · 70049 Stuttgart

Für die deutschsprachige Ausgabe:
© 1997, Franckh-Kosmos Verlags-GmbH & Co., Stuttgart
Alle Rechte vorbehalten
ISBN 3-440-07292-4
Lektorat: Dr. Sandra Frins und Angela Beck
Herstellung: Heiderose Stetter
Printed in Germany / Imprimé en Allemagne
Satz und Repros: TypoDesign, Würzburg
Druck und buchbinderische Verarbeitung:
Westermannn Druck Zwickau GmbH, Zwickau

Das Beste für meine Katze

Vorwort

„Mit Katzen ist es so, das wirst du noch spüren,
daß niemand weiß, was sie im Schilde führen."
　　　　　　　　John Ciardi, „My Cat, Mrs. Lick-a-chin"

Das stimmt nach wie vor, doch wenn überhaupt irgend jemand den Katzengeheimnissen auf die Spur kommt, dann Brian Kilcommons und Sarah Wilson in diesem Buch.

Es gibt Antwort auf die Fragen, die die Mehrzahl der Katzenbesitzer gerne beantwortet haben möchte: Das reicht vom Verhalten über Spielzeug und Ernährung bis zu Reisen mit dem Flugzeug. Und sollten Sie sich jemals gefragt haben, wie es zu diesen merkwürdigen ZARB-Anfällen (Ziellosen Anfällen Rasenden Bewegungsdrangs) kommt, dann schauen Sie mal auf den Seiten 112–113 nach.

Ich habe die meisten Bücher zum Thema Katzen gelesen und in den vergangenen dreißig Jahren mein Haus mit vier Katzen geteilt, und die Beobachtungen, Ratschläge und witzigen Bemerkungen in diesem Buch entsprechen ganz meinen eigenen Erfahrungen.

Wenn Sie sich nur ein einziges Katzenbuch kaufen können, dann greifen Sie zu diesem hier.

Franklin M. Loew, D. V. M.
Dekan, Tufts University,
Veterinärmedizinische Fakultät

Einführung

Brians Katzen

Meine Bekanntschaft mit der Katzenwelt begann auf einem Bauernhof in Pennsylvania, auf dem meine Familie ihre Ferien verbrachte. Bauernkatzen gab es dort viele und die jungen Kätzchen waren bezaubernd. Ich fütterte die Katzen, während ich die Kühe mit der Hand melkte: ein Spritzer in den Eimer, einer für eine Katze. Ich beobachtete Katzenmütter, wie sie ihren Jungen das Jagen beibrachten, wobei zahlreiche Weibchen alle Jungtiere gemeinsam betreuten und beschützten, sowie Kater, die ihre Reviere absteckten.

Was mich als Kind erstaunte und schockierte, war die Beobachtung, wie ein Kater, der soeben den Spitzenplatz in der Rangordnung erreicht hatte, die Nachkommen seines Vorgängers ohne weiteres umbrachte. Indem er das tat, sorgte er dafür, daß die Kätzinnen schneller wieder paarungsbereit wurden, was dem „Neuen" die Möglichkeit gab, sich fortzupflanzen. Dieser Kreislauf brachte seine eigenen Gene so rasch wie möglich ins Spiel. Von Löwen-Männchen ist bekannt, daß sie dasselbe blutige Verhalten praktizieren.

Im Laufe der Jahre habe ich gelernt, daß Größe und Färbung so ziemlich die einzigen Unterschiede zwischen unseren Katzen Ben und Emily und den Löwen der afrikanischen Ebenen darstellen. Die gleiche ursprüngliche Schönheit und Anmut, die gleiche Hingabe innerhalb der Familie und die katzentypische Orientierung aufs Beutemachen, die man beim Löwen findet, zieren im Kleinformat Millionen menschlicher Behausungen.

Ich hatte das große Glück, für kurze Zeit mit Großkatzen zu arbeiten. Diese unglaubliche Erfahrung lehrte mich eine ganze Menge über unsere kleineren Hausgenossen. Katzen legen nur selten ihre Würde ab; sie hegen unverwechselbare individuelle Vorlieben und Abneigungen und unterhalten gern Beziehungen zu anderen Lebewesen. Um diese wechselseitigen Beziehungen geht es in diesem Buch: um die Verbesserung der Beziehung zwischen Ihnen und Ihrer Katze und umgekehrt. Ein besseres Verständis hilft, viele Probleme zu lösen oder direkt zu vermeiden.

9

Sarahs Katzen

Bereits in meinen frühesten Erinnerungen spielen Katzen eine Rolle – Mr. Cat, Thorny, Peppermint, Licorice. Merken Sie, daß Kinder diesen Freunden ihre Namen gegeben haben? Doch mein engster Freund war Captain. In meiner Kinderzeit begleitete Captain mich auf Schritt und Tritt. Die Stunden, die ich in den Wäldern hinter unserem Haus in Massachusetts verbrachte, waren gemeinsame Stunden mit Captain. Gemeinsam fingen wir Frösche, kletterten auf Bäume und versteckten uns vor meinen Brüdern – wir waren ein Team. Nie hatte uns jemand die weitverbreiteten Lügen erzählt, Katzen seien unnahbar, unabhängig oder gleichgültig. Auf Captain traf das mit Sicherheit niemals zu.

Ich zog ihn auf, nachdem seine Mutter ums Leben gekommen war; er war damals noch ein winziges Katzenkind. Nach einem Unfall, der beinahe tödlich ausgegangen wäre, pflegte ich ihn, bis er, allen Erwartungen zum Trotz, wieder gesund war. Er brachte mir seine Beutetiere, ich kämmte ihm die Haarknoten aus. Er tröstete mich, wenn ich einsam war, ich schmuste mit ihm, wenn er es war. Er war eine unbestechlich gute Seele, und daß ich ihn kannte, war für mich eine echte Bereicherung.

Es gibt nicht viel, das im Menschen solche Leidenschaft hervorrufen kann, wie Katzen. Viele Menschen lieben Katzen wie kein zweites Lebewesen. Andere können nichts mit ihnen anfangen; sie verstehen überhaupt nicht, was die Katze so anziehend macht. Doch für sie ist dieses Buch nicht gedacht.

„Das Beste für meine Katze" ist für all diejenigen von uns bestimmt, die wir in unseren Katzen das Besondere entdecken, sei es das Wunder, einem winzigkleinen Löwen in die Augen zu schauen, der unser Leben mit uns teilt, oder die Freude an der Beobachtung eines Katzenkindes, das quer durchs Zimmer einem Fussel hinterherjagt. Oder vielleicht ist es auch die Schönheit Ihrer Freundin, wenn sie sich in ihrer ganzen Länge in der Sonne ausstreckt und friedlich schläft, oder die innere Freude, die Sie empfinden, wenn Ihnen Ihre Katze beim Geräusch des Schlüssels an der Tür zur Begrüßung entgegenläuft.

Ich persönlich liebe den Frieden, den eine Katze mir gibt, wenn sie sich auf meinem Schoß zusammengerollt hat und schläft, ihren Kopf dabei eng an meinen Körper geschmiegt, und die vertraute Nähe zu Emily beim ge-

10

genseitigen Köpfchengeben. Ich spüre dann, daß ich eine ganz besondere Freundin bin, die Vertrauen genießt und vorbehaltlos die Erlaubnis erhält, ihren Fuß in eine eigene, abgeschlossene Welt zu setzen.

Katzen wissen, was enges Vertrauen bedeutet, und nur sie können Ihnen dieses Vertrauen schenken. Man kann ihre Seele nicht für Geld kaufen; was Sie besitzen oder wen Sie zu Ihren Bekannten zählen, macht auf sie keinen Eindruck. Die Katzen treffen die Entscheidung, unter allen anderen auf der Welt gerade mit Ihnen zusammenzusein, und sie treffen sie jedesmal, bis zu dem Tag, an dem sie sterben. Welche andere Beziehung in unserem Leben bietet uns diese Sicherheit, diese Treue und dieses Angenommensein?

Die Gründe dafür, warum wir unser Leben mit unseren Katzen teilen, mögen jeweils unterschiedlich sein, und doch sind sie irgendwie miteinander verbunden: Es ist die Liebe, die uns verbindet, die Liebe zu den Tieren – zu ihrer Anmut, ihrer Geradlinigkeit, Ehrlichkeit, Schönheit, Hingabe, Zärtlichkeit, Spontaneität und ihrer Verspieltheit –, und die Liebe der Tiere zu uns, aus Gründen, die nur sie allein kennen. Aber es ist stets das gleiche. Es ist immer Liebe.

Pflichtlektüre

Katzen beehren uns mit ihrer Zuneigung. Es kommt selten vor, daß sie etwas von uns wollen – vorausgesetzt, es ist nicht gerade Essenszeit. Wenn sie sich in Ihren Schoß kuscheln, dann deshalb, weil sie meinen, daß es sich lohnt, ihre Zeit mit Ihnen zusammen zu verbringen. Wenn sie Ihnen auf die Schulter klettern, dann deshalb, weil sie darauf vertrauen, daß sie keiner Gefahr ausgesetzt sein werden, wenn Sie sie tragen. Wenn sie auf Ihrer aufgeschlagenen Zeitschrift liegen, dann deshalb, weil sie sich nicht vorstellen können, daß sich ihr bester Freund lieber dieses platte, langweilige Ding ansieht als sie selbst, seine geschmeidige, hinreißende, schnurrende Katze.

Während dieses Buch geschrieben wurde, lag Emily die meiste Zeit zusammengerollt auf Sarahs Schoß und leistete ihr am Computer Gesellschaft. Im Moment springt sie auf den Boden und quiekst dabei zum Abschied, dann trinkt sie ein wenig Wasser und springt zurück auf den Schreibtisch. Sie beginnt sich zu putzen; während sie sich den prächtigen, weichen Bauch säubert, ist ein Bein steil nach oben gestreckt. Dann lehnt sie sich mit einem leisen Miau kokett zurück und bittet so um ein wenig Aufmerksamkeit. Bleibt die aus, springt sie zum Drucker, wo sie ihre Toilette fortsetzt und sich anschickt, es sich obendrauf gemütlich zu machen und ein wohlverdientes Nickerchen zu halten.

Sie ist immer in der Nähe, immer dabei, behält ihre Umgebung im Auge, macht sich aber selten bemerkbar. Ihre Welt ist mit der unseren verbunden, doch bei ihr dreht sich nicht alles um uns. Sein Leben mit einer Katze zu teilen bedeutet, daß man Tag für Tag körperliche und geistige Anmut zu Gesicht bekommt, sofern man aufmerksam hinschaut und weiß, worauf man zu achten hat.

Katzen verstehen lernen

Wie üblich hat sich Emily auf meinem Schoß zusammengerollt. Hin und wieder berührt sie mit der Pfote sanft meine Finger, die über die Tastatur flitzen. Ihr Schwanz liegt entspannt über meinem linken Arm, ihr

Kopf drückt gegen die Innenseite meines rechten Arms. Überall auf meinem Schoß spüre ich ihre Wärme, und ihr Schnurren wiegt uns beide in behaglicher Ruhe.

Katzen haben fälschlicherweise den Ruf, unnahbar zu sein, kein Interesse an menschlicher Gesellschaft zu haben. Doch das ist nicht wahr. Ihnen ist es lediglich gleichgültig, was *Sie* von ihnen wollen.

Jeder, der einmal mit einer gut an Menschen gewöhnten, sorgfältig gepflegten Katze zusammengelebt hat, weiß, daß zwischen Menschen und Katzen starke Bindungen entstehen können. Katzen sind zärtliche, verspielte, charmante und liebe Hausgenossen. Zugleich weiß aber auch jeder, der irgendwann einmal seine Wohnung mit einer Katze geteilt hat, die nicht frühzeitig an das Zusammenleben mit Menschen gewöhnt wurde, daß solche Katzen ganz zufrieden damit sind, ein ruhiges Leben ohne irgendwelche Kontakte zu Menschen zu füh-

14

ren. Diese Fähigkeit, sich verschiedenen Lebensumständen anzupassen und gut damit zurechtzukommen, ist Teil des Geheimnisses, das Katzen umgibt.

Um ein besseres Verständnis für diese Tierart zu entwickeln, müssen Sie als erstes einige wesentliche Dinge hinsichtlich der Art Ihres Zusammenlebens verstehen. Schauen wir uns zuerst die Katze als Einzelwesen an. Jede Katze hat in ihrem Revier vier verschiedene Hauptbereiche, die sie recht genau voneinander unterscheidet. Sie als Mensch leben in ähnlichen Zonen; lassen Sie uns deshalb einen Vergleich ziehen, um das Ganze anschaulicher zu machen.

Die erste und kleinste Zone ist Ihr individueller Freiraum; er ist allein engen Freunden vorbehalten. Es ist die „Komm-und-setz-dich-neben-mich-Zone". Wenn Sie sich in einem leeren Raum befänden und irgendein Fremder käme herein und würde sich so nah zu Ihnen setzen, daß er Sie berührte, käme Ihnen das komisch vor. Sie würden ihn vermutlich wütend anstarren und ihn bitten, sich woanders hinzusetzen, oder Sie würden selbst den Platz wechseln.

Ihre Katze hat genau dieselbe Individualdistanz, innerhalb derer sie gute Freunde und Familienmitglieder akzeptiert. Sie wird sich ohne weiteres auf Ihren Schoß setzen, aber viele Katzen würden nicht eine einzige Sekunde auf dem Schoß einer fremden Person sitzen bleiben. Ihre Katze würde ihrem besten Katzenfreund gestatten, sie zu putzen, käme aber eine fremde Katze ins Haus, wäre Vorsicht geboten.

Die nächste Zone ist der Sozialbereich Ihrer Katze. Er entspricht bei Ihnen dem Bereich, in dem sich Freunde und Bekannte aufhalten. Je nachdem, wer sich in diesem Bereich befindet, wird die Katze größere Nähe zulassen oder einen guten Meter Abstand halten, sie wird sich aber nicht ohne weiteres berühren lassen. Ben und Emily dulden sich gegenseitig in dieser Sozialzone. Sie teilen sich einen Futternapf, schlafen in der gleichen Zimmerecke, doch sie sind keine engen Freunde und werden es vermutlich nie sein. Ben ist gelegentlich darauf aus, Emilys Nähe zu suchen; Emily tut das nicht. Versucht Ben sie zu berühren, droht sie ihm entweder, oder sie zieht sich zurück. Dies ist auch die Distanzzone, die Ihre Katze mit anderen teilt, wenn sie einem Besucher gestattet, in ihrer Nähe auf dem Sofa zu sitzen.

Die nächstgrößere Zone ist das eigentliche Revier. Dieses Gebiet betrachtet die Katze als ihren alleinigen Besitz.

Sie wird alle Eindringlinge daraus vertreiben, wird ihr Eigentum regelmäßig kontrollieren und es grundsätzlich für sich allein beanspruchen. Bei Ihnen würde es Ihrem Haus und Ihrem Grundstück entsprechen.

Die Größe eines Reviers unterliegt beträchtlichen Schwankungen, je nachdem, wie viele Katzen dort leben und wieviel Nahrung zur Verfügung steht. Katzen können lernen, das Zusammenleben mit ihresgleichen auf engem Raum zu dulden, falls reichlich Nahrung zur Verfügung steht. Nahrungsknappheit führt zu häufigeren Auseinandersetzungen um größere Reviere. Eigentlich kein sehr großer Unterschied zu uns Menschen, nicht wahr?

Die letzte und zugleich größte Zone ist das Jagd- und Streifgebiet, die „Nachbarschaft". Dieses Gebiet kennt die Katze gut, sie nutzt es aber gemeinsam mit anderen Katzen. So wie Sie selbst keine Probleme mit Nachbarn haben, die sich auf ihren eigenen Grundstücken aufhalten, haben Katzen kaum Probleme mit benachbarten Artgenossen, die sich in ihren eigenen Revieren aufhalten. Die ganze Katzenpopulation kontrolliert das Gebiet gemeinsam. Die Tiere kennen einander und akzeptieren das Kommen und Gehen der jeweils anderen. Fremde, die in dem Gebiet herumstreifen, werden jedoch nicht geduldet.

Katzen leben als Einzeltiere meist innerhalb eines eigenen, ziemlich geräumigen Reviers. Wenn allerdings Nahrung im Überfluß zur Verfügung steht, vergesellschaften sie sich miteinander. Katzen, die in großer Zahl auf engem Raum zusammenleben, bilden ein oft recht kompliziertes soziales System. Innerhalb dieses Systems gibt es grundsätzlich drei Rangstufen.

An der Spitze der Gruppe steht ein Tier, das alle anderen in seinem Einflußbereich dominiert. Normalerweise handelt es sich dabei um ein gesundes Männchen, das von allen anderen respektiert wird.

Die nächste Schicht bilden die „Massen". Die meisten Katzen gehören in diese Kategorie. Was sie vor allem miteinander gemeinsam haben, ist das Wissen, daß der König eben König ist. Abgesehen davon bestehen zwischen ihnen keine Rangunterschiede. Innerhalb dieser Gruppe gibt es matriarchalische Familieneinheiten, bestehend aus Müttern, Töchtern, Tanten und Nichten, die sich alle gemeinsam um die Pflege der Jungtiere kümmern. Innerhalb dieser Familieneinheiten säugen die Kätzinnen die Jungen der jeweils anderen, gehen für die Gemein-

schaft auf die Jagd und verteidigen gegenseitig mit großem Einsatz ihre Nachkommenschaft.

Unterhalb dieser Rangstufe befinden sich die wenigen Unglücklichen, denen sozusagen das Schild mit der Aufschrift „Tritt mich!" am Rücken klebt. Sie entsprechen den Kindern, die auf dem Spielplatz regelmäßig Prügel beziehen. Diese Katzen nehmen in der Gruppe stets eine Randposition ein und versuchen, sich aus den Auseinandersetzungen herauszuhalten.

Wenn Sie diese Grundsätze des Sozialverhaltens der Katzen verstehen, können Sie die Verhaltensweisen Ihrer Katze besser einschätzen. Wenn Sie, wie viele Katzenfreunde, mit einer Gruppe von Katzen zusammenleben, werden Sie vieles von diesem sozialen Beziehungsgefüge unmittelbar miterleben. Das übergeordnete Sozialverhalten zu durchschauen, hilft Ihnen allerdings nicht so sehr viel weiter, wenn Sie nicht auch die Katzensprache verstehen.

Informationsaustausch unter Katzen

Katzen setzen zur Kommunikation untereinander Körpersprache, Bewegungen, Lautäußerungen und Geruchssignale ein. Ihre Sprache ist weltweit die gleiche. Eine Katze aus Griechenland versteht eine Artgenossin aus Kanada einwandfrei. Offenbar „sprechen" Katzen völlig ohne Akzent.

Körpersprache

Gelenkig, beweglich, muskulös, geschmeidig, kraftvoll – alle diese Begriffe kennzeichnen eine Katze in guter körperlicher Verfassung. Katzen können mit ihrem Körper sehr viel zum Ausdruck bringen. Sie können auch meisterhaft untertreiben. Wenn eine Katze Ihnen im Sitzen den Rücken zuwendet, drückt sie damit genau das aus, was Sie vermuten: nicht jetzt, nicht hier und nicht ausgerechnet du.

Eine Katze, die sich faul vor Ihnen räkelt, fühlt sich selbstsicher und entspannt. Rollt sie sich auf den Rücken, kann es sein, daß sie entspannt ist, Ihnen Vertrauen entgegenbringt und Lust hat zu spielen, aber verlassen sollten Sie sich darauf nicht. Eine Katze, die auf dem Rücken liegt, nimmt auch eine Verteidigungsstellung ein. Auch eine sanfte Katze kann mit Kratzen und

EINDEUTIGE BLICKE

ICH, WIESO? Captain, meine geliebte Langhaarkatze, fiel in gewissen Abständen in die Toilette. Wenn ich ihn entdeckte, sah er mich, triefendnaß, verhalten blinzelnd an. „Ich hab' das mit Absicht getan" schien er zu sagen. Dann wandte er sich langsam ab und trollte sich, den pitschnassen Schwanz hoch erhoben.

WIE KANNST DU ES WAGEN? Diesen Gesichtsausdruck der Katze kann man am besten als vernichtenden Blick bezeichnen. Ich habe ihn gesehen; er galt einer Freundin, die Ben auslachte. Ben warf ihr einen langen, kalten Blick zu und wandte sich dann ab. Er brachte recht deutlich zum Ausdruck, was er meinte.

DU KRIEGST MICH NICHT! Katzen sitzen gern gerade eben außerhalb der Reichweite von Hunden. Wenn sie den vor Wut schäumenden Hund tatsächlich ansehen, scheinen sie zu sagen: „Komm, beruhige dich bloß!" Dann strecken sie sich wie zum Hohn besonders langsam und räkeln sich genüßlich in der Sonne.

Beißen reagieren, wenn Sie ihr den Bauch streicheln. Für viele Katzen stellt das eine instinktive Reaktion dar.

Grundsätzlich befindet sich jede Katze, die größer auszusehen versucht, als sie ist, indem sie den Rücken krümmt und das Fell sträubt, in Verteidigungsstimmung. Katzen wenden Angreifern meist eine Körperseite zu, damit sie so groß wie möglich wirken. Sie haben Angst, versuchen ihr Gegenüber einzuschüchtern und setzen sich zur Wehr, wenn man sie in die Enge treibt.

Katzen versuchen, kleiner zu wirken, als sie von Natur aus sind, indem sie sich auf den Boden legen, den Kopf senken, die Ohren eng anlegen, die Schnurrhaare eng am Gesicht halten, ihr Fell nicht sträuben und den Schwanz eng am Körper halten, wobei sie möglicherweise damit wedeln und auf den Boden klopfen. Sie haben Angst und hoffen, daß sie nicht bemerkt werden. Deshalb werden sie sich, wenn man sie in die Enge treibt, heftig zur Wehr setzen, aber lieber wäre es ihnen, wenn man sie in Ruhe ließe.

Eine Katze, die sich etwas flach macht und eine kauernde Haltung einnimmt, wobei sie normalerweise ein lang anhaltendes, tiefes Knurren ausstößt und den Schwanz, der dabei wahrscheinlich hin- und herschlägt, eng am Körper hält, ist in Angriffsstimmung. Die Ohren sind meist nach vorn gerichtet und gespitzt, die Schnurrhaare gesträubt. Das Tier ist entschlossen, nicht von der Stelle zu weichen; Sie sollten es also nicht bedrängen.

Die Augen

Die Augen sind tatsächlich die Fenster zur Seele, und auf Katzen trifft das in besonderem Maße zu. Die Gruppe der Katzen gehört nicht zu den Tieren, die uns etwas vormachen. Katzen verraten Ihnen schon beim ersten Blick ganz genau, was sie von Ihnen halten.

Wenn eine Katze Sie einige Sekunden lang anschaut, blinzelt und sich dann abwendet, hat sie Sie zur Kenntnis genommen, aber nicht eingeladen. Das ist sozusagen die kätzische Variante des kurzen Kopfnickens, mit dem Sie vielleicht jemanden auf der Straße begrüßen. Es läßt sich kaum als Aufforderung zu einem längeren Gespräch verstehen, ist andererseits aber auch nicht unhöflich.

Starrt eine Katze Sie lange intensiv an, ist das höchstwahrscheinlich eine Drohung. Die Bedeutung ist allgemeingültig, ganz gleich, ob es ein Fremder ist, der Sie zornig anstarrt, oder eine Katze. Hier ist Vorsicht am Platz!

18

Eine Katze, mit der Sie auf freundschaftlichem Fuß stehen, kann unter Umständen auf sanfte Art ausgiebigen Blickkontakt mit Ihnen aufnehmen, der einfach nur nett gemeint ist. In bestimmten Situationen muß man alle körpersprachlichen Signale berücksichtigen, wenn man die Beweggründe der Katze verstehen möchte. Die Pupillen verraten Ihnen viel. Sind sie stark erweitert, schreit Ihnen aus den Augen Angst entgegen. Wenn Sie sich nicht sicher sind, ob Ihre Katze Angst verspürt oder nicht, schauen Sie ihr in die Augen. Weit aufgerissene Augen und erweiterte Pupillen signalisieren, daß sich irgend etwas abspielt, was der Katze Angst macht. Die Pupillen einer angriffslustigen Katze können zu schmalen Schlitzen verengt sein. Sie können so weit verkleinert sein, wie es nur möglich ist.

Die Ohren

Katzenohren sind sehr viel beweglicher als die unseren. Wie kleine Hohlspiegel registrieren sie das leiseste Geräusch. Katzen hören viel mehr als wir. Weil ihre Ohren so gut sichtbar und so beweglich sind, setzen Katzen sie zur Kommunikation untereinander ein. Manche Katzen besitzen sogar Haarbüschel an den Ohrspitzen, die als kleine Signalfähnchen fungieren und die Sprache der Ohren noch mehr verdeutlichen.

Aufgerichtete Ohren können Neugier, Zufriedenheit,

Sienna zeigt die klassische Spielpose: Ihr Schwanz ist leicht gesträubt, die Zehen sind weit gespreizt, die Krallen ausgestreckt und bereit zuzugreifen, Ohren und Schnurrhaare sind nach vorn ausgerichtet.

Spiellust oder Entspanntheit signalisieren, doch was immer sie ausdrücken, sie sind normalerweise ein positives Zeichen. Die einzige Ausnahme bilden manche aggressiven Katzen, bei denen das Aufrichten der Ohren Selbstsicherheit, nicht Freundlichkeit, ausdrückt.

Seitwärts gerichtete Ohren signalisieren, in Abhängigkeit von der Katze und der jeweiligen Situation, Angst, Mißtrauen oder Abwehr. Wenn die Katze unruhig ist, sollten Sie diese Anzeichen respektieren und sie in Ruhe lassen.

Eng an den Kopf zurückgelegte Ohren deuten auf panische Angst, Aggression und unmittelbare Angriffsbereitschaft. Sie sind für Sie eine riesengroße, blinkende rote Verhaltens-Warnleuchte: „Achtung! Zieh dich, wenn irgend möglich, zurück, oder du mußt die Konsequenzen tragen."

Der Schwanz

Wenn Sie deuten können, was eine Katze mit ihrem Schwanz ausdrückt, wissen Sie ziemlich genau, was in ihr vorgeht.

Hält die Katze den Schwanz demonstrativ aufrecht, signalisiert er Vertrauen und Stolz. Katzen, die ihren Schwanz so halten, neigen dazu, stolzierend zu gehen.

Bei verängstigten Katzen erinnert der Schwanz an eine Flaschenbürste. Die Haare sind gesträubt; der Schwanz wirkt größer, als er ist: So drückt er gespieltes Draufgängertum und zugleich Angst in einer einzigen Geste aus. Versuchen Sie niemals, eine verängstigte Katze hochzuheben. Sie wird es nicht zu schätzen wissen, und Sie dann garantiert auch nicht.

Wird der Schwanz langsam hin- und hergeschlagen, ist das ein Anzeichen für leichten Ärger. Der Grund dafür ist ein angenehmer Schlaf, der unterbrochen wurde, oder eine unerwünschte Berührung. Viele Katzen sind gern in Ihrer Nähe, möchten aber nicht die ganze Zeit über gestreichelt werden. Achten Sie auf dieses langsame Schwanzschlagen. Es ist der kätzische Ausdruck für: ES REICHT!

Dann gibt es das schnelle Schlagen des aufrecht gehaltenen Schwanzes, mit dem die Katze ihre Freude ausdrückt, Sie zu sehen. Dieses schnelle Schlagen gehört zum Reiben, Maunzen und Schnurren dazu, mit dem sie Sie zu Hause begrüßt.

Ein weiteres Ausdrucksmittel ist das Zucken mit dem Schwanzende. Die Katze setzt es ein, wenn sie einen Vogel durch die Fensterscheibe fixiert oder kurz bevor sie sich auf ein Spielzeug stürzt. Je länger sie schaut, desto rascher zuckt der Schwanz, bis er sich in seiner ganzen Länge energisch hin und her bewegt.

Duftdrüsen

Ihre Katze setzt Duftmarken ein, um ihr Revier damit zu markieren. Zu unserem Glück sind die Marken, abgesehen von den Harnspritzern, mit der ziemlich unempfindlichen menschlichen Nase nicht aufzufinden.

Ben begrüßt Sarah, indem er sich an ihren Beinen reibt und sie mit seinem Geruch markiert.

Sie werden vermutlich Tag für Tag von Ihrer Katze markiert, auch wenn Sie das vielleicht nicht wissen. Katzen besitzen Duftdrüsen im Lippen-, Kinn- und Stirnbereich. Demzufolge setzen Katzen Duftmarken, indem sie ihre Lippen und ihr Gesicht an Gegenständen reiben. Diese wonnige Art, in der Ihre Katze Sie begrüßt, wenn Sie zur Haustür hereinkommen, wobei sie sich zwischen Ihren Beinen hindurchwindet, sich daran reibt und dabei schnurrt, bedeutet eigentlich nichts anderes, als daß die Katze Sie mit einer für alle anderen bestimmten Duftmarke kennzeichnet, die bedeutet: Diese Person gehört mir, und nur mir, mir, mir! Das ist der Grund dafür, daß Katzen das tun, wenn sie uns nach einem langen Tag wiedersehen oder wenn wir aus einem Zimmer heraus- oder auch von draußen hereinkommen. Unsere Katzen markieren uns, indem sie vergnügt ihren Kopf an uns reiben. Das ist ein Teil ihrer allmorgendlichen Begrüßungsroutine. Uns gefällt das. Vielleicht glauben unsere Katzen, wir markierten sie, wenn wir sie streicheln.

Eine andere Möglichkeit, die Katzen üblicherweise zur Reviermarkierung einsetzen, sind Kratzspuren. Sie besitzen Duftdrüsen an den Fußballen, und indem sie ihre Pfoten an Gegenständen entlangziehen, markieren sie

sie wirkungsvoll. Darum führen Katzen, denen man die Krallen entfernt hat, gleichwohl Kratzbewegungen aus.

Die andere, für uns Menschen unvergeßliche und unangenehme Art, wie Katzen ihr Revier markieren, sind Urinspritzer. Der Harn ausgewachsener, nicht kastrierter Kater riecht so übel, daß Sie auf dieser Welt kaum etwas Unangenehmeres finden werden. Der Geruch hält sich erstaunlich lange. Sie können eine solche Stelle gründlich abscheuern, und trotzdem wird Ihnen der muffige Geruch an warmen, feuchten Tagen auffallen.

Katzen setzen Harnmarken, indem sie rückwärts an den zu kennzeichnenden Gegenstand herantreten und ihn mit Urin bespritzen. In den meisten Fällen ist dabei der Schwanz mit zitternder Spitze steil nach oben gestreckt, und das Tier verlagert sein Gewicht abwechselnd von einer Hinterpfote auf die andere. Zu den Stellen, die besonders gern bespritzt werden, gehören Eingänge, Gegenstände in Fensternähe (vor allem dann, wenn Ihre Katze durch das Fenster eindringende Artgenossen bemerkt) und alles, was neu im Haus ist.

Schnurren

Das Schnurren ist ein geheimnisvollerer Vorgang als man denken könnte. Wir glaubten immer, es sei ein Ton, der durch die Stimmbänder der Katze erzeugt würde. Nun stellt sich heraus, daß dem so sein kann – oder auch nicht. Bisher hat das niemand wirklich endgültig geklärt. Außerdem besteht allgemein die Ansicht, Katzen schnurrten, wenn sie zufrieden seien. Das stimmt, aber sie schnurren nicht nur dann. Emily schnurrt wie ein kleines Motorboot, wenn sie beim Tierarzt ist. Sie ist dort nicht zufrieden, aber sie schnurrt trotzdem. Ich habe es erlebt, daß andere Katzen schnurrten, während sie offensichtlich furchtbare Schmerzen litten. Das Tier, das mir dabei spontan in den Sinn kommt, ein Kater, war von einem Auto angefahren und am Kopf verletzt worden. Seine Augen waren halb zugeschwollen, der Kiefer war mit Draht fixiert, er konnte sich kaum bewegen, aber er schnurrte.

Mit dem Schnurren ist es wie mit einer gewöhnlichen Erkältung – fast jeder hat schon einmal die Erfahrung gemacht, doch eine befriedigende wissenschaftliche Erklärung dafür gibt es nicht. Aber vielleicht macht das gar nichts aus. Katzen und Katzenhalter wissen ganz genau, was das Schnurren bedeutet: Augenblicke, die man in

stiller Eintracht miteinander verbringt; nachts die Hand nach dem besten Freund ausstrecken, der immer da ist; ein liebevoller Stoß mit dem Köpfchen gegen ein menschliches Kinn, das vom Leben hart mitgenommen wurde. Ganz gleich, was es sonst noch bedeutet, ein kätzischer Ausdruck des Glücks ist es ganz bestimmt.

Milchtritt und Speichelfluß

Die Milchtrittbewegung geht auf die Säuglingszeit zurück, in der das Jungtier die Zitzen der Mutter knetet, um den Milchfluß anzuregen. Dieses Verhalten ist Ausdruck äußerster Zufriedenheit; es ist oft von Schnurren begleitet, nicht selten auch von verstärktem Speichelfluß. Der Speichelfluß ist ein Pawlowsches Überbleibsel aus der Säuglingszeit. Genauso wie Ihnen das Wasser im Mund zusammenläuft, wenn Sie riechen, daß Ihr Lieblingsgericht auf dem Herd steht, läuft Ihrer Katze das Wasser im Mund zusammen, wenn sie diese aus der Kindheit vertrauten Bewegungsabläufe ausführt.

Manche Jungkatzen, die zu früh von ihren Müttern getrennt wurden, gehen so weit, daß sie an Ihnen selbst, einer Decke oder an einem anderen Tier saugen. Diese grundsätzlich harmlose, wenn auch etwas feuchte Verhaltensweise scheint eine beruhigende Wirkung auszuüben. Sollten Sie versuchen, das Tier davon abzubringen, setzen Sie es erhöhtem Streß aus, was es dazu veranlaßt, sich selbst zu beruhigen, indem es – Sie haben es schon erraten – weitersaugt. Das beste ist, es einfach gewähren zu lassen. Bemühen Sie sich, dieses Verhalten als süß, bezaubernd, reizend und einzigartig anzusehen, das macht es Ihnen auf längere Sicht einfacher. Ihre Katze hat es bereits einfach, ihr geht es ausgezeichnet.

Lautäußerungen

Katzen machen aus allen möglichen Gründen von ihrer Stimme Gebrauch; manche tun das öfter als andere. Die orientalischen Rassen, wie etwa Siamkatzen und Abessinier, sind als stimmfreudig bekannt. Ben, der zu den Orientalen keine sichtbare verwandtschaftliche Bindung aufweist, äußert sich oft und gern. Wenn er auf mich zukommt, macht er seine Anmerkungen. Wenn er seinen täglichen Verrichtungen nachgeht, redet er mit sich selbst. Er bittet darum, ins Freie zu dürfen, wieder hereingelassen zu werden, er bittet um Nahrung, darum, ir-

gendwo hinauf- oder herunterzuklettern, um Wasser und um alles andere, was er haben will. Er beklagt sich über den jungen Hund, der auf ihm herumtollt, doch trotz all seiner Proteste und seines Gejammers tut er dem Hund nie etwas zuleide. Ben ist einfach eine gute Seele.

Ein typischer Katzenlaut ist das „Miau" zur Begrüßung, dieses fröhliche kleine Gemaunze, das Katzen von sich geben, wenn sie einen hereinkommen sehen. Ben äußert es, wenn er mir auf dem Fußboden entgegenkommt, um guten Tag zu sagen. Es ist ein vergnügter Laut.

Dann gibt es das „Miau", das „Ich will etwas haben" bedeutet. Es ist fordernder, lauter und dauert länger als der Begrüßungslaut. Die meisten Katzenhalter bekommen es um die Essenszeit zu hören, wenn die Katze an der Tür ist, oder wenn eine Katze irgendwo eingeschlossen ist, wo sie nicht länger sein möchte.

Die längste Lautäußerung ist der knurrende Schrei, der „Ich hasse dich!" bedeutet und den Katzen äußern, wenn sie ängstlich oder wütend sind. Er richtet sich gewöhnlich an eine andere Katze, deren Anwesenheit nicht erwünscht ist, oder an einen Hund, vor dem die Katze Angst hat. Es ist ein tief in der Kehle entstehender, knapper, hoher, nahezu sirenenartiger Laut. Sie werden ihn erkennen, wenn Sie ihn hören.

Ein wunderbarer Katzenlaut ist das glucksende Schnurren, das meine Katzen von sich geben, wenn ich sie mit einem liebevollen Klaps wecke, ein fröhliches, hohes „Hallo, du! Schön, dich zu sehen!", das nur für ganz besondere Freunde reserviert ist.

Den schnellen „Ki-ki-ki"-Laut äußern manche Katzen, wenn sie ein Beutetier sehen, das sie nicht erreichen können. Unter normalen Umständen bekommt man das als Mensch nicht zu hören. Wenn Sie allerdings ein Vogelfutterhaus am Fenster haben und wenn die Katze dort sitzt und die Vögel beobachtet, an die sie jedoch nicht herankommt, dann haben Sie eventuell die Chance, Zeuge dieser Lautäußerung zu werden. Die Katze ist dann von dem Vogel völlig gefesselt, ihr Schwanzende zuckt, und ihr Unterkiefer bewegt sich rasch vor und zurück.

Der richtige Umgang mit einer Katze

Die beste Art, eine Katze zu behandeln, ist mit Respekt. Wenn Sie Ihrer Katze Respekt entgegenbringen, werden Sie beide einfach gut miteinander auskommen. Dazu gehört, daß Sie Ihre Katze dann streicheln, wenn sie es will, und daß Sie damit aufhören, wenn sie eben das will.

Wenn Sie Katzen berühren, tun Sie das so, wie sie auf Sie zukommen: Wendet Ihnen das Tier den Kopf zu, streicheln Sie es am Kopf, wendet es Ihnen das Hinterteil zu, streicheln Sie den Schwanz von unten nach oben. Fassen Sie die Tiere sanft an. Lassen Sie Ihre Hand in Wuchsrichtung über das Fell gleiten. Rauhe Liebkosungen mögen die meisten Katzen nicht.

Wenn Sie sich nicht sicher sind, was Sie tun sollen, lassen Sie es sich von der Katze zeigen. Strecken Sie der Katze die Hand entgegen, berühren Sie sie aber nicht. Wenn sie stehenbleibt oder sich zurückzieht, lassen Sie sie in Ruhe. Wenn sie den Kopf vorstreckt und Sie beschnuppert, streicheln Sie sie mit einer Hand an der Wange oder oben am Kopf. Rollt sich die Katze auf den Rücken – Vorsicht! Viele Katzen spielen das Beiß-und-Tret-Spiel, wenn man sie am Bauch kratzt. Da ihnen dieses Spiel gut gefällt, werden sie Sie ziemlich oft auffordern, es zu spielen. Ich tue es selten, weil es mir überhaupt nicht gefällt.

Viele Katzen mögen es nicht, wenn man sie dauernd streichelt. Aus diesem Grund schnurren sie oft ein oder zwei Minuten zufrieden vor sich hin, drehen sich dann um und beißen Sie, scheinbar aus heiterem Himmel. Achten Sie auf kleine Veränderungen in der Körperhaltung Ihrer Katze. Ein Schwanzzucken oder eine leichte Anspannung können Anzeichen dafür sein, daß die Katze nun genug hat. Streicheln Sie sie weniger als eine Minute und hören Sie dann damit auf. Viele Katzen werden lange auf Ihrem Schoß sitzen, können aber das Gestreicheltwerden nicht länger als einen kurzen Augenblick ertragen.

Enttäuschen Sie Ihre Katze nicht. Jede Beziehung, gleichgültig, ob zu Mensch oder Tier, basiert auf Vertrauen. Wenn Sie dieses Vertrauen zerstören, ist unendlich viel verloren. Selten trifft dies so eindeutig zu wie bei Katzen. Katzen, die mit Liebe und Sorgfalt aufgezogen wurden, die nie gereizt, herumgestoßen, verletzt oder schikaniert worden sind, sind normalerweise entspannt, wenn Sie sie auf den Arm nehmen. Sie wissen nicht, daß Menschen ihnen Schaden zufügen können. Sie haben das niemals erlebt und können es sich nicht vorstellen.

Sobald sie die Erfahrung machen, daß ihnen jemand wehtun kann, ist alles anders. Eine Enttäuschung kann darin bestehen, daß man sie ärgert, während sie schlafen; daß man sie zu lange zu fest im Arm hält oder daß man

WIE MAN EINE FREMDE KATZE BEGRÜSST

Wenn Sie sich mit einer fremden Katze anfreunden, dann seien Sie höflich. Stellen Sie kurz Blickkontakt her, wenn sie das will. Gehen Sie in die Hocke oder beugen Sie sich hinunter, bieten Sie ihr Ihre Hand an, sprechen Sie sie freundlich an und warten Sie ab. Kommt sie auf Sie zu: wunderbar! Lassen Sie sie Ihre Hand beschnuppern, wenn Ihr danach zumute ist, dann fassen Sie ihr unters Kinn und streicheln sie sanft. Wenn es ihr gefällt, wird sie bei Ihnen bleiben. Wenn sie mehr will, wird sie noch näherkommen. Wenn sie genug davon hat, wird sie sich zurückziehen. Wenn Sie diese Anzeichen gebührend beachten, machen Sie nichts verkehrt.

25

ERMUNTERN SIE IHRE KATZE NICHT, IHRE KRALLEN ZU BENUT-ZEN
Spielen Sie keine Spiele, bei denen die Katze nach Ihrer Hand schlägt. Das ermuntert sie dazu, Menschen gegenüber aggressives Spielverhalten zu zeigen.

ENTTÄUSCHEN SIE NICHT DAS VERTRAU-EN IHRER KATZE
Lassen Sie aus dem Streicheln keinen Ringkampf werden. Schlagen Sie Ihre Katze nicht und schreien Sie sie nicht an; dadurch verstärken Sie ihr Mißtrauen.

VERSCHAFFEN SIE IHRER KATZE BEWE-GUNG
Katzen, junge vor allem, brauchen ausreichend Gelegenheit, ihre überschüssige Energie und ihren Jagdtrieb abzureagieren.

BRINGEN SIE IHRER KATZE ETWAS BEI
Wenn Sie Ihrem Tier wichtige Verhaltensweisen und Tricks beibringen, verbreitern Sie nicht nur die Kommunikationsbasis und gestalten die Bindung enger, Sie regen das Tier auch geistig an.

sie aufzieht – wer so etwas tut, beschönigt das oft als „Spaß". Es gibt tatsächlich Menschen, die offenbar glauben, solche Dinge seien lustig. Das ist nicht der Fall. Die augenfälligeren Formen von Enttäuschung liegen vor, wenn man die Katze schlägt, herumwirft oder auf irgendeine andere Weise verletzt. Für so etwas gibt es nie irgendeinen Grund.

Die gute Nachricht ist die, daß Katzen, die ihr Vertrauen zum Menschen verloren haben, normalerweise lernen können, ihm wieder Vertrauen entgegenzubringen, sofern man Zeit, Geduld und Liebe aufwendet und jedwede schlechte Behandlung ein für allemal aufhört. Ben ist ein gutes Beispiel dafür, daß eine Katze Vertrauen zurückgewonnen hat. Als er aus dem Tierheim zum erstenmal zu uns kam, verspannte er sich jedesmal, wenn wir ihn hochnahmen, und wenn man ihn auf dem Arm hielt, strampelte er augenblicklich, um wieder herunter zu kommen. Er wollte in unserer Nähe sein und kletterte aus eigenem Antrieb auf den Schoß, doch sowie man ihn aufnahm, wehrte er sich heftig dagegen. Wir konnten fühlen, wie sein Herz darauf reagierte. Doch im Laufe der Zeit hat er allmählich gelernt, daß wir ihm keinen Schaden zufügen. Er ist immer noch angespannt, wenn man ihn zu unvermittelt hochhebt, aber er beruhigt sich anschließend wieder. Er weiß, daß ihm bei uns nichts passiert.

Wie man Katzen hochhebt

Wenn es um falsche Behandlung geht, haben die meisten Katzen ein gutes Gedächtnis und wenig Sinn für Humor. Einige wenige bilden eine Ausnahme. Unsere Katze Spot gehörte dazu. Sie liebte es, wenn Kinder auf ungeschickte Weise versuchten, sie hochzuheben, selbst wenn sie sie an den Hinterpfoten anfaßten und sie mit dem Rücken nach unten hing. Wenn eine Katze lächeln kann, dann tat Spot in diesen Momenten genau das. Wurde sie von uns aus dieser Lage befreit, sprang sie immer sofort auf den Boden und ging schnurstracks zu dem Kind zurück. Aber Spot war, wie gesagt, eine Ausnahme.

Der Schlüsselbegriff beim Hochheben einer Katze lautet: Unterstützen des Körpers. Stützen Sie den gesamten Körper, dann können Sie nicht allzuviel falsch machen. Die einfachste Art, das zu tun, besteht darin, mit einer Hand unter das Gesäß zu greifen und mit der anderen

Wie man Katzen nicht hochhebt

Fassen Sie sie nicht am Nackenfell an

Katzenmütter tragen ihre Jungen tatsächlich am Nackenfell, aber es sind halt noch kleine Kätzchen, und ich bin sicher, sie tun das vor allem, weil die Katzenmutter nun einmal nicht über Hände verfügt und auf allen vieren laufen muß. Aber was für eine winzige Jungkatze richtig ist, ist bei einem älteren Tier nicht richtig oder rücksichtsvoll ihm gegenüber. Während die Katze sich entwickelt, wird ihr Körper schwerer. Ausgewachsene Katzen sind einfach nicht dafür vorgesehen, auf diese Weise aufgenommen zu werden, und wenn man das tut, ist es für die Katze weder angenehm, noch ist es besonders liebenswürdig.

Heben Sie sie nicht an den Vorderbeinen hoch

So sehr sich die Vorderbeine auch dazu anbieten: als Griffe, an denen man die Katze in die Höhe hievt, waren sie niemals vorgesehen. Wer die Katze beim Aufnehmen an den Vorderbeinen anfaßt, kann sie verletzen und ihr außerdem Angst einjagen. Eine verängstigte Katze kann auf diese Behandlung sehr wohl unangenehm reagieren, was auf Sie, da bin ich ganz sicher, einen nachhaltigeren Eindruck machen wird als die Lektüre dieser Zeilen.

Fassen Sie sie nicht am Bauch an

Kinder neigen besonders dazu, Katzen auf diese Weise hochzuheben, weil das Verlangen danach so groß und die Hände gleichzeitig so klein sind. Manche Erwachsenen tun das allerdings auch. Die wenigsten Katzen mögen das.

die Brust genau hinter den Vorderpfoten zu umfassen. So findet die Katze vorn und hinten sicheren Halt, und es ist für die meisten Katzen annehmbar. Eine Katze, die sich sicher weiß, wird wahrscheinlich weniger häufig versuchen, sich mit den Krallen voran aus einer unangenehmen Lage zu befreien.

Manche Katzen mögen es, wenn man sie wie ein Baby, das sein Bäuerchen machen soll, an die Schulter gedrückt hält. Ben hat das gern. Bei Spot hat es nicht so gut geklappt, weil sie von vornherein das Bestreben hatte, oben

auf der Schulter zu sitzen, und unweigerlich versuchte, einem auf die Schulter zu klettern, um ihre bevorzugte Sitzhaltung einzunehmen. Katzen auf der Schulter reiten zu lassen, macht großen Spaß, aber ich bin dabei immer vorsichtig, weil eine rasche Bewegung dazu führen kann, daß sich das Tier festkrallt, um sein Gleichgewicht nicht zu verlieren. Manche Katzen verstehen es meisterhaft, ihr Gleichgewicht zu halten, ohne die Krallen einzusetzen, aber Sie sollten Ihre Katze fragen, ob sie das kann. Zu guter Letzt akzeptieren manche Katzen es, wie ein Baby in den Armen gewiegt zu werden, und sie mögen es sogar. Diese wehrlose Lage ist nicht gerade die Lieblingsposition aller Katzen, aber ein Tier, das Vertrauen zu Ihnen hat, wird seinen Spaß daran haben. Versuchen Sie es nur mit einer Katze, die Sie sehr gut kennen.

Welche Katze ist die Richtige?

Hier kommt die Scherzfrage: Was für eine Katze wollen Sie? Schauen wir uns zuerst einige der naheliegendsten Gesichtspunkte an:

Kater oder Katze?

Hauskatzen sollten ohne Ausnahme kastriert werden. Sobald das geschehen ist, verlieren die Unterschiede zwischen beiden Geschlechtern an Bedeutung. Sowohl männliche als auch weibliche Tiere sind wunderbar zärtliche, treue Hausgenossen.

Langhaar, Kurzhaar oder überhaupt kein Haar?

Nacktkatzen bilden eine ganz eigene, einzigartige Gruppe, und für diejenigen, die sie lieben, sind sie schön. Alle anderen wird der Gedanke, Katzen ohne Fell zu züchten, sehr befremden. Das Fell ist für Katzen sehr wichtig, da es ihnen Schutz vor Kälte, Sonneneinstrahlung und anderen Umwelteinflüssen bietet. In Deutschland werden Nacktkatzen denn auch zunehmend als Qualzucht eingestuft. Bei Nacktkatzen gibt es natürlich keinen Haarwechsel, und Flöhe finden auf ihnen kaum Zuflucht. Diese durch menschliche Zuchteinwirkung entstandene Rasse ist durchgehend auf unseren Schutz angewiesen. Diese Tiere können einzig und allein drinnen gehalten werden.

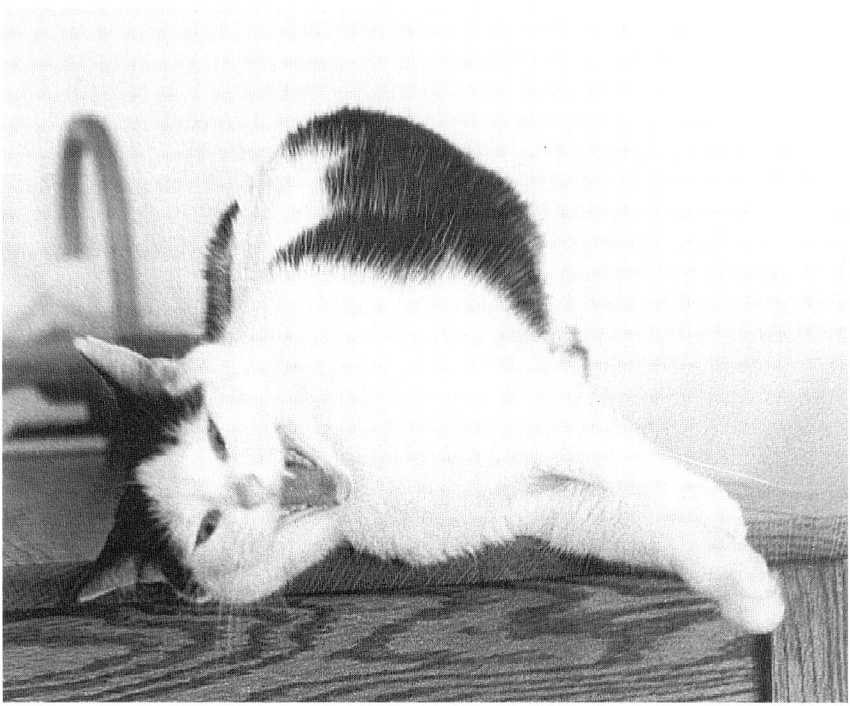

Bei Langhaarkatzen gibt es Unterschiede. Am einen Ende der Skala stehen die Perser mit ihrem dichten, weichen Fell, das praktisch schon verfilzt, während sie schlafen. Bei diesen Katzen ist die tägliche Fellpflege ein Muß. Maine Coon-Katzen und andere, ähnliche Rassen besitzen gröberes Fell, das weniger Pflege erfordert, damit es schön bleibt. Wenn Sie eine Rassekatze in Betracht ziehen, fragen Sie mehrere Züchter danach, wieviel Zeit Sie für die Pflege aufwenden müssen. Wenn Sie sich eine gemischtrassige Langhaarkatze anschaffen, sollten Sie davon ausgehen, daß Sie sie täglich kämmen müssen, und froh sein, wenn sich später herausstellt, daß das nicht nötig ist.

Was soll so schwer daran sein, die richtige Katze zu finden? Alle Katzen sind perfekt!

Kurzhaarkatzen sind die Norm. Aufgrund der unkomplizierten Fellpflege sind sie leicht zu haltende Tiere. Das Bürsten ist eine Übung, die einmal wöchentlich fällig ist, außer in der Zeit des Haarwechsels, wo Sie es öfter tun müssen. Auch wenn Ihre Katze stark dazu neigt, Haarknäuel zu bilden, sollten Sie sie öfter kämmen. Alles in allem jedoch brauchen diese Tiere nur wenig tägliche Fellpflege, um ein langes, glückliches und gesundes Leben zu führen.

Rein- oder gemischtrassig?

Die weitaus meisten Katzenbesitzer halten gemischtrassige Katzen, und angesichts der Millionen von Katzen, die Jahr für Jahr ein neues Heim brauchen, ist das eine prima Sache.

Viele Katzenhalter wissen, abgesehen von Siamesen und Persern, wenig über Katzenrassen, aber tatsächlich gibt es viele Rassen mit einer großen Bandbreite körperlicher, geistiger und struktureller Merkmale. Auf den nächsten Seiten werden wir Ihnen die beliebtesten Rassen vorstellen.

Grundsätzlich gilt: Je größer der Anteil ist, den Ihre Katze an einer der orientalischen Rassen hat, desto lebhafter wird sie wahrscheinlich sein. Hand in Hand mit dieser Aktivität geht eine hohe Intelligenz, der Wunsch, mit Ihnen in Kontakt zu treten, und eine Vorliebe dafür, in Schwierigkeiten verwickelt zu werden. Außerdem können Sie davon ausgehen, daß Siamesen und gemischtrassige Tiere, an denen Siamkatzen beteiligt sind, ziemlich stimmfreudig sind.

Jung oder erwachsen?

Katzenkinder sind hinreißend. Das müssen sie auch sein, denn sonst würde niemand die Streiche ertragen, die sie einem vor allem im ersten Lebensjahr spielen! Sie schlagen Sie mit ihrem bezaubernden Schnurren in ihren Bann, nachdem sie gerade eben die Vase umgestoßen haben, die Sie von Ihrem lieben alten Onkel Bob geerbt haben. Sie springen Ihnen todesmutig von der Gardinenstange aus auf die Schulter und beschnuppern Ihr Ohr. Es ist wunderschön. Es ist entsetzlich. Es sind Katzenkinder.

Ausgewachsene Katzen scheinen, wie ein guter Wein, mit zunehmendem Alter einfach immer angenehmer zu werden. Anstand und Würde haben in gewissem Ausmaß die Neugier und Impulsivität, die sie als Jungtiere an den Tag gelegt haben, ausgeglichen. Sie schlafen viel, oft länger als 15 Stunden am Tag. Sie sind, wie sie sind. Die umgängliche Katze, die Sie sich einmal ausgesucht haben, bleibt ohne Zweifel die umgängliche Katze, mit der Sie viele Jahre lang leben. Katzen sind langlebig; sie können weit über zehn, gelegentlich über zwanzig Jahre alt werden. Eine ältere Katze, selbst wenn sie fünf oder sechs oder älter ist, kann Ihnen zehn Jahre oder länger Gesellschaft leisten.

Welche Farbe?

Wir haben schon Katzen in allen Farben gehabt und können aus Überzeugung sagen, daß das nicht den kleinsten Unterschied ausmacht. Das einzige, wovon ich die Finger lassen würde, sind reinweiße Katzen mit blauen Augen, weil sie zu Taubheit neigen. Davon abgesehen, verlieben Sie sich ruhig in die unverwechselbare Persönlichkeit der Katze, dann wird Ihnen mit Sicherheit auch deren Färbung gut gefallen.

Als Emily zu uns kam, fand ich ihre Färbung zuerst ziemlich häßlich. Ich bezeichnete sie als verblichene Tigerung, irgendwie verwaschen und unscharf. Jetzt, nachdem wir sie kennen und lieben, wie wir das nun mal tun, betrachte ich ihre Färbung natürlich als zart und einzigartig. Ach ja, mit den Augen der Liebe betrachtet ist jeder schön!

Die beliebtesten Rassekatzen

Sagen wir es gleich zu Beginn: Die Katze, die für sich genommen am beliebtesten ist, ist mit weitem Abstand die „Kombi-Katze", die gemischtrassige Hauskatze. Die „Ich-weiß-nicht-wo-sie-herstammt-aber-sie-ist-die-Beste-der-Welt"-Katze. Rassekatzen sind in der Minderheit, aber es macht trotzdem Spaß, einmal zu schauen, welche am beliebtesten sind, und warum. Genau mit dieser Einstellung wurde dieser Abschnitt geschrieben, zur Freude und zur allgemeinen Information. Es kann ja sein, daß Sie ein bißchen von einer dieser edlen Rassen in Ihrem Stubentiger unbekannter Herkunft, der sich in diesem Moment auf Ihrem Schoß zusammengerollt hat, wiederfinden.

Perser und Perser Colourpoint

Perserkatzen gibt es in einer umfangreichen Farbskala; darunter befindet sich ein Farbschlag, der den Siamkatzen ähnelt, Perser Colourpoint genannt. Sie sind durchweg ein Traum von einer Katze, überwältigend in ihrer dichten, gepflegten Haarpracht, elegant, ruhig, würdevoll. Viele Leute können sich gut vorstellen, wie sich so ein Tier auf ihrer Couch räkelt und ihrem Leben zusätzlichen Glanz verleiht. Na ja, diesen Glanz verleihen sie in der Tat, aber eben auch Haare. Reichlich Haare. Haare am Körper der Katze, die täglich ausgekämmt werden

31

WAS SIND LIEBHABERTIERE?

Wenn Sie Ihre Katze nicht auf Ausstellungen präsentieren wollen, kommt es nur auf Ihre eigenen Vorstellungen an. Ein sogenanntes Liebhabertier ist eine gesunde, glückliche, normale Katze, die aus dem einen oder anderen Grund der Vorstellung der Züchter, wie ein perfektes Ausstellungstier auszusehen hat, nicht ganz entspricht. Vielleicht ist ihr Farbton etwas zu dunkel, oder die Ohren stehen ein bißchen zu weit auseinander. Wem macht das schon etwas aus? Hand aufs Herz: Wer von uns hätte denn „Ausstellungsqualitäten"? Heißt das, daß wir keine netten Leute sind? Oder keine liebevollen Mitglieder der Familie, keine aufopferungsvollen Freunde? Liebhaberkätzchen haben absolut keine Nachteile, aber sehr viele Vorteile. Viel Spaß damit!

müssen, und wir meinen damit wirklich tagtäglich. Und auch sonst überall Haare, die Sie mit dem Staubsauger entfernen können, wo und wann Sie es für richtig halten.

Ähnlich, wie es bei anderen Tieren der Fall ist, die unter der Obhut des Menschen entstanden sind, brauchen Perserkatzen durchgehend Ihre Aufmerksamkeit und Ihren Schutz. Sie sind aus einer ganzen Reihe von Gründen keine Auslaufkatzen. Außerdem können ihre extrem ausgeprägten Gesichtszüge, insbesondere die sehr kurze Nasenpartie, gesundheitliche Probleme verursachen. Seien Sie in diesem Punkt vorsichtig. Nehmen Sie Kontakt zu einem Katzenclub auf und beschaffen Sie sich soviel Information, wie Sie können, bevor Sie das Tier kaufen. Der Weg zu einer prächtigen, gesunden Perserkatze ist lang und mit vielen möglichen Fallstricken versehen.

Gesundheitsprobleme, die bei dieser Rasse bekanntermaßen auftreten, sind: das Chediak-Higashi-Syndrom (ein komplexes Krankheitsbild; bekannt ist, daß die Tiere dazu neigen, Blut zu verlieren, und möglicherweise ein erhöhtes Infektionsrisiko haben); das sogenannte „Rolllid" oder Entropium (einwärts gerollte Augenlider); Verstopfung des Tränennasenkanals; Grüner Star; Neigung zu FUS (Felines Urologisches Syndrom); Seborrhöe; verschiedene Atemwegserkrankungen sowie Kniescheibenluxation. Für all das ist das Tier nicht verantwortlich, wohl aber die Moden, denen Rassekatzen unterworfen sind und die dazu verleiten, körperlich extreme Merkmale herauszuzüchten, die jenseits dessen liegen, was der Gesundheit und dem Wohlbefinden der betroffenen Tiere zuträglich ist.

Maine Coon-Katzen

Sie sind aktiver als Perser (obwohl das, ehrlich gesagt, eigentlich nicht viel heißen will, da die meisten ausgewachsenen Perserkatzen ziemlich träge sind), leicht zu halten und leiden weniger unter gesundheitlichen Problemen. Zusammen mit ihrer charmanten Persönlichkeit hat das den Maine Coons einen ständig wachsenden Fanclub eingetragen. Es gibt sie in vielen verschiedenen Farben, obgleich die gestromte Form (Tabby) vorherrschend ist. Die großen, liebenswerten Tiere haben die Popularität, die sie genießen, wohl verdient.

Da diese Rasse nicht zu denen gehört, die sich zur Ausbildung körperlicher Extreme eignen, besteht die Chan-

ce, daß sie über die Jahre hin bei recht guter Gesundheit bleiben, aber hier ist Vorsicht am Platz. Ihre wachsende Beliebtheit hat schon viele reinrassige Tierformen zunichte gemacht. So weit, so gut, aber lassen Sie Vorsicht walten.

Die gesundheitlichen Probleme, die man im Auge behalten sollte, sind Kniescheibenluxation und Hüftgelenksdysplasie – aber ehrlich gesagt kommt beides innerhalb der Rasse ziemlich selten vor, daher brauchen wir uns darüber nicht allzu viele Sorgen zu machen.

Siamesen

Schlank, elegant, schön, gelenkig, geschmeidig – alle diese Begriffe und weitere dazu beschreiben die Siamkatze. Die seit vielen Jahren beliebten Tiere sind auf eine enge Wechselbeziehung zum Menschen ausgerichtet. Sie neigen zur Stimmfreudigkeit – ein Charakterzug, den Siamesenliebhaber reizend finden und den Siamesenhasser irgendwo neben dem Geräusch einordnen, das kratzende Fingernägel auf einer Wandtafel erzeugen. Siamkatzen kann man nicht tagtäglich stundenlang alleinlassen, da sie unweigerlich Unheil anrichten, wenn sie versuchen, ihre Intelligenz und ihre Energie an irgend etwas auszulassen. Sie sind gesellig und schätzen die Gesellschaft anderer Tiere.

Der Nachteil dieser prächtigen Tiere sind die zahlreichen gesundheitlichen Probleme, die als Resultat ihrer Beliebtheit und damit jahrelang durch profitgierige Menschen angewandter ungeeigneter Zuchtmethoden entstanden sind. Zu diesen Problemen gehören unter anderem durch Hormonstörungen verursachter Haarausfall, *rolling skin disease*, maligne Melanome im Brustbereich, angeborene Herzfehler, Schielen, Bronchialerkrankungen, Mastzellentumore, Probleme mit der Speiseröhre, Grüner Star und Hüftgelenksdysplasie, die man allesamt bei dieser Rasse häufiger als bei den meisten anderen antrifft.

Abessinier

Wenn Sie an Abessinier denken, sollten Sie ein aktives, flinkes und athletisches Tier vor Augen haben. Glauben Sie nicht, Sie könnten ungestört fernsehen oder allein zur Toilette gehen, wenn Sie mit einer Abi zusammenleben. Diese Katzen wollen immer mittendrin dabei sein, ganz gleich, was passiert. Wenn Sie sich mit ihnen nicht beschäftigen wollen oder können, werden sie sich mit Sicherheit selbst beschäftigen. Sie jagen hinter zerbrechlichen Gegenständen her, sitzen unter dem Bett und schlagen von dort aus nach „Beute". Sie machen grundsätzlich auf sich aufmerksam, falls Sie so kurzsichtig sein sollten, daß Ihnen ihr umwerfender Charme nicht sofort ins Auge gesprungen ist.

Wenn Sie eine Katze möchten, der Sie zuschauen können, ist dies nicht die richtige Wahl. Wollen Sie eine Katze, mit der Sie etwas unternehmen können, eine, die Sie inständig darum bittet, mit ihr etwas auf die Beine zu stellen, dann liegen Sie natürlich richtig. Viel Spaß!

Nierenfunktionsstörungen, Augenkrankheiten, Kniescheibenluxation, übertriebenes Lecken und Putzen können zum Problem werden.

Katzenclubs

Clubs und Vereine sind wunderbare Informationsquellen in bezug auf die Haltung von Katzen im allgemeinen oder auch in bezug auf viele einzelne Katzenrassen. Einige haben sich der Schönheit der gewöhnlichen „Kombi-Katze" verschrieben, andere bemühen sich um die Perfektionierung einer Rasse, manche tun auch beides. Alle haben vieles zu bieten. Wenn Sie Informationsmaterial anfordern, vergessen Sie nicht, einen an Sie selbst adressierten, frankierten Umschlag beizulegen.

Woher bekomme ich meine Katze?

Tierheime

Wer sagt, die schönsten Dinge im Leben bekäme man nicht geschenkt? Oder doch fast geschenkt? Die Tierheime überall im Land sind voll von wunderbaren ausgewachsenen und jungen Katzen, die alle sehnsüchtig darauf warten, von Ihnen zu Hause umsorgt zu werden.

Alle Altersklassen, Temperamente und Fellvarianten sind dort zu finden. Und das Schönste ist: Diese Katzen haben Ihre Liebe wirklich nötig; ohne sie werden die meisten von ihnen buchstäblich eingehen. Emily und Ben stammen beide aus dem Tierheim, und wir könnten uns keine prächtigeren Hausgenossen vorstellen.

34

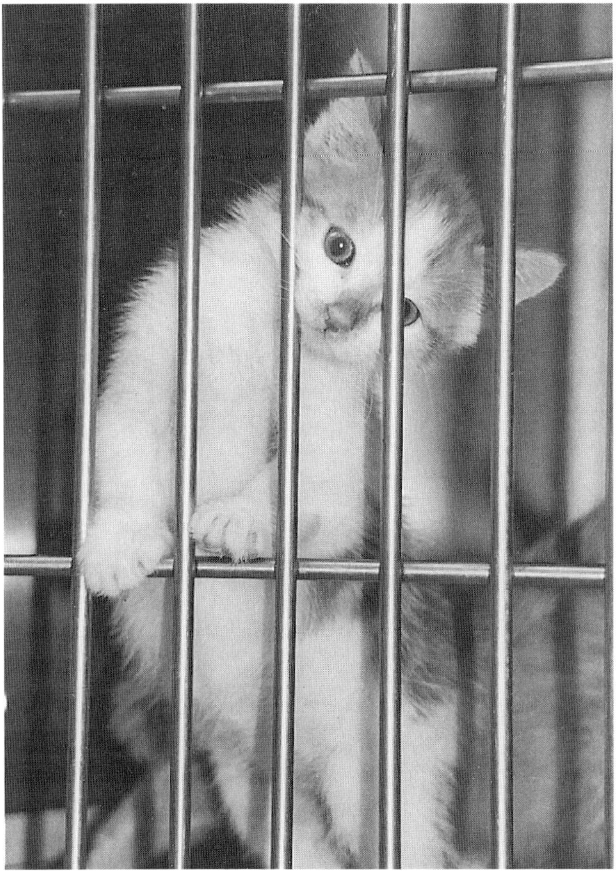

Wer kann diesem entzückenden Katzenkind schon widerstehen? Dieses und Millionen anderer, ähnlich schöner Kätzchen warten überall in Tierheimen auf neue Besitzer.

Sich eine Katze aus dem Heim auszusuchen ist eine besondere Kunst. Zu allererst sollte Ihnen klar sein, daß es gut möglich ist, daß die Katze Sie aussucht, und nicht umgekehrt. Katzen haben in bezug auf Menschen feste Ansichten. Versuchen Sie, eine zu finden, die Sie mag, das ist immer ein guter Anfang.

Überlegen Sie sich, bevor Sie auch nur die Türschwelle überschreiten, was für eine Katze Sie haben möchten, und berücksichtigen Sie dabei das Temperament und die Fellpflege. Versuchen Sie, sich hinsichtlich der Farbe nicht festzulegen. Haben Sie Ihre neue Katze im Haus, werden Sie sie innerhalb weniger Tage liebgewinnen, ganz gleich, welche Farbe sie hat.

Wenn Sie eine freundliche, kontaktfreudige Katze haben wollen, dann gehen Sie einfach hinein und suchen

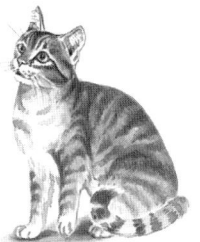

Sie danach. Entscheiden Sie sich für eine Katze oder ein Jungtier, das Ihnen durchs Gitter eine weiche Pfote entgegenstreckt, Blickkontakt mit Ihnen aufnimmt, sich im Käfig ganz vorn aufhält, jedenfalls auf jede erdenkliche Weise Kontakt mit Ihnen aufzunehmen versucht.

Wenn Sie eine freundliche, aber nicht zu anstrengende Katze wollen, dann achten Sie auf das Tier, das in der Mitte oder im hinteren Teil des Käfigs sitzt und Sie beobachtet. Es faucht nicht, wenn Sie näherkommen, kauert sich nicht flach auf den Boden oder legt die Ohren an; es beobachtet Sie einfach längere Zeit. Wenn Sie ihm etwas zureden und es freundlich auffordern, rappelt es sich vielleicht sogar auf und kommt Ihnen ein Stück entgegen.

Die eine oder die andere Katze läßt vielleicht, wenn Sie sie streicheln, ein ausgiebiges Schnurren hören – oder auch nicht. Obwohl es immer ein gutes Zeichen ist, wenn Katzen schnurren, würde ich ein Tier, das nicht schnurrt, aber ansonsten freundlich ist, nicht zurückweisen. Manche Beziehungen entwickeln sich eben etwas langsamer.

Meiden Sie diejenigen Katzen, die fauchen, sich zusammenkauern oder sich verstecken. Wenn sich auch viele dieser Tiere wieder eingewöhnen lassen und sich später in einen geregelten Tagesablauf einfügen, hat man es mit ihnen als Besitzer nicht so leicht wie mit anderen. Damit sie ihr Verhalten ändern lernen, müssen sie von jemandem mit Katzenerfahrung besonders behandelt werden. Sofern Sie nicht die Zeit, die Geduld, oder, was am wichtigsten ist, die notwendigen Kenntnisse haben, entscheiden Sie sich für eine der vielen freundlichen, sanften Katzen, die ein gutes Zuhause suchen.

Tierärzte

Emily, unsere Hilfsschreibkraft, bekamen wir von einem Tierarzt hier im Ort. Als sie zu uns kam, hatte sie alle Impfungen bekommen, war sterilisiert und befand sich in ausgezeichneter Verfassung. Viele Tierärzte, zu denen wir Kontakt hatten, haben gelegentlich eine ältere Katze oder ein paar Jungtiere, die man adoptieren kann.

Ihr Tierarzt ist kein Tierheim. Geben Sie bei ihm keine Tiere ab, die sich verlaufen haben. Er hat es schon schwer genug und kann nicht alle unerwünschten oder verirrten Tiere der Stadt aufnehmen und dabei finanziell über die Runden kommen, so sehr es ihm auch zu Herzen ge-

hen mag. Doch ganz gleich, was sie dagegen tun, bei vielen Tierärzten landet schließlich doch das eine oder andere Tier, das ein Zuhause braucht, was nicht selten daran liegt, daß das Personal die Tiere hinter dem Rücken des Chefs aufnimmt. Erkundigen Sie sich auf jeden Fall danach.

Diese Katzen sind ohne Zweifel gesund und medizinisch gut versorgt. Oft werden die Tiere zu Maskottchen der Angestellten und sind deshalb gut an Menschen gewöhnt. Alles in allem ist eine Tierarztpraxis eine hervorragende Adresse, wenn es darum geht, einen Katzen-Kameraden zu finden.

Gute Züchter

In puncto Rassekatzen ist ein guter, erfahrener Züchter die Anlaufstelle überhaupt, wo man gute, gesunde Tiere findet. Wie überall im Leben gibt es Leute, die in ihrem Bereich ausgezeichnete Arbeit leisten und dafür die richtigen Gründe haben, und es gibt Leute, die schlechte Arbeit leisten und dafür die falschen Gründe haben. Woran merkt man, ob man an der richtigen Stelle ist?

Schauen Sie sich nach Möglichkeit zuerst an, wie die Katzen gehalten werden. Die Anlagen sollten einen sauberen Eindruck machen und auch so riechen. Natürlich werden sie nach Katzen riechen, aber dann nach sauberen Katzen. Vermutlich werden viele der Tiere eingesperrt sein, aber die Zwinger sollten geräumig, die Wurflager sauber und die Wassernäpfe gefüllt sein. Die Katzen sollten gut gepflegt sein, ihre Augen sollten glänzen, und sie sollten, vor allem ihrem Pfleger gegenüber, ein freundliches Verhalten zeigen. Die Person, die für die Tiere verantwortlich ist, sollte freundlich und hilfsbereit sein und sich auskennen. Hat sie kein Kätzchen für Sie, wird sie Ihnen einen anderen guten Züchter empfehlen.

Ein guter Züchter erkundigt sich danach, wie Sie leben und warum Sie sich für diese Rasse entschieden haben. Wenn (Wenn!) sich der Züchter dafür entscheidet, Ihnen eines seiner Kätzchen zu verkaufen, spielt der Preis erst gegen Ende des Gesprächs eine Rolle. Er wird Ihnen Ihre Fragen ehrlich beantworten und Ihnen die Vor- und Nachteile der Rasse und der Katzenhaltung im allgemeinen erläutern. Gute Züchter haben nur wenige Würfe im Jahr und verwenden viel Zeit dafür, die Tiere jedes Wurfs aufzuziehen und an den Umgang mit Menschen zu gewöhnen.

KENNZEICHEN UNSERIÖSER ZÜCHTER

EIN UNSERIÖSER ZÜCHTER

– versucht Ihnen innerhalb weniger Minuten, nachdem er den Hörer aufgenommen hat, ein Katzenkind zu verkaufen. Im Gespräch geht es sehr bald um den Preis.

– spielt Ihre Bedenken herunter; weicht unangenehmen Themen aus.

– hat immer junge Katzen im Angebot; verkauft Ihnen auch eines, das gerade erst entwöhnt ist oder kurz davor steht.

– verlangt nicht von Ihnen, daß Sie die Katze kastrieren lassen. Angesichts der viel zu großen Zahl von Heimtieren würde kein guter Züchter dazu beitragen, das Problem zu vergrößern.

– bietet Ihnen keinen Vertrag an, macht keine schriftlichen Zusicherungen. Sobald Ihr Scheck eingelöst ist, hat er nichts mehr mit Ihnen zu tun. Verantwortungsvolle Züchter legen immer Wert darauf, daß sie ihre Tiere zurückerhalten, wenn Sie aus irgendeinem Grund nicht mehr halten können. Von unseriösen Züchtern werden Sie so etwas nicht zu hören bekommen.

Ein von beiden Seiten unterschriebener schriftlicher Vertrag ist ein gutes Zeichen. Er sollte eine Garantieklausel in bezug auf bestimmte genetische Defekte enthalten, worin entweder eine Entschädigung oder der Ersatz des Tieres vorgesehen ist, falls solche Probleme auftauchen. Es ist ein gutes Zeichen, wenn jemand hinter den Tieren steht, die sein Haus verlassen. Enthält der Vertrag eine Klausel, nach der Sie verpflichtet sind, Ihr Kätzchen zu kastrieren oder zu sterilisieren, ehe Sie die Papiere erhalten, deutet das ebenfalls darauf hin, daß es sich um einen seriösen Züchter handelt, dem das Wohlergehen seiner Tiere am Herzen liegt.

Tierhandlungen

Tun Sie's nicht! So süß dieses eine kleine Kätzchen auch ist – und das sind sie alle –, wenn Sie in einer Tierhandlung kaufen, fördern Sie das Geschäft mit der schnellen Mark zu Lasten der Tiere. Kein guter Züchter würde jemals ein Jungtier an eine Tierhandlung verkaufen, damit es dort ein Fremder mit seiner Kreditkarte erwirbt. Das einzige, was Sie in der Tierhandlung bekommen können, ist ein überteuertes, unsachgemäß aufgezogenes Tier, das unter Streß gelitten hat, verängstigt und nicht richtig an Menschen gewöhnt ist, das zahlreichen Krankheiten ausgesetzt worden ist und über dessen Abstammung Sie nichts wissen. Wenn Sie eine Schwäche für alle kleinen Kätzchen haben, dann gehen Sie einfach nicht hinein! Wenn Sie unbedingt ein Tier vor einem elenden Käfigdasein retten wollen – wunderbar! Gehen Sie in ein Tierheim und tun Sie genau das. Verhindern Sie, daß der Kreislauf immer weitergeht! Tun Sie etwas gegen Geschäftemacherei.

Zeitungsanzeigen

Alljährlich werden überall in Tageszeitungen Millionen junger Kätzchen kostenfrei zum Abholen angeboten. Dies kann eine wunderbare, aber genausogut eine unzureichende Möglichkeit sein, einen Hausgenossen zu finden. Was im einzelnen jeweils zutrifft, ist nicht schwer zu entscheiden, sobald Sie sich mit ein bißchen Information wappnen.

Halten Sie gezielt nach Jungkatzen Ausschau, die zu Haus aufgezogen wurden und die an Ort und Stelle sind, wenn Sie da sind, um sie sich anzusehen. Suchen Sie sich

38

ältere Kätzchen aus, die mindestens zehn Wochen alt oder am besten noch älter sind. Wenn Sie Kinder haben, ist es von Vorteil, wenn Sie Jungtiere finden, die zusammen mit gut beaufsichtigten Kindern aufgewachsen sind. Dann sind die Kätzchen schon an Kinder gewöhnt und mögen sie.

Schauen Sie sich auch das Muttertier an. Sein Verhalten spiegelt ziemlich gut wider, was später einmal aus den Jungen wird. Die Kätzchen selbst sollten zutraulich und verspielt sein. Wenn man sie hochhebt, sollten sie sich rasch wieder beruhigen. Ängstliche Jungtiere sollten Sie nicht nehmen. Singen Sie sich immer wieder den Vers „Alle Kätzchen sind süß, alle Kätzchen sind süß" vor. Auch der nächste Wurf wird süß! Warten Sie, bis Ihnen das richtige Kätzchen über den Weg läuft.

Streuner

Ein Streuner ist eine Katze, die jemand anderem gehört und die plötzlich unangemeldet bei Ihnen aufgetaucht ist. Dieser nette Freund sitzt eines Tages unverhofft auf Ihrer Türschwelle oder liegt zusammengerollt in Ihrer Garage. Er sieht Sie ein einziges Mal an und beschließt, daß Sie der Mühe wert sind.

Oft sind diese Tiere von ihren Vorbesitzern vernachlässigt worden oder haben noch Schlimmeres erlebt. Oder sie sind einfach auf Wanderschaft gegangen und haben die Orientierung verloren. Der Möglichkeiten sind viele. Das erste, was Sie tun sollten, ist, eine Anzeige aufzugeben, daß Sie eine Katze gefunden haben. Wenn Sie eine Anzeige aufgeben oder eine Mitteilung aufhängen, beschreiben Sie die Katze nicht in Einzelheiten. Ist die Katze schwarz und hat einen weißen Fleck auf der Brust, dann schreiben Sie „Schwarze Katze mit weißen Abzeichen". Wenn Leute anrufen, fragen Sie sie, wo genau die Abzeichen sind. Veranlassen Sie sie, die Katze detailliert zu beschreiben, ehe Sie ihnen das Tier zurückgeben.

Jede streunende Katze sollte dem Tierarzt vorgestellt und gründlich untersucht werden, sobald es Ihnen gelingt, sie dorthin zu bringen. Außerdem sollten Sie nicht davon ausgehen, daß die schreckliche Verfassung, in der sich die Katze befindet, immer auf Verwahrlosung zurückzuführen ist. Sicher kann das der Fall sein, doch wenn sich eine geliebte, verwöhnte Hauskatze verläuft, kann sie innerhalb einer Woche völlig heruntergekommen aussehen.

Ben

Die meisten Tierheime überall im Land sind ausgezeichnet, aber das-jenige, aus dem Ben kam, war veraltet. Es war dunkel, personell un-terbesetzt, abgelegen und schlecht besucht in einer Stadt, die mit Mühe und Not über die Runden kam und in der die Tiere nicht die einzigen waren, denen es schlecht ging.

Die Angestellte, der die Hälfte ihrer Zähne fehlte, winkte uns in ei-nen schlecht beleuchteten Raum und sagte: „Bedienen Sie sich!" Die Zwinger waren nicht alle voll, aber ein paar Katzen gab es: einige trau-matisierte ältere Katzen, die mich mit deutlichem Mißtrauen be-äugten, und dazu die übliche bunte Mischung von Katzenkindern, de-ren Charme selbst ihre Unterbringung keinen Abbruch tun konnte.

Es gab da einen bezaubernden kleinen geschecken Kater, ein orange getigertes Kätzchen, und dann, neben den beiden, noch einen eher unauffälligen kleinen getigerten Kater, dem man sämtliche Schnurrhaare abgesengt hatte. Ich sprach leise mit ihm, während ich seine Käfigtür öffnete. Er musterte mich, kam langsam näher, kletter-te mir dann auf die Schulter und schnurrte mir etwas ins Ohr. Ich hat-te das sichere Gefühl, daß die auffälligeren Jungtiere auch anderen Heimtierliebhabern in spe ins Auge fallen würden, aber bei diesem unauffälligen kleinen mißhandelten Kater war ich mir da nicht sicher.

So kam Ben in die Familie. Er ist unser Frechdachs. Er hat sich in seiner Jugend die Zeit damit vertrieben, Toilettenpapier abzu-wickeln, Küchenkrepprollen auszuräumen, unsere andere Katze mit gespielter Kampfeslust herumzujagen und überall für Abwechslung zu sorgen. Ben ist der geborene Draufgänger. Wäre er ein Mensch, wäre er Stuntman oder Bergsteiger geworden, aber da er ein Kater ist, stellt er in einem Haus einfach eine Naturgewalt dar. Wenn ich so leichtsinnig gewesen wäre, alles, was aus Papier besteht, vor dem Schlafengehen nicht wegzuräumen, wären mir morgens aus dem Bad Ströme von Weiß entgegengequollen und hätten sich über den ganzen Flur verteilt, oder vom Küchentisch hätten sich ganze Kaska-den zweilagiger Papierhandtücher wie ein eingefrorener Wasserfall er-gossen.

Zum Glück war es kein schlimmer Tick. Mit vorbeugenden Maß-nahmen und einem guten Staubsauger bekamen wir ihn in den Griff. Und abgesehen davon, daß wir lernen mußten, Toilettenpapier in ver-schiedenen Stadien der Auflösung zu benutzen, hielten sich die Un-annehmlichkeiten in Grenzen. Inzwischen hat er dieses Hobby auf-gegeben. Er zieht es jetzt vor, Emily aufzulauern, Fliegen zu fangen, auf meinem Schoß zu schlafen und auf den Küchenstühlen herum-zulungern, wobei er eine Pfote über den Rand baumeln läßt, um die vorbeikommenden Hunde zu ärgern. Das Leben ist schön für Ben.

Verwilderte Katzen

Es gibt Menschen, die die Zeit, die Neigung und schlicht und einfach das gottgegebene Talent dazu haben, freilebende Katzen zu zähmen. Aber das sind beileibe nicht viele.

Katzen müssen in sehr frühem Alter an das Zusammenleben mit Menschen gewöhnt werden, wenn sie uns akzeptieren sollen. Katzen, die Menschen nicht bereits als Jungtiere kennengelernt haben, empfinden ihnen gegenüber so herzlich und freundlich, wie Sie das täten, wenn man von Ihnen erwarten würde, sich an einen ganz normalen Eisbären zu kuscheln. Ihre guten Absichten in Ehren, aber verwilderte Katzen sind schwer davon zu überzeugen, daß Ihre Hand zum Streicheln und nicht zum Wehtun da ist.

Wenn Sie sich dafür engagieren wollen, eine solche Katze zu zähmen, lesen Sie bitte die Seiten 291 bis 293. Dort finden Sie genauere Ratschläge, wie man das tut.

Wie suche ich mir eine junge oder ältere Katze aus?

Kätzchen

Idealerweise hat ein Kätzchen die ersten drei oder vier Monate seines Lebens mit seiner Mutter und seinen Wurfgeschwistern verbracht. Es ist von den Menschen,

41

die sich um das Kleine kümmern, liebevoll und konsequent behandelt worden und war dem Alltagsbetrieb innerhalb der häuslichen vier Wände ausgesetzt, wozu das Monster im Wandschrank (Staubsauger), der Sturm in der Kiste (Geschirrspüler) und das hochbewegliche haarlose kleine Schlabberding (Ihr Kleinkind) gehören. Die Liste ist natürlich nicht vollständig.

Ein unternehmungslustiger kleiner Kerl, der einen gesunden Eindruck macht.

Wenn Sie sich die Kätzchen anschauen gehen, sehen Sie sich gut um. Das Haus sollte einen sauberen Eindruck machen und auch so riechen. Das gleiche gilt für das Tierheim, falls Sie dahin gehen.

Versuchen Sie nach Möglichkeit die Katzenmutter kennenzulernen, denn was sie Ihrem neuen Freund genetisch und von ihrem Wesen her mitgibt, wird ihn entscheidend beeinflussen.

Nun aber zum lustigen Teil – dem Kennenlernen der Katzenkinder selbst.

Beobachten Sie zuerst ruhig, was passiert. Achten Sie auf dasjenige Katzenkind, das auf Sie zugeht, um Sie näher zu untersuchen und zu begrüßen. Kätzchen, die sich von Natur aus zu Menschen hingezogen fühlen, werden später die besten Hausgenossen. Es kann sein, daß junge Katzen von Menschen nicht so fasziniert sind wie ältere. Nehmen Sie ein Katzenspielzeug an einem Bindfaden mit, dann finden Sie heraus, welches Tier aktiv und neugierig ist. Sind die Katzenkinder richtig an Menschen gewöhnt, sollte es ihnen nichts ausmachen, hochgehoben zu werden. Sie sollten sich auf dem Arm rasch beru-

higen. Versteifen sie sich oder zeigen Anzeichen von Panik, wenn Sie sie anfassen, dann nehmen Sie kein Tier aus diesem Wurf. Es gibt viele kleine Kätzchen auf der Welt.

Ganz gleich, wie sehr Sie das scheue Katzenkind in der Ecke zu Tränen rühren mag, lassen Sie es in seiner Ecke. Aus einem scheuen Kätzchen entwickelt sich gewöhnlich später ein scheues Alttier. Und wenn es Ihnen nicht gerade besondere Freude macht, ein Heimtier zu füttern und zu versorgen, das Sie kaum zu Gesicht bekommen, dann nehmen Sie es nicht. Macht der ganze Wurf einen argwöhnischen Eindruck, lassen Sie sie alle, wo sie sind.

Denken Sie immer daran, daß Sie jetzt eine Verpflichtung eingehen, die Sie fast zwei Jahrzehnte bindet. Es besteht überhaupt kein Grund dafür, daß Sie sich mit weniger als Ihrer Traumkatze zufrieden geben. Es gibt buchstäblich Millionen von Katzenkindern, die jedes Jahr eine Heimat suchen. Irgendwo gibt es ihn, den idealen Freund für Sie. Haben Sie Geduld.

Mit Jungkatzen, die vor Ihnen weglaufen, fauchen oder in einer Ecke kauern, sollten Sie sich nicht einlassen. Das gleiche gilt für alle, die kratzen oder beißen, wenn sie hochgenommen werden. Treffen Sie stattdessen Ihre Wahl unter den vielen wunderbaren Katzenkindern, die gezielt auf Sie zugehen und denen es Freude macht, wenn man sie anfaßt. Wenn sie dabei auch noch schnurren, ist das ein prächtiges Zeichen.

Entscheiden Sie sich für ein gesundes Kätzchen. Herauszufinden, welche das sind, ist ziemlich einfach. Sie sind unternehmungslustig, haben ein glänzendes Fell, klare Augen und keinen Nasenausfluß. Sie sind schlank, weder dürr noch dickbäuchig. Wenn man sich Katzenkinder ansieht, kommt es vor allem auf die richtige Zeit an, denn man sollte ein schläfriges Katzenkind nicht fälschlich für lethargisch halten. Junge Katzen verausgaben sich beim Spielen und schlafen tief und fest, wie die meisten jungen Lebewesen.

Ausgewachsene Katzen

Ausgewachsene Katzen kann man weitgehend nach den gleichen Kriterien aussuchen. Noch bevor Sie irgendwohin fahren und sich Tiere ansehen, sollten Sie sich hinsetzen und sich vorzustellen versuchen, wie sich Ihr perfekter Hausgenosse verhalten würde. Wäre das eine unternehmungslustige Katze, die dauernd Unfug an-

stellt? Oder wäre das eher ein würdevoller Kater, der Sie mit allwissenden Augen ansieht? Mag Ihre Wunschkatze Menschen oder ist sie eher unnahbar? Machen Sie sich eine klare Vorstellung davon, welche Charakterzüge Ihnen wichtig sind, dann sind Sie besser imstande, entsprechend auszuwählen. Wenn es Ihnen schwerfällt, sich darüber klar zu werden, was Sie genau wollen, denken Sie an die Katzen, die Sie in Ihrem Leben erfreut haben. Welche Wesensmerkmale hatten sie?

Jetzt sind Sie soweit. Mit ausgewachsenen Katzen ist es einfacher, weil das, was Sie sehen, zu einem gewissen Grad auch das ist, was Sie bekommen, ausgenommen bei rolligen Weibchen. Eine rollige oder tragende Katze kann wahnsinnig freundlich und zärtlich sein. Das heißt nicht, daß das so blcibt, wcnn sic stcrilisicrt ist (und Sic lassen sie doch sterilisieren, nicht wahr?), es heißt aber auch nicht, daß die Katze sich ändert.

Entscheiden Sie sich für eine Katze, die sich so verhält, wie Sie sich das Verhalten Ihrer Katze vorstellen. Das läßt sich nicht immer einfach herausfinden, vor allem nicht in der Umgebung eines Tierheims, wo die Katze verängstigt und desorientiert sein kann, es ist aber nichtsdestotrotz eine gute Faustregel. Wenn Sie tatsächlich eine Katze finden, die in dieser Umgebung freundlich, verspielt oder entspannt ist, können Sie sicher sein, daß das wirklich ihrem Wesen entspricht. Ist sie erst bei Ihnen zu Haus und hat sich eingewöhnt, können diese Eigenschaften eventuell sogar noch deutlicher hervortreten.

Alltägliche Gefahren im Haushalt

Das alte englische Sprichwort „Neugier bringt die Katze um" trifft auf unseren kleinen Freund noch heute zu. Katzen können in alle möglichen gefährlichen Situationen geraten oder sich mit gefährlichen Substanzen einlassen, wenn wir nicht Maßnahmen zu ihrem Schutz ergreifen. Zum Glück läßt sich Ihr Heim mit ein bißchen vorausschauender Überlegung katzensicher machen.

Wäschetrockner

Katzen lieben warme, gemütliche abgeschlossene Plätze über alles, wo sie sich zusammenrollen und ein Nickerchen machen können. Wäschetrockner sind gemütliche abgeschlossene Plätze. Halten Sie die Einfüllöffnung im-

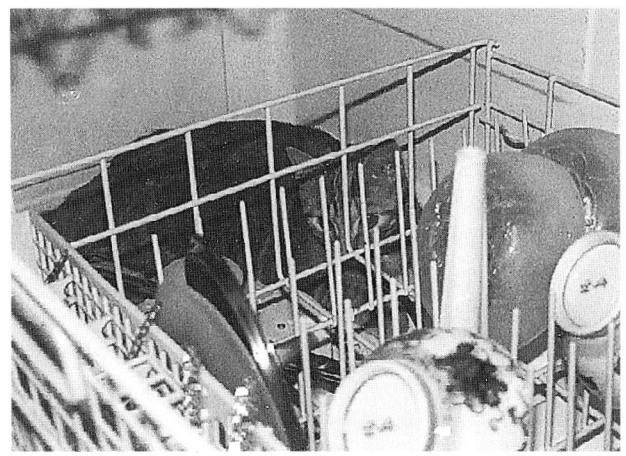

Pumpkin ist hinreißend, aber wenn er ein Nickerchen im Geschirrspüler macht, befindet er sich in Gefahr.

mer geschlossen. Überprüfen Sie das Gerät kurz, ehe Sie es in Betrieb setzen, denn so manche friedlich schlummernde Katze hat schon einen frühen Tod gefunden, als der Trockner eingeschaltet wurde.

Chemikalien im Haushalt

Seien Sie vorsichtig bei der Auswahl Ihrer Reinigungsprodukte. Katzen vergiften sich besonders häufig im Haushalt, weil sie sich selbst sorgfältig putzen. Sie laufen über einen feuchten Fußboden, lecken ihre Pfoten und nehmen das auf, womit Sie den Boden gereinigt haben, was immer das ist.

Frostschutzmittel

Frostschutzmittel sind ein furchtbares Gift, sehr gefährlich durch den offensichtlich süßen, verlockenden Geschmack. Schon kleine Mengen können für Katzen tödlich sein. Wenn Sie auch nur den Verdacht hegen, Ihre Katze könnte etwas davon getrunken haben, laufen Sie zu Ihrem Tierarzt. Es ist die einzige Chance, die Ihre Katze hat. Da im Moment sicherere Frostschutzmittel entwickelt werden, machen Sie diese ausfindig und benutzen lieber diese Mittel.

Rutschgefährdete Möbel

Wenn Katzen springen und auf der Kante eines Regals oder Tisches landen, üben sie im Moment des Auftreffens

BITTE DRAUSSEN BLEIBEN!

Wenn Sie eine Katze haben, die von einem bestimmten gefährlichen Haushaltsgerät fasziniert ist, sei es ein Herd, ein Kühlschrank oder was immer Sie haben, dann bringen Sie ihr auf der Stelle bei, was für ein dummer Einfall das ist. Wenn sie in den Herd springen will, öffnen Sie die Klappe, wenn das Gerät ganz sicher abgeschaltet und kalt ist, und lassen Sie sie hinein. Dann schließen Sie die Klappe und schlagen fünf bis zehn Sekunden lang von außen dagegen. Machen Sie richtig Krach! Anschließend öffnen Sie die Herdklappe. Ihre Katze wird herausflitzen, als ob jemand hinter ihr her wäre. Aller Wahrscheinlichkeit nach wird sie nie mehr eine Pfote in Ihren Herd setzen. Gut so! Wir hoffen, daß es so ist.

45

einen erstaunlich hohen Druck darauf aus. Ist die betreffende Stelle instabil, befindet sich die Katze in einer schwierigen Situation. Überprüfen Sie Ihre Möbel. Üben Sie Druck auf die Kanten aus, und befestigen Sie sie, wenn sie wackeln. Auch lose aufeinandergelegte Bücher oder Zeitschriften, die eine Tischkante überragen, stellen ein Risiko dar. Die Katze springt in dem Glauben, der Untergrund sei stabil, auf diese Kanten, und alles fällt nach unten. Aktenschränke, bei denen die Schubladen offen stehen, lassen sich kaum im Gleichgewicht halten. Eine Katze, die auf die Schublade springt, kann ohne weiteres das Ganze zum Umkippen bringen – mit verheerenden Folgen.

WC-Reiniger

Im Wasserkasten hängende WC-Reiniger sind extrem gefährlich für Tiere. Wir würden so etwas nie verwenden; eine stets blitzende Toilettenschüssel ist es kaum wert, daß eine Katze ernsthaft krank wird. Wir putzen die Schüssel stattdessen auf die altmodische Art, mit einer Bürste, etwas Reiniger und ein bißchen Muskelkraft. Anschließend halten wir den Deckel während der ersten zwei oder drei Spülvorgänge geschlossen, damit wir sicher sein können, daß das chemische Mittel weggespült ist.

Fenster und Balkone

Anscheinend glauben die Leute, weil Katzen auf den Pfoten landen, besäßen sie irgendeinen wunderbaren angeborenen Sinn, der sie vor großen Höhen warnt. Falsch! Jahr für Jahr stürzen Tausende von Katzen aus offenen Fenstern und von Balkonen herab, wobei sie sich schwer verletzen oder sterben. Sicher, sie landen auf allen vieren, aber wenn sie aus dem 19. Stock fallen, hilft ihnen das nicht viel.

Besorgen Sie sich gute, stabile Fliegengitter für Ihre Fenster. Selbst eine winzige ungeschützte Öffnung kann für eine neugierige Katze mit ausgeprägtem Willen ein Risiko darstellen. Das gleiche gilt für Ihren Balkon: Beabsichtigen Sie, Ihren Stubentiger auf den Balkon zu lassen, so sichern Sie ihn vorher mit Gittern oder Netzen. Diese müssen so stabil und fest angebracht sein, daß sie auch dann halten, wenn sich Ihre Katze beim Toben und Spielen einmal mit voller Wucht dagegenwirft. Hier gibt

es einige Firmen, die sich auf Balkon- und Terrassensicherungen spezialisiert haben. Lassen Sie Ihre Katze niemals auf einen ungesicherten Balkon! Wenn sie vom Jagdtrieb gepackt wird, treten die Gefahren der Höhe in den Hintergrund. Ein Schmetterling oder ein Vogel wird viele Katzen dazu verleiten zu springen, mit entsetzlichen Konsequenzen. Ob Sie die Katze beaufsichtigen, spielt keine große Rolle, wenn innerhalb einer Sekunde ein Unglück passieren kann. Vermeiden Sie alle Situationen, in denen eine einzige falsche Einschätzung das Leben Ihrer Katze auslöschen kann. Bieten Sie ihr drinnen einen sicheren Ruheplatz auf der Fensterbank an, und machen Sie ihr klar, daß das eine weitaus bessere Idee ist.

Feuerstellen

Ein gut abschließender Kaminschirm ist etwas, das Sie sich aus einer ganzen Reihe von Gründen anschaffen sollten, wenn Sie ein Kätzchen oder eine neue Katze haben. Zu allererst sind Katzen, die einen entsprechenden Grund dafür haben, normalerweise also solche, die einen panischen Schrecken erlitten haben, durchaus in der Lage, in einen Schornstein zu klettern, und haben das auch schon getan. Murphys Gesetz zufolge handelt es sich dann unvermeidlich um eine weiße Katze, und/oder in der Nähe steht eine weiße Couch, auf die sich die Katze sofort zurückzieht, wenn sie wieder herunterkommt.

Zweitens bildet Asche eine wunderbare Alternative zum Katzenklo. Damit steht Ihnen, wenn Sie das nächste Mal Feuer anmachen, eine ganz neue Sinneserfahrung bevor.

Drittens kann der Katze ein warmer Aschenkasten als angenehmes Ruheplätzchen erscheinen. Das Ergebnis sind versengte Pfoten oder Schlimmeres.

Und schließlich sind nicht wenige Katzen von Flammen fasziniert. Schutz vor offenem Feuer jeglicher Art ist zwingend geboten.

Automotoren

Wenn es regnet oder an kalten Tagen bietet der Motorraum eines Autos ein behagliches Versteck. Wenn der Wagen kurz zuvor gelaufen ist, bietet er sogar ein warmes Versteck. Das Problem liegt auf der Hand: Was geschieht, wenn jemand den Wagen anläßt?

Als ich dreizehn war, mußte ich mich mit dieser Horrorvorstellung auseinandersetzen. Meine Mutter fuhr zum Einkaufen und merkte nicht, daß sie unser schwarzes Kätzchen, Snowball, in der Einfahrt zurückließ. Snowball hatte offenbar auf dem Keilriemen gesessen, als der Wagen angelassen wurde. Die Haut hing in Fetzen an ihrem winzigen Körper.

Ich kann mich erinnern, wie ich aus dem Fenster schaute und sie sah. Daß ich den Wäschekorb packte und sie hineinlegte, ist mir nicht mehr bewußt. Woran ich mich aber noch erinnern kann, ist, daß ich verzweifelte Rufe ausstieß, um jemanden zu finden, der ein Auto hatte und uns zum Tierarzt bringen konnte.

Katzen und Autos passen nicht zueinander.

An jenem Tag sah ich dem Tod ins Auge. Ich werde es nie vergessen. Heute scheuche ich Katzen erbarmungslos von Autos weg. Wenn ich eine Katze unter einem Wagen sehe, bewerfe ich sie händeweise mit Kies oder Dreck, hämmere auf der Motorhaube herum und mache allen möglichen Radau. Ich möchte, daß sie lernen wegzurennen, wenn sie einen Menschen in der Nähe eines Autos sehen. Sie sollen rennen! So etwas zu tun, ist nicht gerade nett, aber viel besser für alle Beteiligten, als so einen Tod zu riskieren.

Mottenkugeln

Ach, was für ein herrlicher Spaß! Sie rollen, sie machen interessante Geräusche, wenn sie herumspringen. Sie passen genau ins Mäulchen. Welche Katze könnte ihrem

48

Zauber widerstehen? Nicht viele, und das ist das Problem. Mottenkugeln sind giftig. Bewahren Sie sie unbedingt außerhalb der Reichweite Ihrer Katze auf.

Messer, Küchenmaschinen, Stahlwolle und andere Gefahren

Katzen belecken und fressen alle Gegenstände, die gut schmecken. Lassen Sie das Messer, mit dem Sie soeben einen Braten tranchiert haben, auf dem Arbeitstisch liegen, wird Ihre Katze wahrscheinlich die Klinge ablecken und sich möglicherweise ernsthaft die Zunge zerschneiden. Gleiches gilt für die Schneidemesser der Küchenmaschine. Lassen Sie die Stahlwolle, mit der Sie gerade die Bratpfanne gesäubert haben, in der Spüle liegen, dann wundern Sie sich hinterher nicht, wenn sie feststellen, daß sie teilweise aufgefressen wurde. Spülen Sie Messer nach Gebrauch ab und bewahren Sie Stahlwolle im Schrank auf. Treffen Sie Vorsichtsmaßnahmen.

Knochen

Knochen vom Hähnchen, Truthahn oder Schwein, Fischgräten – alle kleinen Knochen, die sich leicht zerbeißen lassen, sind eine Verlockung für Ihre Katze. Solche kleinen Knochen können splittern und, wenn sie verschluckt werden, innere Verletzungen verursachen. Achten Sie darauf, sie in einen Müllbehälter zu werfen, den Ihre Katze nicht aufbekommt.

Bindfäden, Bänder und Nähgarn

Fäden sind ein wunderbares Spielzeug, wenn Sie selbst daran ziehen, aber sie werden sofort zur Gefahr, wenn sie verschluckt werden. Das gilt besonders dann, wenn an dem Faden, den die Katze frißt, eine Nadel hängt. Bindfaden- oder Garnenden können sich, mit oder ohne Nadel, im Darmtrakt Ihrer Katze verheddern und Schmerzen, Verletzungen, eventuell sogar den Tod verursachen. Räumen Sie diese Dinge weg, wenn Sie nicht im Haus sind. Fällt Ihnen auf, daß am vorderen oder hinteren Ende Ihrer Katze ein Bindfadenende heraushängt, ziehen Sie NICHT daran. Wenn es sich innen verknotet hat, kann das Ziehen innere Verletzungen hervorrufen. Schnappen Sie sich statt dessen Ihre Katze und gehen Sie mit ihr zum Tierarzt. Dies ist ein echter NOTFALL!

49

Heftzwecken und Nadeln

Katzen lieben alles, hinter dem sie herjagen können. Heftzwecken, vor allem die mit den Plastikkappen, sind, zumindest für Ihre Katze, wunderbare Spielsachen, die springen, wenn sie danach schlägt. Die potentielle Gefahr liegt auf der Hand. Halten Sie sie unter Verschluß, schließen Sie Ihr Nähkästchen und räumen Sie Ihre Utensilien weg.

Arzneimittel

Verabreichen Sie Ihrer Katze niemals Medikamente, die für Menschen bestimmt sind, es sei denn, Ihr Tierarzt hat es Ihnen ausdrücklich gesagt. Das in aspirinfreien Schmerz- und fiebersenkenden Mitteln enthaltene Acetaminophen kann für Katzen tödlich sein. Genau so giftig ist Ibuprofen, das in einer Reihe anderer Präparate enthalten ist. Auch Aspirin selbst ist für Katzen gefährlich. Vorsicht, Tabletten können töten! Mit Medikamenten, die Ihnen der Arzt verschrieben hat, sollten Sie ebenso vorsichtig umgehen. Katzen macht es einen Riesenspaß, hinter Pillen und Tabletten herzujagen, doch sie sind tödlich. Halten Sie die Deckel fest verschlossen und bewahren Sie sie an einem sicheren Platz auf.

Türen

Wenn Sie eine schwere Tür hinter sich zuschlagen, kann das ein Katzenkind töten und eine ausgewachsene Katze schwer verletzen. Schauen Sie sich immer um, wenn Sie eine Tür schließen, und schließen Sie sie mit Bedacht. Eine kleine Katze, die auf Abenteuer aus ist und ihrem besten Freund erwartungsvoll hinterherläuft, sollte nicht aus Unachtsamkeit verletzt werden oder gar Schlimmeres erleiden. Auf Seite 270 finden Sie genauere Hinweise, wie Sie verhindern können, daß Ihnen die Katze durch die Tür entwischt.

Schlafcouchen

Vorsicht beim Ausziehen und Zusammenschieben. Wird das Bett plötzlich aufgeklappt oder ruckartig zusammengeschoben, können Katzen, die sich unter dem Bettzeug zusammengerollt haben oder von unten ins Bett geklettert sind, verletzt werden. Überprüfen Sie das Bett, ehe Sie es zusammenschieben und klopfen Sie, bevor Sie es ausziehen, einige Male kräftig auf die Sitzfläche, wenn Ihre Katze nirgends zu sehen ist.

Kochplatten

Zarte Pfoten können sich an elektrischen Kochplatten leicht verbrennen. Indem Sie Ihrer Katze abgewöhnen, sich überhaupt auf dem Herd aufzuhalten, sie auch nicht auf die Arbeitsflächen lassen und Abdeckhauben verwenden, tun Sie bereits sehr viel, um äußerst schmerzhafte Fußverbrennungen zu verhindern. Setzen Sie Wasserkessel immer im hinteren Herdbereich auf, damit es nicht zu Verbrühungen durch überkochendes Wasser kommt.

Gefährliche Pflanzen

Es gibt eine erstaunlich große Zahl von Pflanzen, die für Katzen auf diese oder jene Art giftig sind. Hier folgen einige der verbreitetsten: Alpenveilchen, Amaryllis, Aronstab, Azaleen, Buchsbaum, Calla, Christrose, Christusdorn, Clematis, Dieffenbachie, Eibe, Efeu, Fingerhut, Hortensien, Kakteen, Liguster, Maiglöckchen, Mistelzweige, Narzissen, Nesseln, Philodendron, Prachtwinden, Schwertlilien, Stechpalme, Wisterien und viele andere. Die Liste ist nicht vollständig. Wenn Sie Grund zu der Annahme haben, daß Ihre Katze krank ist, weil sie an einer Pflanze geknabbert hat, nehmen Sie die Katze und etwas von der Pflanze mit und fahren Sie rasch zum Tierarzt. Manche Pflanzen sind extrem, andere weniger giftig, aber lassen Sie Ihren Tierarzt entscheiden, worum es sich genau handelt.

Gefahren bei Festen und an Feiertagen

Feiertage – Tage, an denen Familientreffen stattfinden, an denen Menschen sich merkwürdig verhalten und wo verrückte Dinge passieren – können für Ihre Katze aus ganz unterschiedlichen Gründen eine gefährliche Zeitspanne darstellen. Die Gründe können in der Tat so vielfältig sein, daß wir diesem Thema einen eigenen Abschnitt widmen.

Lassen Sie uns, bevor wir die Dinge im einzelnen ge-

51

HILFE BEI VERGIFTUNGEN

In den USA gibt es eine Notrufzentrale, die an 365 Tagen im Jahr rund um die Uhr besetzt ist. Sie arbeitet nicht gewinnorientiert. Tierärzte und Techniker helfen dort allen Haustierhaltern, deren Tiere sich durch das Aufnehmen giftiger Substanzen in akuter Gefahr befinden. Vergleichbare Notdienste gibt es in Deutschland, Österreich und der Schweiz leider noch nicht. Allerdings gibt es in den meisten größeren Ortschaften einen tierärztlichen Notdienst, dessen Bereitschaftszeiten und dessen Telefonnummer Sie für den Fall der Fälle stets griffbereit haben sollten. Sitzt Ihre Katze „in der Klemme", zum Beispiel auf einem Dach, in einem Baum oder an anderer unerreichbarer Stelle, hilft meistens die örtliche Feuerwehr.

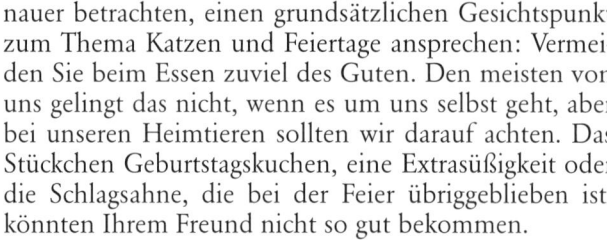

nauer betrachten, einen grundsätzlichen Gesichtspunkt zum Thema Katzen und Feiertage ansprechen: Vermeiden Sie beim Essen zuviel des Guten. Den meisten von uns gelingt das nicht, wenn es um uns selbst geht, aber bei unseren Heimtieren sollten wir darauf achten. Das Stückchen Geburtstagskuchen, eine Extrasüßigkeit oder die Schlagsahne, die bei der Feier übriggeblieben ist, könnten Ihrem Freund nicht so gut bekommen.

Wenn das Tier unbedingt an den Festivitäten beteiligt werden soll, bieten Sie ihm ein Stück mageres, ungewürztes Fleisch oder einfaches gedämpftes Gemüse an. Ist es mehr als das, dann machen Sie uns nicht verantwortlich, wenn sich das Tier um zwei Uhr morgens auf Ihr Kissen erbricht.

Menschen leiden an Feiertagen unweigerlich unter Streß, und an Ihrer Katze geht das nicht spurlos vorbei. Versuchen Sie sich auch dann, wenn es hoch hergeht, ab und zu ein paar Minuten Zeit zu nehmen, die Sie mit Ihrem vermutlich ziemlich irritierten Zimmertiger verbringen. Es muß ja nicht lange dauern, aber eine oder zwei Minuten, in denen Sie Ihren Hausgenossen streicheln und ihm gut zureden, tragen schon viel dazu bei, ihm klarzumachen, daß alles in Ordnung ist.

Weihnachten

Verankern Sie den Baum! Oder stellen Sie ihn in einem Zimmer auf, das sich gegenüber dem übrigen Teil des Hauses leicht absperren läßt. Wir haben es schon erlebt, daß Katzen einen Baum in voller Pracht umgerissen haben. Ein unvorstellbares Durcheinander! Lametta oder alles andere, was dünn und lang ist und verschluckt werden kann, ist gefährlich. Gehen Sie vorsichtig mit den Aufhängevorrichtungen des Baumschmucks um und lassen Sie sie nicht herumliegen. Lichterketten können zum Beknabbern einladen, offenbar zumindest dann, wenn man eine Katze ist. Wenn Sie ein paar Mark in ein in fast jeder Zoohandlung erhältliches Spray investieren, das der Katze das Knabbern verleidet, ist das sicher gut angelegtes Geld. Besprühen Sie die Kabel großzügig damit, bevor Sie die Lichter anbringen. Legen Sie beim Einsprühen Zeitungen unter die Kabel, weil die Sprays Alkohol enthalten können, der manche Oberflächen angreift. Fixieren Sie die Lichtleitungen von der Steckdose bis zum Baum mit Klebeband an der Wand, damit sie nicht einladend herumhängen. Ziehen Sie, wenn die Lich-

ter nicht brennen, den Stecker heraus. Das trägt ebenfalls dazu bei, Zwischenfälle zu vermeiden.

Zerbrechlicher Weihnachtsschmuck ist natürlich gefährlicher als alles andere. Die beste Vorsichtsmaßnahme besteht darin, darauf zu achten, daß der Baumschmuck fest und sicher hängt. Wenn er nicht bei jedem Stoß herunterfällt, zerbricht so leicht nichts. Gut geeignet sind kleine Drahtenden, die Sie mit zwei Fingern an den Zweigen festdrehen können. Grüner Blumendraht ist leicht zu handhaben, fällt im Baum nicht auf, und bei den meisten von uns liegen rauhe Mengen davon irgendwo in der Küchenschublade.

Verschiedene traditionelle Weihnachtspflanzen wie Misteln und Stechpalmen sind für Katzen giftig. Sorgen Sie dafür, daß sie nicht in die Reichweite Ihrer samtpfotigen Freunde gelangen, und gehen Sie die Liste der giftigen Pflanzen im Hinblick auf andere mögliche Gefahren durch.

Kodak sieht süß aus, wenn sie sich unter dem Weihnachtsbaum zusammenrollt, aber unbeaufsichtigt sollte sie dort nicht bleiben.

Silvester, Rosenmontag und andere lautstarke Feste

Lassen Sie Ihre Katze nicht auf die Straße! Auch Katzen, die es gewohnt sind, draußen frei herumzulaufen, sollten bei solchen Gelegenheiten im Haus bleiben, vor allem, wenn Ihr Freund schwarz ist. Es gibt merkwürdig veranlagte Zeitgenossen, die es witzig finden, an diesen Tagen Katzen zu ärgern. Da die Haustür oft geöffnet und geschlossen wird, bringen Sie die Katze mit allem, was ihr das Leben erleichtert, in einem Extrazimmer unter. Dann hängen Sie ein Schild mit der Aufschrift „Nicht öffnen!" an die Tür. Umgeben von Futter, Wasser, Katzenklo und Schlafkorb, wird Ihre Katze den Abend friedlich verdösen, anstatt auszureißen und sich draußen zu erschrecken oder zum Opfer übler Scherze zu werden.

Viele Tiere haben Angst vor Knallkörpern und Raketen, und auch hier gilt: Gemein veranlagte Mitmenschen könnten sich einen Spaß daraus machen, Ihre Katze mit Krachern zu bewerfen. Es ist kaum zu glauben, passiert aber jedes Jahr wieder. Stellen Sie im Katzenzimmer leise das Radio oder Fernsehen an, die Geräusche können dann dazu beitragen, den Lärm von draußen zu übertönen.

Eines meiner Erlebnisse zum Thema Katzen und Feiertage, an das ich besonders gern zurückdenke, hat mit dem Thanksgiving Day zu tun, an dem in den USA traditionell ein Truthahn serviert wird. Meine Katze Licorice fraß das Brustfleisch des Familienputers auf, während er zum Abkühlen auf dem Küchentisch stand. Meine Mutter, die so leicht nichts erschüttern konnte, drehte den Vogel einfach um und tischte ihn trotzdem auf.

Solche Dinge können passieren, vor allem, wenn man das Haus voller Gäste hat, die die Türen fortwährend öffnen und schließen. Ehe ich anfange zu kochen, bringe ich die Katzen mit allem, was sie brauchen, in einem Extrazimmer unter, bringe an der Tür einen Hinweis an und widme mich weiter meinen Essensvorbereitungen. So bleibt die Katze in Sicherheit, das Essen verläuft weniger hektisch, und ich brauche mir keine Sorgen zu machen, daß die Katze nach draußen rennt, wenn Onkel Leon „wirklich zum allerletzten Mal" zu seinem Wagen hinausläuft.

Geben Sie das übriggebliebene Truthahngerippe nicht Ihrer Katze. Das Fleisch ist ein köstlicher Leckerbissen, doch gekochte Knochen splittern leicht und können Ihre

54

Katze von innen harpunieren. Wenn Sie die Knochen wegwerfen, bringen Sie den Müll gleich nach draußen in eine abgedeckte, katzensichere Tonne. Überlassen Sie nichts dem Zufall!

Das brauchen Sie für Ihre Katze

Näpfe

Als Futter- und Trinknäpfe eignen sich am besten solche aus rostfreiem Stahl oder Keramik. Beides ist leicht sauberzuhalten, spülmaschinenfest und hält lange. Wir verwenden ausschließlich Näpfe aus rostfreiem Stahl, weil sie nicht zerbrechen. In unserem Haus ist das stets ein Vorteil.

Plastiknäpfe sind keine gute Wahl. Plastik nutzt sich ab, und wenn die Ränder rauh werden, verstecken sich in den Rissen Bakterien. Sie können die Haut Ihrer Katze reizen, indem sie Ausschlag oder Ekzeme hervorrufen. Vermeiden Sie solche Schwierigkeiten und entscheiden Sie sich für andere Näpfe.

Wir verwenden für unsere Katzen kleine Näpfe, die ungefähr eine Tasse oder etwas mehr fassen. Sie lassen sich leicht säubern und handhaben und erlauben es mir außerdem, die Futtermengen ziemlich genau zu dosieren. Größere Gefäße veranlassen mich fast immer dazu, mehr einzufüllen, als die Katze braucht, weil die Portion in dem größeren Napf so klein wirkt. Einzig und allein als Trinkgefäß benutzen wir dann einen größeren Napf, wenn wir mehr als eine Katze im Haus haben. Wir ermuntern unsere Katzen gern zum Trinken, deshalb sorgen wir dafür, daß sie zu jeder Zeit Wasser zur Verfügung haben.

Mehr als zwei Näpfe pro Katze brauchen Sie nicht, aber wir kaufen mehrere, so daß wir einige in Gebrauch haben können, während die anderen gespült werden.

Spielzeug

Spielsachen gibt es in allen Formen und Größen. Alles, hinter dem man herjagen und auf das man mit einem Satz springen kann, ist bei Katzen sehr beliebt. Der Jagdinstinkt ist bei unseren Zimmertigern stark, und wenn man ihnen eine Möglichkeit bietet, ihn auszuleben, verhindert man Probleme schon im Entstehen.

Viele geeignete und erprobte Spielsachen für Katzen haben Sie schon in diesem Augenblick bei sich zu Haus. Auf den Seiten 97 – 100 finden Sie eine entsprechende Auflistung.

Pflegeutensilien

Je nachdem, was für ein Fell Ihre neue Katze hat, benötigen Sie zur Pflege unterschiedliche Hilfsmittel. Ein Kamm ist ein ausgezeichnetes Werkzeug, um Langhaarkatzen auszukämmen. Ein feingezähnter Kamm eignet sich gut dazu, abgestorbene Haare aus dem Fell zu entfernen, ganz gleich, wie lang es ist.

Flohkämme benutzen wir bei unseren Katzen ausgiebig und mit gutem Erfolg. Bei einem Flohkamm stehen die Zähne so dicht nebeneinander, daß Flöhe herausgekämmt werden, wenn man damit durchs Fell geht. Sie landen dann in einer Schale mit Seifenwasser, wo sie ertrinken. Wir weinen ihnen keine Träne nach.

Es ist angenehm, wenn man ein Pflegespray für das Fell zur Hand hat, vor allem im Winter, wenn elektrostatische Aufladungen das Kämmen zur Qual für alle Beteiligten werden lassen können.

Sprechen Sie mit Ihrem Tierarzt nicht nur über Kämme und Bürsten, sondern auch über die Zahnpflege. Für viele von uns ist der Gedanke an Zahnpflege bei unseren Hunden und Katzen neu, doch regelmäßige vorbeugende Pflege bedeutet für die Gesundheit Ihrer Katze und ihr Wohlbefinden im allgemeinen einen großen Unterschied.

Pflanzenschutzspray

Es gibt Sprays auf dem Markt, die Katzen das Abbeißen von Pflanzen verleiden sollen, vor allem dadurch, daß sie der Katze schlecht schmecken. Dies ist die Antwort auf das bekannte Katzenproblem (oder eigentlich: Katzenhalterproblem; den Katzen macht dieses Verhalten überhaupt nichts aus!) des Abfressens von Zimmerpflanzen. Die Sprays werden meist direkt auf die Pflanzen gesprüht.

Raumspray und Fleckenentferner

Ab und zu geht etwas schief. Ihre Katze kann sich erbrechen oder sich außerhalb des Katzenklos erleichtern.

Wenn das passiert, sollten Sie darauf vorbereitet sein. Nichts, und wir meinen wirklich: *Nichts* ist dann besser geeignet als ein speziell auf Haustiere abgestimmter Fleckenentferner. Besorgen Sie sich so etwas. Später sind Sie froh, daß Sie es getan haben.

Klettband

Klettband wird auf Rollen, in Ringen und in Blockform angeboten. Kaufen Sie das, was Sie brauchen, und benutzen Sie es, um damit Vasen, Lampen, Buchstützen und andere Gegenstände, die leicht umkippen, am Tisch oder am Regal zu befestigen. Ein bißchen Vorbeugen ist besser als eine Viertelstunde zu putzen. Floristen-Kitt kann genauso verwendet werden, um Gegenstände auf Oberflächen zu fixieren.

Ruheplatz am Fenster

Ein Fensterplatz ist ein Luxus, und zwar einer, den Ihre Katze genießen wird. Die meisten Katzen nehmen liebend gern Sonnenbäder. Wenn Sie ihr zu diesem Zweck ein Plätzchen an einem Sonnenfenster einrichten, machen Sie Ihrer Katze damit eine Freude. Es gibt vorgefertigte Liegeplätze, die auf der Fensterbank und an der Wand Halt finden und sich ohne viel praktische Kenntnisse anbringen lassen. Da unser Schlafzimmerfenster nach Süden hinausgeht, achten wir immer darauf, daß die Vorhänge aufgezogen sind, so daß die Sonne auf unser Bett scheint. Beide Katzen finden sich dort ein und wandern mit der Sonne über unsere riesengroße Matratze.

Katzenminze

Ungefähr die Hälfte bis zwei Drittel aller Katzen reagieren auf Katzenminze; die übrigen zeigen überhaupt kein Interesse daran. Wenn Ihre Katze aber zu denen gehört, die sich gern ausgiebig darin wälzen, legen Sie sich einen Vorrat davon an. Wir haben einen kleinen Beutel davon im Kühlschrank. Alle paar Wochen nehmen wir es heraus und geben unseren Katzen etwas davon. Ben mag es ganz gern, Emily ist wild darauf.

Katzenminze bietet Katzen eine gute Möglichkeit, sich zu entspannen und ein bißchen Dampf abzulassen. Wir empfehlen nicht, es Katzen zu geben, die sich in Ag-

gressionsstimmung befinden, da es in bezug auf Aggression eine enthemmende Wirkung ausübt und die Wahrscheinlichkeit, daß es zu Zwischenfällen kommt, nicht verringert, sondern vergrößert. Doch es kann Katzen helfen, die infolge von Streß und/oder Langeweile zu Aggression neigen, wenn man es ihnen gibt, wenn sie ruhig sind.

Transportkörbe

Ein guter Katzentransportbehälter gehört zum besten, was Sie in puncto Sicherheitsausrüstung für Ihre Katze anschaffen können. In einem Transportkorb ist die Katze sicher aufgehoben, ganz gleich, ob sie mit dem Wagen, im Flugzeug, im Bus, Taxi oder Zug unterwegs ist. Da das so ist, ist der Kauf des richtigen Transportbehältnisses eine wichtige Investition in die Sicherheit Ihres Tieres. Es gibt optisch sehr schöne Weidenkörbe, die aber meist nicht ausbruchsicher sind und auch später von den Tieren als Ruheplatz nur selten aufgesucht werden.

Ein Transportbehälter aus Hartplastik hält ein ganzes Katzenleben und länger. Er ist stabil, sicher und leicht zu säubern; die Katze findet Schutz und hat es gemütlich – unserer Meinung nach die beste und einzig mögliche Wahl. Wenn Sie wissen wollen, wie Sie Ihrer Katze beibringen, bereitwillig in so einen Behälter zu gehen, lesen Sie bitte auf den Seiten 155 – 158 nach. Es muß wirklich nicht in einen Kampf ausarten.

Kratzbäume

Ein Kratzbaum ist für Katzen ein ganz persönlicher Gegenstand, so wie für Sie ein Rasierapparat oder eine Haarbürste. Katzen bevorzugen eine ganze Bandbreite verschiedener Ausführungen; gehen wir also die am häufigsten angebotenen und bei Katzen beliebtesten einmal durch. Es kommen dauernd Neuentwicklungen auf den Markt, aber die brauchbaren Modelle weisen normalerweise folgende Merkmale auf:

Sie sind in erster Linie strapazierfähig. Katzen mögen keine Kratzbäume, die sich von der Stelle bewegen. Ein guter Kratzbaum oder ein Kratzbrett bleibt deshalb an Ort und Stelle, wenn es die Katze benutzt. Aus diesem Grund werden die meisten Ausführungen, die man am

58

Türgriff aufhängen kann, nicht so bereitwillig angenommen wie stabile Modelle für den Boden oder die Wand.

Zum zweiten müssen sie hoch oder lang genug sein. Wenn Sie sich fragen, welche Höhe am besten geeignet ist, messen Sie eine der Stellen aus, an denen Ihre Katze gern ihre Krallen schärft. Das ist seine oder ihre Vorstellung davon, wie ein perfekter Kratzbaum auszusehen hat, warum sollten Sie also dagegen ankämpfen? Ist Ihr Tier neu im Haus, messen Sie die Höhe Ihres Sofas, damit liegen Sie gewöhnlich nicht sehr falsch. Und bitte werfen Sie den Kratzbaum nicht hinaus, wenn er anfängt, zerfetzt auszusehen. Genau wie eine alte Hose, die man besonders gern mag, werden Kratzbäume gerade dann richtig schön, wenn sie allmählich schäbig aussehen.

Abgesehen von der Höhe muß es sich auch um das richtige Material handeln. Hier folgen einige der gebräuchlichsten Bezugsmaterialien:

Teppich

Ben ist bei uns zu Haus der Teppichkönig. Wir haben einen dreistöckigen Kratz- und Kletterbaum, den er sehr gern hat, und den sucht er zum Kratzen auf. Wenn er sich daran hinaufreckt, macht er vor oder nach dem Kratzen gern ein Päuschen, lehnt sich zurück und streckt sich langsam und ausgiebig.

Sisal

Eine seit jeher beliebte Auflage für Katzenkratzbäume, die Katzen Spaß macht. Das einzige, was ich dagegen einwenden kann, ist, daß die Sisalseile normalerweise horizontal um den Pfosten gewickelt werden, während die Ergebnisse der wissenschaftlichen Forschung zeigen, daß Katzen zum Kratzen Materialien mit vertikaler Laufrichtung bevorzugen. Sie ziehen die Krallen gern von oben nach unten und zerfetzen dabei das Material. Je mehr Fetzen, desto glücklicher die Katze. Trotzdem benutzen und genießen Millionen Katzen sisalbespannte Kratzbäume, ganz gleich, welche Laufrichtung das Material aufweist.

Baumrinde/Holz

Es kann nicht überraschen, daß viele Katzen Borke und Holz lieben. Manche haben ihren Spaß an bearbeitetem

Holz, andere mögen einen Stammabschnitt oder Ast, der von draußen ins Haus geholt wurde. Einen unbearbeiteten Stamm zu finden, ist sicher nicht schwer. Achten Sie nur darauf, daß er nicht fault oder von Schädlingen befallen ist, wenn Sie ihn hereinbringen. Für was Sie sich auch entscheiden: Befestigen Sie den Baum fest an einer Wand oder am Boden, so daß er nicht wackelt oder umfällt.

Katzenklo und Katzenstreu

Hier sind die wichtigsten Hilfsmittel, die Sie brauchen, wenn Sie mit Ihrem samtpfotigen Freund auf Dauer glücklich zusammenleben wollen. Wenn ihm diese Ausstattung zusagt, wird alles glatt gehen. Wenn nicht, achten Sie auf die nassen Flecken!

Das Katzenklo

Klokisten gibt es in verschiedenen Größen und Tiefen. Grundsätzlich gilt: Je größer die Wanne, desto besser, besonders wenn Sie einen jungen Kater haben. Sie werden sich wundern, wie groß er werden kann, deshalb sollten Sie entsprechend vorausplanen.

Beim Katzenklo hat man zwei Möglichkeiten: mit oder ohne Dach. Überdachte Wannen können für Halter von Katzen, die in der Box spritzen, sich während des Urinierens auf den Rand setzen oder ihren Kot außerhalb der Box absetzen, die viel Streu herausscharren oder, wenn die Natur ihr Recht fordert, zu den verschämteren Naturen gehören, ein Geschenk des Himmels sein. Sie können außerdem dazu beitragen, Fido abzuhalten, der immer den Katzenkot ausgräbt.

Überdachte Katzenklos sind nur in zweierlei Situationen von Nachteil: Zum einen, wenn Sie nach der Devise „Aus den Augen, aus dem Sinn" handeln. Wir haben mehr überdachte Klokisten gesehen, als uns lieb war, in denen sich die Exkremente so hoch türmten, daß wir uns nicht vorstellen konnten, wo die Katze hintrat, wenn sie in die Box ging. Die zweite mögliche Situation ist gegeben, wenn Ihre Katze die Box nicht benutzt. Wir haben einige Katzenklos mit sehr hohen Seitenwänden gesehen, an deren Vorderseite Türöffnungen ausgespart waren. Es sieht so aus, als sei das eine hervorragende Lösung für Katzen und ihre Menschen, für die ein Katzenklo mit

Dach eigentlich von Vorteil wäre, wo sich die Katze aber weigert, es zu benutzen.

Wenn sich Ihre Katze beim Urinieren hinhockt, die Streu nicht aus der Box wirft und beim Benutzen derselben keine besondere Scheu an den Tag legt, brauchen Sie wahrscheinlich keine, die über eine Abdeckung verfügt. Die Entscheidung liegt ganz bei Ihnen und Ihrer Katze.

Katzenstreu

Wie es aussieht, kommen alljährlich neue Produkte für das Katzenklo auf den Markt. Welches aus dieser Fülle ist für Ihre Katze das richtige? Das ist in erster Linie die Sache Ihrer Katze: Wenn Sie es benutzt, ist es das richtige. Hier folgen zu Ihrer Information einige Vor- und Nachteile einiger Arten von Katzenstreu, die im Handel erhältlich sind.

Ton

Ein seit langem sehr beliebtes Material. Es ist gewöhnlich leicht zu finden, ziemlich preiswert und wird von Katzen in den weitaus meisten Fällen akzeptiert, ist also gut geeignet. Auf der anderen Seite ist Ton schwer, und manche Marken neigen außerdem zur Staubbildung, was für Ihre Katze nicht gut ist.

Ohne uns allzu sehr in Einzelheiten zu verlieren, wollen wir nur sagen, daß Ton regional und von einem Hersteller zum anderen Unterschiede aufweist. Wenn Sie und Ihre Katze eines dieser Produkte wirklich mögen, dann bleiben Sie dabei. Gehen Sie nicht davon aus, daß Einstreu auf Tonbasis immer und überall gleich ist.

Einstreu mit Klümpchenbildung

Diese Streu soll das Sauberhalten des Katzenklos angeblich kinderleicht machen. Wir erfahren, der Urin der Katze bilde in der Streu eine Kugel, die man leicht direkt aus der Klokiste mit der Schaufel aufnehmen und wegwerfen könne. Kein Urin, kein Geruch, kein Grund, die Einstreu wöchentlich zu wechseln.

Wir haben diese Streu verwendet – aber nur kurz. Unser kastrierter Kater Ben hatte die Gebrauchsanweisung auf der Packung nicht gelesen. Als er urinierte, überschwemmte er eine Ecke der Klokiste. Daraus entstand

DAS WECHSELN DER KATZEN-STREU-MARKE

Grundsätzlich haben Sie zwei Möglichkeiten, dies behutsam zu tun. Die eine besteht darin, etwas von der neuen Einstreu mit der alten zu mischen. Wenn Sie die verschiedenen Fabrikate langsam gegeneinander austauschen, hat Ihre Katze Zeit, sich an den Wechsel zu gewöhnen. Loben Sie sie jedesmal überschwenglich, wenn sie das Katzenklo benutzt. Wenn Sie sie so dabei unterstützen, wird ihr das helfen, sich schneller umzustellen.

Die andere Möglichkeit ist, zwei Katzentoiletten nebeneinander aufzustellen und herauszufinden, welche Ihre Katze bevorzugt. Wenn keine zwingenden Gründe vorliegen, das Einstreufabrikat zu wechseln, dann lassen Sie Ihre Katze die Entscheidung treffen.

Es ist vielleicht keine schlechte Idee, wenn Sie Ihre Katze ein paar Tage lang im Katzenzimmer einsperren, falls Sie merken, daß sie sich weigert, die neue Einstreu zu benutzen. Auf diese Weise halten sich die Mißgeschicke in Grenzen. Viel Spaß beim Schaufeln!

keine niedliche kleine Kugel, sondern eine Urinmasse, die zerbröselte, als wir sie mit der Schaufel zu entfernen versuchten. Hatten wir uns in der Zeit vertan, waren die Stücke auch auseinandergebrochen, wenn Emily das Katzenklo benutzte. Weil die Einstreu extrem feinkörnig ist, fielen die abbröselnden Teilchen von der Schaufel. Das Geruchsproblem hatte sich etwas verringert, aber wir mußten die Streu immer noch regelmäßig wechseln. Und damit standen wir vor dem nächsten Problem. Das Zeug ist wie Zement. Das Auswaschen der Klokiste ist unglaublich mühsam, und anschließend verfestigen sich alle Teilchen in der Spüle. Das wiederum ist schwer zu beseitigen, und wir fürchten, es tut auch unseren Leitungen nicht besonders gut. Wir waren nicht sehr beeindruckt, deshalb kauften wir es nie wieder.

Zur Verteidigung des Produkts kann ich sagen, daß ich viele Katzen und Katzenbesitzer kenne, die auf das Zeug schwören. Die Entscheidung liegt bei Ihnen, doch so oder so: Es ist nicht gerade die Entdeckung des Jahrhunderts, als die es angepriesen wird.

Recyclingpapier, Maisspindel-Pellets, Weizenspelzen, Holzspäne

All diese Stoffe sind biologisch abbaubar, die meisten kann man in vernünftigen Mengen in der Toilette entsorgen, sie sind leicht und feuchtigkeitsabsorbierend – nicht schlecht.

Viele dieser Stoffe geben einen angenehmen Geruch ab. Einige fliegen öfter durch die Gegend, wenn die Katze darin scharrt. Alle haben ihre Vor- und Nachteile.

Weiteres Zubehör fürs Katzenklo

Toilettenbeutel

Eine tolle Idee! Bei Katzenhaltern, deren Tieren die Krallen entfernt wurden (was ohnehin verboten ist!), ist das bestimmt ein Hit, aber unsere Katzen haben beim Buddeln Löcher hineingerissen. Vielleicht tun Ihre das nicht. Einen Versuch ist es sicher wert.

Deosprays

Kurz gesagt: Wenn das Örtchen Ihrer Katze stinkt, machen Sie es sauber. Deosprays geben den Leuten das Gefühl, daß alles in Ordnung ist, wenn sie nur ein bißchen davon hineinträufeln. Das stimmt nicht. Verzichten Sie auf dieses Produkt und erledigen Sie einfach die Arbeit.

Streuschaufeln

Die sollten Sie unbedingt in Ehren halten. Ohne eine oder mehrere dieser Dinger hätte ich keine Katze. Wir besorgen uns die größte, die wir finden können, und bewahren sie direkt neben dem Katzenklo auf. Es vereinfacht unser Leben und hält die Katzentoilette sauber.

Als ich früher in einem Geschäft für Heimtierbedarf arbeitete, betrat eine nette ältere, spanischsprechende Frau den Laden. Sie ging im Laden herum und suchte offensichtlich nach etwas, entdeckte die Schaufel und fing an, mir auf spanisch alle möglichen Fragen zu stellen. Leider verstehe ich kein Spanisch. Deshalb rief ich, nachdem wir ein paar Minuten lang aneinander vorbeigeredet hatten, einen Freund an, der fließend Spanisch konnte und gab der Kundin den Hörer in die Hand. Sie sprach kurz mit ihm, äußerte einige Laute des Erstaunens, nickte, gab mir den Hörer zurück und verließ den Laden. Als ich den Hörer aufnahm, lachte mein Freund immer noch. Es stellte sich heraus, daß die Frau auf der Suche nach einem Löffel für Pasta war und die Katzenstreuschäufelchen fälschlich als solche angesehen hatte.

So etwas passiert einem nur in New York.

Häufig gestellte Fragen

Landen Katzen immer auf allen vieren?
Nicht immer, aber viel öfter, als es bei Ihnen oder mir der Fall wäre. Katzen haben einen wunderbaren Gleichgewichtssinn. Das ist zweifellos eine überlebenswichtige Fähigkeit, die sich bei dieser Tierart, die von Natur aus auf Bäume klettert, herausgebildet hat. Aber wie bringen sie das fertig?

Katzen landen auf den Füßen mit Hilfe eines winzigen Organs im Innenohr, das dem Gehirn sehr präzise signalisiert, in welcher Position sich der Kopf des Tieres befindet. Diese Positionsangabe ermöglicht der Katze, sich jederzeit über die Lage ihres Kopfes in Relation zum Boden zu orientieren. Sobald sich der Kopf mit der richtigen Seite nach oben befindet, folgt der Körper automatisch nach.

Wenn sich Ihr Mann das nächste Mal über all die Tiere beklagt, die Sie haben, sollten Sie ihm das hier zeigen!

Ich habe gehört, Katzen hätten etwas mit der Pest zu tun. Stimmt das?

Unbedingt. In jener Zeit wurden Katzen verfolgt, weil man sie für den Teufel in Tiergestalt hielt. In diesem Glauben machten die Leute Jagd auf Katzen und töteten sie in großer Zahl. Die meisten wurden ertränkt oder lebendig verbrannt. Während die Katzenpopulation schrumpfte, erlebten die Nagetiere eine Massenvermehrung, wie man sie vorher und nachher selten erlebte. Mit diesen Horden pelziger Nager verbreiteten sich zahllose Flöhe, die die Pest übertrugen. Als diese Flöhe in ganz Europa die Häuser und Wohnungen befielen, starb ein Großteil der Bevölkerung Europas eines langsamen, gräßlichen Todes.

Vielleicht die Vergeltung der Katzen?

Meine Freundin sagt, es gibt eine Katzenrasse, die kurze Beine hat wie ein Dackel. Ist das wahr?

Ja, es ist wahr. Es handelt sich dabei um die Munchkin-

64

Katze. Die Rasse entstand, wie viele andere auch, infolge einer Genmutation. Sie ist umstritten, denn einige Leute machen geltend, daß die Förderung dessen, was sie als Mißbildung betrachten, in der Folge zu Gesundheitsproblemen führen wird. Andere argumentieren, daß es sich bei solchen einmaligen Entwicklungen nicht unbedingt um etwas Schlechtes handeln muß. Wir denken darüber so: Je weiter sich ein Tier von dem entfernt, wozu es die Natur vorgesehen hat, desto mehr gesundheitliche Probleme werden sich vermutlich in der Zukunft daraus ergeben.

Ich habe den Eindruck, daß meine Perserkatze merkwürdig atmet. Es hört sich fast an wie Schnarchen. Ist das normal?
Meinen Sie normal für eine Katze oder normal für eine Perserkatze? Wegen ihrer verkürzten Nasenpartie haben manche Perser tatsächlich Probleme mit der Atmung. Wenn Sie sich Sorgen machen, fragen Sie Ihren Tierarzt danach.

Meine letzte Katze hat mir nie irgend etwas zerkratzt, aber mein neuer kleiner Kater klettert überall herum. Ist er einfach schlecht veranlagt?
Ihr Jungtier ist ein normales, gesundes, temperamentvolles Kätzchen. Wenn eine ältere Katze langsam gesetzter wird, fällt es mitunter schwer, sich ins Gedächtnis zu rufen, was sie als Jungtier alles angestellt hat. In seltenen Ausnahmefällen sind junge Katzen nicht besonders aktiv, aber das würde mich veranlassen, sofort zum Tierarzt zu gehen. Wohlerzogene Jungtiere sind nicht die Norm, und wenn Sie tatsächlich so eines hatten, rechnen Sie auf keinen Fall damit, daß Ihnen das noch einmal passiert. Ihr neuer Kater ist nicht schlecht veranlagt. Er ist einfach normal. Er muß beaufsichtigt werden, braucht gezielte Spielangebote und Einschränkungen. Seine Wildheit legt sich mit zunehmendem Alter. Es geht uns allen so.

Meine Katze legt sich auf jedes Buch, das ich lese. Wie kann ich das verhindern? Sie ist süß, aber sie macht es mir so schwer, ein Kapitel zu Ende zu lesen.
Die Katze erlaubt sich einen Spaß. Seien Sie konsequent, nehmen Sie Ihre Katze grundsätzlich vom Buch herunter, dann wird sie begreifen, worum es Ihnen geht. Wenn sie es trotzdem weiter tut, hilft ein kurzer Stoß aus einer Preßluftflasche. Das funktioniert, ohne die Ruhe des Augenblicks zunichte zu machen.

Meine kleine Katze jagt gern Fliegen.
Ist das in Ordnung?
Fliegenfangen ist im allgemeinen ein natürlicher und
harmloser Zeitvertreib, selbst wenn Ihr Kätzchen bei seinen Bemühungen Erfolg hat. Wir würden das nur dann
unterbinden, wenn wir kurz zuvor ein starkes Insektizid
benutzt hätten, von dem wir nicht wollten, daß unser
Kätzchen auch nur kleine Mengen davon aufnimmt. Allerdings verwenden wir solche giftigen Chemikalien
nicht im und am Haus, und wir können uns auch nicht
vorstellen, ein Mittel zu benutzen, das so toxisch ist, daß
das, was in einer Fliege enthalten ist, der Katze schaden
könnte. Dabei müßte es sich um ein ziemlich furchtbares Zeug handeln. In dem Fall ist die Heilung sicher
schlimmer als die Krankheit. Trotzdem sagen wir es hier
der guten Ordnung halber: Lesen Sie alle Warnhinweise
bei Insektenvernichtungs- und Pflanzenschutzmitteln,
ehe Sie sie benutzen.

Vorsicht geboten ist bei Bienen- und Wespenstichen:
Sie sollten für alle Fälle die Nummer des Tierarztes parat
haben. Wird Ihre Katze in den Hals oder Rachen gesto-
chen, kann nur sein rasches Eingreifen einen Er-
stickungstod verhindern.

Warum fühlt sich meine Katze offenbar zu meinen
Freunden hingezogen, die Katzen kein bißchen mögen?
Eine klassische Frage und eine klassische Verhaltensweise bei Katzen. Selbst zurückhaltende Katzen scheinen es
zu genießen, wenn Leute, die Angst vor Katzen haben, in
der Klemme sitzen. Ist der arme Mensch Allergiker, wird
die Katze wahrscheinlich besondere Ausdauer an den
Tag legen. Warum? Unserer Meinung nach liegt das daran, daß Katzen einen merkwürdigen Sinn für Humor haben.

Warum hat meine Katze eine rauhe Zunge?
Die Katzenzunge mit ihrer rauhen Oberfläche ist in vielerlei Hinsicht nützlich. Da Katzen zu den Tieren gehören, die sich selbst sauberhalten, verfügen sie mit ihrer
rauhen Zunge über eine eingebaute Mini-Wurzelbürste,
mit der sie hartnäckigem Schmutz zu Leibe rücken können. Auch ausgefallene Haare lassen sich damit ausgezeichnet entfernen, was für Ihre Katze ein zweischnei-
diges Schwert darstellt. Die Zunge hilft, die abge-
storbenen Haare aus dem Fell zu entfernen, doch dann
verschluckt die Katze eventuell viele davon, und in ihrem

Magen bildet sich ein Haarballen. Das Fressen von Gras dient dann dazu, diesen Haarballen auswürgen zu können.

Die Zunge erleichtert der Katze auch das Trinken, weil die Hornpapillen wie Hunderte winziger Täßchen funktionieren, die dazu beitragen, das Wasser ins Innere der Katze zu befördern.

Zu guter Letzt, sehr wichtig für wildlebende Katzen, hilft ihnen die rauhe Oberfläche dabei, die letzten Fleischreste von großen Knochen abzuraspeln. Geben Sie Ihrer Katze bitte keine Knochen, aber bei Wildkatzen dient die Zunge eben diesem Zweck.

Katzenkinder

Kleine Katzen sind zum Schreien komisch. Es sind reizende, spitzbübische, lebhafte, hinreißende, mitunter unangenehme, schnurrende Racker, die Ihren Haushalt mit eiserner Pfote regieren. Wenn sie ankommen, haben sie nur Katzenkinderkram im Kopf, wichtige Dinge, zum Beispiel, daß Nahrung – auf einem Teller oder in ihrem Napf – zum Fressen da ist. Senkrecht aufragende Dinge, Hosenbeine inbegriffen, sind zum Klettern da. Beinahe alles eignet sich zum Jagen. Ihre Knöchel sind dafür da, daß man sich dahinter versteckt und anderen auflauert. Und Sie – Sie sind ihr bester Freund oder ihre beste Freundin, der bequemste Platz zum Schlafen, der Beschützer, der immer aufpaßt, der Lieferant regelmäßiger Mahlzeiten, der beste Spielkamerad und der Pfahl, an dem am liebsten das Revier markiert wird.

Die Streiche, über die Sie sich vor zehn Minuten noch geärgert haben, sind Ihnen wirklich egal, wenn Sie spüren, wie sich eine winzigkleine Kugel an Ihren Hals kuschelt, die Wärme ausstrahlt und ein gewaltiges Schnurren von sich gibt. Oder wenn das Treteln an Ihrem Bein mit den winzigen nadelspitzen Krallen anfängt, angenehm weh zu tun. Oder wenn Sie das leise Miauen Ihres kleinen Freundes hören, der sich vorübergehend verlaufen hat und nach seinem ein und alles, nach Ihnen, sucht. Solche Dinge sind es, die all das Nachjagen, das Wegscheuchen, das ewige Drunterlangen und das Hinterherputzen der Mühe wert machen.

Diesen Zeitabschnitt voll und ganz zu genießen und dabei soviel Chaos wie möglich zu vermeiden ist weitgehend eine Sache der Planung und der Fähigkeit, das Unvermeidliche hinzunehmen. Katzenkinder erkunden ihre Umwelt; wo immer sie können, laufen sie überall hinein, fallen dahinter, klettern darauf, darunter oder darüber hinweg. Sie beknabbern Pflanzen, elektrische Leitungen, Bindfäden und Quasten. Sie sind nachtaktiv und neigen dazu, um Mitternacht irgend etwas total Verrücktes anzustellen und in aller Herrgottsfrühe um die Wette zu singen. Sie wollen auf alles hinaufklettern, vom Duschvorhang bis zu den teuersten Gardinen. Bereiten Sie sich also darauf vor! Mit ein wenig Verständnis und Planung kann diese möglicherweise anstrengende Zeit wunderschön, spaßig und gefahrlos verlaufen.

Machine Sie sich auf einiges gefaßt!

**IM KÄTZCHEN-
GANG DURCHS
HAUS**

Heben Sie die Füße
nicht vom Boden,
lassen Sie sie aufge-
setzt.
Bewegen Sic sich
gleitend fort,
langsam nur von Ort
zu Ort.
Ganz genau so sieht
das aus,
geh'n Sie im Kätz-
chengang durchs
Haus.

Vielleicht ein biß-
chen albern, aber
ernst gemeint. Immer
wenn bei Ihnen zu
Haus ein winziges,
wuseliges Katzentier
auf dem Boden her-
umläuft, gehen Sie
so, wie oben be-
schrieben.

Ihrem Katzenkind wird es gelingen, das versprechen wir
Ihnen, bis an Stellen vorzudringen, von denen sie nicht
geglaubt hätten, daß es überhaupt dahin kommen könnte. Hier sind einige der „klassischen" mißlichen Situationen, in denen man junge Katzen gefunden hat: Einge-
klemmt hinter Bücherregalen, die sich praktisch nicht
von der Stelle bewegen ließen; in altmodischen Sprung-
federrahmen steckengeblieben; eingekeilt in betriebs-
warmen Automotoren; bewegungsunfähig hinter dem
Kühlschrank. Und das sind nur einige wenige der offenbar zahllosen Möglichkeiten.

Bereiten Sie sich auf Ihren Neuankömmling vor. Gehen Sie durchs Haus und stellen Sie sich dabei vor, Sie
wären ein Kätzchen. Versperren Sie, soweit möglich, den
Zugang zu allen eventuell gefahrenträchtigen Hohlräu-
men. Diesen Zweck erfüllen kleine Pappschachteln oder
passend zugeschnittene Pappe, die die Öffnung abdeckt.
Geben Sie sich besondere Mühe, die Hohlräume hinter
den schwersten Möbelstücken abzudecken, denn die zu
verschieben kostet am meisten Anstrengung, und sie
zählen anscheinend zu den Plätzen, die Katzenkinder zuerst ausfindig machen. Wenn Sie die Zugangsmöglich-
keiten nicht versperren können, kleben Sie auf den Boden davor doppelseitiges Klebeband oder Dekofolie
(Klebeschicht nach außen), um das Tier davon abzuhalten, dahinter herumzustöbern.

Dann überprüfen Sie alle waagerechten Oberflächen.
Nehmen Sie alles, was klein ist und dazu verleitet, damit
herumzuspielen, fort und verstauen Sie es, desgleichen
alles, was leicht zerbricht. Lampen und andere Dinge, auf
die man nicht verzichten kann, lassen sich mit Klettband-
aufklebern, doppelseitigem Klebeband oder Blumenkitt
befestigen. Überprüfen Sie Ihre Bücherstützen; vergewissern Sie sich, daß sie sich nicht ohne weiteres ver-
rücken lassen, und sollte das doch der Fall sein, befestigen Sie sie. Eine Kaskade fallender Bücher kann Ihren
neuen kleinen Wirbelwind verletzen.

Raffen Sie die Gardinen während der ersten paar Monate hinter den Aufhängevorrichtungen, damit sie für eif-
rige Klettermaxen außer Reichweite sind. Mit einem guten Kletterbaum mit Sitzbrettern, der vom Boden bis zur
Decke reicht, schaffen Sie es leicht, daß Ihre Katze ihr
Kletterbedürfnis darauf konzentriert. Katzenkinder klettern sowieso, also können Sie ihnen ebensogut etwas an-

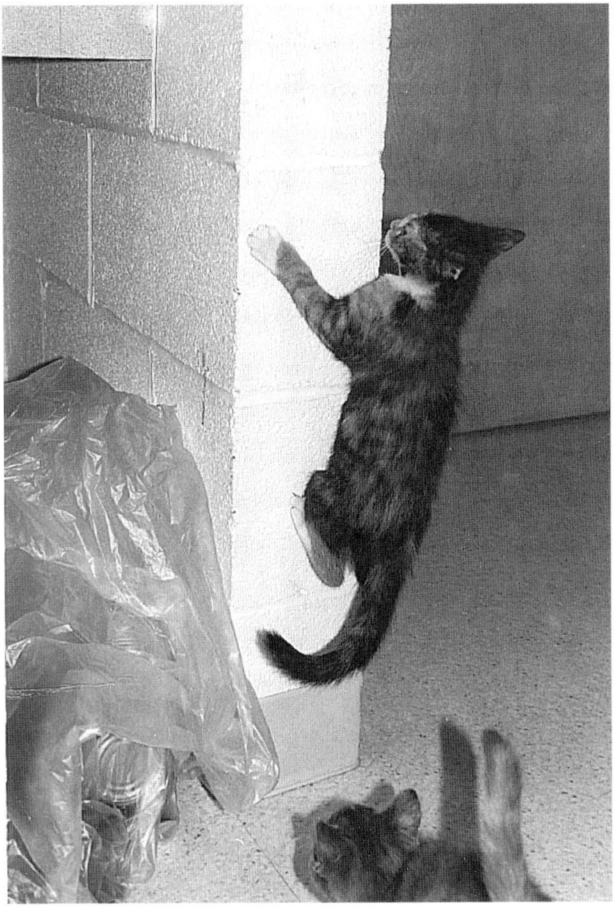

Vielleicht haben Sie mitunter das Gefühl, Sie möchten am liebsten die Wände hochgehen. Katzen tun das wirklich!

bieten, worauf sie gern herumtoben dürfen. Sind diese Kletterbäume teuer? Einige schon, aber nicht, wenn man die Preise mit den Kosten neuer Gardinen vergleicht.

Lassen Sie sich außerdem vom Vorbesitzer sagen, an welche Nahrung und an welche Katzenstreu das Kätzchen gewöhnt ist. Legen Sie sich von beidem einen Vorrat an. Umziehen bedeutet schon genug Streß, da ist es nicht nötig, daß durch die Umstellung auf neue Nahrung oder Einstreu zusätzlicher Streß dazukommt.

Besorgen Sie sich einige Extrafilme für Ihre Kamera. Später, wenn Ihre Katze reifer wird und sich in ein manierliches ausgewachsenes Tier verwandelt und es Ihnen schwermacht, sie sich noch als alberne kleine Flaumkugel vorzustellen, werden Sie uns dankbar sein. Von größerer Bedeutung ist allerdings, daß ein Bilddokument gute

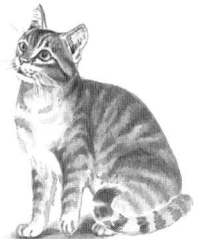

Dienste leistet, falls das Kleine einmal verlorengeht. In solchen Fällen ist ein Bild tatsächlich mehr wert als tausend Worte.

Richten Sie Ihrer Katze ein Zimmer ein, wie auf den Seiten 73 – 75 beschrieben. Wenn sie über ein eigenes Zimmer verfügt, wird sie sich nicht nur sicher und gut aufgehoben fühlen, sondern das wird auch verhindern, daß sie schlechte Angewohnheiten annimmt, womit der Kampf schon halb gewonnen ist. Fragen Sie mal einen Raucher: Sich etwas gar nicht erst anzugewöhnen ist tausendmal leichter, als später wieder damit aufzuhören.

Besorgen Sie sich aus der Zoohandlung ein Mittel, das der Katze das Beknabbern von Gegenständen verleidet. Sie sind unter verschiedenen Bezeichnungen erhältlich. Besprühen Sie damit Telefonkabel und elektrische Leitungen, bevor die kleine Katze Ihr Haus auch nur betritt. Wiederholen Sie das Einsprühen einmal wöchentlich oder öfter, je nach Bedarf. Katzen haben einen Riesenspaß daran, sich auf Kabel jeder Art zu stürzen, und je eher sie lernen, daß solche Dinge gräßlich schmecken, desto gefahrloser leben sie später. Auf elektrischen Leitungen herumzukauen ist für ein Katzenkind ein unter Umständen tödliches Spiel, und sich Ihr Telefon von Ihrem samtpfotigen Freund wiederholt außer Betrieb setzen zu lassen, ist mehr als ärgerlich. Eine weitere gute Sicherheitsmaßnahme besteht darin, elektrische Leitungen durch eine Plastikrohrleitung zu ziehen und an die Wand zu nageln oder die überstehende Länge aufzuwickeln – eben alles, was die besonders verlockenden baumelnden Kabelenden verschwinden läßt.

Die gefährlichsten aller elektrischen Kabel sind die, die kleine Geräte im Haushalt versorgen, wie beispielsweise Lampen, Föne oder, übler als alles andere, Bügeleisen. Sie sind in mehr als einer Hinsicht tödlich, doch gefährlich ist alles, was schwer ist und oft auf dem Tisch oder einer Arbeitsfläche abgestellt wird. Kann es herunterfallen, wenn man mit einem Ruck am Kabel zieht, ist Vorsicht am Platz.

An den Schränken kindersichere Riegel oder Magnetverschlüsse anzubringen ist eine ausgezeichnete Idee, besonders wenn Sie darin gefährliche Stoffe gelagert haben. Alles, was Sie von einem Kind fernhalten würden, sollten Sie auch von Ihrem Katzenkind fernhalten. Dazu gehören Reinigungsmittel, Farben, Pflanzenschutzmittel, Insektizide, Medikamente und Haushaltschemikalien. Bei jungen und ausgewachsenen Katzen ist die Ver-

72

giftungsgefahr größer, weil sie ihre Pfoten und ihr Fell oft belecken. Alles, womit sie in Berührung kommen, endet schließlich in ihrem Magen.

Frostschutzmittel gehören zu den Substanzen, die am schnellsten tödlich wirken. Inzwischen sind auch weniger toxische erhältlich; entscheiden Sie sich für eines dieser Mittel. Bestehen Sie darauf, daß Ihr Kundendienstmonteur sie verwendet. Setzen Sie Ihre Lieben keinem Risiko aus.

Wenn Sie Handwerker sind oder sich mit Nadelarbeiten beschäftigen, räumen Sie Ihr Arbeitsmaterial weg. Verlassen Sie sich nicht darauf, daß die Tür ja geschlossen und Ihr Kätzchen geschützt ist. Türen kann man versehentlich angelehnt lassen. Eine verschluckte Nadel ist für niemanden ein Vergnügen. Selbst wenn Ihr Katzenkind heil und ganz aus Ihrem Handarbeitskorb wieder auftaucht – Ihre Arbeiten sind es vielleicht nicht mehr. Wenn Ihnen etwas wichtig ist, bewahren Sie es vor Schaden. Denken Sie nicht darüber nach, wo Ihre Katze vielleicht hineingeraten könnte, denken Sie darüber nach, wo sie konkret hineingeraten kann.

Halten Sie Kommodenschubladen geschlossen. Wenn Sie sehen, daß eine offen steht, machen Sie sie vorsichtig zu. Wenn Sie sie mit einem Ruck zuschieben, können Sie kleine Katzen, die in den hinteren Teil der Kommode geklettert sind, verletzen. Als ich noch ein Kind war, retteten meine Familie und ich so manche kleine Katze aus den verborgenen Winkeln einer Kommode, in denen sie festsaß. Wir konnten ein gedämpftes Miauen hören, aber es dauerte mehrere Minuten, bis wir den Gefangenen entdeckt hatten.

Bringen Sie an allen Ihren Fenstern Schutzgitter oder Sturmsicherungen an. Katzenkinder können und werden aus offenen Fenstern abstürzen. Das kommt Jahr für Jahr vor. Schwere Verletzungen oder der Tod sind gewöhnlich die Folge. Kommen Sie dem jetzt zuvor.

Ode an die Gefangenschaft

Wenn Sie Ihre junge Katze in der Zeit, in der Sie sie nicht beaufsichtigen können, vor Gefahren schützen, den potentiellen Schaden bei sich zu Haus in Grenzen halten und dafür sorgen wollen, daß Ihr Kätzchen die richtigen Gewohnheiten annimmt, dann sperren Sie es ein. Das kann entweder in einer geräumigen Kiste geschehen, die

reichlich Platz für ein Ruhelager, den Napf und die Klokiste bietet, oder in einem Badezimmer. Ich ziehe als Dauerlösung für alle Tage ein Badezimmer vor, das katzensicher eingerichtet wurde. Ein Bad ist ideal, weil es normalerweise gefliest ist, so daß man es einerseits leicht reinigen kann, falls sich die Notwendigkeit ergibt, und weil es andererseits die meisten Katzenkinder davon abhält, auf den Boden zu urinieren.

Wollen Sie ein Bad katzensicher gestalten, müssen Sie alles herausnehmen, und zwar von allen waagerechten Flächen. Katzenkinder erreichen all die Ecken, von denen Sie meinen: „Nee, da kommt der nie rauf!" Nehmen Sie Seife, Haarwaschmittel, Rasiermesser, Zahnbürsten, jeglichen Krimskrams, Pflanzen, Deodorants, Becher und so weiter heraus und rollen Sie alle Badematten oder Läufer auf und stellen Sie sie weg.

Vergewissern Sie sich, daß die Schranktüren fest schließen. Lassen sie sich nicht bündig verschließen, bringen Sie entweder innen einen kindersicheren Riegel an oder binden Sie sie zu. Sie können auch einen Haken und eine Öse verwenden, die sich mit einem Keil sichern lassen, so daß man sie nicht einfach aufhaken kann – tun Sie das Nötige, damit die Türen sicher verschlossen sind!

Schlagen Sie den Duschvorhang über die Aufhängeschiene, damit die Katze nicht daran hochklettern kann. Schließen Sie die Schiebetür. Machen Sie die Toilette zu, damit die Katze nicht versehentlich ein Bad darin nimmt.

Verstauen Sie das Toilettenpapier, denn das Katzenkind wird es in Fetzen reißen – garantiert. Wir haben unseres mit einer umgedrehten Kaffeekanne abgedeckt, aber das ist nicht gerade topmodisch. In den meisten Sanitärabteilungen gibt es Abdeckhauben für Toilettenpapier, die hübscher aussehen.

Nachdem Sie nun das Bad katzensicher gemacht haben, ist es an der Zeit, es katzenfreundlich einzurichten. Stellen Sie die Katzentoilette in einer Ecke auf, so weit wie möglich aus dem Weg. Futter- und Wassernapf sollten in einigem Abstand davon stehen. Niemand nimmt seine Mahlzeiten gern neben einer Toilette ein. Der Kratzbaum gehört neben den Schlafplatz. Kratzen ist oft das erste, was Katzen nach dem Aufwachen tun, deshalb ist es hilfreich, wenn der Weg vom Ruheplatz aus nicht weit ist.

Sie können der Katze auch Spielzeug dalassen, bei dem nichts passieren kann. Schnüre, Kabel und Bänder

74

Ein Spielzeug ist ein guter Freund, wenn man ein Katzenkind ist. Man kann es kraulen, beißen und ein Nickerchen mit ihm machen. Was kann sich ein Kätzchen da noch wünschen?

75

TRANSPORTBEHÄLTER AUS KUNSTSTOFF
Ihre kleine Katze kann Sie beim Fahren aus dem Konzept bringen, von unten ins Innere der Sitze klettern, Verletzungen davontragen, wenn Sie plötzlich bremsen, oder sich durch ein Fenster, das kaum einen Spaltbreit offen steht, ins Freie quetschen. Lassen Sie sie deshalb im Transportbehälter, bis Sie sicher zu Haus angekommen sind.

PAPIERHANDTÜCHER
Wir haben immer eine oder zwei Rollen im Auto.

EXTRAHANDTÜCHER UND PLASTIKTÜTEN
Beides ist nötig, wenn Sie ein übelriechendes Handtuch loswerden wollen.

TRINKNAPF UND WASSER
Ein kühler Schluck ist während einer langen Heimfahrt oft sehr willkommen.

jedweder Art sollten Sie wegnehmen, weil sie in Stücke gebissen und verschluckt werden können, was möglicherweise Verletzungen hervorruft. Mit Spielsachen mit Knöpfen oder Nasen und Augen aus Plastik – mit allem, was sich verschlucken läßt – sollten Sie Ihre Katze nicht alleinlassen. Katzenkinder schätzen, besonders wenn sie allein sind, die eigentlich für Hunde bestimmten Spielsachen aus Schaffell. Sie sind so groß, daß sie damit einen Ringkampf veranstalten und sich auch daran ankuscheln können. Zudem sind sie pflegeleicht; wenn sie schmutzig sind, tun Sie sie einfach in die Wäsche.

Ein Radio, an dem Sie einen Sender mit sanfter Musik eingestellt haben, kann dem Kätzchen etwas Gesellschaft leisten. Stellen Sie es auf den Boden oder fixieren Sie es auf der Standfläche, denn es wird bestimmt manchen Stoß abbekommen. Besprühen Sie auf jeden Fall die Anschlußkabel mit einem Abweispray, oder benutzen Sie ein tragbares Gerät. Das Beknabbern elektrischer Leitungen ist ein gefährlicher Zeitvertreib, macht aber Katzenkindern leider besonderen Spaß.

Der erste Tag

Es ist am besten, wenn Sie Ihren neuen Hausgenossen frühmorgens abholen, vorzugsweise am Beginn des Wochenendes oder zu Anfang eines Urlaubs, so daß Sie beide Zeit haben, eine Verbindung zueinander herzustellen, bevor Sie zur Arbeit das Haus verlassen.

Lassen Sie das junge Kätzchen während des ganzen Heimwegs im Transportkorb. Sie würden staunen, wie schnell sich ein verängstigtes Katzenkind aus Ihrem Griff befreien und sich selbst in Schwierigkeiten bringen kann. Legen Sie den Boden des Transportbehälters mit mehreren Lagen Zeitungspapier aus und breiten Sie darauf ein altes Handtuch aus. So bleibt das Kleine trocken, falls ihm ein Mißgeschick unterläuft.

Wenn das Katzenkind eine Ecke des Behälters verschmutzt, es aber schafft, nicht mit dem Malheur in Berührung zu kommen, ist es vielleicht am besten, wenn Sie es dabei belassen. All das hängt davon ab, wie lange die Fahrt dauert, in welcher Verfassung die Katze ist, wieviel Erfahrung Sie mit Katzen haben und wie stark es im Wagen riecht. Wenn sich das Kleine offensichtlich in heller Aufregung befindet, jault, sich zusammenkauert und erweiterte Pupillen hat, verzichten Sie auf das Saubermachen, weil das nur noch mehr Aufregung verursacht. Macht das Kätzchen einen ruhigen Eindruck, säubern Sie rasch den Transportkorb.

Es gibt wirklich nicht viel, was Sie tun können, um ein furchtsames Kätzchen davon zu überzeugen, daß alles in Ordnung ist. Man hat es soeben aus der Welt, die es kannte, herausgenommen und in ein lautes Metallding verfrachtet, das sich bewegt. Es ist mit einem Menschen, den es nie zuvor gesehen hat, unterwegs an einen Ort, den es sich nicht vorstellen kann. Wer könnte ihm einen Vorwurf daraus machen, daß ihm das einen Schrecken einjagt? Sobald es weiß, wie wunderschön sein neues Heim ist, wird es sich schnurrend darin einleben, aber erwarten Sie nicht, daß das schon während der ersten Autofahrt geschieht.

Halten Sie zum Saubermachen an. Bitte keine dieser Geschichten im Stil von „eine Hand am Lenkrad, die andere öffnet den Katzenkorb". Wir anderen benutzen die gleichen Straßen wie Sie. Dann säubern Sie den Transportkorb, wobei Sie alle Türen und Fenster geschlossen halten. Wenn Sie allein sind, nehmen Sie die Katze während des Putzens möglichst nicht heraus. Katzenkinder können sich in Ihrem Wagen in winzigkleine Ecken verkriechen, von denen Sie keine Ahnung hatten, daß es sie überhaupt gibt! Sofern das möglich ist, greifen Sie einfach in den Transportbehälter und rollen Sie das Handtuch zusammen. Nehmen Sie es heraus, legen Sie ein neues hinein und schließen Sie den Korb. Dann tun Sie das verschmutzte Handtuch in eine der Plastiktüten, die Sie mitgenommen haben. Sprechen Sie leise und bleiben Sie ruhig, das übt auf Ihr Katzenkind eine beruhigende Wirkung aus.

Dann setzen Sie Ihre Fahrt fort. Zu Hause angekommen, bringen Sie das Tier in sein ruhiges, katzensicher eingerichtetes Zimmer. Setzen Sie den Transportkorb ab und öffnen Sie den Verschluß. Machen Sie es sich gemütlich; lesen Sie eine Zeitschrift. Versuchen Sie nicht, Ihre Katze mit Gewalt nach draußen zu bugsieren. Sie wird schon früh genug herauskommen. Lassen Sie das Tier selbst das Tempo bestimmen. Wenn es sich dann herauswagt, beobachten Sie es einfach ein paar Minuten lang, während es seine Umgebung erkundet. Nachdem es sich beruhigt hat, nehmen Sie es vorsichtig auf und setzen es in seine Klokiste.

Es ist jetzt nicht an der Zeit, die Nachbarn zur „Kennenlernparty" einzuladen. Nehmen Sie Rücksicht auf die

DER UMGANG MIT MENSCHEN

Je öfter Ihre kleine Katze mit verschiedenen Menschen in Kontakt kommt, desto mehr wird sie sich an Menschen orientieren. Laden Sie Freunde und Freundinnen ein, die Katzen mögen, und drücken Sie ihnen Leckerbissen und die Lieblingsspielsachen der Katze in die Hand. Bald wird Ihr Katzenkind freudig erregt reagieren, wenn es die Türglocke hört, und eifrig angetrabt kommen, um zu sehen, wer sie besuchen kommt.

All das sollte natürlich immer „katzenorientiert" geschehen, wobei Sie die größtmögliche Rücksicht auf jedwede Anzeichen von Unsicherheit oder Angst nehmen sollten. Beschäftigen Sie die Katze, stiften Sie sie zu allem möglichen an, spielen Sie mit ihr - aber zwingen Sie sie nicht, tun Sie ihr auf keinen Fall weh und erschrecken Sie sie nicht.

Situation Ihres Katzenkindes. Lassen Sie es zuerst mit seinem neuen Zuhause vertraut werden. Ein paar Tage später laden Sie dann nicht mehr als eine oder zwei Freunde oder Freundinnen ein. Dulden Sie es nicht, daß übereifrige Menschen, gleich welchen Alters, hinter dem Katzenjungen herlaufen, um „Freundschaft mit ihm zu schließen". Respektieren Sie es, wenn sich die Katze zurückzieht. Das ist ihre Art zu sagen „Hilfe! Mir wird das alles zuviel!" Je eher sie erfährt, daß Sie dafür sorgen, daß ihr in ihrer Welt nichts passiert, wenn ihr die Dinge allmählich über den Kopf wachsen, desto eher wird sie Vertrauen zu Ihnen haben.

Die erste Nacht

Sehen Sie das? Verlassen Sie sich bloß nicht darauf, daß so etwas in den ersten Nächten passiert!

Ach ja, die erste Nacht. Es ist wunderbar, wenn man in der ersten Nacht, die das Katzenkind zu Hause verbringt, Schlaf findet, aber wir bezweifeln, daß Sie in den Genuß kommen. Ihr Katzenjunges ist ein Fremder in einem unbekannten Land und wird wahrscheinlich als Mini-Schlafwandler unterwegs sein oder Ihnen zumindest, wenn es sehr gut läuft, hinter verschlossener Tür Balladen voller Traurigkeit vorsingen.

Je nachdem, wie Sie veranlagt sind, können Sie nun eines von zwei Dingen tun. Sie können Ihre Katze in ihrem eigenen Zimmer einquartieren, können dort leise das Radio anlassen und sie für die Nacht ins Bett stecken. Wenn Sie ihr ein abgetragenes Sweatshirt oder einen alten Pullover in eine kleine Kiste oder einen Korb tun, hat sie damit einen phantastischen Schlafplatz. Wärme hilft ihr dabei, in den Schlaf zu finden, wenn Sie daher eine Wärmflasche in ein Handtuch einwickeln, kann das der Kleinen helfen, sich einzugewöhnen.

Während der ersten Nächte kann es sein, daß die Katze jammert und an der Tür kratzt. Kümmern Sie sich nicht darum. Ich weiß, das ist schwer, aber wenn Sie sie wegen solcher Faxen herauslassen, belohnen Sie sie schlicht und einfach dafür, daß sie Theater macht. Beim nächsten Mal schreit sie dann länger und lauter, weil sie hofft, so ihre Freiheit zu bekommen. Gehen Sie am besten so vor, daß Sie ihr abends viel Aufmerksamkeit widmen, sich Zeit zum Spielen und Schmusen nehmen und sie dann ruhig zu Bett bringen. Das war's. Ihre kleine Katze hat da drin alles, was sie braucht, sie ist in Sicherheit, es geht ihr gut, und nun wird geschlafen. Je eher sie versteht, daß nachts Schlafenszeit ist, desto besser für alle Beteiligten.

Oder Sie können der Katze erlauben, sich bei Ihnen einzukuscheln. Nichts vermittelt einem besser das Gefühl enger Freundschaft, als wenn man sich neben jemandem einkuschelt. Der Nachteil daran ist, daß Sie nachts vermutlich bestenfalls mit Unterbrechungen zur Ruhe kommen. Katzen sind nachtaktive Wesen, und wahrscheinlich wird Ihr Katzenkind um drei Uhr früh die Lust übermannen, sich auf Ihre Zehen zu stürzen, das Innere Ihres Ohres zu säubern oder mit Ihrer Haarbürste Hockey zu spielen.

Die Entscheidung liegt bei Ihnen. So oder so: Beides ist in Ordnung.

Von neun bis fünf: Kätzchen allein zu Haus

Katzenkindern und ausgewachsenen Katzen sagt man nach, sie könnten problemlos viele Stunden lang allein bleiben. Es stimmt zwar, daß sie lange Zeitabschnitte ertragen, in denen sie einsam sind, das heißt aber nicht, daß ihnen das leichtfällt oder den Idealzustand für sie darstellt. Das trifft besonders auf aktive Katzen wie die Siamesen oder Abessinier zu, die auf den Menschen ausgerichtet sind.

Wahr ist, daß Katzen Gesellschaft wollen und brauchen. Wahr ist aber auch, daß Sie arbeiten müssen, damit Sie ihnen das Dosenfutter mitbringen können. Wie läßt sich das miteinander vereinbaren?

Die beste Lösung für alle Betroffenen ist, daß Sie sich überlegen, ob Sie nicht zwei Katzen zugleich aufnehmen oder kaufen wollen. Sie werden sich gegenseitig die Zeit vertreiben, während Sie weg sind, und damit allen das Leben erleichtern. Wenn Sie zwei Katzen aus dem gleichen Wurf bekommen, ist sichergestellt, daß sie sich besonders gut miteinander vertragen.

Lassen Sie sich nicht entmutigen, wenn Sie diesmal keine zwei Katzenkinder bekommen können. Es gibt vieles, was Sie tun können, um Ihren alleinlebenden Hausgenossen glücklich zu machen.

Nahrung

Für Katzen, die viele Stunden allein verbringen, müssen Futter und Wasser immer erreichbar sein. Wir empfehlen, der Katze Trockenfutter dazulassen, von dem sie sich tagsüber immer wieder etwas nehmen kann, oder einen Futterspender mit Zeitautomatik zu benutzen, wie er in vielen Zoofachgeschäften erhältlich ist.

Abwechslung

Jeder langweilt sich mit der Zeit, und Ihre Katze ist keine Ausnahme. Richten Sie ihr einen Ruheplatz an einem Fenster ein, vor dem sich viel abspielt. Lassen Sie Fernsehen oder Radio mit geringer Lautstärke auf einem Kanal mit Wortbeiträgen oder klassischer Musik laufen. Tauschen Sie das Spielzeug aus, so daß die Katze alle paar Tage etwas Neues vorfindet.

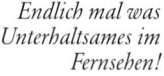

Endlich mal was Unterhaltsames im Fernsehen!

Spiele

Spiele zählen zu den wirksamsten Möglichkeiten, Streß abzubauen, die wir kennen. Neun-bis-fünf-Katzen leiden normalerweise unter einem bestimmten Maß an Streß. Indem Sie dafür sorgen, daß sie mindestens einmal am Tag ausgiebig mit Ihnen spielen kann, können Sie der Katze helfen, sich zu entspannen und besser mit dem Alleinsein zurechtzukommen. Zwei Spielphasen von jeweils zehn bis fünfzehn Minuten, eine morgens und eine abends, sind ideal. Je mehr die Spiele mit Bewegung verbunden sind, desto besser. Nachjagen mit dem Ball, den Ball springen lassen oder Anspringen von Spielsachen, die an der Schnur gezogen werden, all das ist bestens geeignet. Das Zusehen macht dabei fast ebensoviel Spaß wie allem Anschein nach das Spielen selbst.

Besondere Stunden

Wenn Sie nur ein Tier haben, vor allem, wenn es sich um ein junges handelt, versuchen Sie es unter der Woche zu vermeiden, gleich wieder auszugehen, nachdem Sie eben nach Haus gekommen sind. Das ist für ein Tier, das im Grunde den ganzen Tag lang auf Sie gewartet hat, sehr hart. Versuchen Sie nach Möglichkeit, Ihre privaten Kontakte eher an Ihren arbeitsfreien Tagen zu pflegen, oder laden Sie doch Ihre Freunde zu sich nach Hause ein. Das bringt auch für Ihre Katze etwas Abwechslung mit sich.

Sich der Pflege der Katze zu widmen ist eine schöne Art, Zeit miteinander zu verbringen. Sie wird sich auf diese gemeinsam verbrachten Minuten bald freuen, und Ihnen wird es nicht anders gehen.

Bekanntschaft mit anderen Haustieren

Katzen

Bevor Sie ein neues Katzenkind mit Ihren älteren Katzen bekanntmachen, sollten Sie sich jedesmal davon überzeugen, daß die Impfungen aller Ihrer Tiere auf dem laufenden sind. In der Katzenpopulation sind verschiedene schwere, ansteckende Krankheiten im Umlauf, und Sie sollten sich, bevor Sie eine neue Katze in der Familie begrüßen, davon überzeugen, daß Ihre Tiere davor geschützt sind.

Bringen Sie Ihr Katzenkind, ehe Sie es mit nach Haus nehmen, ohne Umschweife zum Tierarzt. Lassen Sie alle notwendigen Tests ausführen und Impfungen verabreichen, so daß Sie sicher sein können, daß das Kleine gesund ist. Halten Sie sich an die Ratschläge, die Ihnen der Tierarzt gibt. Das könnte eventuell bedeuten, daß Sie die kleine Katze über Nacht bei ihm lassen, bis die Testergebnisse vorliegen, oder sie daheim ein paar Tage in einem Extrazimmer von den anderen getrennt halten müssen. Was er auch sagt: Tun Sie's. Es lohnt sich einfach nicht, das Risiko einzugehen.

Wenn Sie das neue Kätzchen eine Weile in einem eigens reservierten Zimmer isolieren, hat das einen zweiten Vorteil: Sobald die Unbedenklichkeitsbescheinigung vom Tierarzt vorliegt, können die Katzen einander durch die Tür hindurch beschnuppern. Sie können die älteren Katzen jeden Tag eine Zeitlang in das Zimmer lassen oder mit dem neuen Katzenkind gemeinsam zu den anderen Katzen gehen, damit sie sich kennenlernen und eine Beziehung zueinander aufbauen können.

Sie können diesen Prozeß auch beschleunigen, indem Sie dafür sorgen, daß die Katzen den gleichen Geruch annehmen. Das läßt sich erreichen, indem Sie eine mit einem Handtuch abreiben, dann die andere, und dann wieder die erste. Oder Sie reiben alle Katzen mit einem Tuch ab, das Sie leicht mit einem Spray gegen Katzenflöhe besprenkelt haben. Gehen Sie sparsam damit um – Katzennasen sind empfindlich. Ein leichter Tupfer davon aufs Handtuch ist mehr als genug. Jede dieser Techniken kann dazu beitragen, daß die Tiere einander akzeptieren lernen.

Sie können versuchen, die Katzen auf Besuch zueinander zu schicken, nachdem Ihnen der Tierarzt grünes Licht gegeben hat. Rechnen Sie damit, daß es nicht ohne einiges Knurren und Fauchen abgeht; das ist normal. Katzen sind stark revierorientiert, und es kommt selten vor, daß eine Katze einen Neuankömmling in ihrer Welt freudig willkommen heißt. Zurückhaltung, Sträuben des Fells, beiläufige Neugier, Fauchen, Knurren, Rückzug auf einen höhergelegenen Platz, blitzartiges Verlassen des Zimmers – all dies sind normale Reaktionen. Lassen Sie sie soweit einfach gewähren, sie machen das unter sich aus – meistens jedenfalls.

Angriffe, gegenseitiges Anschleichen und Belauern sollten Sie nicht zulassen. Schimpfen Sie deswegen nicht mit Ihrer Katze, sondern achten Sie statt dessen auf die

ersten Anzeichen und unterbinden Sie dergleichen, ehe es in die Tat umgesetzt wird. Ein Buch, das auf den Boden fällt, ein Schlag mit der flachen Hand gegen die Wand – jedes plötzliche laute Geräusch wird Ihre Katzen wahrscheinlich so erschrecken, daß sie ihr Vorhaben aufgeben, und das gibt Ihnen Zeit, sie voneinander zu trennen. Schimpfen Sie die alteingesessene Katze dafür aus, daß sie ihr Revier verteidigt, steigern Sie ihre Nervosität noch, anstatt sie zu verringern.

Als sie neu ins Haus kam, war Emily sich zunächst nicht über Bens Absichten im klaren.

Wenn Sie einen stabilen Karton oder einen Papierkorb in Reichweite haben, den Sie einer Katze, die es darauf abgesehen hat, eine andere anzugreifen, vorsichtig überstülpen können, ersparen Sie damit womöglich allen Beteiligten einige Schrammen. Sobald Sie das angriffslustige Tier eingesperrt haben, bringen Sie den Eindringling aus dem Zimmer. Wollten Sie statt dessen versuchen, den Angreifer wegzubringen, würden Sie noch mehr Aufregungen und möglicherweise Verletzungen riskieren.

Lassen Sie die Katzen so etwas, wo immer möglich, unter sich ausmachen, und lassen Sie ihnen dazu soviel Zeit, wie sie brauchen. Als Emily ins Haus kam, verbrachte sie mehr als eine Woche im Wäscheschrank. Draußen ließ sie sich nur sehen, wenn es nötig war, sonst nicht. Ben versuchte immer mal wieder, hallo zu sagen,

83

aber davon wollte sie nichts wissen. Wir ließen sie einfach in Ruhe. Zu guter Letzt kam sie aus dem Schrank und blieb auch draußen. Sie hat sich nie wieder im Wäscheschrank versteckt.

Eine andere Technik, die die Akzeptanz fördert, besteht darin, die Katzen im gleichen Zimmer zu füttern. Wir verwenden ausschließlich Feuchtnahrung, wenn wir das tun und füttern zweimal täglich in einem ruhigen Zimmer. Stellen Sie die Näpfe zuerst an zwei gegenüberliegenden Seiten des Raumes auf. Alle paar Tage setzen Sie die Näpfe ungefähr einen halben Meter näher zueinander, bis die Katzen ihr Futter schließlich direkt nebeneinander verzehren.

Loben Sie beide Tiere ausgiebig, während sie zufrieden fressen. Geben Sie ihnen zu verstehen, wie sehr Sie sich darüber freuen, daß sie sich vertragen. Reichlich Lob und Unterstützung sind zu diesem Zeitpunkt immer hilfreich.

Kommt es zwischen den Katzen während der Mahlzeit zu kleineren Auseinandersetzungen, ist das in Ordnung, solange sie dabei weiterfressen. Dann haben Sie gewonnen. Weigert sich eine der Katzen zu irgendeinem Zeitpunkt, weiterzufressen und zieht es statt dessen vor, die andere anzustarren, bringen Sie dieses Tier ganz ruhig hinaus. Sagen Sie nichts. Bis zum nächsten Fütterungstermin gibt es kein Futter mehr. Bei der folgenden Mahlzeit setzen Sie die Näpfe ungefähr einen halben Meter auseinander und beginnen von vorn. Es ist wichtig, daß Sie die Katze nicht ausschimpfen. Bleiben Sie neutral. Sie vertreten in diesem Punkt keine eigene Meinung; alles, was Sie wissen, ist, daß Katzen, die sich mit den anderen nicht vertragen, hungrig bleiben. Es ist ganz erstaunlich, wie ein knurrender Magen die Auffassung, die man von seinen Tischgenossen hegt, beeinflussen kann.

Die meisten Katzen murren ein bißchen, schneiden ein paar Grimassen, werfen ab und zu mit Schimpfwörtern um sich und bequemen sich dann dazu, einigermaßen friedlich und freundlich miteinander umzugehen. Lassen Sie den Dingen einfach ihren eigenen Lauf. Haben Sie beide Katzen gern, versuchen Sie aber nicht, sie dazu zu drängen, Freundschaft miteinander zu schließen. Zu gegebener Zeit wird sich das ganz von selbst ergeben.

84

Hunde

Katzen und Hunde werden oft die besten Freunde, aber wie bei vielen Beziehungen hat es am Anfang vielleicht gar nicht danach ausgesehen. Haben entweder der Hund oder die Katze zuvor mit Tieren der anderen Art zusammengelebt, läuft alles einfacher ab, doch haben Sie keine Angst, wenn dies für beide das erste Mal ist. Es kann funktionieren.

Caras und Spot waren dicke Freunde. Hier machen sie beide ein Nickerchen mit Sarah.

   Die erste und wichtigste Verfahrensregel besteht darin, die Katze vor Hunden zu schützen, die ein übermäßiges Interesse an ihr zeigen oder falsch erzogen sind. Alle Hunde sollten an der Leine bleiben, wenn Katzen in der Nähe sind, bis Sie hundertprozentig sicher sind, daß es durch sie nicht zu Verletzungen kommt. Mit einem guterzogenen Hund zusammenzuleben ist im allgemeinen eine Freude, und er ist ein weitaus ungefährlicherer Kamerad für Ihre Katze.
   Ihr Hund sollte den Befehl „Aus!" gelernt haben und zuverlässig auf die Kommandos „Platz!" und „Sitz!" hören. Das sind die Mindestanforderungen, die nötig sind, damit dieses Vorhaben funktioniert. Beginnen Sie das lange bevor die Katze ins Haus kommt zu üben. Haben Sie Ihren Hund nicht in der Gewalt, wenn alles ruhig ist, wird das, wenn eine Katze ins Haus einzieht, erst recht nicht klappen.
   Läßt sich Ihr Hund schwer erziehen, schließen Sie sich

85

in Ihrem Ort einer Trainingsgruppe an und lassen ihn ausbilden. Auch Hunde, die die besten Absichten hegen, können Katzen weh tun. Hunde, die früher schon gegenüber Katzen aggressiv geworden sind oder kleine Tiere totgebissen haben, gehören unverzüglich in die Obhut eines professionellen Ausbilders oder Verhaltenswissenschaftlers. Seien Sie besonders vorsichtig, wenn Ihr Hund Besitzansprüche an seinen Futternapf stellt. Eine kleine neugierige Katze, die seinen Napf untersucht, kann Angriffsbereitschaft auslösen. Warten Sie nicht, bis ein Unglück passiert. Unternehmen Sie jetzt etwas. Holen Sie sich Hilfe!

Sorgen Sie dafür, daß der Katze freie Fluchtwege zur Verfügung stehen, damit das gegenseitige Kennenlernen reibungsloser abläuft. Wenn wir von etwas Furchteinflößendem in die Ecke getrieben werden, kommt in uns allen die schlechteste Seite zum Vorschein. Versuchen Sie nicht, die Katze festzuhalten. Lassen Sie sie mit der Situation so umgehen, wie sie möchte.

Loben Sie Ihren Hund unbedingt nachdrücklich jedesmal für die Liebenswürdigkeit und Ruhe, die er an den Tag legt, auch wenn er das nur flüchtig tut. Die weitaus meisten Hunde wollen unter allen Umständen, daß Sie mit ihnen zufrieden sind, sie wissen bloß nicht, wie sie das machen sollen. Wenn Sie sie jedesmal loben, wenn Sie sehen, daß sie etwas richtig machen, vermitteln Sie ihnen eine klare Vorstellung davon, was Sie von ihnen wollen. Wenn Sie Hund und Katze gemeinsam nicht sorgfältig beaufsichtigen können, sperren Sie eines der Tiere ein. In etwa einer Woche wird sich das Verhältnis zwischen beiden geklärt haben, doch bis dahin müssen Sie die Entwicklung im Auge behalten.

Vögel

Sprechen wir deutlich aus, was ohnehin jeder weiß: Katzen sind Raubtiere. Das ist das eine, doch manche Katzen legen einen größeren Jagdeifer an den Tag als andere. Ehe Sie nicht wissen, welche Neigungen und Fähigkeiten Ihre Katze in bezug auf das Jagen hat, ist es besser, wenn Sie darauf achten, daß alle kleineren, in Käfigen gehaltenen Tiere außerhalb ihrer Reichweite bleiben.

Vogelkäfige müssen in ausreichendem Abstand von allen Regalen oder Tischen aufgehängt werden, von denen aus die Katze springen kann. Hängen Sie sie so fest auf, daß die Katze sie nicht ohne weiteres herunterstoßen kann. All das können Sie auf einfache Art und Weise tun, wenn Sie eine große Ringschraube in die Zimmerdecke eindübeln und den Käfig dann an einer Schnur aufhängen, die durch den Ring bis zu einem Haken an der Wand läuft. So können Sie den Käfig problemlos hochziehen und absenken und zu allen Tischen oder Ständern den nötigen Abstand einhalten.

Damit die Sicherheit Ihrer kleineren Heimtiere gewährleistet ist, achten Sie darauf, daß die Käfigstäbe so dicht nebeneinander stehen, daß die Katze mit der Pfote nicht hineinlangen kann. Die Käfigtür sollte fest verschlossen sein, damit sie nicht auffliegt, wenn einmal ein Mißgeschick passiert.

Wenn Katzen sich an den Vogel anschleichen oder ihn ansehen, sollten Sie ihnen das mit einem Spritzer Wasser aus der Pflanzenspritze oder einem Warnsignal mit der Katzenklapper abgewöhnen (vergleichen Sie dazu das Kapitel „Ihre Trickkiste für Verhaltensänderungen" auf den Seiten 216 – 220). Schimpfen Sie nicht mit der Katze und jagen Sie sie nicht weg, weil sie dann eine Verbindung zwischen Ihnen und der Erziehungsmaßnahme herstellt und sich nur dann nicht an den Vogel heranmacht, wenn Sie dabei sind. Die Katze soll denken, daß es falsch ist, den Vogel anzusehen, basta, und nicht, daß Sie damit nicht einverstanden sind. Wenn Sie die Katzenklapper oder Pflanzenspritze, nachdem Sie der Katze das Anschleichen verleidet haben, hinter Ihrem Rücken verstecken und in eine andere Richtung schauen, wird sie nicht merken, daß Sie mit dieser unangenehmen Situation irgend etwas zu tun hatten.

Kleintiere

Sarah verlor in ihrer Jugend eine ganze Reihe Wüstenspringmäuse und einen Hamster durch den draufgängerischen Captain, der ein gewaltiger Jäger war und die kleinen Heimtiere dezimierte. Eine bündig schließende, feste und gut beschwerte Käfigabdeckung ist für ein kleines, verletzliches Heimtier der beste Schutz. Na ja, nicht der beste – der beste Schutz besteht darin, die Tür zu dem Raum zu schließen, in dem die kleinen Heimtiere gehalten werden. Aber wir Menschen sind nicht frei von Fehlern, und wenn die Tür dann irgendwann doch einmal offen steht, ist ein sicher schließbares Heim von Vorteil.

Wenn Sie rund um den Standort des Heims versteck-

te Fallen mit doppelseitigem Klebeband oder ein paar Streifen umgedrehter Klebefolie anbringen, kann das Ihre Katze wohl davon überzeugen, daß sie zu dieser Ecke keinen Zutritt hat. Nageln Sie als zusätzliche Sicherheitsmaßnahme vor dem Heim parallel zur Vorderkante eine schmale Holzleiste auf den Tisch oder an das Regal, auf dem es steht. Dieser stabile Sims verhindert, daß es heruntergestoßen wird.

Sauberkeitstraining

Katzenkinder haben den Wunsch, sauber zu sein. Wenn sie Gelegenheit dazu haben, benutzen die meisten jedesmal ein Katzenklo und sind zufrieden damit. Ihre Aufgabe besteht darin, ihnen die Gelegenheit dazu zu bieten.

Ehe wir uns anderen Einzelaspekten ausführlich zuwenden, wollen wir uns mit dem Loben beschäftigen. Kleine Katzen reagieren auf positive Worte und Berührungen, genauso wie wir alle. Wird die Katze dafür belohnt, daß sie die Katzentoilette mit Erfolg benutzt hat, macht ihr das Mut und verstärkt diese Angewohnheit. Loben Sie sie nicht, ehe sie fertig ist, sonst lenken Sie sie wahrscheinlich von dem Geschäft ab, um das es gerade geht. Loben Sie sie auf eine Art, die ihr gefällt. Ihre Katze wird Ihnen verraten, wie sie es gern hat. Sprechen Sie zu laut und übertrieben freundlich, wird sie sich rasch aus dem Staub machen. Sind Sie zu sanft, wird sie augenscheinlich kein Interesse dafür aufbringen. Loben Sie Ihre Katze in der für sie richtigen Art und Weise, wird sie sich zu Ihnen hingezogen fühlen, wird Köpfchen geben und schnurren.

Stellen Sie die Klokiste an einem leicht zu erreichenden, aber ruhigen Platz auf. Wird in der Nähe zuviel hin- und hergelaufen, kann das die Katze ablenken oder verängstigen; ist die Wanderung dahin zu weit, mag sich der Weg für die kleinen Pfoten vielleicht nicht mehr lohnen. Erstreckt sich Ihre Wohnung über mehrere Etagen, ziehen Sie in Betracht, während der ersten paar Monate auf jeder Etage ein Katzenklo aufzustellen, dann wird Ihr Kleines nicht im Erdgeschoß von einem dringenden Bedürfnis überrascht, und das Katzenklo steht im zweiten Stock.

Wenn Sie eine Katzentoilette für Ihr neues Katzenkind aufstellen, dann achten Sie darauf, daß die Seiten-

wände nicht so hoch sind, daß es nur unter Schwierig-keiten hineinklettern kann. Junge Katzen wachsen schnell und können schon bald ein für ausgewachsene Tiere bestimmtes Katzenklo benutzen, doch wenn Ihr Katzenkind klein ist, verwenden Sie für den Anfang ei-nen Pappkarton mit passend abgeschnittenen Rändern. Sie sollten es der Katze nicht nur leicht machen, in die Klokiste hineinzukommen, sondern auch, überhaupt dorthin zu kommen. Lassen Sie die Tür zu dem Zimmer, in dem sich das Katzenklo befindet, immer offenstehen, wenn sich die Katze irgendwo anders aufhält.

Übertreiben Sie es nicht mit der Katzenstreu. Kleine Kätzchen müssen nicht in rauhen Mengen von dem Zeug herumwaten und dabei einsinken wie ein kleines Kind in weichem Sand. Wenn die Streu zwei bis drei Zen-timeter hoch liegt, ist das mehr als genug. Das Katzen-kind ist zufriedener, und eine zufriedenere Katze ist eine reinlichere Katze.

Halten Sie die Katzentoiletten sauber! Nichts ist ekel-erregender, als wenn man eine öffentliche Toilette betritt und dort eine überquellende Kloschüssel vorfindet, bei der die Spülung nicht betätigt wurde. Ihrer Katze geht es genauso. Machen Sie es sich zur Gewohnheit, verunrei-nigte Einstreu jedesmal, wenn Sie am Katzenklo vorbei-gehen, mit der Schaufel herauszunehmen. Das vermin-dert die Geruchsbelästigungen und erhöht die Benut-zungsfrequenz. Überlegen Sie sich, ob Sie nicht neben der Katzentoilette einen kleinen Mülleimer mit einge-legter Plastiktüte und Deckel aufstellen, wenn Ihnen das die Arbeit erleichtert. Bei uns steht das Katzenklo im Bad, und wir benutzen Katzenstreu, die man in der Toilette herunterspülen kann. Das macht es allen leicht.

Entscheidend ist nicht nur, dafür zu sorgen, daß das Katzenklo leicht erreichbar und sauber ist, sondern auch, andere Bereiche, von denen Sie nicht wollen, daß sie als Toilette benutzt werden, so zu gestalten, daß sie nicht gerade dazu einladen.

Nehmen Sie entweder die Asche aus Ihrem Kamin, oder stellen Sie einen guten, stabilen Ofenschirm auf, hinter den Ihre Katze nicht klettern kann.

Hängen Sie nach Möglichkeit alle Zimmerpflanzen so hoch auf, daß Ihre Katze nicht herankommt. Bei großen Kübelpflanzen können Sie durch eine der folgenden Me-thoden erreichen, daß Sie als Katzentoiletten nicht at-traktiv sind: Spannen Sie ein Drahtgitter über die Blu-menerde; decken Sie die Töpfe mit einer dicken Lage

Kies ab; kleben Sie doppelseitiges Klebeband kreuz und quer über den Topf, oder verwenden Sie ein Abweismittel, das für den Gebrauch in geschlossenen Räumen geeignet ist. Eine dieser Methoden sollte eigentlich den gewünschten Erfolg haben.

Versperren Sie sämtliche Hohlräume, wie zum Beispiel hinter der Couch oder hinter Bücherregalen, mit Gepäckstücken oder Kartons. Versperren Sie auch alle anderen engen Winkel, in die ein Katzenjunges womöglich gern mal hineinkriecht, sich umschaut und sagt: „Hey, diesen Fleck hier benutzt niemand sonst für irgendwas. Ich schätze, hier mach' ich mal hin!"

Über das Einsperren von Katzen, wenn man sie nicht beaufsichtigen kann, ist viel diskutiert worden. Unseres Wissens ist es die beste Möglichkeit, schlechte Angewohnheiten zu verhindern und gute zu fördern. Katzen mit guten Angewohnheiten genießen auf lange Sicht größere Freiheit als Katzen mit unerwünschten Verhaltensweisen. Es bleibt also jeweils abzuwägen, welches das kleinere Übel ist.

Hin und wieder läuft etwas falsch, auch wenn Sie alles bestmöglich geplant haben. So ärgerlich das auch für Sie sein mag, ein Katzenkind ist ein Baby, deshalb sollten Sie es auch entsprechend behandeln: keine Schläge, kein Hineinstupsen mit der Nase, keine Strafpredigten. Solche Strafen führen nur dazu, daß die Katze Angst vor Ihnen bekommt. Auf diese Art lernt sie, daß Sie es nicht mögen, wenn Sie sie dabei erwischen, wie sie sich gerade erleichtert. Oft entwickelt sich daraus bei der Katze eine Scheu, ihre Toilette vor Ihren Augen zu benutzen. Die logische Folgerung daraus lautet: „Mein Besitzer darf nicht sehen, wenn ich uriniere oder meinen Kot absetze", was die Katze dazu zwingt, sich mehr und mehr zurückzuziehen, etwa in Ihren Schrank, um nur ein Beispiel zu nennen.

Erwischen Sie sie auf frischer Tat, sagen Sie nichts dazu. Schlagen Sie statt dessen mit der flachen Hand gegen die Wand oder klatschen Sie in die Hände. Ein lautes Geräusch jagt der Katze einen Schrecken ein und veranlaßt sie, mittendrin aufzuhören. Dann heben Sie sie ganz ruhig hoch, bringen sie zum nächstgelegenen Katzenklo und setzen sie dort sanft ab. Wenn sie dort mit ihrem Geschäft weitermacht, loben Sie sie ausgiebig. Wenn nicht, na ja, dann beim nächsten Mal.

Passieren derlei Mißgeschicke häufig, sollten Sie sich schämen! Beaufsichtigen Sie Ihre Katze sorgfältiger, wenn Sie zu Hause sind, und sperren Sie sie in ihr Zimmer, wenn Sie sie nicht im Auge behalten können. Denken Sie immer daran: Sie ist noch ein Baby. Wenn sie sich mit dem Katzenklo vertut, handelt es sich eben genau darum, um ein Versehen, nicht um ein Verbrechen und nicht um ein Kapitaldelikt. Die Katze wird schnell genug begreifen, worum es geht. Geduld und Vorsorgemaßnahmen sind auch in diesem Fall der Schlüssel zum Erfolg.

Bessern sich die Probleme nicht, ist eventuell eine Fahrt zum Tierarzt angezeigt. Vielleicht ist eine latente Harnröhrenentzündung oder eine schlimme Magenverstimmung die Ursache. Lassen Sie unbedingt eine Stuhlprobe auf Würmer untersuchen. Es ist nahezu unmöglich, irgendein Tier zur Sauberkeit zu erziehen, wenn es Würmer hat.

Um die Stellen, an denen der Katze ein Mißgeschick passiert ist, wirklich richtig sauber zu bekommen, müssen Sie ein Mittel verwenden, daß den Geruch neutralisiert. Solche Mittel erhalten Sie im Zoofachhandel oder beim Tierarzt. Katzen haben einen wunderbar empfindlichen Geruchssinn. Wurde die betreffende Stelle nicht gründlich gesäubert und desodoriert, fühlt sich die Katze wieder dahin gezogen. Verwenden Sie niemals ammoniakhaltige Reinigungsmittel. Ammoniak ist ein Bestandteil des Urins; es wird die Katze schlicht und einfach veranlassen, die gleiche Stelle wieder aufzusuchen!

Wischen Sie grundsätzlich überall da, wo der Katze ein Mißgeschick unterlaufen ist, gründlich nach, auch wenn Sie davon nichts mehr sehen oder riechen können. Unsere Nasen sind, verglichen mit Katzennasen, recht unempfindlich; Sie können sich deshalb auf Ihre Nase nicht verlassen. Ist es auf einem Teppich passiert, muß die Stelle vermutlich gut eingeweicht und anschließend der Boden darunter gereinigt werden. Teppich-Auslegeware ist ein echtes Problem, weil der Urin in die darunterliegende Tragschicht einsickern kann, und an die kommen Sie nicht heran. Wenn Ihrer Katze so etwas öfter im gleichen Bereich passiert ist, kann es sein, daß eine Reinigung durch Spezialisten erforderlich ist. In der Regel sind solche Spezialisten mit diesen Problemen vertraut. Sagen Sie ihnen von vornherein, daß sie es mit Katzenharn zu tun haben, und vergewissern Sie sich, daß in der Reinigungslösung ein geruchsneutralisierendes Mittel verwendet wird.

Wie man schlechten Angewohnheiten zuvorkommt

Ermuntern Sie Ihr Katzenkind nicht zu etwas, von dem Sie nicht wollen, daß es das als ausgewachsene Katze tut. Da Kätzchen unglaublich reizend sind, reißen schlechte Angewohnheiten nur allzu leicht ein.

So süß so etwas auch ist – wer als Katzenkind Beutespiele mit Anspringen unter der Bettdecke spielt, tut das später auch als ausgewachsene Katze. Und dann kann es problematisch werden.

Hier ist ein klassisches Beispiel: Sie liegen im Bett und verändern die Lage Ihrer Füße. Ihre kleine Katze bekommt diese Bewegung mit, nimmt ihre „Ich-bin-ein-Leopard"-Sprunghaltung ein und macht als nächstes einen langgestreckten Satz. Sie erwischt ihr Ziel nur halb. Sie lachen und legen Ihre Füße wieder woanders hin. Sie nimmt erneut ihre Ausgangsposition ein und versucht es nochmal. Innerhalb kurzer Zeit sind Sie mit Lachen und Ihre Katze mit Sprungübungen beschäftigt, und Sie haben alle beide einen Riesenspaß.

Wo liegt das Problem? Das Problem ist, daß Sie ihr gerade beigebracht haben, auf Bewegungen unter der Bettdecke mit einem Angriff zu reagieren. Wundern Sie sich deshalb nicht, wenn Sie irgendwann im ersten Morgenlicht mit einem Aufschrei aufwachen, weil sich eine ausgewachsene Katze mit ausgewachsenen Krallen und ausgewachsenen Zähnen in Ihren Zeh verbeißt.

Beim Füttern

Katzen, die ihre Menschen erpressen, gibt es reichlich, überall auf der Welt. Jaulen am frühen Morgen – die kat-

zeneigene Art, Ihnen eine Pistole an den Kopf zu halten – hat Millionen Katzenhalter im Laufe der Zeit dazu erzogen, aufzustehen und das liebe Kätzchen zu füttern! Wir haben sogar ein paar hilflose Menschen kennengelernt, die Katzenfutter in ihrem Nachtschränkchen parat liegen haben, damit sie es gleich auf den Boden schütten können, ohne die Augen aufzuschlagen.

All das läßt sich vermeiden. Es ist ganz einfach. Es ist Zauberei. Es funktioniert wirklich. Füttern Sie Ihre Katze nicht morgens als allererstes. Machen Sie es sich statt dessen zur festen Gewohnheit, sie zu füttern, wenn Sie das Haus verlassen und zur Arbeit gehen. Vermitteln Sie Ihrer Katze die Assoziation, daß es, wenn Sie Ihre Schlüssel zur Hand nehmen, etwas zu essen gibt. Das verhindert nicht nur Erpressungsversuche am frühen Morgen, sondern verknüpft Ihren Weggang für Ihre Katze mit einer angenehmen Empfindung, was den Streß verringert, dem sie möglicherweise ausgesetzt ist, weil sie allein ist. Als Alternative dazu füttern Sie hauptsächlich Trockennahrung und reichen Sie Feuchtnahrung nur am Abend. Egal, wie Sie es anfangen, jedenfalls kommen Sie ab und zu zu Ihrem Schlaf.

Diejenigen unter Ihnen, die bereits zu Geiseln des inneren Weckers ihrer Katze geworden sind, sollten sich die Seiten 273 – 277 ansehen. Dort steht, wie Sie diese furchtbar lästige Angewohnheit Ihrer Katze abstellen können.

Bei der Körperpflege

Wenn Sie Ihr Katzenkind dazu erziehen, jede Art von Berührung zu akzeptieren, fangen Sie damit am besten an, wenn es sich gerade auf Ihrem Schoß entspannt. Streicheln Sie es sanft am ganzen Körper. Streicheln Sie es grundsätzlich langsam und ruhig und immer in Wuchsrichtung des Fells. Rasche, kurze abrupte Streichelbewegungen finden die meisten Katzen lästig.

Nehmen Sie die Pfoten vorsichtig in die Hand, lassen Sie die Hand am Schwanz entlanggleiten, schauen Sie der Katze in die Ohren, heben Sie die Oberlippe an. Das Geheimnis besteht darin, dies ganz ruhig zu tun, freundlich mit der Katze zu sprechen und immer dann aufzuhören, wenn Ihre Katze mit dem Schwanz zu zucken beginnt oder auf andere Art den Eindruck vermittelt, daß es ihr lästig wird. Lassen Sie diese Art der Behandlung in die normalen Streichelbewegungen einfließen. Worauf

93

es ankommt, ist, daß Sie die junge Katze allmählich über Tage und Wochen hin daran gewöhnen, überall angefaßt zu werden. Versuchen Sie nicht, alles mit Gewalt innerhalb einer einzigen Sitzung zu erreichen. Setzen Sie eine Katze zu sehr unter Druck oder zwingen Sie sie zu rasch zu etwas, haben Sie ein größeres Problem als zu dem Zeitpunkt, an dem Sie begonnen haben.

Warum Sie das tun sollen? Weil Sie Ihrer Katze ihr ganzes Leben lang das Fell kämmen, die Ohren säubern und die Wunden behandeln müssen. Wird sie mit dieser Art von Behandlung frühzeitig und auf angenehme Weise vertraut gemacht, akzeptiert sie das auch später. Eine Katze, die sich ohne weiteres anfassen läßt, ist eine reine Freude für Sie und Ihren Tierarzt und leidet weniger unter Streß als eine, die sich gegen die einfachsten Verrichtungen zur Wehr setzt.

Mit den wichtigsten pflegerischen Tätigkeiten muß die Katze so bald wie möglich vertraut werden. Sie können die entsprechenden Übungen in Ihre regelmäßigen Übungen zur Berührungsakzeptanz mit aufnehmen.

So müssen Sie sie mit Kamm und Bürste vertraut machen. Das ist bei Langhaarkatzen ein besonders kritischer Punkt. Das Fell Ihrer kleinen Katze ist vielleicht noch gar nicht so lang und dicht, daß es sich verfilzt, aber das wird kommen, und wenn es so weit ist, ist die Fellpflege, oft jeden Tag, ein Muß.

Nehmen Sie, während Sie Ihre Katze zärtlich streicheln und ihr dabei sagen, wie wunderschön sie ist, die Bürste in die Hand und streicheln Sie das Tier ein oder zweimal sanft mit der Rückseite. Dann legen Sie sie wieder ab und fahren fort, die Katze mit der Hand zu streicheln. Macht ihr die Rückseite der Bürste nichts aus, dann versuchen Sie es mit der Vorderseite. Auch hier gilt: nur ein oder zwei Striche, dann reichlich Lob. Sie verfolgen im Moment das Ziel, daß die Katze lernt, das Bürsten als etwas Angenehmes zu verstehen, Sie wollen nicht jetzt sofort alles auf einmal erreichen. Sobald die Katze dies klaglos über sich ergehen läßt, können Sie die Anzahl der Bürstenstriche erhöhen. Achten Sie aber auf den Schwanz! Beginnt die Katze damit zu schlagen, hören Sie sofort auf! Es fällt ihr allmählich lästig. Ohren und Schwanz Ihrer Katze verraten Ihnen alles, was Sie wissen müssen, wenn Sie nur genau darauf achten.

Solange Ihre Katze noch klein ist, ist auch die beste Zeit, sie mit dem Fön vertraut zu machen. Erhebt Ihre Katze keine Einwände gegen einen Fön, hat das später,

wenn sie älter wird, große Vorteile, denn das Felltrocknen nach dem Baden und der Zwischenfall in der Küchenspüle sind dann sehr viel schneller wieder vergessen.

Die beste Art, Ihre Katze gegenüber dem Geräusch eines Föns und der Art, wie er sich anfühlt, zu desensibilisieren, besteht darin, das Tier mitzunehmen, wenn Sie sich selbst das Haar trockenfönen. Richten Sie den Fön nicht auf ihr Gesicht; das wird sie nicht mögen. Wenn Sie ihr zwischendurch allerdings immer mal wieder eine kleine Freude machen, wird es ihr gefallen.

Ein weiterer guter Trick ist, den Fön mit in die Küche zu nehmen und ihn dort laufen zu lassen, während die Katze ihre Mahlzeit einnimmt. Tun Sie das zunächst in der gegenüberliegenden Ecke des Zimmers, damit die Katze keine Angst davor bekommt. Wenn sie sich allmählich an das Geräusch gewöhnt, verringern Sie über einen Zeitraum von mehreren Tagen oder Wochen langsam den Abstand. Gehen Sie dabei, wie bei allem, was potentiell Angst auslöst, langsam vor. Wenn Sie übereilt vorgehen und das Katzenkind verängstigen, sind Sie schlechter dran als zu Beginn. Stellen Sie das Kätzchen nicht auf die Probe, um zu sehen, wie weit Sie gehen können, bis es Angst bekommt. Setzen Sie sich zum Ziel, immer abzubrechen, bevor das Tier jemals Angst bekommt. Wenn Sie es richtig machen, haben Sie im Grunde das Gefühl, sehr wenig zu tun.

Sobald es der kleinen Katze nichts mehr ausmacht, sich in der Nähe des Föns aufzuhalten, können Sie sie auf Ihren Schoß nehmen und sie kurz und vorsichtig damit anblasen, wobei der Fön bitte sehr niedrig eingestellt oder nur auf kalt gestellt ist. Wenn das nur eine oder zwei Sekunden dauert und Sie Ihr Tier anschließend ruhig streicheln und ihm freundlich zureden, sind Sie Ihrem Ziel, der Katze einen entspannten Umgang mit dem Fön beizubringen, schon sehr viel näher. Steigern Sie langsam die Zeitdauer, während der Ihre Katze den Fön erträgt, bis sie den Vorgang vom Anfang bis zum Ende akzeptiert, ohne sich allzu sehr zu beschweren. Jetzt haben Sie sich selbst und ihr das Leben ein bißchen erleichtert.

Beim Spielen

Spiele, die Ihrem Katzenkind die Möglichkeit geben, seinen Beutefangtrieb in angemessener Weise abzureagieren, sind am besten geeignet. Nachjagen mit einem

Tischtennisball, Anspringen einer Stoffattrappe und dergleichen sind ausgezeichnete Möglichkeiten. Je mehr Spiele Sie Ihrer Katze beibringen, solange sie jung ist, desto weniger Spiele wird sie aus Langeweile erfinden müssen. Solche erfundenen Spiele sind für Sie bei weitem nicht so amüsant wie die, die Sie sich selbst ausdenken. Zu den von der Katze erfundenen Spielen gehören gewöhnlich Dinge wie das Klettern an Gardinen, das Anspringen menschlicher Fußknöchel aus dem Hinterhalt oder Hockey mit allem möglichen Krimskrams.

Vermeiden Sie alle Spiele, bei denen der menschliche Körper zur Zielscheibe des Beutefangs wird. Anspringen der Hand, Fingerkampf und Ringkämpfe mit dem Fuß sind allesamt ungeeignet. Wenn es sein kann, daß bei einem Spiel Blut fließt, sofern es mit einer ausgewachsenen Katze gespielt wird, dann bringen Sie es Ihrem Katzenkind gar nicht erst bei.

Beim Krallenschärfen am Kratzbaum

Der Kratzbaum sollte im Haus sein, bevor das Katzenkind einzieht. Sperren Sie Ihre Katze während der ersten Monate gezielt ein, um unerwünschte Kratzgewohnhei-

Es ist nie zu früh, um zu lernen, wo man seine Krallen schärfen darf.

ten schon im Keim zu ersticken und die Angewohnheiten zu fördern, die Sie bei ihr erreichen wollen. Plazieren Sie mehrere Kratzbäume strategisch in der Nähe der Stellen, an denen die Katze sonst wahrscheinlich kratzen würde – an Sofaecken zum Beispiel – und an allen geeigneten Stellen in der Nähe des Lieblingsschlafplatzes Ihrer Katze. Das trägt dazu bei, die Aufmerksamkeit Ihres neuen Freundes in die richtige Richtung zu lenken. Die meisten Katzen schätzen senkrechte, stabile Kratzbäume, doch bei jeder Regel gibt es eine Emily. Unsere Emily mag waagerechte Oberflächen. Und anders als Ben, der es vor allem auf Stoff abgesehen hat, liebt Emily Leder, Kork, Pappe und dergleichen. Sie liebt ihre Kratzkiste aus Pappe, deren Attraktivität durch Katzenminze noch erhöht wird, über alles, während Ben kein zweites Mal an dem Ding schnuppert. Was immer die Kratzbäume kosten – sie sind billiger, als wenn Sie dafür die Couch neu beziehen lassen!

Erprobtes und bewährtes Spielzeug

Die beste Nachricht zum Thema gutes Katzenspielzeug ist die, daß es in der Regel wenig kostet. Katzen sind zum Glück ausgesprochen pragmatische Tiere, die nicht den Wunsch haben, auf der sozialen Leiter aufzusteigen (Warum sollten sie auch? Sie sind ja schon ganz oben!), deshalb macht ein hoher Preis auf sie keinen Eindruck. Nicht, daß nicht praktisch jede Zoofachhandlung überall im Land fabelhafte Spielsachen anzubieten hätte – das ist schon der Fall. Worauf wir hinauswollen ist nur, daß Katzen schon immer ihren Spaß gehabt haben, lange bevor es Hochglanzverpackungen gab. Im folgenden haben wir ein paar der altmodischen Lieblingsspielsachen aufgelistet, die Katzen und ihren Menschen seit vielen Jahren Freude machen.

Tischtennisbälle

Der schlichte Tischtennisball gehört zu den wirklich guten Spielzeugen für Katzen. Er wiegt nicht viel, macht wunderbar viel Krach und läßt sich leicht von der Stelle bewegen. Eine einzige Packung bringt Spaß für viele Stunden. Gehen Sie in Ihr Lieblingssportgeschäft und kaufen Sie einige Packungen. Sie werden es nicht bereuen.

Papiertüten

Die Einkaufstüte aus Papier, nicht aus Kunststoff, bietet
ebenfalls eine gute Möglichkeit, sich die Zeit zu vertreiben. Legen Sie sie offen mit einer Seite auf den Fußboden, fassen Sie sie von außen an und schütteln Sie die
Tüte. Lassen Sie einen Ball in die Tüte hineinrollen, dann
geht es mit dem Spaß richtig los. Wenn Sie mit dem Spielen fertig sind, räumen Sie die Tüte weg, damit Ihre Katze, sollte sie sich entschließen, ein Nickerchen in ihrem
neuen Spielhaus zu machen, nicht aus Versehen getreten
wird.

Kartons

Katzenburgen, Katzenbetten, Katzensitzplätze – Kartons
haben für viele Katzen vielfältige Bedeutungen. Probieren Sie mal, einen Pappkarton umzudrehen und eine Ein-
gangstür auszuschneiden, so daß sich die Katze in den
Karton zurückziehen kann. Oder schneiden Sie zwei Eingänge aus und ziehen Sie ein Spielzeug an einer Schnur
hindurch. Das sollte das Interesse Ihrer Katze wecken.
Oder schneiden Sie viele Türen in den Karton und lassen Sie Tischtennisbälle hinein- und herausrollen.

Licht

Ein kleiner Handspiegel, der einen tanzenden Lichtfleck
an die Wand wirft, oder eine Taschenlampe in einem
dunklen Zimmer können Ihnen und Ihrer Katze viel Vergnügen bereiten. Große und kleine Katzen kommen
anscheinend niemals dahinter, daß sie das Licht nicht
einfangen können. Dadurch wird das Licht für sie aber
erst recht zur besonderen Herausforderung. Probieren
Sie es mal aus!

Kugeln aus Aluminiumfolie oder Papier

Kugeln aus Alufolie wiegen wenig, bewegen sich auf interessante Weise und lassen sich mit der ausgestreckten
Pfote leicht aufnehmen. Sie haben schon vielen Katzen
viele glückliche Stunden beschert. Spielen Sie nicht mit
Alufolie, die zum Kochen oder zum Einwickeln von
Nahrung benutzt wurde. Die Katze soll mit der Folie
spielen, sie aber nicht auffressen.

98

Leere Garnrollen

Seitdem es Nähgarn auf Rollen gibt, treiben Katzen die Rollen mit Vergnügen im ganzen Haus herum. Geben Sie Ihrer Katze nur ganz leere Rollen, da sich Garn im Magen verknoten kann. Davon abgesehen können Sie es einfach genießen. Garnrollen haben einfach die richtige Größe, das richtige Gewicht und die richtige Form, so daß Ihre Katze garantiert stundenlang Spaß damit hat.

Weinkorken

Man kann hervorragend hinter ihnen herjagen; sie sind so weich, daß man seine Krallen oder Zähne hineinschlagen kann, und leicht genug, um damit zu werfen. Korken sind phantastisch! Wenn Ihre Katze zu den wenigen gehört, die richtig Spaß daran haben, Dinge zu zerbeißen, sollten Sie aufpassen, was sie mit den Korken macht. Daß sie einen großen Brocken davon abbeißt und verschluckt, ist unwahrscheinlich, aber warum das Risiko eingehen? Für die meisten Katzen sind Korken jedoch schlicht und einfach ein Vergnügen.

Aufgerollte Socken

Rollen Sie einen Strumpf auf, tun Sie eventuell etwas Katzenminze hinein, wenn Ihre Katze das mag, und lassen Sie ihn dann über den Boden rollen. Katzen, die gern Dinge anspringen, irgendwo hineinbeißen und Sachen herumtragen, werden ihre besondere Freude an diesem Spielzeug haben. Braucht Ihre Katze ein Ventil für ihre Aggression, können Sie auch einen strapazierfähigen Strumpf mit ein paar Stoffresten ausstopfen, eine Schnur daranbinden und das Ganze als Nachziehspielzeug benutzen. Es ist so groß, daß die Katze auch mit den Krallen der Hinterpfoten danach greifen und dagegenstoßen kann. Gut geeignet für Katzen, die Spaß an Balgereien haben.

Garn und Schnüre

Seit Jahrhunderten hatten Millionen von Katzen ihren Spaß an einem Schnurende, das verführerisch über den Fußboden gezogen wurde. Wenn sie dabei beaufsichtigt werden, ist das Nachlaufen mit einem Stück Schnur ein phantastisches körperliches Training und außerdem

macht es, ehrlich gesagt, einfach Freude. Aber VOR-SICHT: Lassen Sie Ihre Katze nie mit Schnur oder Garn ohne Aufsicht allein. Wenn Sie ein Stück davon beknabbert und verschluckt, kann sich der Faden im Darmtrakt Ihrer Katze verheddern und sie unter Umständen umbringen. Deshalb rollen Sie den Faden, wenn Sie das Spiel beendet haben, auf und tun Sie ihn in eine Schublade. Fängt Ihre Katze an, längere Zeit darauf herumzukauen, ist das Spiel für den Tag beendet. Wie so viele andere Spielsachen und Werkzeuge ist ein Stück Schnur wunderbar, wenn man es mit etwas vorausschauendem gesundem Menschenverstand einsetzt. Halten Sie sehr dünne Fäden (Bindfaden, Nähgarn) von Ihrer Katze fern.

Der erste Besuch beim Tierarzt

Im Verlauf des ersten Tierarztbesuchs wird Ihre Katze rundum gründlich untersucht. Der Arzt wird ihr in die Ohren und ins Maul schauen, Herz und Lunge abhören, das Fell inspizieren, die Bauchdecke abtasten und die Körpertemperatur messen.

Nehmen Sie, wenn Sie können, eine Stuhlprobe mit,

100

damit eine Untersuchung auf Wurmbefall durchgeführt werden kann. Die Probe sollte frisch sein. Wenn Sie frühmorgens ein frisches Häufchen vorfinden, tun Sie etwas davon in eine Plastiktüte und legen es an einen kühlen Ort. Falls die Katze noch gar nicht bei Ihnen zu Hause lebt, bringen Sie einfach im Laufe der nächsten Tage eine Probe vorbei. Ist die Katze beim Einzug wurmfrei, erleichtert es das Zusammenleben in jeder Hinsicht.

Der Tierarzt wird der Katze vermutlich Blut abnehmen, um es im Labor auf den Katzenleukose-Virus und den Katzen-Immunschwäche-Virus untersuchen zu lassen.

Beide Viren verursachen ernsthafte, komplizierte Erkrankungen, und in beiden Fällen kann eine Katze, deren Testergebnis positiv ausfällt, viele Jahre mit dem Erreger weiterleben oder sehr plötzlich akut krank werden. Aller Wahrscheinlichkeit nach werden die Testergebnisse negativ sein. Ist das jedoch nicht der Fall, sollten Sie mit Ihrem Tierarzt darüber sprechen, wie Sie am besten weiter vorgehen.

Es gibt viele Impfungen, die dazu beitragen, Katzenkrankheiten zu verhindern. Welche Impfungen Ihre Katze während dieses ersten Arztbesuchs erhält, hängt von ihrem Alter, vom Arzt und davon ab, welche Impfungen sie bereits erhalten hat und in welcher Gegend Sie wohnen. Hier folgt eine Liste mit einigen der häufiger verabreichten Impfungen (auf den Seiten 141 – 143 werden diese Krankheiten und die Wichtigkeit des Impfschutzes ausführlicher erörtert).

Grundlegende Impfungen

Tollwut

Jede Katze, ganz gleich ob Wohnungs- oder freilaufende Katze, sollte gegen Tollwut geimpft werden. Keine Ausnahmen! Selbst Katzen, die die Wohnung nie verlassen, können sich durch Mäuse oder Fledermäuse, die sich in Ihre vier Wände verirren, infizieren.

Katzenleukose (FeLV)

Die Impfung erfolgt im Alter von neun Wochen, drei Wochen später noch einmal und wird dann alljährlich aufgefrischt. Lassen Sie Ihre Katze gegen FeLV impfen.

STERILISATION UND KASTRATION

Jahr für Jahr werden Millionen, ja, MILLIONEN gesunder, prachtvoller, freundlicher junger und älterer Katzen getötet, weil es keine Unterbringungsmöglichkeit für sie gibt. Wenn Sie Katzen lieben, dann lassen Sie Ihr Katzenkind bitte sterilisieren bzw. kastrieren, und zwar so früh, wie Ihr Tierarzt dazu bereit ist. Die Sterilisation wird heute schon bei acht Wochen alten Jungtieren durchgeführt, ohne daß dabei gesundheitliche Nachteile auftreten, obgleich ein Mindestalter von sechs Monaten immer noch die Norm darstellt. Aber in bezug auf das richtige Alter haben Tierärzte und -ärztinnen jeweils ihre eigenen Vorstellungen, deshalb sollten Sie das tun, was sie Ihnen empfehlen. Aber tun Sie es auch. Kastrierte Katzen leben länger, sind weniger krankheitsanfällig und kommen ganz genauso gut zurecht wie nicht kastrierte Tiere. Unsere Katzen sind ausnahmslos sterilisiert. Bitte unterstützen Sie uns bei unserem Kampf gegen das unnötige Umbringen von Katzen. Dies ist eines der Probleme, zu deren Lösung wir alle etwas beitragen können.

101

Wie finde ich einen guten Tierarzt?

Es ist vorteilhaft, wenn Sie sich für einen Tierarzt entscheiden, bevor Sie Ihren neuen Hausgenossen bekommen. Sie können ihn dann um Rat bitten, wenn es darum geht, die Katze nach Haus zu bringen, und ihn fragen, worauf Sie bei der Auswahl des Katzenkindes achten müssen. Eine der besten Möglichkeiten, den richtigen Tierarzt zu finden, ist die, sich von Freunden und Nachbarn, die selbst Katzen halten, Empfehlungen geben zu lassen. Oft fällt im Gespräch wiederholt ein bestimmter Name oder auch zwei, und das wäre der, an den ich mich wenden würde. Jüngere Tierärzte haben im allgemeinen neuere Methoden und effizientere Techniken kennengelernt; für ältere spricht ihre jahrelange, durch praktische Arbeit gewonnene Erfahrung.

Hält der Tierarzt selbst Katzen?

Katzen sind einzigartig, und wenn jemand selbst eine hat, ist das ein Zeichen dafür, daß er Katzen wirklich mag. Natürlich gibt es viele ausgezeichnete Tiermediziner, die keine Katzen haben, doch wenn sie eine oder zwei besitzen, ist das ein Pluspunkt.

Ist die Praxis sauber?

Sie sollte sauber sein und auch so riechen. Unterhalten Sie sich mit dem Empfangspersonal, wenn nicht gerade zuviel Betrieb herrscht. Oft ist dort viel zu tun, aber ein Gespräch von einigen Minuten wird Ihnen einen guten Eindruck davon vermitteln, was für eine Atmosphäre in der Praxis herrscht.

Ist die Praxis rund um die Uhr erreichbar?

Das wäre ein riesengroßer Vorteil, denn Tiere erkranken unweigerlich entweder mitten in der Nacht oder an einem langen arbeitsfreien Wochenende. Manchmal sind die Praxen mit 24-Stunden-Rufbereitschaft zu weit entfernt, um rasch erreichbar zu sein. Doch Sie sollten die Telefonnummer trotzdem griffbereit haben. Ich hoffe, daß Sie sie nie nötig haben, wenn das aber doch der Fall ist, möchten Sie ja nicht extra danach suchen müssen.

Ein Tierarzt, der Hausbesuche macht, ist etwas ganz Phantastisches, eine Freude für Katzenhalter, vor allem, wenn sie mehr als eine Katze haben. Solche wunderbaren Tierärzte gibt es gelegentlich noch. Seien Sie besonders nett zu ihnen; es ist herrlich, sie in der Nähe zu wissen.

Katzenseuche (FPV) und Katzenschnupfen

Häufig wird gegen diese beiden Krankheiten mit einem Kombinationspräparat geimpft, und zwar einmal zwischen der achten und zehnten Lebenswoche und noch einmal zwischen der zwölften und vierzehnten Lebenswoche. Der Impfschutz wird in der Regel jährlich aufgefrischt.

Infektiöse Bauchfellenzündung (FIP)

Die Infektiöse Bauchfellentzündung (Feline Infektiöse Peritonitis) ist eine häßliche, durch Viren hervorgerufene Krankheit, über die man bisher noch nicht allzu viel weiß. Schützen Sie Ihre Katze davor, die Krankheit ist tödlich.

Wie ernähre ich meine junge Katze?

Fangen wir gleich mit dem Wichtigsten an: Geben Sie Katzen Nahrung, die eigens für sie hergestellt ist. Fast alle Katzen, die wir kennengelernt haben, fressen Dosenfutter lieber als alles andere. Wir füttern bei uns zu Haus ausschließlich mit Dosennahrung. Dosenfutter verdirbt allerdings, wenn man es stehen läßt, und es ist teurer und macht mehr Dreck als Trockennahrung. Trockennahrung hält sich gut in der Tüte und im Napf. Sie ist billiger als Dosennahrung und läßt sich einfach handhaben und lagern. Feuchtnahrung ist genau so praktisch wie Trockennahrung und wird von den meisten Katzen genauso akzeptiert wie Dosenfutter, enthält aber normalerweise reichlich Farb-, Zusatz- und Geschmacksstoffe, damit sie diese Eigenschaften aufweist.

Frisches Wasser ist für Katzen absolut notwendig, was oft vergessen wird. Auch wenn eine Katze aus einem tropfenden Wasserhahn trinkt, sollte jederzeit frisches Wasser in einem Napf bereitstehen. Wechseln Sie das Wasser täglich und spülen Sie den Napf aus. Das ist besonders dann wichtig, wenn Sie die Tiere mit Trockennahrung ernähren. Die Aufnahme einer ausreichenden Wassermenge trägt dazu bei, Harnröhrenerkrankungen zu vermeiden. Frisches Wasser ist für alle Katzen wichtig, aber für männliche Tiere, die eher zu solchen Erkrankungen neigen, ist es von entscheidender Bedeutung.

Milch, als Katzennahrung von geradezu mythischer

Bedeutung, kann Durchfall verursachen. Geben Sie Ihrer Katze lieber frisches, klares Wasser als Milch.

Der Zahnwechsel findet bei Katzen im Alter von dreieinhalb bis sechs Monaten statt. Während dieser Zeit kann das Kauen vorübergehend Schmerzen verursachen. Wenn Sie mit Trockennahrung füttern und Ihre Katze augenscheinlich fressen will, aber nur wenige Bissen zu sich nimmt und sich dann wieder entfernt, versuchen Sie, ihr Futter einige Minuten lang in warmem Wasser einzuweichen. Das macht die Nahrung weicher und erleichtert der Katze die Nahrungsaufnahme. Das Problem ergibt sich natürlich bei Dosenfutter, das ja schon weich ist, in weitaus geringerem Maß.

Wie bei jedem zahnenden Baby kann Ihrem Katzenkind das Mäulchen wehtun. Es kaut vielleicht auf Gegenständen herum und versucht so, seine Schmerzen zu lindern. Vielleicht klagt es auch oder frißt schlechter als sonst. Der Stuhlgang kann etwas flüssiger sein, oder das Tier hat weniger Lust zum Spielen als sonst. Während dieser Zeit kann es auch vorkommen, daß die Katze nicht besonders gut aus dem Mäulchen riecht. All das geht vorbei. Falls es Sie überhaupt beunruhigt, rufen Sie Ihren Tierarzt an. Er wird Ihnen genau sagen können, ob die Symptome Ihrer Katze normal sind oder Anlaß zur Sorge geben.

Eine kleine Katze, die jünger als drei Monate ist, sollte den ganzen Tag über jederzeit Futter in erreichbarer Nähe vorfinden. Ihre Energie- und Wachstumsansprüche sind so hoch, daß es unwahrscheinlich ist, daß sie zuviel frißt. Sie wird sicher viel eher, wie alle gesunden Katzenkinder, im Haus herumsausen und Kalorien verbrennen. Wenn Sie ihr aber aus einem bestimmten Grund einzelne Mahlzeiten verabreichen müssen, bieten Sie ihr mindestens dreimal pro Tag etwas an.

Wenn die kleine Katze älter als ungefähr sechs Monate ist, können Sie sie auf zwei Mahlzeiten pro Tag umstellen. Das entspricht dem, was wir für ausgewachsene Katzen empfehlen. Im Alter von sechs Monaten ist die Periode des schnellen Wachstums abgeschlossen. Sie entwickelt sich auch jetzt noch weiter, aber langsamer. Wenn Sie der Katze einzelne Mahlzeiten anbieten, können Sie die Nahrungsmenge, die sie zu sich nimmt, kontrollieren. Das mag im Moment vielleicht nicht so wichtig sein, aber die Fettsucht ist ein weitverbreitetes Problem, unter dem ausgewachsene Wohnungskatzen zu leiden haben. Ein paar Gramm Vorsicht heute ersparen

Ihnen später ein paar Pfund Übergewicht bei Ihrem Stubentiger.

Setzen Sie die Fütterungszeiten so an, wie es Ihnen in Ihren Tagesablauf paßt, aber, wie bereits erwähnt, füttern Sie eine Katze niemals direkt nach dem Aufstehen. Wenn Sie das tun, wird Ihre Katze rasch merken, daß sie dann Futter bekommt, wenn Sie aufwachen, also WACHEN SIE AUF! Ein kleines Frühstück um fünf Uhr früh ist doch wohl nicht zuviel verlangt, wie?

Weckt Ihre Katze Sie tatsächlich mitten in der Nacht aus dem Schlaf, dann füttern Sie sie nicht, um sie ruhigzustellen. Das ist dann der Beginn einer Angewohnheit, die schwer wieder aus der Welt zu schaffen ist. Wenn es ums Fressen geht, haben Katzen ein gutes Gedächtnis. Füttern Sie Ihre Katze statt dessen kurz bevor Sie aus dem Haus gehen. Lassen Sie nicht zu, daß die Katze die Tatsache, daß Sie wach werden, gedanklich mit ihrer Mahlzeit verbindet, dann ist alles in Ordnung.

Abends gilt die gleiche Regel sinngemäß in bezug auf Ihre Rückkehr. Wenn Sie die Katze sofort füttern, sobald Sie zur Tür hereinkommen, wird sie anfangen, unruhig zu werden, wenn Sie später heimkommen. Unruhige Katzen sind Katzen, die sich danebenbenehmen. Füttern Sie sie lieber dann, falls Sie essen, oder füttern Sie sie nach dem Zeitpunkt, zu dem Sie unter der Woche spätestens nach Haus kommen. Wenn Sie zum Beispiel normalerweise um 18 Uhr zu Haus sind, aber zweimal in der Woche zum Training in die Sporthalle fahren und dann erst gegen halb acht aufkreuzen, dann füttern Sie die Katze jeden Abend um acht. Auf die Art bleibt ein regelmäßiger Tagesablauf auch wirklich regelmäßig.

Es ist wichtig, wo Sie füttern. Wenn Sie nicht wollen, daß Ihre Katze sich auf den Arbeitsflächen in dem Bereich aufhält, wo gekocht wird, dann füttern Sie sie grundsätzlich nicht auf einer Arbeitsfläche. Die gleiche Regel gilt für den Küchentisch und ähnliches. Ihre Katze wird und sollte sich wohlfühlen, wenn sie zu ihrem Futternapf geht, und wenn dieser Napf in der Nähe von irgend etwas steht, wo sie die Katze nicht haben wollen, dann handeln Sie sich und der Katze hausgemachte Probleme ein.

Haben Sie einen Hund, der scharf auf Katzenfutter ist, bringen Sie ihn irgendwo anders hin, wenn Sie Ihre Katze füttern. So können Sie die Katzennahrung auf dem Boden stehen lassen. Das ist ein weiterer Vorteil regelmäßiger Mahlzeiten: Wenn man das Futter nicht stehen

läßt, kann es der Hund nicht stehlen. Millionen von Katzen haben ihre Menschen davon überzeugt, daß ihnen ihr Futter 24 Stunden am Tag zur Verfügung stehen muß. Das ist einfach nicht richtig.

Noch ein Wort an die Klugen unter Ihnen: Fangen Sie nicht an, Ihre Katze vom Tisch aus zu füttern. Wenn Sie merken, wie diese großen grünen Augen Sie ansehen, sagen Sie sich immer wieder: zwanzig Jahre, zwanzig Jahre ... Wenn Sie nicht einige Jahrzehnte lang Ärger mit Ihrem freßsüchtigen Stubentiger haben wollen, dann streichen Sie die Leckerbissen von Ihrem eigenen Teller von der Tagesordnung.

Wie pflege ich meine junge Katze richtig?

Sienna zeigt hier, wie eine sorgfältige Katzenwäsche aussieht.

Nachdem Sie aus dem Abschnitt „Wie man schlechten Angewohnheiten zuvorkommt" schon wissen, wie Sie Ihre Katze an die notwendigen pflegerischen Tätigkeiten gewöhnen können, lassen Sie uns nun genauer darauf eingehen, welche Art von Pflege sie braucht.

Kurzhaarkatzen

Auch wenn das Fell der kleinen Kurzhaarkatze nicht verfilzt und sich keine Knoten darin bilden, sollten Sie sie mindestens einmal pro Woche bürsten, in der Zeit des Haarwechsels auch öfter. Dadurch wird die Durchblutung der Haut gefördert, das natürliche Fett im Fell besser verteilt, und abgestorbene Haare werden entfernt. Außerdem lernt das Katzenkind dabei, das Angefaßtwerden zu ertragen, und Sie haben so die Möglichkeit, Ihre kleine Katze überall gründlich in Augenschein zu nehmen.

Ich nehme zum Bürsten gern einen Pflegehandschuh. Das ist üblicherweise ein quadratischer Fäustling aus grobem, mit Sisalborsten besetztem Leinengewebe. Solch ein Handschuh ist sanft und doch wirkungsvoll, und die meisten Katzen stören sich nicht allzu sehr daran. Der Sisal lädt sich, anders als Plastik oder Gummi, nicht so stark elektrostatisch auf. Die ausgebürsteten Haare entfernen Sie daraus, indem Sie den Handschuh an einer harten Kante abstreifen.

Langhaarkatzen

Manche Langhaarkatzen haben kein sehr dichtes oder weiches Fell, so daß sich bei ihnen selten Haarfilzknoten bilden. Bei anderen, wie den Perserkatzen, verfilzt das Fell anscheinend schon, wenn sie nur das Zimmer durch-

queren. Sie brauchen tägliche Fellpflege, damit sie gut aussehen und sich wohlfühlen. Legen Sie sich eine Perserkatze bitte nur dann zu, wenn Sie Zeit und Lust haben, sie täglich zu pflegen; es ist dem Tier gegenüber nicht fair, wenn Sie in diesem Punkt nicht konsequent und zuverlässig sind. Pflegen Sie Ihre Perser jeden Tag, oder schaffen Sie sich keine an.

107

Obwohl Katzenkinder es mit der Körperpflege sehr genau nehmen, ist es wichtig, daß ihr Mensch früh mit ihrer Pflege beginnt.

Ohrenpflege

Kontrollieren Sie die Ohren wöchentlich einmal auf Verschmutzungen jeder Art oder klebrigen Ausfluß. Ohrmilbenbefall tritt bei jungen Katzen nicht selten auf. Entdecken Sie in der Ohrmuschel dunkle klebrige Klümpchen, suchen Sie unbedingt den Tierarzt auf. Es ist empfehlenswert, den sichtbaren, äußeren Ohrbereich einmal pro Woche mit einem angefeuchteten Wattebausch auszuwischen. Gehen Sie dabei niemals tief oder weiter, als Sie sehen können, ins Innenohr hinein. Das Ohr ist empfindlich, und wenn Sie nicht genau wissen, wie Sie vorgehen müssen, kann es zu Verletzungen kommen.

Augenpflege

Zur Pflege der Augen ist unter normalen Umständen nur wenig Aufwand erforderlich. Bei einigen Rassen mit kurzer Nasenpartie, vor allem bei Persern, kann es sein, daß Sie Tag für Tag regelmäßig die Augenwinkel und den unteren Lidrand mit etwas Verbandmull auswischen müssen. Lassen Sie sich von Ihrem Tierarzt, Züchter oder Tierpflegeexperten zeigen, wie das geht.

Baden

Baden Sie Ihr Katzenkind nicht, es sei denn, es ist absolut notwendig. Muß es tatsächlich einmal sein, tun Sie es rasch, schützen Sie das Tier vor Zugluft und sehen Sie zu,

108

daß es schnell wieder trocken wird. Wenn Sie Ihre kleine Katze systematisch mit dem Fön vertraut gemacht haben und sie ihn problemlos akzeptiert, fönen Sie sie trocken, wobei der Fön auf kleiner Stufe eingestellt ist.

Ist die Katze nicht an den normalen Handfön gewöhnt, setzen Sie sie zum Trocknen in einem mit einem Handtuch ausgelegten Tragekorb an einen warmen Platz, an dem es nicht zieht, unter eine Lampe. Behalten Sie sie dabei gut im Auge – sie soll es behaglich haben, sich aber nicht verbrennen. Rollt sich die Kleine in der Nähe der Lampe ein und schläft, ist alles in Ordnung. Hechelt die Katze und versucht, von der Wärmequelle wegzukommen, wird es ihr zu warm. Schieben Sie den Korb ein Stück von der Lampe weg. Zittert und klagt sie, ist ihr zu kalt. Schieben Sie die Lampe näher an den Korb oder nehmen Sie sie mit in Ihr Bett und halten Sie sie unter der Bettdecke im Arm, bis sie nicht mehr zittert. Am allerbesten ist es aber, wenn Sie auf das Baden völlig verzichten, bis die Katze mindestens sechs Monate alt ist.

Häufig gestellte Fragen

Soll ich, wenn meine kleine Katze beim Spielen ein bißchen zu rücksichtslos ist, lieber Handschuhe anziehen?
Ja und nein. Kurzfristig funktioniert das, weil die Katze Sie nicht verletzen kann, aber, und das ist ein bedeutsames Aber, auf diese Weise können Sie Ihrem Kätzchen nicht beibringen, wie es sich beim Spielen richtig verhalten soll. Bringen Sie dem Tier nicht bei, daß es beim Spiel mit menschlicher Haut sanft umgehen muß, solange es klein ist, schieben Sie die unvermeidliche Lektion lediglich auf und lassen es zu, daß aus Ihrer kleinen kratzenden und beißenden Katze eine große wird.

Obwohl meine junge Katze viel frißt, macht sie trotzdem einen mageren Eindruck, und ihr Fell ist trocken und stumpf. Was mache ich falsch?
Dann ist es wohl an der Zeit, daß Sie sich auf den Weg zum Tierarzt machen. Häufig sind Würmer oder andere innere Parasiten der Grund dafür. Nehmen Sie eine kleine Stuhlprobe mit, damit sie vom Tierarzt untersucht werden kann. Die meisten Katzenkinder leiden irgendwann einmal unter Würmern. Darüber müssen Sie sich keine Sorgen machen, Sie müssen lediglich etwas dagegen tun. Geben Sie Ihrer Katze auf keinen Fall auf eige-

ne Faust irgendwelche Medikamente. Überlassen Sie Diagnose und Therapie dem Tierarzt; er verfügt über die entsprechende Ausbildung.

Meine junge Katze sucht allem Anschein nach Zitzenkontakt zu meinem Hund. Ist das ein normales Verhalten?
Es kommt ab und zu vor, aber normal ist es wohl nicht. Katzenkinder sind auf den Kontakt zu ihrer Mutter und den Wurfgeschwistern viel länger angewiesen als Hundewelpen. Oft neigt man dazu, sie zu früh voneinander zu trennen, etwa im Alter von fünf bis sieben Wochen. Diese frühe Trennung kann dazu führen, daß die Katze zeitlebens Kleinkindverhaltensweisen beibehält. Sofern irgend möglich, besorgen Sie sich ein Kätzchen, daß mindestens zehn Wochen zusammen mit seiner Mutter verbracht hat. Zwölf bis sechzehn Wochen sind sogar noch günstiger. Aber das Entscheidende ist; solange Ihr Hund keine Einwände macht, warum sollten Sie es dann tun? Letzten Endes tragen die beiden das unter sich aus, meinen Sie nicht?

Warum muß meine kleine Katze so oft gegen Katzenseuche geimpft werden?
Eine gute Frage. Was sich abspielt, ist folgendes: Ihr Katzenkind nimmt mit der Muttermilch eine bestimmte Menge von Antikörpern der Mutter auf, die es gegen Krankheiten, unter anderem gegen die Katzenseuche, schützen. Das Verzwickte ist dabei, daß niemand weiß, wie lange diese Antikörper wirksam sind. Manchmal hält der Schutz sechs Wochen, manchmal zwölf an. Sind die Antikörper der Mutter noch wirksam, erkennt das körpereigene System des Jungtieres den Impfstoff noch nicht und bildet noch keine eigenen Abwehrmechanismen aus. Deswegen impft man in gewissen Abständen, weil die mütterlichen Antikörper schließlich ihre Wirkung einbüßen und das Jungtier dann richtig auf den Impfstoff reagiert, indem es eigene Antikörper bildet.

Ich kann mir nicht die Zähne putzen, ohne daß meine kleine Katze immer wieder mit der Pfote nach dem Wasserstrahl schlägt. Ich dachte immer, Katzen mögen kein Wasser!
Richtig, viele Katzen hassen es, wenn man sie ganz ins Wasser steckt, das heißt aber nicht, daß sie ein laufender Wasserstrahl nicht fesselt. Sehr viele Katzen spielen liebend gern mit einem kleinen Wasserrinnsal, und die Zahl derjenigen, die gern fließendes Wasser trinken, ist sogar

Der Jagdtrieb ist allen kleinen Katzen eigen.

noch größer. Zum Glück sind Katzen nicht verpflichtet, sich dauernd vernünftig zu verhalten.

Ich finde Katzenkinder so süß. Finden Sie nicht auch, daß Katzen wenigstens einmal Junge haben sollten?
NEIN! Es stimmt, alle kleinen Katzen sind hinreißend, aber es gibt schon Millionen von Katzen zuviel auf der Welt. Wenn Sie Katzenkinder mögen, melden Sie sich im Tierheim Ihres Wohnortes und spielen Sie mit denen, die dort untergebracht sind. Sie haben Zuwendung, Berührung und Liebe nötig. Bitte vermehren Sie um Ihres eigenen Vergnügens willen nicht die Zahl der vorhandenen Tiere, wenn gleichzeitig jedes Jahr so viele kleine Katzen sterben, weil sie vergeblich ein Zuhause suchen, wo sie Verständnis finden.
  Lassen Sie Ihre Katze stattdessen im Alter von sechs Monaten sterilisieren. Wenn Sie das tun, zeigt das viel eher, daß Sie Katzen lieben. Sterilisierte Katzen sind weniger anfällig für bestimmte Arten von Krebs und andere Krankheiten. Wenn Sie Katzen, und besonders Katzenkinder, lieben, lassen Sie die Ihre umgehend sterilisieren.

Wird meine Katze nicht dick und faul, wenn ich sie sterilisieren lasse?
Nein. Dick und faul wird sie, wenn sie zuviel zu fressen bekommt und zuwenig Bewegung hat. Das ist eines der vielen Märchen in Verbindung mit der Sterilisation, das die Leute davon abhält, das Richtige zu tun, nämlich ihre Katzen sterilisieren beziehungsweise kastrieren zu

111

lassen. Es gibt keinen Grund, der dagegen spricht, aber fünf Millionen Gründe (so viele Katzen bringen wir ungefähr pro Jahr um, weil sie kein Unterkommen finden), die dafür sprechen. Schieben Sie es also nicht auf die lange Bank!

Meine kleine Katze vergräbt ihren Kot nicht. Ist das normal? Kann ich ihr beibringen, ihre Hinterlassenschaften zuzudecken?
Normal? Ja. Ihr beibringen, es zu vergraben? Nein. Wie alle Katzenartigen sind auch Hauskatzen eingefleischte Individualisten. Manche Katzen graben minutenlang, schaufeln und scharren und schlagen mitunter sogar aus dem instinktiven Drang heraus, ihre Hinterlassenschaften einzubuddeln, mit den Pfoten in die Luft. Andere lassen es einfach fallen und gehen ihrer Wege. Seien Sie dankbar. So läßt es sich mit dem Schäufelchen leichter entfernen, Sie brauchen weniger Katzenstreu, die Katze verstreut weniger davon, und es ist alles in allem schlicht einfacher, damit umzugehen. Wenn Sie der Anblick stört: wunderbar! Das wird Sie veranlassen, das Katzenstreuschäufelchen öfter zu benutzen.

Oder, und es gibt ja immer ein „Oder": Es könnte auch heißen, daß der Katze die Streu nicht zusagt. Wenn Sie den Eindruck haben, daß es der Katze widerstrebt, darin herumzulaufen; wenn sie ihre Pfoten heftig schüttelt, sobald sie das Katzenklo verläßt; wenn sie versucht, sich in eine Ecke der Wanne zu kauern oder ihre Hinterlassenschaft nicht bedeckt, sollten Sie vielleicht eine andere Katzenstreu ausprobieren. Stellen Sie zwei Katzentoiletten auf, eine mit der Streu, die Sie bisher benutzt haben, und eine mit einem anderen Fabrikat. Vergräbt die Katze ihren Kot in der zweiten Toilette, ist die Frage beantwortet. Läßt sie ihn einfach darin liegen, kann es sein, daß das eben einfach ihre Art ist.

Mein Kätzchen rennt mehrmals am Tag wie von Furien gehetzt im Haus herum. Ist das normal?
Aber ja! Willkommen im Club derer, die ZARB-Angriffen ausgesetzt sind: Ziellosen Anfällen rasenden Bewegungsdrangs. Bei Katzenkindern und auch bei manchen ausgewachsenen Katzen kommen sie mehrmals am Tag vor, am häufigsten am frühen Abend oder am frühen Morgen. Das sind die gleichen Zeitabschnitte, in denen freilebende Katzen auf die Jagd gehen würden.

Ihre junge Katze, und mit ihr Tausende anderer überall auf der Welt, wird urplötzlich von dem unkontrollier-

baren Drang heimgesucht, ein paar Minuten lang Amok zu laufen: Hinauf auf die Couch und auf der anderen Seite wieder hinunter, quer durchs Zimmer, dann eine rasche Drehung auf der Stelle, und ab geht's in die entgegengesetzte Richtung. Wenn Sie ihr im Weg stehen, werden Sie zum Turngerät umfunktioniert: es geht über Ihren Schoß, an Ihrem Bein hinauf, über Ihre Schultern – wo immer es am einfachsten weitergeht.

Diese Aktivitätsperioden dauern meist nicht länger als ein paar Minuten, zehn, wenn es hochkommt. Es ist am besten, den ausgelassenen Spaß an all dem einfach zu genießen und zu versuchen, der Katze nicht in die Quere zu kommen. Sollten Sie versuchen, die Katze hochzuheben, während sie in dieser Stimmung ist, wird das wahrscheinlich zu irgendeiner Art von kätzischem Protest führen, also lassen Sie das Tier sich einfach austoben. Wenn Sie wollen, können Sie diese Minimanie in geordnete Bahnen lenken, indem Sie einen Ball rollen lassen oder irgend etwas an einer Schnur vor den Augen der Katze über den Boden ziehen. Wenn Sie Glück haben, wird sie es gewahr und stürzt sich darauf. Reichlich Spaß für alle! Für welche Möglichkeit, mit der Situation umzugehen, Sie sich auch entscheiden: Genießen Sie diese Zeit. Sie ist sowieso allzu bald wieder vorbei.

113

Ausgewachsene Katzen

Katzen ziehen sich wie ein roter Faden durch mein Leben. Meine Kindheitserinnerungen sind reich an Erlebnissen mit Katzen: stundenlange Spiele mit Katzenkindern; der Versuch, Hausaufgaben zu machen, während eine Katze mit der Pfote nach meinem Bleistift schlägt; der vom schnurrenden Protest einer Katze unterbrochene Versuch, eine Freundin aus der Highschool-Zeit zu küssen. Nacht für Nacht genoß ich im Bett die Gesellschaft einer wärmespendenden Katze, die sich in meine Kniebeuge schmiegte oder sich liebevoll an meinen Hals drückte.

An meine Katzen kann ich mich besser erinnern als an einige Familienmitglieder. Aber meine Katzen waren schließlich auch immer bei mir; sie waren mir stets ein Trost, bereiteten mir immer Vergnügen und waren unbestechliche Freunde.

Daran hat sich bis auf den heutigen Tag nichts geändert, an dem Emily zufrieden lang ausgestreckt auf meinem Schoß liegt. Dabei ruht ihr Kopf auf meinem Unterarm, was mir das Tippen erschwert – aber wer beklagt sich schon über so etwas? Sie hat es gut. Ich empfinde eine Art von Glück, das mir Menschen so nicht vermitteln können, also lasse ich sie, wo sie ist. Sie schläft wohlig und vertrauensvoll und verleiht mir damit das Gefühl, eine besondere Auszeichnung zu erhalten, woran es mir im Leben mitunter fehlt. Für mich trifft der Satz unbedingt zu, wonach ein Haus ohne Katze kein Zuhause ist.

Leben in der Stadt

Katzen leben seit jeher in jeder nur denkbaren Umgebung mit Menschen zusammen. Sie sind Überlebenskünstler und können sich anpassen, deshalb stellt das Leben in der Stadt für sie kein echtes Problem dar, vorausgesetzt, Sie sorgen dafür, daß sie innerhalb der vier Wände bleiben. Auf der Straße hält es schon ein Mensch kaum aus, von einer Katze ganz zu schweigen. Alle Stadtkatzen sollten ohne jede Ausnahme Haus- oder Wohnungskatzen sein – so schlicht und einfach ist das.

Ob Sie in einer kleinen Wohnung oder in einem geräumigen Haus leben, spielt eigentlich keine Rolle. Katzen

Diese Stadtkatze fühlt sich allem Anschein nach in ihrer städtischen Umgebung sehr wohl.

passen sich an. Solange Sie sich um ihre Grundbedürfnisse kümmern und einige der Wünsche, die sie instinktiv hegen, im voraus einkalkulieren, können Sie überall in der Stadt glückliche, gesunde Katzen halten.

Das Platzangebot stellt womöglich die letzte Herausforderung dar, aber daran herrscht in den meisten Wohnungen ohnehin Mangel. Sie haben es schon schwer genug, all Ihre eigenen Sachen unterzubringen, wo soll sich also die Katze aufhalten? Eine gute Lösung für alle Betroffenen ist es, wenn Sie sich vornehmen, Geld in einen dieser Kratz- und Kletterbäume mit Kuschelhöhlen und Sitzbrettern zu investieren, die vom Boden bis zur Decke reichen. Das gibt Ihrer Katze nicht nur Gelegenheit, sich im Klettern zu üben, sondern bereichert auch ihre nächste Umgebung und bietet ihr ausgezeichnete Möglichkeiten, sich bei Bedarf zurückzuziehen.

Ist der Kletterbaum eingebaut, können Sie Ihre Katze dazu ermuntern, ihn zu benutzen, indem Sie besondere Leckerbissen auf den Sitzbrettern verstecken, eine Schnur am Stützpfosten hinaufziehen, der sie nachjagen kann, oder den Baum mit Katzenminze bestreichen. All das belohnt die Katze dafür, daß sie den Kletterbaum auskundschaftet, und hilft ihr, sich damit wohlzufühlen.

Die wichtigsten Sicherheitsvorkehrungen, die Sie für Ihre Stadtkatze treffen sollten, sind gute, feste Schutznetze oder -gitter vor den Fenstern, die sich nicht aus ihrer Halterung lösen, wenn sich eine Katze zum Schlafen

116

dagegenlehnt oder sich bei dem Versuch, einer Taube nachzujagen, dagegenwirft. Katzen können aus großen Höhen abstürzen, und das passiert auch wirklich – mit vorhersehbar unangenehmen Folgen. Schützen Sie Ihre Katze zuverlässig davor; bringen Sie stabile Schutzgitter an. Lassen Sie ungesicherte Fenster NIEMALS offen, auch nicht einen Spaltbreit. Katzen können durch erstaunlich kleine Öffnungen nach draußen gelangen oder das Fenster aufstoßen und ins Freie entkommen.

Richten Sie Ihrer Katze wegen des geringeren Platzangebots in den meisten Stadtwohnungen unbedingt einen geschützten Ruheplatz ein, an den sie sich zurückziehen kann, wenn Fremde die Wohnung betreten. Viele Katzen schätzen die Gegenwart von Fremden nicht besonders und empfinden es als besondere Belastung, wenn sie sich nicht verstecken können. Sollte es für Sie nicht in Betracht kommen, daß Sie Ihr Schlafzimmer als Schlupfwinkel zur Verfügung stellen, überlegen Sie, ob nicht eine Schrankecke dafür in Frage kommt. Lassen Sie die Tür einen Spaltbreit geöffnet und arretieren Sie sie, damit sie nicht versehentlich geschlossen werden kann. Richten Sie ihr darin einen Ruheplatz ein, den Sie mit einem Ihrer abgelegten T-Shirts auslegen, und stellen Sie in erreichbarer Nähe einen Wassernapf auf. Das sollte für kurze Zeit, einige Stunden etwa, genügen.

Zieht sich Ihre Katze dahin zurück, sollten sich alle im Haus an die Regel halten, sie dort nicht aufzusuchen. Die Katze sollte sich darauf verlassen können, daß sie in diesem Bereich garantiert ungestört bleibt. Es geschieht zwar oft in bester Absicht, doch wenn man einer Katze zu nahe kommt, die sich zu verstecken versucht, erzeugt man damit sehr leicht Aggression und andere Probleme, die mit Streß zu tun haben. Warten Sie, bis sie aus eigenem Antreib zum Vorschein kommt, und laden Sie sie dann ein, sich streicheln zu lassen oder sich einen oder zwei leckere Happen abzuholen.

Denken Sie daran: Wenn eine Katze Fremden gegenüber mißtrauisch ist, ist das absolut normal und akzeptabel. Es handelt sich dabei weder um ein Problem, noch um eine Verhaltensauffälligkeit. Lassen Sie Ihre Katze einfach in Ruhe. So, wie sie sich verhält, fühlt sie sich wohl.

Stadtkatzen können, genau wie wir Menschen, unter Streß leiden. Streß kann z. B. durch lange Einsamkeit, Zusammenleben auf engem Raum, plötzlichen Lärm, ständige Geräusche draußen im Flur oder auf der Straße

und durch Luftverschmutzung hervorgerufen werden. Er kann sich in der Summe so auswirken, daß die Katze eher zu Problemverhalten neigt, als eine, die sich nicht mit solchen Bedingungen auseinanderzusetzen hat.

Glücklicherweise sind diese Streßfaktoren durch eine ausgewogene Ernährung, körperliches Training, Spiel, die richtige Umgebung und einen geregelten Tagesablauf weitgehend in den Griff zu bekommen. Die Ernährung spielt für uns alle eine wichtige Rolle, und Ihre Katze bildet da keine Ausnahme. Wenn Ihre Katze unter Streß steht, ist nicht die richtige Zeit, an ihrer Ernährung zu sparen. Besorgen Sie ihr die beste Nahrung, die Sie bekommen können. Nach unserer Auffassung ist das eine natürliche Nahrung, die so wenig künstliche Farb- und Geschmacksstoffe enthält wie möglich. Viele Hersteller entwickeln ausgezeichnete Produkte, die diese Kriterien erfüllen, und wir empfehlen sie Ihnen nachdrücklich. Sorgen Sie dafür, daß Ihre Katze darüber hinaus geeignete Grünpflanzen hat, an denen sie knabbern kann. Frisches, klares Wasser ist genauso wichtig wie alles, was oben genannt wurde.

Zwischen körperlichem Training und Spielen besteht für Katzen kaum ein Unterschied. An einer Schnur befestigte Gegenstände machen sowohl dem, der ihnen nachjagt, wie dem Menschen, der am anderen Ende zieht, unheimlich viel Spaß. Alle Versionen dieses Katz- und Mausspiels sind gut geeignet, vor allem dann, wenn die Katze über Gegenstände hinweg und unter ihnen hindurchlaufen kann, wodurch das Spiel noch interessanter und ermüdender wird. Wir erwarten nicht unbedingt von Ihnen, daß Sie mit Ihrer Katze spielen, bis sie richtig erschöpft ist. So lange machen das wohl nur wenige Katzen mit. Aber ein richtig schönes Katz-und-Mausspiel mit einem Ersatzbeuteobjekt ein- oder zweimal am Tag befriedigt ein instinktives Bedürfnis Ihrer Katze, das anders nicht ausgelebt werden kann.

Die engere Umgebung erleichtert oder erschwert Ihrer Katze das Leben, wie bereits erwähnt. Indem Sie Ihrer Katze Möglichkeiten anbieten, sich zu verstecken und zu klettern, schaffen Sie ihr eine artgerechte Umgebung inmitten eines unnatürlichen Lebensraums.

Und schließlich übt ein geregelter Tagesablauf auf alle unter Streß leidenden Tiere eine beruhigende Wirkung aus, wobei der Streß, der durch Langeweile entsteht, vielleicht eine Ausnahme bildet. Ist Ihre Katze furchtsam oder ängstlich, bieten Sie ihr dadurch, daß Sie einen vor-

hersehbaren Tagesablauf aufstellen, einen Orientierungs-
rahmen durch Ereignisse, die sich verläßlich wiederholen. Versuchen Sie, Ihren Zeitplan, und damit den Ihrer
Katze, so aufzustellen, daß Sie sich in den meisten Fällen
daran halten können. Das bedeutet zum Beispiel, daß Sie
Ihre Katze in der Woche nicht um sieben Uhr morgens
füttern, wenn Sie vorhaben, am Wochenende auszu-
schlafen. Geben Sie ihr entweder ihr Futter an Wochen-
tagen so spät, wie Sie können, oder besorgen Sie sich einen automatischen Futterspender, der sich auf eine
vernünftige Uhrzeit einstellen läßt. Bemühen Sie sich
darum, Ihrer Katze die Welt so vorhersehbar wie möglich einzurichten, denn durch Berechenbarkeit entsteht
bei Ihrer Katze ein Gefühl der Sicherheit und Gebor-
genheit.

Leben am Stadtrand

Meiner Meinung nach weisen Stadtrandgebiete im Vergleich zu allen anderen Plätzen, an denen Katzen leben,
die meisten Gefahren auf. Warum? Weil die Leute glau-

*Nicht alle Katzen
schätzen die große Frei-
heit außerhalb des
Hauses. Emily haßt sie
geradezu und hält
sich um jeden Preis
versteckt.*

ben, sie befänden sich außerhalb der Stadt, weil der Hof einen ruhigen Eindruck macht und die Nachbarn offenbar nett sind. Da ist es doch sicher einfach goldrichtig, wenn man die Katze ins Freie läßt. Falsch!

Am Stadtrand gibt es viele Katzen auf engem Raum, was bedeutet, daß die Reviere deutlich abgesteckt sind und die Reviergrenzen ernst genommen werden. Ihre Katze wird sich entweder im Revier eines anderen Tieres befinden, sobald sie einen Fuß vor die Tür setzt, oder sie wird um ihr Stückchen Land kämpfen müssen. In beiden Fällen kommt es unweigerlich zu Streitigkeiten, besonders zwischen männlichen Tieren.

Im Gebiet der Vororte gibt es viele Straßen und reichlich Verkehr. Verkehr ist niemals gut für Katzen, da die meisten von ihnen die Gefahr, die entgegenkommende Fahrzeuge für sie darstellen, nicht begreifen.

In diesen Randbezirken gibt es Gifte. Das reicht von Pestiziden auf dem Rasen, die sich Ihre Katze nach einem Rundgang von den Pfoten ableckt, bis hin zu Hähnchenknochen im Müll, die Ihre Katze fressen und mit denen sie sich die Eingeweide perforieren kann. Wenn sich Ihre Katze am Stadtrand im Freien aufhält, bewegt sie sich durch ein Minenfeld.

Außerdem gibt es Nachbarn, die Katzen nicht ausstehen können. Freunde von uns haben Nachbarn, die sich einen Spaß daraus machen, aufs Geratewohl mit einem Kleinkalibergewehr auf jede Katze zu schießen, die ihr winziges Fleckchen Rasen überquert. Dumm? Ja. Gefährlich? Auf jeden Fall. Aber diesen Leuten ist es nicht gerade um das Wohl der Allgemeinheit zu tun, und es ist *Ihre* Katze, die nachher verletzt nach Haus kommt – oder die überhaupt nicht mehr nach Haus kommt.

Wenn Sie dann noch die Hunde dazunehmen, die in vielen Wohnvierteln frei herumlaufen, dann haben Sie ein wunderschönes Gebiet, das für unsere samtpfotigen Hausgenossen ziemlich lebensgefährlich ist.

Tun Sie Ihrer Katze einen Gefallen und sorgen Sie dafür, daß sie drin bleibt, oder richten Sie ihr ein hübsches überdachtes Freigehege ein, wo sie die frische Luft genießen und ab und zu eine Fliege fangen kann, ohne sich dabei irgendwie in ernste Gefahr zu begeben.

Außerdem steht die Welt nicht still. Manche Gemeinden erlassen Bestimmungen, die Katzen den freien Auslauf verbieten. Das kann einen nicht ernsthaft überraschen. Haben Sie jemals zu schlafen versucht, während eine rollige Katze ihre Liebesgesänge anstimmt oder die

Kater, die hinter ihr her sind, ihre Schlachtrufe äußern? Es kann sein, daß für Sie eine aufgerissene Mülltüte, deren Inhalt in Ihrer Einfahrt verstreut liegt, zu den Dingen gehört, die Sie als Katzenbesitzer zu ertragen bereit sind, aber ich bezweifle, daß Ihre Nachbarn, die keine Katzen haben, so tolerant sind. Was wäre, wenn Ihr Kleinkind aus seiner eigenen Sandkiste einen Haufen Katzenkot ausbuddeln würde? Diese Sorgen sind nicht aus der Luft gegriffen, und wenn wir nicht alle anfangen, mehr an unsere Nachbarn zu denken, wird die Woge der Intoleranz gegenüber Heimtieren weiter anschwellen.

Mit Katzen leben heißt, Verantwortung zu übernehmen, nicht nur für deren Gesundheit und Wohlergehen, sondern auch für das, was sie anrichten.

Leben auf dem Land

Eine ländliche Umgebung bietet Katzen etwas mehr Sicherheit. Das heißt: Häuser auf Grundstücken, die mehrere Morgen groß sind, umgeben von anderen Häusern auf ebenso großen Grundstücken, an ruhigen Seitenstraßen gelegen, in gehöriger Entfernung von stark befahrenen Straßen.

In solchen Gebieten sind Katzen allerdings immer noch Risiken ausgesetzt, wenn auch in geringerem Maße als am Stadtrand. Es gibt dort weniger Autos, mehr Platz und normalerweise eine kleinere Katzenpopulation pro Flächeneinheit, was bedeutet, daß Reviergrenzen nicht so ohne weiteres überschritten werden oder so heiß umkämpft sind. Und doch warten dort immer noch viele Gefahren, mit denen Sie rechnen sollten, wenn Sie darüber nachdenken, ob Sie Ihrer Katze freien Auslauf gewähren wollen oder nicht.

Daß Ihre Katze keinen Gefahren ausgesetzt ist, die durch Menschen heraufbeschworen werden, bedeutet nämlich noch nicht, daß sie in Sicherheit ist. Nun müssen Sie sich zusätzlich noch Gedanken über Gefahren machen, die in der Natur auftreten, in erster Linie in Gestalt wilder Tiere, obwohl manchmal auch im engeren Umkreis des Hauses Gefahr droht.

Kodak, die prächtige schwarzweiße Katze, die Sie auf Seite 12 und auf weiteren Fotos in diesem Buch sehen können, lebt in einer ländlichen Umgebung in Vermont, auf dem Gipfel eines kleinen Berges, abseits einer schmalen, unbefestigten Straße. Sie genießt seit vielen Jahren

ein Leben in völliger Freiheit. Doch vor einigen Monaten hatte sie einen Unfall. Sie wurde von einem der Widder auf dem Grundstück über den Haufen gerannt. Für diejenigen von Ihnen, die in der letzten Zeit keinen Schafbock gesehen haben oder umgerannt wurden: So eine Erfahrung zu machen ist nicht lustig. Widder sind große Tiere, können gut und gerne über hundert Pfund wiegen, besitzen große Hörner und verfügen von Natur aus über die Fähigkeit, sie auch einzusetzen. Wenn sie auf Sie losgehen, können Sie ernsthafte Verletzungen davontragen. Wenn sie auf eine Katze losgehen, ... na ja, Kodak hat Glück gehabt, daß sie noch am Leben ist. Ein Auge hat sie allerdings eingebüßt.

Warum kam es dazu, nachdem die Tiere jahrelang friedlich zusammengelebt hatten? Wer weiß! Kodak war vorher in der Nähe eines Stinktiers beobachtet worden, und die theoretische Erklärung besteht darin, daß sie einen fremden Geruch ausstrahlte, als sie in die Scheune lief. Die Schafböcke setzten sich gegen ein Tier zur Wehr, das sie für einen Eindringling hielten.

Die Grundbedürfnisse

Genauso wie man als Mutter oder Vater für die Gesundheit und das Wohlbefinden des eigenen Kindes verantwortlich ist, sind Sie als Katzenhalter bei Ihrer Katze für die gleichen Dinge verantwortlich. Als Vater oder Mutter passen Sie auf das Kind auf und bewahren es vor Gefahren, weil Sie wissen, daß es sich nicht selbst davor schützen kann. Sie ernähren es gewissenhaft mit den Dingen, die es braucht. Sie kümmern sich um seine körperlichen Bedürfnisse, achten sorgfältig auf Anzeichen von Krankheit, verschaffen ihm Abwechslung, erziehen es, gehen mit ihm zum Kinderarzt – ohne darüber nachzudenken. Sie sind schließlich die Eltern, bei Ihnen liegt die Verantwortung.

Wenn Sie eine Katze haben, gilt für Sie genau das gleiche. Es ist eine gute Regel, daß Sie grundsätzlich für Ihre Katze das tun sollten, was Sie auch für ein kleines Kind tun würden. Würden Sie Ihr Baby nicht in einer schmutzigen Windel sitzen lassen, dann lassen Sie es auch nicht zu, daß Ihre Katze ein verschmutztes Katzenklo hat. Wenn Sie Ihr Baby baden, ihm das Haar bürsten, ihm die Haut eincremen, ihm die Nägel schneiden, dann übernehmen Sie die entsprechenden Pflegearbeiten bei Ihrer

Katze: Bürsten Sie sie, kämmen Sie sie, baden Sie sie, soweit es nötig ist und Ihr Tierarzt Ihnen dazu rät.

Diese Analogie hat ihre Grenzen. Wir raten Ihnen entschieden davon ab, Ihrem Baby zu erlauben, auf Sofalehnen zu klettern, hinter Bällen aus Alufolie herzujagen oder sich an die Gardinen zu hängen, aber Sie wissen schon, worum es uns geht. Eine Katze ist völlig von Ihrer Fürsorge abhängig. Ihre Gesundheit, ihr Wohlergehen und selbst ihr Leben hängen von Ihnen ab. Das ist zwar einerseits eine angenehme Pflicht, andererseits aber auch eine sehr ernstzunehmende. Lassen Sie Ihre Katze nicht im Stich!

Eine Katze, die sich in Ihrer Obhut befindet, hat ein paar Grundbedürfnisse, die erfüllt sein müssen, damit eine glückliche, zufriedene Gefährtin aus ihr wird. Dazu gehören unter anderem gutes Futter, frisches Wasser, ein behaglicher, geschützter Ruheplatz, ausreichend Bewegung, regelmäßige Pflege, eine kompetente medizinische Versorgung und genauso natürlich Ihre Liebe und Zuwendung. Ist irgendeines dieser Grundbedürfnisse nicht erfüllt, können Sie damit rechnen, daß Ihre Katze körperlichen und/oder geistigen Belastungen ausgesetzt sein wird, was unweigerlich Krankheit oder Verhaltensprobleme zur Folge hat.

Futter und Wasser

Wasser ist einer der wichtigsten die Gesundheit bestimmenden Faktoren und eines der am häufigsten übersehenen Grundbedürfnisse der Katze. Weil wir selbst meist nicht einmal annähernd genug gewöhnliches, klares Wasser trinken, entgeht es unserer Aufmerksamkeit, daß unsere Katze es ebenso nötig hat.

Wenn die Katze so viel Wasser aufnimmt, wie ihrer Gesundheit zuträglich ist, kann das dazu beitragen, Blasenerkrankungen zu verhindern, es kann Giftstoffe aus dem Körper schwemmen, den Appetit regulieren und allgemein reinigend wirken.

Wasser sollte in einem Napf aus Keramik oder rostfreiem Stahl angeboten werden. Wechseln Sie das Wasser täglich und spülen Sie gleichzeitig den Napf aus. Viele Katzen legen peinlichen Wert darauf, daß ihr Wasser frisch ist, und rümpfen die Nase, wenn es im Napf abgestanden ist.

Wenn Ihre Katze nicht aus dem Napf trinkt, sondern

123

Katzen lieben Milch, aber die Milch liebt nicht immer die Katzen, denn sie ruft bei vielen Tieren Durchfall hervor.

das Wasser gern frisch aus dem Hahn zu sich nimmt, drehen Sie ihn für sie mehrmals am Tag einige Minuten lang so weit auf, daß es sachte tröpfelt. Je mehr sie trinkt, desto besser.

Unsere Katzen bekommen ihr Futter zweimal täglich eine halbe Stunde lang vorgesetzt; dann nehmen wir es weg. Emily neigt eher ein wenig zur Matronenhaftigkeit, weil sie früher eine Streunerin war. Sie hat sich den klassischen Standpunkt streunender Katzen zu eigen gemacht: „Friß jetzt gleich, wer weiß, wann es das nächste Mal etwas gibt." Als sie zu uns kam, fraß sie nicht selten so lange, bis sie sich erbrach. Gefüllte Futternäpfe, die immer zur Verfügung stehen, verursachen bei manchen Katzen ebenso unweigerlich Fettleibigkeit, wie das ein offenstehender großer Behälter mit Eiscreme bei manchen Menschen tut. Wenn es da ist, wird es auch gegessen. Das trifft auf Katzen besonders dann zu, wenn sie älter werden.

Wir bieten unseren Katzen auch der Hunde wegen einzelne Mahlzeiten an, anstatt ihnen die Nahrung rund um die Uhr stehen zu lassen. So gut wie alle Hunde sind verrückt nach Katzennahrung und schrecken fast vor nichts zurück, um ihrer habhaft zu werden. Wir haben mein Büro als hundefreie Zone ausgewiesen, aber kein System ist perfekt. Wenn ich einen Fehler mache, bedeutet das, daß ich unter den Magenwinden der Hunde zu leiden habe, die Katzennahrung oft hervorruft. Das ist eine gute Hilfe, das eigene Verhalten zu korrigieren!

Wußten Sie, nebenbei bemerkt, daß Hundefutter für Katzen nicht gut ist? Ausgewachsene Katzen benötigen

124

viel mehr Eiweiß als ausgewachsene Hunde. Außerdem brauchen Katzen eine Aminosäure namens Taurin als Bestandteil ihrer Nahrung, Hunde dagegen nicht. Katzen benötigen darüber hinaus noch weitere Inhaltsstoffe in anderen Mengenverhältnissen. Kurz und gut: Geben Sie Ihrer Katze keine Hundenahrung zu fressen. Ab und zu ein paar Bissen richten keinen Schaden an, aber Hundefutter reicht als Nahrungsgrundlage für Katzen nicht aus.

Wenn Ihre Katze nicht zuviel frißt und wenn Sie keinen Hund haben, der sich über die Katzennahrung hermacht, dann stellen Sie es Ihrer Katze ruhig frei, wann und wieviel sie frißt. In diesem Fall ist die Versorgung einfach und bequem. Wenn Sie Fragen zur richtigen Zusammensetzung der Nahrung haben, wenden Sie sich am besten an Ihren Züchter, sofern Sie eine Rassekatze besit-

Verwöhnen Sie Ihre Katze nicht mit Futter zu Tode. Setzen Sie Ihre Liebe besser im Namen des Lebens ein, indem Sie darauf achten, daß sie schlank bleibt.

zen, oder an Ihren Zoofachhändler. Befolgen Sie die Ratschläge, die Sie dort erhalten.

Essensreste vom Tisch können Sie ausnahmsweise in kleinen Mengen geben, wenn Sie es mit Verstand tun. So mancher Katzenhalter hat sich schon dadurch, daß er leckere übriggebliebene Bissen vom eigenen Teller anbot, ein kleines Monster herangezogen, das in puncto Fressen nur noch auf eines fixiert ist. Katzen sind ja nicht dumm. Sie finden bald heraus, daß es viel interessanter ist zu

Captains mitternächtlicher Streifzug

Als ich wach wurde, leuchteten im Wald rund um unser Haus am Stadtrand überall Suchscheinwerfer. Dahinter bewegten sich dunkle Gestalten. Ich konnte ein Stockwerk tiefer hastiges Geflüster und aus größerer Entfernung ein Klopfgeräusch hören, in unregelmäßigen Abständen, aber laut, wie wenn jemand mit der Faust gegen die Wand schlägt.

Als ich hinunterschlich, um zu sehen, was los war, gewahrte ich den beunruhigenden Anblick meines Vaters, der sich, nicht ganz vollständig bekleidet, mit einem Polizeibeamten unterhielt. Das Klopfen hielt an. Es kam aus dem Keller.

Man einigte sich darauf, wie man als nächstes vorgehen wollte. Der Polizeibeamte öffnete, dicht gefolgt von seinem Kollegen, langsam die Kellertür. Das Klopfen hörte auf. Die Polizisten tauschten ernste Blicke und gingen weiter, die Treppe hinunter.

Die Spannung im Haus war mit Händen zu greifen. Wir starrten angestrengt die Treppe hinunter und horchten – worauf, das wußten wir nicht ganz genau, aber es war etwas – etwas, das gefährlich war. Wir waren verblüfft, als wir jemanden lachen hörten. Es waren die beiden Polizeibeamten. Sie riefen uns zu, wir sollten hinunterkommen und uns unseren Eindringling ansehen.

Und da, in der Waschküche, war Captain, unser ewig hungriger Kater, und hatte seinen Kopf fest in einer Schachtel mit Trockenfutter verkeilt. Als wir ihn so einen Augenblick beobachteten, unternahm er einen weiteren verzweifelten Befreiungsversuch, indem er die Schachtel mit einem mächtigen Schlag seitlich gegen die Waschmaschine knallte. Als wir ihn befreiten, warf er den uniformierten Fremden im Keller einen einzigen Blick zu und verschwand, wie es nur eine verängstigte Katze fertigbringt.

Wir boten den Polizeibeamten eine Tasse Kaffee an und versprachen, das Katzenfutter ab sofort in einem verschlossenen Schrank aufzubewahren.

warten, bis *Sie* Ihre Mahlzeit beendet haben, als ihr eigenes Futter zu fressen.

Typischer Katzenhalterfehler! Katzen, die Anstalten machen, ihr Katzenfutter zu boykottieren, sollten ab sofort alle Leckerbissen gestrichen bekommen. Je mehr sich Ihre Katze über diese Änderung des Speiseplans beklagt, desto früher hätten Sie sie durchführen sollen. Sobald Ihre Katze ihr eigenes Futter klaglos verzehrt, kön-

126

nen Sie damit beginnen, ihr hin und wieder einen Extrahappen anzubieten.Noch ein warnender Hinweis: Schokolade ist für Katzen ungesund. Schon relativ geringe Mengen sind sehr schädlich für die Zähne und machen außerdem dick. Sorgen Sie dafür, daß Katzen keinen Zugang dazu haben.

Pflege

Obgleich Katzen bei der Körperpflege selbst ausgezeichnete Arbeit leisten, müssen Sie sie bei ihren Bemühungen um perfekte Hygiene doch unterstützen. In diesem Bereich brauchen zwar alle Katzen ein wenig Zuwendung, doch Langhaarkatzen haben, wie nicht anders zu erwarten, am meisten Hilfe nötig. Hier folgen ein paar grundlegende Pflegetips. Holen Sie sich von einem Katzenpflegeexperten, einem Tierarzt oder einem Züchter in Ihrer Gegend genauere Ratschläge.

Kurzhaarkatzen

Die weitaus meisten Katzen auf der Welt gehören in diese Kategorie. Wenn sie auch leicht zu halten und zu versorgen sind, profitieren diese Tiere aber doch davon, wenn sie pflegerisch einmal wöchentlich versorgt werden – vor allem in der Zeit des Haarwechsels, der im Frühling und im Herbst stattfindet. Sowohl eine Bürste mit Naturborsten als auch ein Pflegehandschuh sind geeignete Werkzeuge, die der Katze nicht wehtun können. Darüber hinaus eignet sich ein fein gezähnter Kamm gut zur Entfernung abgestorbener Haare und ist für Katzen ebenfalls annehmbar.

Langhaarkatzen

Bei Langhaarkatzen gibt es hinsichtlich des Pflegeaufwands sehr große Unterschiede. Einige von ihnen haben ein dünneres, gröberes Fell, das selten verfilzt, andere haben dieses weiche, überaus lockere, von den Perserkatzen her bekannte Fell, in dem sich leicht Haarknoten bilden. Sie entstehen besonders leicht unter dem Kinn und am Hals, an Bauch und Brust, hinter den Ohren und an der Rückseite der Hinterbeine. Vereinfacht läßt sich vielleicht sagen, daß die Oberseite des Kopfes, die Vorderseite der Beine, Schwanz und Rückenpartie nicht so sehr

SO ENTFERNEN SIE HAARFILZ-KNOTEN

Hier ist ein kleiner Tip, wie Sie verfilzte Haare mit der Schere aus dem Fell Ihrer Katze entfernen. Am ungefährlichsten ist es, wenn Sie die verfilzte Stelle dicht über der Haut zwischen die Finger nehmen. Dann schneiden Sie die Haare kurz über den Fingern ab, die dabei an Ort und Stelle bleiben. Damit ist gewährleistet, daß Sie die Haut nicht in Mitleidenschaft ziehen, wenn Sie die verfilzten Haare abschneiden.
Eine andere wirksame und ungefährliche Methode besteht darin, daß Sie die eine Klinge einer scharfen Schere unterhalb des Knotens einschieben und sie dann von der Haut weg nach oben ziehen, wobei die scharfe Seite der Klinge nach außen zeigt. Dadurch wird der Haarfilzknoten ohne Gefahr für die Katze zerteilt. Wenn Sie das einige Male wiederholen, können Sie den Knoten in kleinere Teile aufspalten, die sich ausbürsten oder auskämmen lassen.

127

MASSNAHMEN BEI FLOHBEFALL

Eines der ausgezeichneten Hilfsmittel zur Flohbekämpfung, über das noch niemand Lobeshymnen verfaßt hat, ist der Staub- oder Flohkamm. Kämmen Sie Ihre Katze jeden Tag damit und werfen Sie jeden Floh, den Sie erwischen, in eine mit Seifenwasser gefüllte Schale. Das trägt dazu bei, die Flohpopulation auf ein einigermaßen erträgliches Maß zu beschränken. Darüber hinaus ist es hilfreich, wenn Sie die Lieblingsruheplätze Ihrer Katze jeden Tag mit dem Staubsauger absaugen. Flöhe springen aus dem Fell und legen ihre Eier überall da ab, wo Ihre Katze gern ein Nickerchen macht. Hat erstmal eine Floh-Invasion stattgefunden, sind drastischere Maßnahmen erforderlich. Fragen Sie Ihren Tierarzt oder Zoofachhändler, welche chemischen Mittel er Ihnen für die Katze und Ihr Haus empfehlen kann, denn beide müssen behandelt werden, und zwar mehrmals. Flöhe wirksam zu bekämpfen erfordert von Ihnen einige Anstrengung. Da sie aber auf Ihre Katze auch Bandwürmer übertragen können, sollte es Ihnen die Mühe wert sein.

zur Verfilzung neigen, aber trotzdem müssen Sie auch diese Stellen, vor allem während des Haarwechsels, im Auge behalten.

Es ist absolut notwendig, daß Langhaarkatzen sich an das Bürsten und Kämmen gewöhnen. Allzu oft habe ich beobachtet, daß eine Langhaarkatze geschoren wurde, weil ihr Besitzer nicht imstande war, sie richtig zu pflegen, und eine Langhaarkatze, der das Fell abgeschoren wurde, ist kein, ich wiederhole, kein schöner Anblick. Wenn es getan werden muß, dann tun Sie es. Es geschieht im Interesse der Gesundheit und des Wohlbefindens Ihrer Katze, aber Sie sollten sich dafür schämen! Wenn Sie sich für eine Langhaarkatze entscheiden, entscheiden Sie sich damit auch für den täglichen Pflegeaufwand, der dazugehört. Gehören Sie nicht zu den Menschen, die sich gern solchen jeden Tag anfallenden Aufgaben widmen, dann besorgen Sie sich ruhig Bilder von Langhaarkatzen, aber auf keinen Fall ein lebendiges Tier.

Halten Sie sich, ehe Sie eine Perserkatze einladen, ihr Leben mit Ihnen zu teilen, eine Weile bei einem Züchter auf. Dann sehen Sie genau, welche Pflegetätigkeiten regelmäßig täglich und wöchentlich zu erledigen sind. Ein kleiner Insider-Trick: Bürsten Sie das Gesicht mit einer Zahnbürste mit weichen Borsten. Das tut der Katze nicht weh und funktioniert gut.

Bei Katzen mit sehr dichtem Fell ist es eventuell notwendig, die Haare rund um den Anus mit einer Schere zu kürzen und eine „Rutschbahn" für den Kot herzustellen. Es ist vergleichsweise sehr viel angenehmer, diesen Körperteil einmal im Monat zu scheren, als ein Stück festsitzenden Kots abzupuhlen, nachdem das Tier die Katzentoilette aufgesucht hat. Wenn Sie das Fell am Anus Ihrer Katze schneiden, halten Sie die Schere bei der Arbeit so, daß die Spitze nach unten und von der Katze weg zeigt. Auf diese Weise ist die Wahrscheinlichkeit geringer, daß eine plötzliche Bewegung eine Verletzung zur Folge hat. Wenn Sie diesbezüglich irgendwelche Vorbehalte haben, bringen Sie Ihre Katze zum Tierarzt oder in den Katzenpflegesalon. Es handelt sich hier um einen Bereich, wo Sie nichts falsch machen sollten. Ihre Katze dankt Ihnen schon im voraus dafür, daß Sie so vorsichtig sind.

Nacktkatzen

Es gibt einige Katzenrassen, die sehr wenig oder gar kein Fell besitzen. Diese Rassen haben natürlich wenig Probleme mit dem Haarwechsel, Haarballen oder Flöhen. Aber es gibt auch eine Kehrseite: Sie reagieren ziemlich empfindlich auf Temperaturwechsel, brauchen Schutz vor Sonnenbrand, und man muß sie eventuell mit einer Lotion einreiben, die der Gefahr des Austrocknens vorbeugt. Im deutschsprachigen Raum werden Nacktkatzen zunehmend als Qualzuchten eingestuft.

Baden

Ich weiß nicht, wer das Baden mehr haßt: die Katze, die gebadet wird, oder der Besitzer, der die Katze badet. Die meisten Katzen, die überwiegende Mehrheit von ihnen, verabscheuen es, wenn sie ins Wasser gesetzt werden. Obwohl einige von ihnen lernen, das Baden über sich ergehen zu lassen, wenn es regelmäßig und von klein auf geschieht, gibt es nur wenige, die jemals lernen, es zu genießen.

Auch wenn Maverick gern aus dem Waschbecken trinkt und mit Wasser spielt, das aus dem Hahn läuft, bedeutet das nicht, daß er gern badet. Katzen sind in der Beziehung eigenartig.

Die gute Nachricht ist, daß die meisten Katzen ein Bad selten nötig haben, da sie von Natur aus reinliche Tiere sind. Dessen ungeachtet ist ein Bad, wenn Ihre Katze schmutzig wird, ein fettiges Fell hat, über und über von Flöhen befallen ist oder voller Schuppen sitzt, absolut in Ordnung.

Kleine Katzenkinder und ältere Katzen sollten überhaupt nicht gebadet werden, wenn es nicht unbedingt notwendig ist. Wenn Sie sie wirklich einmal baden müssen, gehen Sie besonders sorgfältig vor: Trocknen Sie sie

gut ab und achten Sie darauf, daß sie sich während der ersten Stunden nach dem Baden an einem warmen, zugluftfreien Ort aufhalten und einen Tag lang nicht nach draußen dürfen. Wir empfehlen Ihnen, Ihren Tierarzt zu Rate zu ziehen, bevor Sie zu Werke gehen, sofern es um ältere oder junge Tiere geht.

Dies alles brauchen Sie, bevor Sie anfangen, Ihre Katze zu baden:

Einen geschlossenen Raum

Wenn Sie die Tür auflassen und es der Katze gelingt, sich zu befreien, dann wünschen wir Ihnen viel Glück! Denn dann können Sie versuchen, eine eingeseifte, wutentbrannte Katze mit guten Worten hinter dem Sofa hervorzulocken.

Eine gutgepflegte Katze

Wenn Sie eine Katze mit verfilztem Fell und Haarfilzknoten baden, machen Sie alles nur noch schlimmer. Wenn Sie die Knoten nicht herausbekommen, ohne Ihrer Katze weh zu tun, bringen Sie sie in einen Pflegesalon und lassen sie professionell entfernen. Beim nächsten Mal kommen Sie dann bitte Ihren Verpflichtungen in puncto Fellpflege rechtzeitig nach. Das Ausbürsten ausgefallener Haare, das Untersuchen der Katze auf kleinere Verletzungen und das Säubern der Ohren sind alles ganz normale Pflegearbeiten, die vor dem Baden stattfinden sollen.

Einen Brausekopf oder einen Schlauch

Das Abbrausen sollte eher wie ein sanfter Regen sein, keine Wassermassage! Ein Brausekopf ist wirklich Gold wert, vor allem wenn Sie die Katze selbst baden. Er ermöglicht es Ihnen, die Katze gut abzubrausen, ohne daß Sie dabei Ihren Griff lockern müssen. Richten Sie den Brausekopf, wenn Sie die Brause aufdrehen, gegen die Bodenwanne und dann dicht neben den Körper Ihrer Katze. Wenn Sie den Wasserstrahl hoch über Ihrer Katze halten, müssen Sie damit rechnen, daß sie in Panik gerät.

Sofern die Katze den Brausekopf nicht ausstehen kann, verwenden Sie zum Naßmachen und Abspülen einen einfachen Schlauch, den Sie an den Wasserhahn anschließen.

Einen großen Schwamm oder ein kleines Gefäß

Weigert sich Ihre Katze, die Behandlung mit einem Brausekopf zuzulassen, können Sie sie auch mit einem Schwamm oder einem kleinen Gefäß naßmachen und abspülen. Beides funktioniert gut, es dauert aber etwas länger, die Bauchseite der Katze abzuspülen. Das Problem läßt sich dadurch lösen, daß Sie die Badewanne knapp zehn Zentimeter hoch mit Wasser füllen. Nicht zu hoch bitte, sonst bekommt Ihr kleiner Freund Angst.

Katzenshampoo

Verwenden Sie ein Spezialshampoo, das eigens für Katzen bestimmt ist. Das sollte auch auf dem Etikett stehen. Das betrifft vor allen Dingen Mittel, die gegen Flöhe oder Zecken schützen, weil Produkte, die nur für Hunde gedacht sind, für Ihre Katze ungeeignet sein können.

Ein dickes Handtuch oder ein Fliegengitter

Katzen sind nicht gerade begeistert, wenn sie auf einem rutschigen Untergrund stehen. Wenn Sie ein zusammengefaltetes Handtuch auf den Boden der Badewanne oder des Handwaschbeckens legen, vermittelt das Ihrer Katze ein etwas sichereres Gefühl. Viele Leute schwören auf ein schräg in die Wanne oder ins Waschbecken gestelltes Fliegengitter. Die Katze krallt sich daran fest und bleibt recht zuverlässig da, wo sie ist. Alles, woran sich die Katze mit den Krallen festhalten kann, ist bestens geeignet.

Einen Fön

Schließen Sie ihn an einer nahegelegenen Steckdose an, aber bitte nicht zu dicht am Wasser.

Frische Handtücher in Reichweite

Eines für die Katze und eines oder mehrere für Sie – wenn Sie das alles hinter sich haben, sind Sie wahrscheinlich auch naß.

Einen festen Zugriff

Die beste Art, eine Katze während des Badens festzuhalten, besteht darin, sie im Genick zu fassen. Fassen Sie sie

sanft, aber fest am Nackenfell, und lassen Sie sie nicht los. Sollten Sie doch loslassen, dann versuchen Sie nicht, die Katze wieder zu fassen zu bekommen. Jeder Versuch, der Katze erneut habhaft zu werden, während sie panische Angst hat, wird ihr nur noch größere Furcht einjagen, ganz abgesehen davon, daß es sehr wahrscheinlich ist, daß Sie selbst dabei zu Schaden kommen.

So baden Sie Ihre Katze richtig

Nun ist alles bereit, und es kann losgehen. Nehmen Sie Ihre Katze auf den Arm. Verhalten Sie sich ruhig und freundlich. Nehmen Sie sich ein paar Augenblicke Zeit, um sie zu streicheln und ihr zu sagen, was für ein großartiges Tier sie ist. Gehen Sie ins Badezimmer und schließen Sie die Tür. Sprechen Sie während der gesamten Prozedur weiter ruhig mit ihr. Ihre sanfte Stimme wird dazu beitragen, daß die Katze ruhig bleibt.

Fassen Sie die Katze am Nackenfell und setzen Sie sie so in die Badewanne, daß sie von Ihnen wegschaut. Auf diese Weise wird die Katze, sollte sie Angst bekommen und ausbrechen, von Ihnen weg in die entgegengesetzte Richtung springen, falls nicht alles schiefgeht.

Stellen Sie die Wassertemperatur lauwarm ein, auf keinen Fall wärmer. Katzen haben eine empfindliche Haut, und Wasser, das für unsere Verhältnisse angenehm warm ist, kann ihnen siedendheiß vorkommen. Jetzt machen Sie die Katze gründlich naß, wobei Sie den Duschkopf dicht an sie heranführen. In dieser Phase wird sie sich am heftigsten wehren. Die meisten Katzen fügen sich, wenn sie erst einmal naß sind, in das Unvermeidliche. Achten Sie darauf, daß Sie das Wasser nicht über den Kopf laufen lassen, dann bleibt die Katze ruhiger. Die meisten Tiere hassen es, wenn ihnen Wasser in die Ohren und Augen läuft.

Wenn Ihre Katze allerdings von Flöhen befallen ist, muß auch der Kopf gewaschen werden. Befeuchten Sie den Kopf in diesem Fall mit einem Schwamm. Seifen Sie den Schwamm zuvor sorgfältig ein und achten Sie darauf, daß die Katze keine Seife in die Augen, die Nase, den Mund und die Ohren bekommt; dann waschen Sie ihr den Hals. Flöhe suchen, da sie genauso wie wir alle am Überleben interessiert sind, höher gelegene Stellen auf, wenn sie mit Wasser in Berührung kommen. Die höher gelegene Stelle ist in diesem Fall der Kopf der Katze, also versperren Sie Ihnen als erstes den Weg dahin mit Sei-

fenschaum. So schneiden Sie den kleinen Biestern von vornherein den Weg ab.

Versuchen Sie die Shampoomenge, wenn Sie es aufschäumen, so gering wie möglich zu halten. Je mehr Shampoo Sie verwenden, desto länger dauert das Ausspülen und desto schwieriger wird es auch – gehen Sie also vorsichtig damit um. Es ist von Vorteil, wenn Sie das Shampoo in warmem Wasser auflösen, bevor Sie es auftragen. Dadurch verteilt es sich leichter im Fell und ergibt mehr Schaum. Massieren Sie den Seifenschaum überall gut ein. Bei Langhaarkatzen arbeiten Sie den Schaum durch Drücken mit den Händen ins Fell ein. Wenn Sie ihn hineinreiben, wird das Haar wahrscheinlich verfilzen, und Sie haben hinterher mehr Arbeit.

Es ist sehr wichtig, das Shampoo zweimal hintereinander gründlich auszuspülen. Bleiben irgendwelche Seifenreste zurück, kann das Juckreiz hervorrufen und die Haut angreifen. Gehen Sie in dieser Phase nicht zu hastig vor – spülen Sie das Fell Ihrer Katze gründlich aus. Lassen Sie das Wasser immer vom Kopf weg mit dem Strich laufen. Spülen Sie am Bauch unbedingt sorgfältig nach, ebenso unter dem Schwanz und in den Achselhöhlen, wo sich verborgene Seifenreste halten können.

Nach dem Abspülen heben Sie die Katze hoch und setzen sie auf ein sauberes Handtuch. Wickeln Sie die Katze mollig warm darin ein, und erst dann, nicht vorher, lösen Sie Ihren Griff. Jetzt trocknen Sie sie mit sanftem Druck ab. Auch hier gilt: Reiben Sie langes Fell nicht trocken, sonst erzeugen Sie Haarfilzknoten. Vergessen Sie nicht, Ihrer Katze immer weiter sanft und ruhig zuzureden. Erzählen Sie ihr alle möglichen wunderbaren zutreffenden Dinge, zum Beispiel, wie phantastisch sie sich eben verhalten hat und wie prachtvoll sie aussehen wird, wenn sie wieder sauber und flauschig ist.

Wenn Sie können, trocknen Sie die Katze mit einem auf niedriger Stufe eingestellten Fön. Oder trocknen Sie sie mit dem Handtuch ab, so gut es eben geht, und bringen Sie sie dann einige Stunden an einen warmen, zugfreien Platz. Wenn Sie sie mit einer weichen Decke oder einem Handtuch in ihren Transportbehälter setzen und das Ganze anschließend unter eine kleine Lampe stellen, kann das recht gemütlich sein. Schauen Sie regelmäßig nach ihr, damit Sie sicher sind, daß ihr nicht zu heiß wird.

Und nun haben Sie es geschafft! Herzlichen Glückwunsch! Legen Sie ein paar Minuten die Beine hoch. Sie haben es verdient.

Es wird Sie amüsieren, wenn ich Ihnen sage, daß ich heute, als ich in mein Büro kam, um mit der Arbeit an diesem Buch zu beginnen, eine Spur von Erbrochenem vorgefunden habe, die oben auf meinem Bildschirm anfing, über den ganzen Bildschirm nach unten verlief und in einem ansehnlichen Häufchen auf den Layoutvorlagen dieses Buches endete. Das war ohne jeden Zweifel Emilys Werk. Sie stopft sich von Zeit zu Zeit voll und überlegt es sich dann eines besseren. Katzen können sich leicht erbrechen, deswegen hat es für sie bei weitem nicht soviel zu bedeuten wie für uns. Wenn sich eine gesunde Katze gelegentlich erbricht, ist das normalerweise kein Grund zur Sorge. Wiederholt es sich häufiger, erbricht sich die Katze mehrmals hintereinander, macht sie einen teilnahmslosen oder niedergeschlagenen Eindruck, frißt und trinkt sie nicht oder findet sich Blut im Erbrochenen, dann rufen Sie Ihren Tierarzt an. Erbricht sie sich aber nur ab und zu über Ihren Computerbildschirm, ist das in der Regel ziemlich normal.

Gesundheitsfürsorge

Katzen sind darauf angewiesen, daß Ihnen auffällt, wenn ihnen etwas fehlt. Sie können nicht mit Worten um Hilfe bitten, aber viele Katzen tun das flehentlich auf manch andere Weise. Hier sind einige Punkte, auf die Sie bei Ihrer Katze jeden Tag achten sollten:

Gesund

- Gut gepflegt. Putzt sich selbst ausgiebig.
- Frißt für ihre Verhältnisse normal.
- Trinkt so viel wie immer.
- Lautäußerungen im normalen Rahmen.
- Benutzt das Katzenklo mit normalem Ergebnis.
- Erbricht sich ab und zu; macht anschließend einen normalen Eindruck.
- Körpergewicht gleichbleibend.

Nicht gesund

- Ungepflegt, schmutzig, Analgegend unsauber.
- Wird gefräßig oder frißt überhaupt nichts mehr.
- Trinkt außergewöhnlich viel oder gar nichts.
- Ist außergewöhnlich stimmfreudig oder gibt, anders als sonst, keinen Laut von sich.
- Geht oft aufs Katzenklo, Ergebnis allerdings dürftig oder nicht vorhanden. Müht sich auf der Toilette ab. Hat Durchfall. Benutzt das Katzenklo nicht mehr.
- Erbricht sich wiederholt. Erbrochenes enthält Blut. Macht einen teilnahmslosen Eindruck.
- Nimmt im Lauf eines Monats oder noch rascher über zehn Prozent zu oder ab.

Verfolgen Sie aufmerksam, welche Angewohnheiten Ihre Katze normalerweise hat. Sagt Ihnen Ihr Gefühl, daß irgend etwas nicht stimmt, dann verlassen Sie sich darauf. Rufen Sie Ihren Tierarzt an und besprechen Sie die Veränderungen mit ihm. Er wird in der Lage sein zu entscheiden, ob Sie Ihre Katze zur Untersuchung vorbeibringen sollen.

Bestimmte Probleme tauchen bei Katzen generell ziemlich häufig auf. Wenn Ihnen als Katzenhalter die entsprechenden Symptome geläufig sind, können Sie darauf angemessen reagieren. Es ist wichtig, alarmierende Symptome sofort richtig zu deuten!

Haarballen

Manche Katzen verschlucken beim Putzen im Laufe der Zeit viele Haare. Diese Haare können sich im Magen der Katze zusammenballen und einen großen Haarballen bilden. Ein großer Pfropf kann die Därme der Katze ganz oder teilweise blockieren, was dazu führt, daß sich das Tier hundsmiserabel fühlt. Zu den Symptomen gehören unter anderem Teilnahmslosigkeit, Erbrechen und Appetitlosigkeit. Gründliches tägliches Bürsten, vor allem während des Haarwechsels, bei Langhaarkatzen jedoch durchgehend, kann dazu beitragen, dieses Problem in den Griff zu bekommen. Die Gabe von Katzenmalz kann dabei helfen, einmal von der Katze aufgenommene Haare wieder auszuscheiden.

Vermuten Sie, daß Ihre Katze ein ernsthaftes Problem hat, gehen Sie mit ihr zum Tierarzt. Er wird Ihnen diesbezüglich Gewißheit verschaffen und die richtige Behandlungsmethode empfehlen können.

Ohrmilben

Diese unangenehmen kleinen Biester leben in den Ohren Ihrer Katze. Sie durchbeißen die Haut im Gehörgang und verursachen dadurch Entzündungen und Schmerzen in der Ohrgegend. Katzen reagieren auf diese Beschwerden, indem sie den Kopf hin- und herschütteln, sich heftig an den Ohren kratzen und ihren Kopf am Boden oder an Möbeln reiben. Eine Begleiterscheinung des Ohrmilbenbefalls sind dunkle, wachsartige Absonderungen aus dem Ohr.

Ihr Tierarzt wird Medikamente verordnen müssen, um dieses Problem zu beseitigen. Lassen Sie sich dort zeigen, wie Sie die Ohrentropfen oder die Salbe fachgerecht verabreichen und wie Sie das Ohr gefahrlos säubern können.

Durchfall

Sie kennen das Symptom dieser Erkrankung, nicht wahr? Schwer zu übersehen und noch schwerer wegzuputzen. Durchfall kann durch alles mögliche verursacht werden; das reicht vom Aufnehmen verdorbener Nahrung bis zu inneren Parasiten. Bringen Sie Ihrem Tierarzt eine Stuhlprobe und halten Sie sich an seine Anweisungen, wie Sie mit diesem Problem umgehen sollen.

„SCHLITTEN-FAHREN"

Wenn Sie es einmal gesehen haben, wissen Sie, wovon ich rede. Die Katze sitzt, die Kehrseite auf den Boden gepreßt, und rutscht hin und her. Diese eher irritierende Verhaltensweise, die unweigerlich auf Ihrem teuersten Teppich stattfindet, kann ein Hinweis darauf sein, daß Ihre Katze Probleme mit den Analbeuteldrüsen hat.

Jede Katze besitzt am Anus eine Reihe von Drüsen. Sie dienen der Geruchsmarkierung und fungieren gleichzeitig als „Paniktaste". Hat eine Katze einen panischen Schrecken erlitten, kann sie unter Umständen ihre Analdrüsen entleeren. Diese Drüsen können verstopft sein, was Schwellungen und Schmerzen zur Folge hat. Die Katzen rutschen dann auf dem Boden herum und belecken sich. Bringen Sie das arme Tier zum Tierarzt. Auf den Inhalt mehrerer verstopfter, entzündeter Analdrüsen können Sie in Ihrem Haus ganz gut verzichten.

„Schlittenfahren" und häufiges Lecken können auch ein Zeichen für Wurmbefall sein. So oder so: Gehen Sie zu Ihrem Tierarzt und lassen Sie es behandeln.

135

Erbrechen

Wenn sich Ihre Katze erbricht, kann das bedeuten, daß Ihnen Schwierigkeiten ins Haus stehen, oder es hat vielleicht nichts Ernsteres zu bedeuten, als daß Ihre Katze zu viel und zu schnell gefressen hat. Eine gute Faustregel besagt, daß Sie sich, wenn sich Ihre Katze ab und zu erbricht und abgesehen davon einen gesunden Eindruck macht, keine allzu großen Sorgen darum machen müssen. Wenn es sich häuft, wenn es innerhalb weniger Stunden wiederholt passiert, wenn das Erbrochene Blut enthält oder wenn Ihre Katze dem Anschein nach auch in anderer Hinsicht unpäßlich oder krank ist, rufen Sie den Tierarzt an. Wenn Sie irgendwelchen Anlaß zur Beunruhigung haben, rufen Sie den Tierarzt an.

Felines Urologisches Syndrom (FUS)

Wenn Ihre Katze beim Wasserlassen Mühe hat, häufiger schreit, an unpassenden Örtlichkeiten uriniert, wenn der Harn Blut enthält oder wenn die Katze ihr Wasser überhaupt nicht absetzen kann – dann gehen Sie geradewegs zum Tierarzt! Dies sind Anzeichen für ernste, möglicherweise lebensbedrohende Erkrankungen. Machen Sie sich sofort auf den Weg!

So messen Sie bei Ihrer Katze Fieber

Ehe Sie sich auf diesen abenteuerlichen Ausflug in die Katzenpflege einlassen, vergewissern Sie sich, daß Sie über die richtigen Hilfsmittel verfügen: ein Rektalthermometer, Gleitmittel (Vaseline oder reizloses Gel), Papierhandtücher, Alkohol, eine Uhr und ein großes Handtuch, in das Sie die Katze einwickeln.

Als erstes schlagen Sie das Thermometer herunter. Dann bestreichen Sie die Spitze mit Gleitmittel. Nun schnappen Sie sich Ihre Katze. Gehen Sie nicht davon aus, daß sie das Ganze für eine gute Idee hält! Benutzen Sie das große Handtuch, um die Katze darin einzuhüllen und wickeln Sie es ihr fest um Hals und Körper. Dann heben Sie den Schwanz hoch und führen den mit Gleitmittel beschichteten Kolben des Thermometers in den After ein. Führen Sie ihn sanft, aber fest und genau in der Mitte ein. Ihre Katze wird ein paar Sekunden lang Widerstand leisten. Das ist normal, finden Sie nicht? Dann wird das Thermometer hineingleiten. Schieben Sie

es nicht weit hinein, höchstens 2,5 cm, denn es reicht, wenn die Meßspitze eingeführt wird. Halten Sie das Thermometer fest; wenn Sie loslassen, könnte die Katze es herausdrücken, oder es könnte ganz in dem Tier verschwinden. Sollte das letztere passieren, was äußerst selten vorkommt, versuchen Sie nicht, es selbst wieder herauszubekommen. Bringen Sie die Katze sofort zum Tierarzt. Wenn das Glas im Inneren des Tieres zerbricht, dann haben Sie die richtige Bescherung. Das passiert nicht, wenn Sie das Ende des Thermometers, das aus Ihrer Katze herausschaut, fest im Griff behalten.

Lassen Sie es zwei Minuten an Ort und Stelle. Dann ziehen Sie es langsam heraus, wischen es mit dem Papierhandtuch sauber und lesen es ab. Werte zwischen 38,6 und 39,2°C sind normal. Das unterliegt einer gewissen natürlichen Schwankung, je nachdem, wie aufgeregt die Katze ist oder wie sehr sie sich angestrengt hat, wie hoch die Außentemperatur liegt, und dergleichen. Liegt der Wert jedoch über 39,8 oder unter 38,1 °C, rufen Sie Ihren Tierarzt an! Bei Werten über 40,1 °C liegt ein akuter Notfall vor! Dann säubern Sie, nachdem Sie sich das Ergebnis rasch notiert haben, das Thermometer mit Alkohol und legen es weg.

Wie immer streicheln Sie Ihre Katze ein Weilchen und reden freundlich mit ihr, bevor Sie sie wieder freilassen. Das wird eine beruhigende Wirkung ausüben.

So geben Sie Ihrer Katze Medikamente

Wenn Sie Ihrer Katze Medikamente verabreichen, ist das nicht gerade das Lustigste, was Sie oder Ihr Zimmertiger je erleben werden. Aber es gibt dabei ein paar Tricks, die es allen Beteiligten erleichtern.

So geben Sie Ihrer Katze Pillen oder Tabletten

Einer Katze Pillen einzuverleiben, die das nicht will, ist – na ja, unangenehm. Damit es leichter vonstatten geht, üben Sie sich in der uralten Kunst der Täuschung. Während uns Menschen ein Löffel Zucker das Schlucken der Medizin versüßen kann, funktioniert es bei Katzen am besten mit einem winzigen Kügelchen aus Rahmkäse. Die Pille in den weichen Käse oder einen kleinen Brocken Dosenfutter hineinzudrücken ist oft die perfekte Lösung. Sie schaffen es, der Katze einen mit Medizin präparierten Leckerbissen einzutrichtern, und Ihre

137

Katze kommt auf den Gedanken, gerade eben sei etwas Wunderbares geschehen.

Viele Katzen bekommen natürlich mit, daß es sich hier um ein Trojanisches Pferd handelt, und betrachten das, was Sie Ihnen anbieten, mit purem Abscheu. In diesem Fall ist eine direktere Vorgehensweise vonnöten.

Sie brauchen dazu ein großes Badehandtuch, je dicker, desto besser. Die Technik unterliegt gewissen Variationen, aber ich knote es der Katze wie ein Lätzchen unter das Kinn und schlinge es dann über die Schultern wieder nach hinten, bis die Katze ganz im Handtuch eingewickelt ist und nur noch der Kopf herausschaut. Jetzt brauchen Sie ein bißchen Geduld.

Es ist leichter, wenn einem jemand dabei hilft, aber es geht auch allein. Ich lege mir das Katzenbündel auf den Schoß, und zwar so, daß die Katze mich nicht ansieht. Dann lange ich zu ihr hinüber und öffne ihr mit einer Hand den Mund. Das geht am einfachsten, wenn man von hinten über die Nase greift und die Lippen, genau hinter den langen vorderen Reißzähnen, nach innen drückt. Wenn man an dieser Stelle Druck ausübt, wird die Katze dadurch veranlaßt, den Mund zu öffnen. Dann schieben Sie die Pille mit der anderen Hand links oder rechts an der Zunge vorbei nach hinten. Wenn man darauf achtet, die Pille an einer Seite zu belassen, rutscht sie besser hinunter, auch wenn dieses System alles andere als perfekt ist. Ist die Pille einmal drin, verschließen Sie der Katze den Mund und streicheln ihr die Kehle, bis sie schluckt. Die Nase zeigt dabei himmelwärts. Leckt sich die Katze die Lippen oder die Nase, hat sie geschluckt. Jetzt beobachten Sie sie einen Augenblick und lassen sie dabei noch eingepackt. Es kann immer noch passieren, daß sie die Pille wieder ausspuckt.

Es gibt ein kleines Hilfsinstrument, das man als Pillenapplikator bezeichnet. Es handelt sich dabei um ein praktisches Utensil, in dem die Pille sicher festsitzt, so daß Sie sie leichter in den Schlund bugsieren können. Ihre Finger bleiben dabei vor den scharfen Backenzähnen der Katze geschützt. Diese kleinen Dinger sind preiswert, und es lohnt durchaus die Mühe, sie zu besorgen. Obwohl Sie die Pille damit weiter nach hinten in den Schlund schieben können, schieben Sie immer nur so weit, wie Sie sehen können.

Sobald die Pille verschluckt ist, nehmen Sie sich eine Minute Zeit, um Ihre Katze ruhig zu streicheln und ihr zu sagen, was für ein großartiges, wunderbares Tier sie

ist und wie sehr Sie es zu schätzen wissen, daß sie so gut mitgemacht hat, wenn auch nicht gerade mit großer Begeisterung. Wenn sie einen besonderen kleinen Leckerbissen annimmt, umso besser. Dann wickeln Sie sie langsam wieder aus dem Handtuch und geben ihr die Freiheit zurück. Sollten Sie damit Probleme haben, und das kann sehr gut der Fall sein, dann bitten Sie Ihren Tierarzt, Ihnen zu zeigen, wie man das macht.

Die andere Möglichkeit besteht darin, die Pille zu zerbröseln und unter das normale Futter zu mischen. Das funktioniert oft hervorragend, sofern das Medikament nicht bitter ist. Sie können auch versuchen, es mit einem besonders leckeren Happen, wie zum Beispiel Babynahrung, zu mischen. Wir besitzen einen Pillenzerkleinerer, einen weiteren preiswerten und nützlichen Gegenstand, den man im Haus haben sollte. Wenn Sie die Pille zwischen zwei Löffel legen und Druck darauf ausüben, werden Sie die meisten Medikamente in Pillen- oder Tablettenform aber auch klein kriegen. In schwierigeren Fällen können Sie das Medikament zerkleinern, indem Sie es in ein Stück Papier wickeln und dann vorsichtig mit einem Hammer daraufschlagen. In den meisten Fällen besteht keine Notwendigkeit, das Ding richtig zu zertrümmern; meist kann man die Pillen mit einem eher sanften Schlag auseinanderbekommen.

So geben Sie Ihrer Katze flüssige Medikamente

Sollten Sie geglaubt haben, Ihrer Katze Pillen zu geben sei eine Herausforderung, dann warten Sie mal ab, bis Sie beide sich an einem Heilmittel in flüssiger Form versuchen. Mit etwas Geduld und Ausdauer bekommt man es aber doch hin.

Zuerst wickeln Sie Ihre Katze fest in ein Handtuch ein, wie im vorigen Abschnitt beschrieben. Sie haben diesbezüglich keine Wahl, weil so gut wie jede Katze Protest gegen diese Prozedur erheben wird. Versuchen Sie nicht, einer Katze ein Medikament mit einem Löffel einzutrichtern. Das klappt nicht besonders gut und verursacht eine Schweinerei. Bitten Sie lieber Ihren Tierarzt, Ihnen eine Spritze ohne Nadel zu geben. Damit können Sie die Dosis ganz exakt einhalten und außerdem Ihrer Katze das Medikament in kleinen Portionen verabreichen. Vergessen Sie nicht, sich von Ihrem Tierarzt, wenn er Ihnen das Medikament gibt, genau zeigen zu lassen, was Sie zu tun haben.

Jetzt greifen Sie, während Sie sanft mit Ihrer Katze sprechen, über ihren Kopf und legen Daumen und Zeigefinger jeweils hinter einen der beiden großen Reißzähne. Wenn Sie an dieser Stelle Druck ausüben, wird die Katze bereitwillig den Mund öffnen. Es wird ihr allerdings nicht gefallen, halten Sie sich daher bereit, die Spitze der Spritze in den Mundwinkel der Katze einzuführen und den Kolben ein Stückchen herunterzudrücken. Legen Sie die Spritze beiseite, lassen Sie die Katze den Mund schließen und streicheln Sie ihr die Kehle, wobei die Nase der Katze jetzt nach oben zeigt. Das wird die Katze zum Schlucken veranlassen.

WICHTIG: Spritzen Sie Ihrer Katze nicht zuviel auf einmal in den Schlund, weil sie dann möglicherweise einen Teil der Medizin einatmet, was unter Umständen ernsthafte Lungenerkrankungen hervorrufen kann. Geben Sie ihr immer nur kleine Mengen. Heben Sie den Kopf der Katze noch nicht an, während Sie ihr das Medikament eingeben, weil das dazu führen kann, daß die Medizin in der Luftröhre landet. Wenn die Katze zu irgendeinem Zeitpunkt offenbar in echte Panik gerät oder Anstalten macht zu husten, unterbrechen Sie alles, was Sie gerade tun. Lassen Sie das Tier husten, solange es will. Wieviel Medizin es dabei wieder ausspuckt, ist uns völlig egal. Wenn dann alles wieder in Ordnung ist, unternehmen Sie einen neuen Versuch.

Kleine Mengen dickflüssiger Medizin können Sie Ihrer Katze untermogeln, indem Sie sie ihr auf die vorderen Zähne streichen. Die Katze leckt die Medizin ab, und Sie haben gewonnen.

So behandeln Sie die Katze mit Salben

Das Problem, eine Katze mit einer Salbe oder Creme zu behandeln, besteht darin, daß mehr davon in der Katze verschwindet als draußen dranbleibt. Das ist normal, aber nicht immer akzeptabel. Hier folgen einige Tricks zum Thema Katzen und Salben.

Der erste besteht darin, das Heilmittel aufzutragen und der Katze dann etwas Margarine auf beide Vorderpfoten zu tupfen. Die meisten Katzen wenden sich dann als erstes den Pfoten zu. Es kann sein, daß die Katze eine Pause einlegt, nachdem sie ihre Pfoten geputzt hat, weil sie das Gefühl hat, gute Arbeit geleistet zu haben. Oder aber sie setzt ihre Tätigkeit fort und macht große Toilette. Hoffen Sie auf das erstere, rechnen Sie mit letzterem.

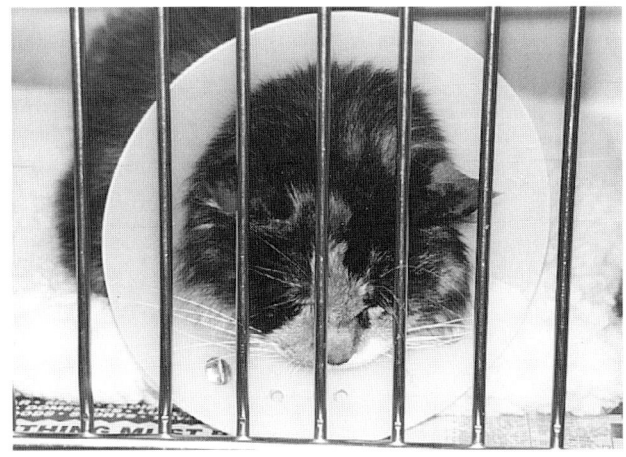

Sie können sich für Ihre Katze auch einen Halskragen anschaffen. Katzen hassen diese Dinger leidenschaftlich, doch sie gewährleisten, daß das Heilmittel da bleibt, wo Sie es aufgetragen haben. Fragen Sie Ihren Tierarzt, wie lange der Kragen getragen werden muß, damit das Medikament seine Wirkung entfalten kann. Lautet die Antwort „ Die ganze Zeit", dann geht es eben nicht anders. Ihre Katze wird wieder gesund werden, das Grauen wegen des Kragens wird abklingen. Erzählen Sie ihr einfach, es handele sich um einen modischen Akzent.

Krankheiten und Schutzimpfungen

Alle Katzen, ganz gleich, ob sie nur im Haus leben oder Auslauf genießen, brauchen verschiedene Schutzimpfungen, damit sie ein langes gesundes Leben führen und damit sichergestellt ist, daß die Katzen, mit denen Ihr Stubentiger in Kontakt kommt, ebenfalls gesund bleiben. Zu diesen Impfungen gehören der Schutz vor Tollwut, Feliner Infiösier Peritonitis, Katzenleukose, Katzenseuche sowie Erkrankungen der oberen Atemwege.

Tollwut

Von der Tollwut, der tödlichen Krankheit, die Tiere verrückt macht, ehe sie sterben, haben die meisten Menschen schon einmal gehört. Dieses Stadium der „Wut" hält einige Tage an, bevor das Tier eingeht. Wut, Schwäche, Reizbarkeit und unkontrollierbare Zuckungen kennzeichnen diese schreckliche Krankheit.

141

Tollwut wird durch den Speichel übertragen, in erster Linie durch Bisse. Wie die meisten Viren hat der Tollwutvirus eine Inkubationszeit, die oft bis zu zwölf Monate beträgt. Da die meisten Menschen darauf achten, ihre Hunde gegen diese tödliche Krankheit impfen zu lassen, führen jetzt die Katzen die Rangliste derjenigen Heimtiere an, die sich am häufigsten mit Tollwut anstecken. Dafür gibt es keine Entschuldigung. Tollwut tötet, und es ist eine der wenigen Krankheiten, die Sie und Ihre Kinder ebenfalls umbringen können. Da lohnt es sich kaum, das Risiko einzugehen, nur weil es Mühe macht, die Katze zum Tierarzt zu bringen, nicht wahr?

Feline Infektiöse Peritonitis (FIP)

Die Feline Infektiöse Peritonitis oder ansteckende Bauchfellentzündung bildet die zweithäufigste Todesursache bei Katzen, die an Infektionskrankheiten eingehen. Bis 1991 gab es dagegen keinen Impfschutz. Doch jetzt gibt es ihn; machen Sie deshalb Gebrauch davon. Der Erreger wird von Tier zu Tier über die üblichen Infektionswege durch Speichel, Harn oder Kot übertragen. Der widerstandsfähige Erreger kann viele Wochen außerhalb des Katzenkörpers überstehen; das ist einer der Gründe, warum alle Katzen dagegen geimpft werden sollten. Es ist eine häßliche Krankheit, die sich durch Fieber, Niedergeschlagenheit, Appetitlosigkeit und allgemeines Unwohlsein zu erkennen gibt. Die meisten Katzen sterben daran, wenn sie sich infiziert haben.

Katzenleukose (FeLV)

Das Katzenleukosevirus wird am leichtesten durch Blut oder Speichel übertragen; man findet es aber auch in Harn und Kot. Demzufolge wird das Virus von einem Tier zum nächsten dadurch weitergegeben, daß die Tiere aus dem gleichen Napf fressen oder trinken oder das gleiche Katzenklo benutzen, sowie bei der Fellpflege oder bei kämpferischen Auseinandersetzungen mit einer infizierten Katze.

Katzen, die sich angesteckt haben, können sich jahrelang normal verhalten und einen gesunden Eindruck machen, können aber innerhalb dieser Zeit andere Katzen anstecken. Darum sollte jede Katze, egal ob mit oder ohne Auslauf ins Freie, geimpft und jede neu in Ihr Haus kommende Katze untersucht und geimpft werden. Doch warum wollen Sie es darauf ankommen lassen? Es gibt eine Schutzimpfung dagegen; machen Sie davon Gebrauch.

Katzenseuche (FPV)

Diese auch als Panleukopenie bekannte hochinfektiöse Krankheit ruft Fieber, Durchfall, Appetitlosigkeit, Übelkeit, Erbrechen und die mit diesen Symptomen einhergehende Austrocknung hervor. Das auslösende Virus ist gegen Umwelteinflüsse äußerst widerstandsfähig und kann in der Umgebung monatelang darauf warten, daß eine Katze auftaucht, die es infizieren kann.

Rhinotracheitis, Katzenschnupfen (FRV)

Selbst nachdem sich eine mit dem Virus infizierte Katze wieder erholt hat, bleibt sie lebenslang ein Dauerausscheider. Diese auch als Nasen-Luftröhren-Entzündung bekannte Krankheit verursacht die kätzische Version einer äußerst üblen Erkältung mit Husten, Niesen, Ausfluß aus Augen und Nase und Schwierigkeiten beim Atemholen, um nur einige der Symptome zu nennen. Die Schutzimpfung gegen die Katzenseuche schützt normalerweise auch gegen diese Krankheit.

Der Feline Immunodeficiency Virus (FIV)

Gegen die Immunschwäche-Infektion können Sie Ihre Katze nicht durch eine Impfung schützen. Dieses Virus führt bei Katzen zum Tod. Während dieses Buch geschrieben wurde, gab es dagegen keine Behandlungsmöglichkeit. Es kann jedoch nicht zwischen verschiedenen Arten übertragen werden; Sie und Ihr Hund sind also nicht in Gefahr, wenn Ihre Katze daran erkrankt. Da noch kein entsprechender Impfstoff zur Verfügung steht, besteht der beste Schutz für Ihre Katze darin, daß Sie sie im Haus lassen und jede Katze untersuchen lassen, bevor Sie sie in Ihre Familie aufnehmen.

Eine neuere Untersuchung in den USA ergab, daß mehr als 20% aller Katzen entweder Trägerinnen des Katzenleukosevirus oder des FI-Virus waren. Alle Ihre Katzen sollten, ganz gleich, wo Sie wohnen, gründlich untersucht und geimpft werden. Es geschieht um des Wohlbefindens Ihrer Katze, um des Wohlbefindens aller Katzen willen.

Der tägliche Umgang

Bei Katzen gibt es, wie bei Menschen, große Unterschiede in bezug darauf, wie stark ihr Bedürfnis nach täglichem Umgang mit Menschen ausgeprägt ist. Wurde die Katze von liebevollen Menschen aufgezogen, die auf ihre Tiere eingegangen sind, werden sich ihre sozialen Bedürfnisse von denen einer Bauernhofkatze völlig unterscheiden. Im Rahmen dieses Buches gehen wir jedoch davon aus, daß Ihre Katze an Ihnen hängt und umgekehrt.

Solche Tiere brauchen die tägliche Beschäftigung für ihr geistiges und körperliches Wohlbefinden. Und das bedeutet: regelmäßige Beschäftigung, Tag für Tag. Die Beständigkeit spielt eine wichtige Rolle, weil Katzen Gewohnheitswesen sind, die sich an einen regelmäßigen Tagesablauf gewöhnen und ihn genießen. Wenn Sie Ihren Katzen am Wochenende tonnenweise Zuwendung schenken und dann am Montag wie der Blitz zur Arbeit flitzen, sollten Sie sich nicht darüber wundern, wenn Ihre Katze am Montag oder Dienstag darauf mit Streßverhalten reagiert. Daß etwas angeknabbert, umgestoßen oder naß ist, kommt am Anfang der Woche durchaus häufiger vor.

Das soll nicht heißen, daß Sie Ihre Katze im Urlaub oder an den Wochenenden nicht beachten sollten, aber machen Sie sich einfach einmal bewußt, wie verwirrend dieses Leben nach der Uhr für vierbeinige Hausgenossen ist. Während des größten Teils der Woche wachen Sie gutgelaunt auf, wenn Ihnen die Katze um halb acht etwas ins Ohr schnurrt, und dann machen Sie am Wochenende ein finsteres Gesicht und werfen sie aus dem Bett. Was soll die Katze davon halten?

Versuchen Sie also, konsequent zu sein. Verlegen Sie die Zeit, in der Sie Ihrer Katze Aufmerksamkeit schenken und mit ihr spielen, die ganze Woche über vor allem auf den Abend, den Zeitabschnitt, den Sie normalerweise zu Haus verbringen, oder auf den Morgen nach dem Frühstück. Beschäftigen Sie sich vor dem Frühstück ausgiebig mit ihr, haben Sie bald eine Katze, die früh am Morgen wild herumtollt, weil sie Sie dazu bewegen möchte, mit ihr herumzutoben.

Dies alles bekommt noch zusätzliches Gewicht, wenn Ihre Katze allein mit Ihnen zusammenlebt und nicht ins Freie kann. In diesem Fall sind Sie mehr oder minder das einzig Interessante, was sie am Tag mitbekommt. Sie bie-

tet Ihnen Gesellschaft und Zerstreuung und ermöglicht Ihnen, in Ihrem eigenen Wohnzimmer einen Blick in die Welt der Natur zu werfen. Zum Ausgleich dafür braucht sie Ihre Zuwendung. Ein ausgezeichneter Handel, wie Millionen von uns Katzenliebhabern bezeugen können, aber ein Handel, bei dem es leicht geschieht, daß wir Menschen wortbrüchig werden. Andere Dinge im Leben nehmen uns unmittelbarer in Anspruch. Beruf, Freunde und Verpflichtungen außerhalb des Hauses, all das fordert uns, und unsere Katze sitzt unterdessen ruhig auf dem Fernseher und putzt sich. Es kann mitunter leicht vorkommen, daß Sie einfach vergessen, daß sie da ist. Lassen Sie es auf keinen Fall so weit kommen. Jeden Tag ein paar Minuten Zeit zum Spielen – mehr ist nicht nötig, um die meisten ausgewachsenen Katzen bei guter Laune zu halten. Das ist ein geringer Preis, den Sie für die treue Freundschaft Ihrer Katze zahlen, die Ihnen 24 Stunden am Tag und 365 Tage im Jahr zur Verfügung steht.

Bewegung und Spiel

Alle Katzen, vor allem aber solche, die nur im Haus leben, brauchen Betätigungsmöglichkeiten, um ihre Energie abzubauen. Ähnlich wie Kinder können Sie sie entweder zu Spielen anleiten, die Ihnen gefallen, oder die Spiele ertragen, die sie selbst erfinden. Katzen erfinden Spiele wie „Wildkatze", „Herrscher aller Fußknöchel", „Spinnenkatze", „Bezwinger teurer Gardinen" und beliebig viele andere, die ihnen selbst Spaß machen, für Katzenhalter aber völlig inakzeptabel sind.

Es ist nicht besonders schwierig, sich schmerzfreie Zerstreuungsmöglichkeiten für Katzen auszudenken, bei denen nichts in die Brüche geht. Katzen haben Beschäftigungen, bei denen sie ihren Jagdtrieb ausleben können, am liebsten. Spiele, bei denen es darum geht, sich unbemerkt anzuschleichen, den Beutesprung auszuführen, hinter etwas herzujagen, mit den Pfoten nach etwas zu schlagen oder in Gegenstände hineinzubeißen, erfreuen sich in der Katzenwelt gleichbleibend hoher Wertschätzung.

Nur wenige Katzen können dem schlichten Vergnügen widerstehen, das entsteht, wenn ein Schnurende über den Boden gezogen oder eine Papierkugel über das Linoleum gerollt wird.

Nermal

Nermal schlich sich in das Leben der Familie Johnson mit Hilfe eines Plans ein, den Tierpfleger ausgeheckt hatten, und so manches Tier hat schon auf die gleiche Weise ein liebevolles Zuhause gefunden. Mrs. Johnson brachte ihren Hund über die Ferien in die Tierpension, und während sie am Empfangstresen wartete, fiel ihr ein Wurf entzückender Katzenkinder ins Auge, die in einer Kiste spielten. Während sie diese Gruppe hingerissen beobachtete, tauchte ein unscheinbares, geflecktes Kätzchen auf und machte sich mit ihr bekannt. Als der Tierpfleger wieder erschien, hatte sich das Kleine zufrieden in Mrs. Johnsons Armbeuge gekuschelt. „Ach, sie mag Sie?" stieß der Tierpfleger überrascht hervor. „Sie kommt sonst mit niemandem zurecht. Sie gehört Ihnen! " „Oh, nein!" sagte Mrs. Johnson, „ich hab' schon eine Katze." Doch dann schaute sie auf das kleine Kätzchen hinunter. „Aber ... wenn sie bis zu dem Tag, an dem wir aus dem Urlaub zurück sind, immer noch kein Zuhause gefunden hat, dann laß' ich es mir durch den Kopf gehen."

Als sie nach ihrem Urlaub kam, um ihren Hund abzuholen, war das Kätzchen noch da. Es hatte ein großes Band um den Hals, daran hing ein kleines Schild, auf dem stand: 'Ich gehöre Mrs. Johnson'. Das war's, wie man so schön sagt.

Nermal brauchte mehrere Monate, um sich wirklich zu Hause zu fühlen. Sie war Menschen gegenüber mißtrauisch, besonders Männern gegenüber. Obwohl sie ihrer Familie allmählich Vertrauen entgegenbrachte, hatte sie nach wie vor schreckliche Angst vor Fremden, lauten Geräuschen und plötzlichen Bewegungen. Sie war eine ungewöhnlich aufgeweckte Katze, die besonders viel Aufmerksamkeit forderte. Hier einige ihrer Tricks:

Wenn sie hinein wollte, betätigte sie die Türglocke. Das war zwar süß, ging aber rasch allen auf die Nerven. Schließlich mußte Mrs. Johnson die Klingel um des lieben Friedens willen abschalten.

Wenn Sie aus dem Waschkeller, der gleichzeitig als Badezimmer diente, verbannt wurde, damit man dort mal ein paar Minuten allein sein konnte, rannte sie die Treppe hinauf nach oben und kam über die Wäscherutsche wieder nach unten, um guten Tag zu sagen.

Wenn sie einem einen Streich spielen wollte oder wenn man sie aus irgendeinem Grund brauchte, versteckte sie sich unter dem Orientteppich im Eßzimmer und zwang damit alle, die dort vorbeigingen, nach Beulen im Teppich Ausschau zu halten. Das gleiche tat sie unter den Bettdecken.

Nermal forderte und benötigte von ihrer Familie jeden Tag Beschäftigung, um glücklich zu sein. Die Johnsons gingen mit Freuden darauf ein, und sie vergalt es ihnen mit vollkommener Hingabe.

Training für Katzen

Streckübungen

Eine Katze, die läuft, springt, den Beutesprung ausführt und Verfolgungsjagden unternimmt, streckt sich dabei. Wenn Sie sehen, daß Ihre Katze auf dem Fußboden liegt, können Sie sie gut zu Streckübungen ermuntern, indem Sie Spielsachen gerade eben außerhalb ihrer Reichweite an ihr vorbeiziehen. Mit etwas Glück wird sich die Katze strecken, um an sie heranzukommen.

Eine andere Art von Streckübung läßt sich bewerkstelligen, indem Sie das Tier langsam auf den Boden setzen. Die meisten Katzen strecken die Pfoten nach dem Boden aus, wenn sie dicht darüber schweben. Zur Abwechslung können Sie sie auch dicht vor eine Bettkante und zugleich etwas unterhalb davon halten. Meist strecken Katzen dann die Pfoten aus und ziehen sich hoch. Loben Sie Ihre Katze jedesmal ausgiebig, wenn sie das tut, was Sie möchten. Ihre Bestätigung wird ihr dabei helfen, zu begreifen, was Sie von ihr wollen.

Klettern

Wenn Sie ein Nachziehspielzeug zu Hilfe nehmen, können Sie Ihre Katze dazu bringen, so ziemlich auf alles hinaufzuklettern. Veranlassen Sie sie zunächst dazu, einen Gegenstand konzentriert zu verfolgen. Lassen Sie ihn dicht über ihrem Kopf baumeln oder ziehen Sie ihn langsam unter den Augen der Katze vorbei, dann bekommt selbst die lustloseste Katze Interesse daran, mitzumachen. Nun ziehen Sie das Spielzeug am Kratzbaum hinauf und lassen es von oben hinunterhüpfen. Das alles tun Sie besonders aufreizend und verführerisch. Je öfter Ihre Katze sich nach dem Gegenstand streckt, desto besser das Training, das sie absolviert.

Gymnastik

Wenn Sie Ihre Katze zehn bis fünfzehn Minuten lang beschäftigen, bekommt sie auf diese Weise ein gutes gymnastisches Training, und Sie selbst sehr wahrscheinlich auch! Spielsachen, denen die Katze nachjagen kann, eignen sich dafür am besten. Je interessanter die Verfolgungsjagd ist, desto begeisterter wird Ihre Katze dabei mitmachen. Oder nehmen Sie einen größeren Pappkar-

147

ton und schneiden Sie mehrere auf die Größe der Katze abgestimmte Türöffnungen hinein. Jetzt lassen Sie einen Tischtennisball in den Karton rollen, oder Sie ziehen ein Spielzeug an einer Schnur hindurch, oder Sie lassen es durch eine der Türöffnungen hineinbaumeln – tun Sie einfach, was Ihnen Spaß macht, Ihre Katze hat ganz sicher Spaß daran! Und wenn der Pappkarton nach der Balgerei ziemlich demoliert ist, was soll's? Da, wo der herkommt, gibt's noch mehr davon.

So bilden Sie Ihre Katze aus – und intensivieren dabei Ihre Beziehung

Eine Katze ausbilden? Geht das denn überhaupt? Sicher, warum nicht? Es ist absolut machbar! So etwas wie Lassie, den Fernsehhund, sollten Sie dabei nicht erwarten, aber wenn Sie Ihrer Katze die Bedeutung einiger Wörter beibringen, kann Ihnen beiden das eine Menge Spaß machen.

Zu allererst ist es wichtig zu verstehen, daß Sie bei dem Versuch, einer Katze zu befehlen, irgend etwas zu tun, nicht allzu weit kommen werden. Es ist viel wirkungsvoller, Vorschläge zu machen. Legen Sie einer Katze etwas nahe, bringen Sie ihr bei, warum es schön ist, das jetzt zu tun, dann sind Sie auf dem richtigen Weg. Geben Sie ihr die Anweisung dazu, dann läßt die Katze Sie sitzen.

Warum soll man einer Katze Verhaltensregeln beibringen? Ist das nicht würdelos? Beantworten wir zuerst die eine Frage, und dann die andere. Warum? Weil es Spaß macht, und zwar sowohl Ihnen wie der Katze. Sofern man es richtig macht, verbessert es die Kommunikation zwischen Ihnen und der Katze, es macht aus Ihnen ein Team, und es stärkt das gegenseitige Vertrauen. Es trainiert die Intelligenz Ihrer Katze. Sie verfügt über eine beträchtliche Intelligenz, die allerdings in der Beziehung zwischen Katze und Mensch kaum gefordert wird. Und schließlich, und darum geht es uns in erster Linie, festigt es die Zuneigung zwischen Mensch und Katze.

Das bringt uns zum nächsten Punkt, zu der Frage nach der Würdelosigkeit. Ich glaube nicht, daß es würdelos ist. Die Katzen, mit denen wir gearbeitet haben, waren nicht dieser Ansicht. Und solange Ihre Freunde nicht über die Katze lachen, wird sie wahrscheinlich auch nie auf diesen Gedanken kommen. Doch ich schätze, das hängt

148

ziemlich davon ab, wie Sie die Sache angehen. Bei Ben war es so: Ich fand ihn so klug, weil er so rasch lernte, daß ich einfach nur Stolz auf ihn und das, was er zustande brachte, empfand. Wenn Sie es dumm finden, eine Katze auszubilden, dann lassen Sie es bleiben. Es wird Ihnen sowieso nicht gelingen, das vor Ihrer Katze geheimzuhalten, und wenn die davon Wind bekommt, können Sie es gleich vergessen!

Wenn Sie aber der Ansicht sind, ein gemeinsames Verständnis zu entwickeln, eine Brücke der Kommunikation zwischen zwei Arten von Lebewesen zu schlagen, sei der Mühe wert, dann legen Sie los. Ich wette, Sie werden staunen, wieviel brachliegendes Talent in Ihrem samtpfotigen Freund schlummert.

Setzen Sie Ihre Stimme richtig ein

Ihre Stimme ist Ihr wirksamstes Ausbildungsinstrument. Sie ist vielseitig, jederzeit verfügbar und einfach benutzbar. Es gibt nur einige Dinge, die Sie wissen müssen, damit Sie sie in dieser speziellen Situation richtig einsetzen.

Vorsicht mit der Lautstärke

Gesunde Katzen verfügen über ein ausgezeichnetes Gehör; es ist viel besser als das unsere. Und doch behandeln wir sie oft so, als wären sie taub. Es kann sein, daß wir zu laut sprechen, wie jemand einem Besucher aus einem anderen Land gegenüber vielleicht zu laut spricht, weil er hofft, daß es dem anderen das Verständnis erleichtert. Das ist nicht der Fall. Und bei Katzen bedeutet höhere Lautstärke normalerweise, daß Ärger bevorsteht. Das führt dazu, daß sie sich innerlich verkrampfen. Eine innerlich verkrampfte Katze wird aber nicht besonders viel lernen. Sprechen Sie in einer normalen Stimmlage, mehr ist nicht erforderlich.

Achten Sie auf die Wörter, die Sie verwenden

Sprache ist für eine Katze ziemlich verwirrend. Sie ist nicht das Verständigungsmittel, das sie von Natur aus benutzt. Die Tatsache, daß Katzen überhaupt Wörter lernen können, macht ihrer Intelligenz alle Ehre. Wie klug Ihre Katze auch ist, sie kann jedwede mögliche Hilfestellung gebrauchen. Machen Sie es ihr leicht, indem Sie deutlich

sprechen und einfache Wörter gebrauchen. Verwenden Sie Ihre Wörter hundertprozentig konsequent, und Ihre Katze wird nahezu hundertprozentig konsequent darauf reagieren. Wenn das Wort, das Sie in der Ausbildung benutzen, „Sitz!" lautet, dann sagen Sie nicht einmal „Sitz!" und bei der nächsten Gelegenheit „Setz dich!" Das stiftet Verwirrung.

Sagen Sie's nur einmal

Katzen lernen, da ihnen Sprache unbekannt ist, genau das, was Sie ihnen beibringen. Wenn Sie also „Sitz, sitz, sitz!" sagen und die Katze dann anleiten, sich zu setzen, wird sie glauben, das Kommando laute „Sitzsitzsitz!". Sie wird auf ein einfaches „Sitz!" nicht reagieren, weil sie darin nicht das richtige Wort wiedererkennt.

Achten Sie auf Ihren Tonfall

Wenngleich Katzen Sprache auch von Natur aus nicht verstehen, verstehen sie doch den Tonfall recht gut. Setzen Sie Ihren Tonfall optimal ein. Die Wörter, die Sie der Katze beibringen, sollten in neutralem Tonfall gesprochen werden – nicht als höfliche Bitte und nicht als Befehl. Am besten ist ein Aussagesatz. Wir neigen als höfliche Menschen dazu, unseren Katzen Fragen zu stellen. Wir sagen: „Sitz?" Viel besser und weitaus wirksamer ist „Sitz." Versuchen Sie, jedesmal im gleichen Tonfall zu sprechen, dadurch wird es Ihrer Katze viel leichter fallen zu lernen, was von ihr erwartet wird. Loben Sie sie in einer herzlichen, höheren Stimmlage, etwa so, wie wenn Sie rufen „Koooomm, Katz, Katz!" Das hat schon bei Tausenden von Katzen über die Jahre hin funktioniert.

So motivieren Sie Ihre Katze

Was motiviert die Katze dazu, mit Ihnen zu arbeiten? Das hängt von der Katze ab. Aber in den meisten Fällen besteht die unmittelbare Motivation in irgendeiner Belohnung. Nahrung ist dabei am einfachsten erreichbar und am verläßlichsten.

Einige Menschen lehnen ein Ausbildungssystem ab, das auf Belohnung durch Futter basiert; sie sagen, sie wollen das Tier nicht „bestechen". Tja, da habe ich eine aufregende Neuigkeit: Jede Form von Übung und jeder Lernprozeß, sowohl bei Tieren als auch bei Menschen, basiert auf einem Bestechungssystem, oder, wie wir lieber dazu sagen, auf positiver Verstärkung. Ich habe nie verstanden, warum einige Leute es ablehnen, ihre Haustiere mit Futter auszubilden, es aber ganz in Ordnung finden, wenn sie jede Woche ihre Lohnzahlung erhalten. Sich bezahlen lassen ist eine Form von positiver Verstärkung. Wie viele von uns würden weiterhin ihrer Arbeit nachgehen, wenn sie dafür nicht bezahlt würden?

In der Schule wird mit Noten „bestochen". Wer fleißig arbeitet, bekommt eine gute Note. Irgendwie finden die meisten von uns darin ihre Erfüllung. Als Alternative zum Futter könnte man auch Zuneigung als positiven Verstärker einsetzen. Freundliches Lob kann für einige Katzen und die meisten Hunde eine sehr große Motivation dafür sein, das gezeigte Verhalten zu wiederholen. Aber wie die Lernsituation auch immer aussehen mag, positive Verstärkung spielt dabei fast stets eine Rolle.

Die positive Motivation, mit der wir arbeiten werden, ist jedoch das Futter. Spenden Sie Ihrer Katze unbedingt zusätzlich auch Lob. Wenn Sie Ihre Katze loben, während Sie ihr das Futter als Belohnung geben, wird sie das Lob tatsächlich bald als etwas ebenso Wundervolles betrachten wie das Futter an sich. Ein Aspekt, der auf der Hand liegt, aber wichtig ist: Da Sie Futter einsetzen, arbeiten Sie am besten mit Ihrer Katze dann, wenn sie Hunger hat. Fünf Minuten Unterricht vor einer Mahlzeit sind mehr als genug. Die Sitzungen müssen nicht lange dauern, zeigen aber trotzdem eine erstaunliche Wirkung. Nach etwa einer Woche, in der Sie täglich fünf bis zehn Minuten geübt haben, haben Sie dann eine Katze, die mit Freude das Spiel „Ich sag's, und du machst es" spielt.

Abgewöhnen oder Bestrafen?

Viele von uns hatten das Pech, irgendwann einmal mit Methoden ausgebildet worden zu sein, die weitgehend auf Strafe basierten. Deswegen sind wir felsenfest davon überzeugt, Strafen seien der Schlüssel zum Lernerfolg. Das trifft nicht zu, und auf Katzen trifft es noch weitaus weniger zu.

Eine Strafe ist normalerweise ein emotionsgeladener Angriff auf Körper und Seele mit dem Ziel, daß sich der Angegriffene hinterher unglücklich, verlegen, bedroht, oder schlicht und einfach blöd vorkommt. Versuchen Sie so etwas mit einer Katze, und sie geht. Kann sie sich nicht

151

DER MYTHOS VON DER BOSHEIT

Wenn sich Tiere falsch verhalten, dienen seit uralten Zeiten Boshaftigkeit oder Trotz als Erklärung dafür. Die Katze hat aus bösem Willen auf den neuen Teppich gepinkelt. Oder der Hund hat die Fernbedienung in Ihrer Abwesenheit aus Trotz zerbissen. Das ist zwar eine einfache, aber keine zutreffende Antwort. Menschen sind boshaft; Tiere sind es nicht. Sie reagieren auf Streß, unbekannte Situationen und Angst jeweils auf eine bestimmte vorhersagbare Weise, aber niemals hat das etwas mit Boshaftigkeit zu tun. Ihre Katze hat auf den neuen Teppich gepinkelt, weil sie ihr Revier markiert hat. In diesem Fall war der Teppich ein großer unbekannter Gegenstand innerhalb ihres privaten Bereichs. Ihr Kater hat Ihren Schmorbraten gefressen, weil Sie ihn stehengelassen haben und weil er gut schmeckte, und nicht, weil er es Ihnen heimzahlen wollte, daß Sie Leute ins Haus eingeladen haben. Jedesmal, wenn Sie denken: „Das hat sie aus bösem Willen getan...", dann denken Sie nochmal nach. Boshaftigkeit kommt im Katzenvokabular einfach nicht vor.

körperlich entfernen, dann entfernt sie sich geistig. Und wenn sie das auch nicht tun kann, besteht eine äußerst große Wahrscheinlichkeit, daß sie aggressiv reagiert. Zehn Punkte für die Katze.

Was man bei Katzen nie vergessen darf, ist, daß sie, wenn sie wirklich darauf aus sind, für einen Angriff gegen uns unendlich viel besser ausgerüstet sind als umgekehrt. Jeder, der von einer Katze schon einmal ernsthaft angegriffen wurde, kann das bezeugen. Solche Angriffe kommen selten vor, aber vergessen Sie nicht, daß es Raubtiere sind, die wir gezähmt haben, damit sie unser Heim mit uns teilen. Wir sind ihnen Respekt schuldig.

Die Korrektur unerwünschten Verhaltens durch Abgewöhnen ist eine nüchterne und sachliche negative Verstärkung, die nicht Angst macht, sondern eher erzieht. Eine solche Korrektur ist idealerweise zeitlich perfekt abgestimmt, dem Fehlverhalten angemessen, und sie macht der Katze eindeutig klar, was Sie ihr mitteilen wollen. Wenn Sie diese drei Aspekte einer perfekten Korrektur verstanden haben, haben Sie die beabsichtigte Verhaltensänderung schon halb erreicht.

Bei allen Lehr- und Lernprozessen kommt es entscheidend auf die zeitliche Abstimmung an. Der beste Zeitpunkt dafür, eine Verhaltensweise zu unterbinden, ist dann, wenn die Katze gerade Anstalten macht, das unerwünschte Verhalten zu zeigen. Der zweitbeste Zeitpunkt ist dann, wenn die Katze gerade dabei ist, es auszuführen. Der am häufigsten gewählte und ineffektivste Zeitpunkt ist, nachdem die Katze es ausgeführt hat.

Hier folgen drei Beispiele dafür, wie die Verhaltensänderung unter diesen drei Vorzeichen jeweils abläuft. Es geht darum, daß die Katze verbotenerweise auf den Tisch springt:

Die beste Möglichkeit:

Sie sehen, wie Ihre Katze in die Küche geht und sich dem Tisch nähert. Sie greifen zur Wasserpistole, bleiben außer Sichtweite hinter der Tür und halten sich bereit. Die Katze nimmt die Absprunghaltung ein, und in dem Moment, in dem sie gerade hochspringen will, spritzen Sie sie mehrmals an und gehen hinter der Tür in Deckung. Die Katze zischt wie der Blitz unter den Tisch und fragt sich, was da soeben passiert ist. Das ist perfekt. Sie verbindet mit der Tätigkeit des Springens etwas Unangenehmes.

Wenn Sie ihr beibringen können, nicht auf den Tisch zu springen, werden Sie sie nie auf der Tischoberfläche antreffen.

Die zweitbeste Möglichkeit:

Sie sehen, wie Ihre Katze in die Küche geht und sich dem Tisch nähert. Sie greifen zur Wasserpistole, bleiben außer Sichtweite hinter der Tür und halten sich bereit. Ihre Katze setzt zum Sprung an, springt und landet auf dem Tisch. Sie spritzen sie mehrmals an und gehen hinter der Tür in Deckung. Die Katze springt wie der Blitz vom Tisch, verschwindet darunter und fragt sich, was da soeben passiert ist. Nicht schlecht, aber auf diese Weise lernt sie, nachdem sie hinaufgesprungen ist, gleich wieder hinunterzuspringen. Klappt die zeitliche Abstimmung, wie im ersten Beispiel beschrieben, nur etwas besser, können Sie ihr von vornherein beibringen, gar nicht erst auf den Tisch zu springen.

Dies ist ein gefährlicher Aufenthaltsort für Ihren Hausgenossen.

Die schlechteste Möglichkeit:

Sie sehen, wie Ihre Katze in die Küche geht und sich dem Tisch nähert. Sie greifen zur Spritzflasche, bleiben außer Sichtweite hinter der Tür und halten sich bereit. Die Katze springt auf den Tisch und bleibt dort ein paar Sekunden lang. Sie springen hinter der Tür hervor, brüllen „NEIN!" und spritzen sie mehrmals an. Die Katze springt vom Tisch, und Sie verfolgen sie und besprützen sie dabei

153

noch ein paarmal. Was hat sie gerade gelernt? Vor allem, daß Sie verrückt sind. Daß Sie aus dem Nichts auftauchen und die Katze aus einem für sie nicht verständlichen Anlaß angreifen. In dem Moment, in dem Sie der Katze Angst einjagen, verbindet sie die Angst mit Ihnen, und nicht mit dem Sprung auf den Tisch. Dadurch, daß Sie sie verfolgen, erhält die Katze keine Belohnung dafür, daß sie wieder vom Tisch heruntergesprungen ist. Wenn die Korrekturmaßnahme nicht im gleichen Augenblick abgebrochen wird, in dem die Katze sich fügt, wie soll sie dann merken, wann sie das getan hat, was Sie von ihr wollen?

Eine gut angelegte Korrekturmaßnahme hindert die Katze daran, das unerwünschte Verhalten auszuführen, verursacht aber ihrerseits keine weiteren Probleme. Wenn Sie dabei überzogen reagieren – schreien, auf die Katze losgehen oder sie auf andere Weise terrorisieren – bekommt sie Angst vor Ihnen. Sie könnte dann diese Angst ganz logisch mit Ihnen und nicht mit dem unerwünschten Verhalten verknüpfen.

Ein weiteres weitverbreitetes Beispiel sind Katzen, die das Katzenklo nicht benutzen, wenn ihre Menschen dabei anwesend sind. So geschieht es oft, daß der Besitzer die Katze dabei erwischt, daß ihr etwas danebengeht, und überreagiert, indem er schimpft, das Tier schlägt oder es mit der Nase in seinen eigenen Dreck stupst. Was lernt die Katze daraus? Daß Sie sich fürchterlich aufregen, wenn Sie sehen, wie sie sich erleichtert. Also wird sie nun alles daransetzen, daß Sie das nicht mehr mitbekommen. Mißgeschicke können jetzt weiterhin passieren, nun aber nur noch dort, wo es Ihnen nicht auffällt. Die Menschen bezeichnen diese Heimlichtuerei dann als Bosheit, Verschlagenheit und als Beweis dafür, daß die Katze weiß, daß sie etwas Falsches tut. Das Gegenteil ist der Fall. Sie reagiert nur auf das, was Sie ihr beigebracht haben, und hofft auf das alte Prinzip „Aus den Augen, aus dem Sinn".

Genauso schlecht ist die ineffektive Verhaltenskorrektur, die auf die Katze keinerlei Wirkung ausübt, sondern sie einfach lehrt, Ihnen keine Beachtung zu schenken und sich um ihre eigenen Dinge zu kümmern. Wenden wir uns wieder dem Beispiel mit dem Tisch zu: Sie bemerken die Katze auf dem Tisch. Sie gehen zu ihr hinüber und sagen mit süßer, sanft tadelnder Stimme: „Nein, Schätzchen, nein, nein." Sie nehmen die Katze vom Tisch, setzen sie auf den Boden, streicheln sie und

erzählen ihr dabei: „Der Tisch ist kein guter Platz, mein kleiner Liebling, der Fußboden ist gut." Was hat die Katze daraus gelernt? Daß sie ganz viel Zuneigung und Liebe bekommt, wenn Sie sie auf dem Tisch antreffen.

So üben Sie mit dem Transportbehälter

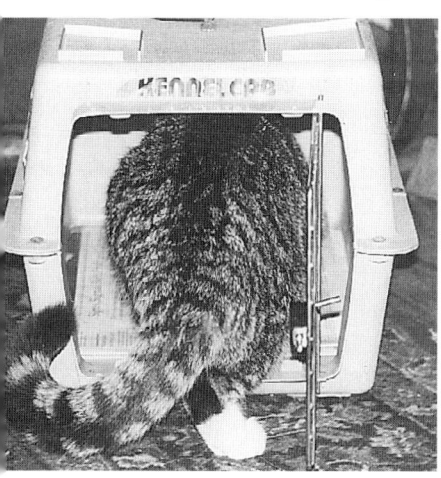

Eine Katze in ihren Transportbehälter hineinzubugsieren ist eine der Aufgaben, die die meisten Katzenhalter fürchten. Sie holen den Behälter hervor, und Ihre Katze ist über alle Berge. Sie holen die Katze, die sich nach Kräften dagegen wehrt, hinter dem Sofa hervor und versuchen ihr zu sagen, daß alles in Ordnung ist – für Ihre Katze ein sicheres Zeichen, daß das Gegenteil richtig ist –, und nähern sich dem Transportkorb. Ihre Katze, die sich normalerweise vernünftig benimmt, wird zum Akrobaten. Die Pfoten schlagen in alle Richtungen, Krallen halten sich an Ihrer Kleidung fest. Sie versuchen, die Katze in den Transportbehälter zu setzen. Es gelingt Ihnen, eine Pfote hineinzustecken, da kommt plötzlich eine andere frei und blockiert den Eingang. Es ist ein Alptraum für Sie und das Tier, und bis Sie es geschafft haben – falls Sie es schaffen – , haben alle Beteiligten längst eine seelische Erschütterung davongetragen.

Aber es gibt eine gute Nachricht für Sie! Es muß sich nicht so abspielen. Sie können eine Katze haben, die sich voller Vorfreude an Sie drückt, während Sie ihre Transportkiste hervorkramen, und die eifrig hineinhopst, wenn Sie sie öffnen. Unmöglich? Kaum. Man braucht

Wir haben Ben gelehrt, seinen Transportbehälter zu mögen. Er geht hinein und hinaus, weil es ihm einfach Spaß macht.

155

IN DEN TRANS-PORTKORB HIN-EINGEZAUBERT

Eine Katze, die das nicht will, in einem Transportbehälter unterzubringen ist das gleiche, als wenn man versuchen würde, ein Murmeltier in einen Socken zu stopfen. Ihrer Katze beizubringen, vergnügt in einen Transportkorb zu schlüpfen, kostet ungleich weniger Mühe, als wenn Sie versuchen, sie mit Hängen und Würgen hineinzubugsieren. Aber für den Notfall verraten wir Ihnen einen Trick: Benutzen Sie einen Transportbehälter aus Kunststoff, dessen Einschlupfloch sich vorne befindet, und stellen ihn mit der Rückseite nach unten auf. Dann fassen Sie die Katze mit einer Hand am Nackenfell, stützen ihre Kehrseite mit der anderen Hand, heben sie hoch und lassen sie nach unten in den Transportbehälter gleiten. Da die Katze das nicht voraussieht, bekommt sie vielleicht nicht mit, was passiert, bis es zu spät ist. Das Festhalten am Nackenfell hat eine beruhigende Wirkung. Wenig Streß oder Anstrengung für Sie und die Katze, und Sie erreichen Ihr Ziel.

dazu nur ein paar Tage, einige Leckerbissen und ein bißchen Übung.

Machen Sie die Katze mit der Kiste vertraut

Bei Katzen, die mit Transportkörben keine Erfahrung haben, ist es einfach. Bei Katzen, für die ein Transportkorb einen knappen zweiten Platz hinter den Pforten der Hölle belegt, kann es ein bißchen länger dauern, sie daran zu gewöhnen. Aber Sie müssen sich deshalb keine Sorgen machen. Es ist, so oder so, lächerlich einfach.

Nehmen Sie den Transportkorb und entfernen Sie die Tür, wenn das geht, oder arretieren Sie sie so, daß sie offenbleibt. Stellen Sie ihn auf den Boden. Falls Sie nur Katzen im Haus haben: phantastisch. Verteilen Sie überall rund um den Korb und im Korb Leckerbissen. Legen Sie rundherum einen Kreis mit einem Meter Durchmesser aus lauter leckeren Sachen aus. Wenn die Leckerlis alle weg sind, legen Sie neue aus, aber diesmal hat der Kreis einen halben Meter Durchmesser. Das wiederholen Sie, bis es keinen Kreis mehr gibt und alle Leckerbissen im oder auf dem Transportkorb liegen. Klettert Ihre Katze zufrieden auf den Korb und schlüpft auch hinein, um sich die Sachen zu holen: wunderbar. Jetzt verstauen Sie die Leckerlis einen oder zwei weitere Tage lang im Inneren des Korbs, in der Nähe der Rückwand. Die Katze macht das wunderbar! Einfach perfekt! Nehmen Sie sich den nächsten Schritt vor.

Bringen Sie der Katze das Wort „Korb" bei

Es kommt nicht darauf an, welches Wort Sie verwenden, alles, worauf es ankommt, ist, daß Sie konsequent bei dem gleichen Wort bleiben. Sagen Sie „Korb", „Bett", „Heia", was immer Sie wollen, nur sagen Sie immer dies und nie etwas anderes. Nun sichern Sie sich die Aufmerksamkeit Ihrer Katze mit etwas, das richtig schön für sie ist, – was auch immer das Katzenherz schneller schlagen läßt. Je nachdem, was die Katze mag, könnte das ein Stück Hähnchen, etwas Rindfleisch oder eine Rosine sein. Diskutieren Sie das Thema nicht lange, verwenden Sie einfach das, was die Katze mag. Zeigen Sie es ihr und geben Sie in Ihrer fröhlichsten Stimmlage das Kommando. Wir sagen „Korb". Geleiten Sie die Katze zum Transportkorb, indem Sie ihr den Leckerbissen dicht vor die Nase halten. Hat sich die Katze dem Korb bis auf 30 cm genähert, geben Sie ihr den Happen. Loben Sie sie und sagen Sie ihr, wie großartig sie ist. Heben Sie sie hoch und tragen Sie sie ein, zwei Meter vom Korb weg. Dann wiederholen Sie das Ganze.

Sobald sich die Katze traut, sich dem Korb so weit zu nähern, legen Sie den Happen auf die Kante des Einschlupflochs. Lassen Sie sie den Leckerbissen von dort abnehmen. Überhäufen Sie sie mit Lob und Streicheleinheiten. Jetzt machen Sie wirklich Fortschritte. Nun werfen Sie das Leckerli in den Transportkorb und lassen die Katze hineinschlüpfen, um es herauszuholen. Prachtvoll! So weit, so gut. Nehmen Sie nun den nächsten Schritt in Angriff.

Schließen Sie die Tür

Wenn Sie die Tür abgenommen haben, bringen Sie sie jetzt wieder an. Wiederholen Sie die vorige Übung, nur damit Sie wissen, daß die Tür der Katze keine Angst macht. Ist das doch der Fall, gehen Sie im Programm zurück und nehmen Sie die Annäherung an den Korb auf Kommando noch einmal durch. Die Katze wird die einzelnen Lernschritte diesmal sehr schnell durchlaufen, weil es bereits ein alter Hut ist. Es kann sein, daß sie die Tür gar nicht bemerkt; tut sie es aber doch, machen Sie sich deshalb keine Gedanken. Es wird nur einen oder zwei Tage dauern, bis der alte Stand wieder erreicht ist.

Sobald Ihre Katze den ganzen Weg bis in den Korb zurücklegt, um sich den Leckerbissen herauszuholen, üben Sie, die Tür sanft hinter ihr zu schließen. Reden Sie weiter fröhlich auf sie ein. Versuchen Sie, ein paar kleine Leckerlis in den Transportkorb zu werfen, damit sie beschäftigt ist. Lassen Sie die Tür nicht lange zu, ein paar Sekunden sind genug. Dann öffnen Sie sie und erlauben der Katze herauszukommen, wenn sie möchte.

Sie haben es geschafft. Jetzt haben Sie eine Katze, die jederzeit fröhlich in ihren Transportbehälter hüpft. Es hat nur rund eine Woche gedauert, und es ist ohne Blutvergießen abgegangen. Wir würden sagen, Sie haben die Zeit gut genutzt!

Wenn Sie erreichen wollen, daß Ihre Katze die positive Einstellung gegenüber dem Transportkorb weiter beibehält, füttern Sie sie darin, wobei die Tür geöffnet bleibt. Legen Sie eine Decke hinein und stellen Sie den Korb in die Sonne. Tun Sie ab und zu Katzenminze hinein. Sorgen Sie dafür, daß im Korb immer ein paar leckere

Kleinigkeiten zu finden sind. Ermuntern Sie die Katze hineinzugehen, dann schließen Sie die Tür, tragen den Behälter von einem Ende des Flurs zum anderen und lassen sie wieder hinaus. Belohnen Sie sie gut, loben Sie sie und veranstalten Sie einen Riesenwirbel um sie. Sorgen Sie vor allem weiter dafür, daß der Transportbehälter für Ihre Katze ein positiver Platz bleibt, dann wird sie weiterhin positiv über ihn denken.

Das Kommando „Sitz!"

Es ist erstaunlich einfach, einer Katze beizubringen, daß sie sich hinsetzt. Der Körperbau bietet die Voraussetzung dazu. Stellen Sie sich die Wirbelsäule Ihrer Katze wie eine Wippe vor, an deren einem Ende der Kopf und an deren anderem Ende das Hinterteil sitzt. Was geschieht nun mit dem Hinterteil, wenn der Kopf angehoben wird? Es bewegt sich abwärts, und zwar immer und zwangsläufig.

Um Ihrer Katze beizubringen, sich auf Ihr Kommando hin zu setzen, brauchen Sie nichts weiter zu tun als sie zu lehren, ihren Kopf zu heben und in den Nacken zu legen. Alles weitere können Sie dem Lauf der Natur überlassen. Dieses Ziel läßt sich am einfachsten mit Hilfe von Futter erreichen. Nehmen Sie einen Leckerbissen, den die Katze besonders unwiderstehlich findet, und halten Sie ihn ihr mit den Fingern vor die Nase. Sagen Sie einmal deutlich und ruhig „Sitz!" Nun bewegen Sie die Hand mit dem leckeren Happen langsam nach oben und hinten und halten ihn der Katze dabei immer dicht vor die Nase. Wenn sie sich hinsetzt, loben Sie sie freundlich und geben ihr sofort den Leckerbissen. Je besser es Ihnen gelingt, die Zeit zwischen dem Moment, in dem die Katze den Happen im Mund hat, und dem Moment, in dem ihr Hinterteil den Boden berührt, zu verkürzen, desto rascher wird sie die beiden Ereignisse miteinander verknüpfen. Hinterteil auf dem Boden – Leckerbissen im Mund. Hat sie diese Formel erst einmal verinnerlicht, haben Sie Ihr Ziel erreicht.

Häufig auftretende Probleme beim Kommando „Sitz"!

Die Katze weicht nach hinten aus

Wenn Ihre Katze in dem Moment, in dem sie aufschaut, nach hinten ausweicht, machen Sie diese Übung am be-

Halten Sie dem Tier das Futter in Nasenhöhe hin ...

Dann sagen Sie „Sitz!" und bewegen die Hand mit dem Futter nach oben und hinten ...

Wenn die Katze sitzt, geben Sie ihr die Belohnung, streicheln sie und sagen ihr, für wie unglaublich klug Sie sie halten.

sten vor einer Wand, wo sie nicht nach hinten weg kann. Oder Sie streichen ihr mit der freien Hand sanft über die Hinterbacken und drücken sie dabei mit der hohlen Hand in die Sitzposition. Sobald die Katze sitzt, geben Sie ihr sofort die Belohnung und loben sie! Wenn Sie ihr ein paarmal Hilfestellung leisten, wird sie bald begreifen, was Sie von ihr wollen.

Die Katze macht Männchen

Richtet sich Ihre Katze auf, um an den Leckerbissen heranzukommen, geraten Sie nicht in Verzweiflung. Das ist an und für sich ein recht hübscher Trick. Sie gibt Ihnen zu verstehen, daß Sie den Leckerbissen zu hoch halten. Halten Sie ihn niedriger, direkt vor die Nase der Katze, dann sollte sie so reagieren, wie Sie es wollen.

Sarah hält die Belohnung ein bißchen zu hoch und zwingt Ben dadurch, sich aufzurichten. Indem sie die Hand nach unten führt, veranlaßt sie ihn, sich hinzusetzen. Ben bekommt den Leckerbissen erst dann, wenn er sitzt.

Die Katze beißt in den Finger

Halten Sie den Leckerbissen weiter hinten zwischen den Fingern, so daß die Katze ihn riechen, aber nicht sehen kann. Dann setzen Sie Ihre Hand als Köder ein, um den Kopf der Katze nach oben und hinten zu dirigieren. Sie wird dem Geruch folgen, dabei aber weniger beißlustig sein. Beißt Sie die Katze weiterhin in die Finger, ist sie vielleicht zu hungrig. Brechen Sie die Übung ab, warten Sie ein paar Minuten, bieten Sie ihr eine kleine Mahlzeit an und starten Sie dann einen neuen Versuch. Ein bißchen Nahrung sollte den größten Hunger der Katze stillen, ohne ihr das Interesse am Futter völlig zu nehmen.

160

Versuchen Sie außerdem, mit fester, mißbilligender Stimme zu sprechen und dabei der Katze die Nahrung wieder zu entziehen. Es ist nicht nötig, daß Sie jetzt laut werden, sprechen Sie nur fest und ohne Umschweife. Bleiben Sie im Umgang mit einer Katze immer ruhig; wenn sie spürt, daß Sie aufgeregt sind, wird alles nur noch schlimmer.

Die Katze greift mit den Vorderpfoten nach dem Futter

Sprechen Sie mit fester, ablehnender, aber nicht mit lauter Stimme und befreien Sie Ihre Hand, indem Sie sie nach unten führen und zurückziehen. Belohnen Sie die Katze auf jeden Fall sofort in dem Moment, in dem sie sich hinsetzt und dabei die Vorderpfoten unten läßt. Gute Ausbilder warten stets, bis irgendwann einmal etwas richtig gemacht wird, und belohnen dieses Verhalten, anstatt auf einen Fehler zu warten und diesen zu korrigieren.

Greift die Katze hartnäckig weiter nach dem Futter, blockieren Sie ihre Vorderpfoten mit einem Lineal oder Bleistift. Aber bitte blockieren, nicht damit schlagen! Hat die Katze erst mehrmals eine Belohnung für das gewünschte Verhalten bekommen, wird sie normalerweise Ihren Wünschen sehr bereitwillig nachkommen.

Das Kommando „Platz!"

Mit dem Kommando „Platz!" geben Sie der Katze zu verstehen, daß sie sich hinlegen soll. Es ist praktisch, wenn sie das aufs Stichwort hin ausführt, wenn Sie sie bürsten wollen, wenn ein Gang in die Tierarztpraxis ansteht, aber auch, wenn Sie Ihre Freunde in Erstaunen versetzen und Ihre Verwandten beeindrucken möchten.

Es ist am einfachsten, wenn Sie die Lektion damit beginnen, daß Sie die Katze auffordern, sich hinzusetzen. Dann nehmen Sie einen leckeren Happen zwischen Daumen und Zeigefinger. Zeigen Sie ihn der Katze und bewegen Sie die Hand langsam gerade nach unten. Wenn alles optimal abläuft, folgt der Kopf Ihrer Katze nun dem Leckerbissen. Sobald Ihre Hand auf der Tischoberfläche angekommen ist, ziehen Sie sie langsam zurück, von der Katze weg. Ihre Hand sollte dabei also ein großes „L" beschreiben. Wenn alles gut klappt, folgt die Katze dem Leckerbissen sofort und nimmt dabei eine liegende Hal-

161

Als erstes veranlassen Sie die Katze, sich hinzusetzen, und halten ihr die Belohnung dicht vor die Nase ...

Dann sagen Sie „Platz!" und führen die Hand mit dem Leckerli langsam gerade nach unten ...

Hat die Katze „Platz" gemacht, streicheln Sie sie, geben ihr die Belohnung und loben sie ausgiebig, weil sie so prima mitgemacht hat.

162

tung ein. In dem Moment, in dem Ihre Katze liegt, loben Sie sie freundlich und geben ihr den Happen. Wenn Sie das ein paarmal wiederholen, hat sie den Bogen raus.

Eine andere Methode besteht darin, die Vorderpfoten anzuheben und die Katze behutsam in die Liegeposition gleiten zu lassen. Wenn Sie beide Vorderpfoten gleichzeitig umfassen, lassen Sie auf jeden Fall einen Finger dazwischen. Er dient dazu, jedweden Druck zwischen den beiden Pfoten abzufedern. Sobald die Katze liegt, loben Sie sie und geben ihr den Leckerbissen, wie gehabt. Ihre Katze wird bald begreifen, was Sie von ihr wollen.

Häufig auftretende Probleme beim Kommando „Platz!"

Die Katze legt sich nicht hin, sondern steht auf

Ihre Katze ist so gelenkig, daß sie einfach aufstehen kann, ohne sich von der Stelle zu bewegen. Dadurch ist sie imstande, ihren Kopf, dem Leckerbissen folgend, weiter zu senken, ohne sich wirklich hinzulegen.

Wenn das passiert, machen Sie alles viel langsamer. Lassen Sie Ihre freie Hand auf den Hinterbacken der Katze ruhen, während Sie sie mit dem Leckerbissen langsam führen. Halten Sie sie nicht fest und üben Sie keinen Druck auf die Katze aus; das wird sie lediglich veranlassen, sich zu wehren. Die Hand ruht dort einfach als eine Art Gedächtnisstütze.

Als Alternative dazu können Sie die Methode mit den angehobenen Vorderpfoten einsetzen. Gehen Sie nach der Methode vor, mit der Sie den besten Erfolg haben. Vergessen Sie auf keinen Fall, Ihre Katze jedesmal, wenn sie etwas richtig macht, zu streicheln, zu loben und zu belohnen. Sie wird rasch kapieren, was Sie wollen.

Die Katze senkt den Kopf, legt sich aber nicht hin

Am Anfang ein sehr häufiges Problem. Wenn Ihre Katze den Kopf senkt, sich aber nicht richtig hinlegen will, geraten Sie nicht in Verzweiflung. Gehen Sie folgendermaßen vor: Geben Sie ihr den Leckerbissen, wenn sie den Kopf senkt. Beim nächsten Mal veranlassen Sie sie, den Kopf ein bißchen weiter zu senken, bevor sie den Happen bekommt. Wenn Sie so verfahren, wird sie sich nach ein oder zwei Sitzungen hinlegen, als hätte sie nie etwas anderes getan. Denken Sie immer daran: Dies ist

kein Rennen. Es spielt keine Rolle, ob Sie drei, fünf oder zehn Sitzungen brauchen. Was macht das schon aus? Lob, Geduld und Spaß sind die Schlüssel zum Erfolg!

Die Katze weigert sich, sich hinzulegen

Das passiert, wenn Sie versuchen, Ihre Katze zur Fügsamkeit zu zwingen. Versuchen Sie nicht, bei der Katze Druck auf die Schultern auszuüben; das wird nicht funktionieren. Lassen Sie sich mit Ihrer Katze nicht auf eine Auseinandersetzung ein, in der es darum geht, wer den stärkeren Willen hat. Wenn die Katze in Aufregung gerät, beenden Sie die Sitzung. Das letzte, was Sie möchten, ist, daß bei der Katze der Eindruck entsteht, dies sei kein Spaß. Achten Sie darauf, daß die Übungssitzungen kurz und fröhlich bleiben. Lassen Sie sich Zeit. Belohnen Sie die Katze für jeden kleinen Fortschritt. Bald wird ihre Aufregung abflauen, und sie wird sich hinlegen. Und wenn sie das nicht tut? Macht das denn wirklich etwas aus? Legen Sie eine Pause ein und üben Sie diese Verhaltensweise ein paar Tage später noch einmal.

Üben auf dem Tisch

Beim Einüben von Verhaltensabfolgen wie „Sitz!" und „Platz!" kann es hilfreich sein, wenn man einen Übungstisch benutzt. Das muß nichts besonders Ausgefallenes sein; bei Ben verwendeten wir einen alten Computertisch. Ein Schrankkoffer, ein Spieltisch oder eine große stabile Kiste leisten allesamt gute Dienste. Worauf es ankommt, ist, daß es Ihnen nichts ausmacht, wenn Ihre Katze darauf herumspringt. Dadurch, daß Sie mit ihr jedesmal am gleichen Fleck üben, lernt sie bald: Tischzeit bedeutet Arbeitszeit. Dieses Verständnis trägt dazu bei, daß die Ausbildung rascher vonstatten geht.

Das Kommando „Komm!"

Aller Wahrscheinlichkeit nach ist Ihre Katze perfekt darin geübt, zu Ihnen zu kommen. Benutzen Sie einfach den Dosenöffner, sofern Sie mit Feuchtnahrung füttern, oder klappern Sie mit der Schachtel mit dem Trockenfutter, und Ihre Katze nimmt bereitwillig und erwartungsvoll neben Ihnen Gestalt an, auch wenn sie gerade noch durch viele Räume von Ihnen getrennt war.

164

Das ist interessant. Warum kommt Ihre Katze so konsequent zu Ihnen, wenn sie diese Geräusche hört? Dafür gibt es ein eindeutiges Motiv. Wenn sie auf diese Geräusche hin zu Ihnen kommt, erhält sie anschließend immer eine Mahlzeit. Einen Nachteil gibt es dabei für die Katze nicht. Sie wird niemals ausgeschimpft oder enttäuscht. Bekäme die Katze jedesmal einen Klaps, wenn sie den Dosenöffner hören und zu Ihnen kommen würde, und gäbe es dann auch nichts zu fressen, würde sie bald, sehr bald, nicht mehr zu Ihnen kommen, wenn ihr das Geräusch zu Ohren käme. Nun würden Sie Ihre Katze natürlich nicht schlagen, aber was wäre, wenn Sie sie riefen und dann sofort ins Badewasser steckten oder sie in den Wagen verfrachteten, um zum Tierarzt zu fahren, oder wenn Sie sie mit Anti-Flohspray einsprühten? Verstehen Sie, worauf ich hinauswill? Wenn Sie eine Katze zu sich rufen und dann etwas Unangenehmes tun, welchen Grund hat sie dann, auch das nächste Mal zu Ihnen zu kommen?

Der Dosenöffner ist absolut unveränderlich. Er hört sich immer gleich an. Stetigkeit ist bei der Ausbildung furchtbar wichtig. Das auslösende Geräusch ist nicht mit Gefühlen verknüpft. Das Geräusch der Trockennahrung in der Schachtel oder des Dosenöffners ändern sich nie. Aber Ihre Stimme kann sich ändern. Wenn Sie laut nach einer Katze schreien, damit sie zu Ihnen kommt, wird sie das nicht tun. Katzen sind nicht dumm; sie nähern sich keinem ärgerlichen, frustrierten oder griesgrämigen menschlichen Wesen. Wenn Sie ein Tier ausbilden, dann achten Sie darauf, daß Ihre Stimme so gleichbleibend wie möglich klingt. Ein angenehmer Tonfall erleichtert Ihnen und Ihrer Katze die Ausbildung.

Das Gute daran ist: Wenn Ihre Katze gelernt hat, beim Geräusch des Dosenöffners zu Ihnen zu kommen, kann sie auch lernen, zu Ihnen zu kommen, wenn sie Ihre Stimme hört. Sie müssen nur lernen, als Lehrer halb so gut zu sein wie der Dosenöffner.

Fangen Sie an, indem Sie sich eine passende Belohnung besorgen. Lassen Sie sich dabei von den Vorlieben Ihrer Katze leiten. Ist sie verrückt nach Obst, verwenden Sie das; kann sie von Hammelfleisch nicht genug kriegen, warum dann dagegen ankämpfen? Dies ist nicht der Moment dafür, pingelig zu werden. Verwenden Sie das, was Wirkung zeigt.

Beginnen Sie, wie bei jeder komplexen Verhaltensweise, am Ende und arbeiten Sie sich von hinten nach vorn

Beim Üben des Kommandos „Komm!" halten Sie Ihrer Katze die Belohnung direkt vor die Nase. Dann sagen Sie „Komm!" und entfernen sich rückwärts ...

Loben Sie sie, während Sie weiter rückwärts gehen. Halten Sie die Belohnung immer auf „Nasenhöhe"...

voran. Klingt komisch? Das stimmt. In bezug auf das Kommando „Komm!" heißt das, daß Sie damit beginnen, wenn Ihre Katze ganz nah bei Ihnen ist, und sich von hinten nach vorn vorarbeiten, bis sie auch aus einiger Entfernung reagiert.

Wenn Ihre Katze nicht einmal aus einer Entfernung von dreißig Zentimetern zu Ihnen kommt, um sich ihren Leckerbissen abzuholen, warum sollten Sie es dann mit einer Entfernung von drei Metern versuchen? Außerdem: Wenn Ihre Katze aus dreißig Zentimetern Entfernung nicht kommt und sich den Happen holt, hat sie entweder nicht genug Hunger, oder sie mag den Happen nicht. So oder so, nehmen Sie ein paar Veränderungen vor. Füttern Sie sie nach der Übungssitzung. Geben Sie ihr an den Tagen, an denen Sie üben, weniger zu fressen. Verwenden Sie eine andere Art der Belohnung. Legen Sie es so an, daß es funktioniert.

Sobald Ihre Katze bei der Sache ist, beginnen Sie. Anfangs befindet sie sich direkt neben Ihnen. Rufen Sie sie beim Namen und sagen Sie dann in heiterem Ton, aber in normaler Lautstärke: „Komm!" Dann geben Sie ihr sofort den Leckerbissen. Wiederholen Sie das einige Male, bis die Katze eifrig das Leckerli annimmt, sobald sie das Wort „Komm!" hört. Alles, was Sie im Moment tun, ist, das Wort „Komm!" mit einem verbalen Lob und einer Belohnung in Gestalt von Futter zu verknüpfen.

Sobald das gut funktioniert (bei manchen Katzen klappt es innerhalb von Minuten, bei anderen dauert es mehrere Sitzungen), entfernen Sie sich ungefähr einen Meter von Ihrer Katze. Sagen Sie „Komm!", zeigen Sie

ihr die Belohnung und leiten Sie sie durch Gebärden zu sich hin. Ich habe es gern, daß sich die Katze hinsetzt, wenn sie bei mir ankommt, deshalb füge ich gleich das Kommando „Sitz!" hinzu.

Wenn Ihre Katze das perfekt ausführt, gehen Sie ein paar Schritte zurück, wenn sie näherkommt, so daß sie nun aus einer Entfernung von eineinhalb bis zwei Metern kommt und sich auf Kommando hinsetzt. Nun beginnen Sie damit, das Kommando „Komm!" zu verwenden, wenn sich Ihre Katze an der entgegengesetzten Seite des Raumes befindet. Kommt Sie sofort zu Ihnen, geben Sie ihr die Belohnung und loben Sie sie. Tut sie es nicht, gehen Sie zu ihr hinüber, halten ihr die Belohnung vor die Nase und ziehen sich bis zu dem Punkt zurück, von dem aus Sie sie zuerst gerufen haben. Loben Sie sie und ermutigen Sie sie dazu, Ihnen zu folgen. Wenn sie das tut, belohnen Sie sie dafür. Tut sie es nicht, brechen Sie die Sitzung ab, packen die Leckerbissen weg und unternehmen später einen neuen Versuch.

Jetzt können Sie damit beginnen, ein bißchen Spaß zu haben. Wenn die Katze in der richtigen Stimmung und eifrig darauf bedacht ist, Sie zufriedenzustellen, spielen Sie ein paar Komm-zu-mir-Spiele quer durchs Haus oder die Wohnung. Fangen Sie mit leichten Aufgaben an, steigern Sie aber den Schwierigkeitsgrad, wenn sich die Leistungen der Katze verbessern. Gehen Sie, während Ihre Katze Sie beobachtet, um eine Ecke herum oder hinter eine Tür, so daß sie Sie nicht mehr sehen kann, und rufen Sie sie. Loben Sie die Katze, während sie nach Ihnen sucht, auch wenn Sie sie nicht sehen können. Das Lob

Ist Ihnen die Katze ein Stück gefolgt, bleiben Sie stehen, heben die Belohnung über Kopfhöhe und sagen „Sitz!"

Wenn die Katze sitzt, streicheln und loben Sie sie nochmals. Das hat sie gut gemacht!

167

ist hier wichtig, vor allem, wenn Sie nicht zu sehen sind. Wenn die Katze Sie findet, loben Sie sie und geben ihr die Belohnung. Bauen Sie darauf auf, bis sie kommt und Sie überall findet, egal wo Sie sind.

Es ist wichtig, daß Sie das Tier weiterhin loben, während es sucht, damit es einen Hinweis darauf erhält, wo Sie sind, und damit seine Motivation aufrechterhalten wird. Es hilft der Katze nicht, wenn Sie schweigend im Versteck sitzen bleiben, und es kann sein, daß Sie unter Umständen lange allein da sitzen. Dies ist keine Prüfung, es ist ein Spiel. Hat Ihre Katze Mühe, Sie zu finden, erleichtern Sie ihr den Erfolg. Mit nichts erreicht man mehr als mit Erfolgserlebnissen. Denken Sie in spielerischen, nicht in komplizierten Bahnen.

Der Umstand, daß Sie die einzige Person im Haus sind, die die Katze ausbildet, hat einen witzigen Nebeneffekt: Ihre vierbeinige Freundin kann durchaus meinen, daß sie, wenn sie das Wort „Komm!" hört, zu Ihnen laufen soll – ganz gleich, wer das Wort ausspricht. Wundern Sie sich nicht, wenn sie die ersten Male auf geradem Weg zu Ihnen gelaufen kommt, sobald eine andere Person „Komm!" sagt. Das läßt sich leicht ändern. Lassen Sie die betreffende Person zu Anfang einfach mit einigen sehr kurzen „Komm!"-Kommandos und reichlich Leckerbissen beginnen. Die Katze wird dann schnell begreifen, welches neue Spiel jetzt gespielt wird.

Das Kommando „Los!"

Manche Katzen haben Spaß an einem schönen Spaziergang an der Leine ins Freie. Eine Katze zu haben, die Leine und Brustgeschirr akzeptiert, ist angenehm, besonders auf Reisen. Wir empfehlen, Katzen ein Brustgeschirr anzulegen, da ein Halsband eine Katze in Panik versetzen kann, wenn dadurch Druck ausgeübt wird.

Wir bevorzugen ein Brustgeschirr in Form eines großen „H" mit zwei getrennten Riemen, die sich an Hals und Brust mit Schnallen schließen lassen. Brustgeschirre, die wie eine „8" geformt sind und nur eine Schnalle haben, lassen sich leichter anlegen, können sich aber unter Druck unangenehm eng um Hals und Brust zusammenziehen. Die beste Leine ist eine dünne Nylonausführung mit einer kleinen Klammer. Sie schleppen hier keinen Lastwagen ab, Sie gehen mit Ihrer Katze spazieren. Sie brauchen keine dicke Leine mit einer riesigen Schnalle.

Das Brustgeschirr übt auf viele Katzen einen magischen Effekt aus; es veranlaßt sie, lange Zeit bewegungslos zu verharren. Um über dieses Stadium hinwegzukommen und der Katze dabei zu helfen, sich mit dem Brustgeschirr wohlzufühlen, empfehlen wir, ihr das Geschirr jeden Tag zu den Mahlzeiten anzulegen. Geben Sie ihr, wenn nötig, während der Übungsphase ein wenig extra leckeres Futter zusätzlich zu ihrer täglichen Ration.

Lassen Sie das Geschirr nach der Mahlzeit etwa eine halbe Stunde lang angelegt. Das hilft Ihrer Katze dabei, sich an das Gefühl zu gewöhnen, es am Körper zu tragen. Sobald sie sich mit dem Brustgeschirr ungezwungen bewegt, befestigen Sie auch die Leine daran. Nun legen Sie ihr das Geschirr vor den Mahlzeiten an, befestigen die Leine daran und setzen sie dann etwa einen Meter von ihrem Freßnapf entfernt auf den Boden. Lassen Sie die Katze bis dahin gehen und die Leine dabei nachziehen. Streicheln Sie sie ausgiebig, wenn sie das geschafft hat. Sobald sie ruhig und sicher zu ihrem Napf geht, beginnen Sie damit, das Wort „Los!" auszusprechen und die Leine in die Hand zu nehmen, während die Katze geht.

Als nächstes stellen Sie ihr ihre Mahlzeit hin, heben die Katze hoch und legen ihr das Geschirr an einer Stelle an, von der aus sie ihren Freßplatz gerade eben nicht mehr sehen kann. Setzen Sie Ihre Katze auf den Boden, sagen Sie „Los!" und ermutigen Sie sie, zum Freßnapf zu gehen. Weigert sie sich, das zu tun, lassen Sie einen Helfer mit dem Napf klappern, während Sie selbst die Katze mit Worten auffordern, dorthin zu gehen. Wenn alles andere nichts hilft, nehmen Sie sie hoch, zeigen ihr ihr Futter und setzen sie dann ungefähr einen Meter davon entfernt ab.

Das Ziel besteht darin, der Katze beizubringen, daß jedesmal, wenn Sie „Los!" sagen und die Katze dorthin geht, am Ende der Reise etwas Gutes auf sie wartet. Wenn sie ihren Napf ansteuert, loben und ermutigen Sie sie. Beherrscht die Katze dieses Spiel zunehmend besser, beginnen Sie damit, ihren Napf in verschiedenen Teilen des Hauses abzustellen. Jetzt sind Sie soweit, daß Sie Ausflüge unternehmen können.

Unternehmen Sie zuerst kurze, einfache Spaziergänge. Auf dem Weg geben Sie der Katze immer mal wieder einen Leckerbissen, loben sie freundlich und spielen unterwegs mit ihrem Lieblingsspielzeug. Versuchen Sie sie dann zu loben und mit ihr zu spielen, wenn sie sich vorwärtsbewegt. Ihre Katze wird vielleicht stehenbleiben,

169

Hier geht Ben das erste Mal an der Leine, und seine Reaktion ist ziemlich typisch ...

Dank etwas gutem Zureden und einem großen Brocken Käse beginnt er, sich zu entspannen ...

um ihre Leckerli zu verspeisen, aber geben Sie sie ihr nur dann, wenn sie weitergeht. Warten Sie nicht, bis die Katze stehenbleibt, um sie in dem Moment zu füttern, weil sie das nur zum Stehenbleiben ermuntert. In dem Maße, in dem sich die Leistungen verbessern, lassen Sie sie immer längere Strecken gehen und geben Sie ihr dabei immer weniger Belohnungen.

Häufig auftretende Probleme beim Kommando „Los!"

Die Katze bewegt sich nicht von der Stelle

Rechnen Sie damit, daß Ihre Katze zumindest einige Male wie angewurzelt stehenbleibt, während Sie diese Übung machen. Das ist eine normale Reaktion auf das Gefühl, etwas am Körper zu tragen. Haben Sie Geduld, sie bekommt den Dreh schon noch heraus. Wenn sie sich nicht von der Stelle rührt, lassen Sie die Leine am Geschirr eingeklinkt und gestatten Sie ihr, sie etwa eine halbe Stunde lang mit sich herumzuziehen. Beaufsichtigen Sie sie unbedingt während dieser Zeit, weil sich die Leine unter Umständen irgendwo verfangen kann.

Die Katze gerät in Panik

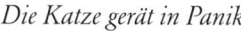

Wenn sie anfängt, wie wild herumzuspringen und durchzudrehen, warten Sie, bis sie damit wieder aufhört und loben sie anschließend. Lassen Sie das Brustgeschirr angelegt; lassen Sie ihr Zeit, sich daran zu gewöhnen. Auch hier gilt: Eine Katze, die eine Leine hinter sich herzieht,

170

müssen Sie immer genau im Auge behalten. Das Tragen eines Brustgeschirrs ist mit absolut nichts von dem zu vergleichen, was sie bisher gespürt hat. Geben Sie ihr deshalb die Chance, sich darauf einzustellen. Wenn Sie Geduld aufbringen und ihr Mut machen, wird sie das auch tun.

Die Katze zieht an der Leine und will weg

Damit muß man rechnen. Jedes Tier, das die Erfahrung des Eingeengtseins macht, wird darauf als erstes mit dem Versuch reagieren auszubrechen. Haben Sie Geduld, setzen Sie Leckerbissen ein, die die Katze wirklich gern mag, richten Sie es so ein, daß sie Hunger hat, und lassen Sie sich Zeit. Belohnen Sie sie jedesmal, wenn sie auch nur einen einzigen Schritt nach vorn macht. Wenn sie das beherrscht, geben Sie ihr jedesmal eine Belohnung, wenn sie zwei Schritte vorwärts macht. Arbeiten Sie weiter daran, das Einverständnis der Katze Schritt für Schritt aufzubauen. Bald wird sie unbeschwert an der Leine gehen.

Jetzt läßt die Anspannung nach, und Sarah kann anfangen, ihn mit der Belohnung und mit Lob in die gewünschte Richtung zu lenken ...

Und los geht's – mit weiteren guten Worten, den Käse immer fest im Blick, wird unser erster Ausflug an der Leine zum Erfolg!

Das Kommando „Ab!"

Dies ist eine weitere Gelegenheit, bei der ein Übungstisch gute Dienste leistet (der Abschnitt „Das Kommando 'Platz!'" geht ausführlich auf Übungstische ein). „Ab!" bedeutet für uns: aus einer Höhe von gut einem Meter runter auf den Boden, und zwar zackzack! Wenn Sie da-

171

*Dem Tier das Kom-
mando „Ab!" beizu-
bringen ist nicht schwer.
Setzen Sie Ihre Katze
irgendwo drauf, halten
Sie die Belohnung et-
was tiefer und sagen Sie
dann „Ab!".*

*Sie wird hinuntersprin-
gen, um sich die
Belohnung zu holen ...*

*Tut sie's, dann loben
Sie sie und geben ihr die
Belohnung. Es dauert
nicht lange, bis sie das
gelernt hat!*

172

zu den Übungstisch benutzen, macht es der Katze Spaß, und Sie können es ihr leicht vermitteln.

Beginnen Sie mit der Übung, wenn die Katze hungrig ist. Setzen Sie sie auf den Übungstisch. Zeigen Sie ihr einen Leckerbissen, dann sagen Sie „Ab!" und führen die Hand anschließend zum Boden. Aller Wahrscheinlichkeit nach wird die Katze vom Tisch springen. Loben Sie sie und geben Sie ihr den leckeren Happen. Loben Sie sie überschwenglich wegen ihrer phantastischen Leistung! Ihre Katze ist etwas ganz Besonderes. Wiederholen Sie die Übung ein- oder zweimal. Katzen sind endlosen Wiederholungen gegenüber nicht sehr geduldig. Macht Ihre Katze einen gelangweilten Eindruck oder beginnt sie das Interesse zu verlieren, dann hören Sie sofort auf. Sie können auch an einem anderen Tag weiterüben.

Sobald die Katze das gut beherrscht und für ihre Belohnung bereitwillig herunterspringt, sagen Sie „Ab!", führen Ihre Hand aber nicht zum Boden hinunter. Inszenieren Sie stattdessen ein Täuschungsmanöver: Bewegen Sie Ihre Hand in Richtung Boden, aber nur ein kleines Stück. Die Katze wird wahrscheinlich trotzdem springen. Loben Sie sie dafür und geben Sie ihr die Belohnung. Im Verlauf der nächsten Übungsstunden lassen Sie den Weg, den Ihre Hand zurücklegt, immer kürzer werden, bis die Katze abspringt, wenn sie zuerst das Wort „Ab!" hört. Jetzt haben Sie es geschafft. Das war nicht allzu schwer, oder?

Häufig auftretende Probleme beim Kommando „Ab!"

Die Katze springt nicht

Wenn Ihre Katze den Leckerbissen anstarrt, sich aber nicht dazu bewegen läßt, wirklich abzuspringen, können Sie auf zweierlei Art reagieren. Sie können es, wenn Ihre Katze nicht gern springt, mit einem niedrigeren Tisch probieren. Oder Sie können sie vorsichtig vom Tisch auf den Boden setzen und sie dann loben und ihr die Belohnung geben, als wenn sie es selbst getan hätte. Wir legen die flache Hand hinter ihr Hinterteil und schieben sie sanft vom Tisch. Das ist als kleiner Anschub gedacht, wenn sie anscheinend überhaupt nicht kapieren will, worum es geht; eine Strafe ist es definitiv nicht. Schläge, Schubsen oder Schimpfen spielen dabei keine Rolle. Helfen Sie der Katze und loben Sie sie anschließend. Sie wird rasch dahinterkommen.

Übungsstunden mit Ben

Die Ausbildungsarbeit mit Ben hat großen Spaß gemacht. Er schätzte die kleinen Leckerbissen über alles, was es mir leicht machte, ihn zu führen und zu belohnen. Er hatte bereits volles Vertrauen zu mir, deshalb übte Angst keinen störenden Einfluß aus.

Dank seiner schnellen Auffassungsgabe lernte er ungewöhnlich rasch. Katzen sind außerordentlich klug, und solange man sie darum bittet, mit einem und nicht für einen zu arbeiten, kann man ganz gut weiterkommen. Das einzige, womit er wirklich Probleme hatte, war das Kommando „Platz!" Diese Position interessierte ihn einfach nicht, doch wir lösten das mit ein bißchen Zeit, Geduld, Liebe und ein paar Belohnungen. Aber läßt sich damit nicht eigentlich fast alles im Leben lösen?

Der Nutzen, der bei der Arbeit mit ihm nebenbei heraussprang, war gewaltig. Er orientierte sich stärker an Menschen im allgemeinen und an mir im besonderen. War er vorher ein bißchen zurückhaltend, kommt er jetzt gezielt zu mir, um auf Katzenart ausgiebig Zärtlichkeiten auszutauschen. So besteht er darauf, sich zur Fernsehzeit auf meinem Bauch zusammenzurollen, und geht auch sonst mehr aus sich heraus.

Das einzige kleinere Problem, das wir hatten, bestand darin, daß Ben sein Training recht ernst nahm. Er betrachtete es nicht als etwas Herabsetzendes, sondern eher als eine Art Ausbildung für Fortgeschrittene. Es stellte sich sofort heraus, daß Lachen im Übungsbereich nicht gestattet war. Jeder, der sich nicht an diese Regel hielt, erntete einen eiskalten Blick. Dann streckte Ben sich aus, schloß mit einem langsamen Blinzeln die Augen und weigerte sich, noch weiter mitzumachen. Als das zum ersten Mal passierte, mußte selbst ich mir das Lachen verkneifen! Jetzt bekommen alle, die uns zusehen, von mir die strikte Instruktion, daß man hier mit Respekt zuschauen muß, und nicht bloß zum Vergnügen.

Haushalte mit mehreren Katzen

 Einen Haushalt mit mehreren Katzen reibungslos zu führen ist im allgemeinen keine schwierige Aufgabe. Die meisten Katzen passen sich aneinander an – letzten Endes. Es gibt allerdings einige Tricks, wie man dafür sorgen kann, daß es reibungslos funktioniert. Damit nach einem Neuzugang der Haussegen schnell wieder gerade hängt, machen wir Sie jetzt damit bekannt.

174

Katzenklos

Wenn zwei oder mehr Tiere die Katzentoilette benutzen, müssen Sie sie noch sorgfältiger sauberhalten. Es ist schön, wenn im Idealfall jede Katze ihre eigene Klowanne hat, aber das läßt sich von einem bestimmten Punkt an nicht mehr so einfach handhaben. Wenn Sie aber viele Katzen halten, werden Sie auch viele Katzentoiletten brauchen. Eine gute Faustregel für den Haushalt mit mehreren Katzen ist, daß Sie die Katzenklos in Relation zur Anzahl Ihrer Katzen täglich genau so häufig mit dem Katzenstreuschäufelchen bearbeiten. Zwei Katzen: zweimal täglich mit dem Schäufelchen absammeln; drei Katzen: dreimal täglich. Je mehr sich die Zahl Ihrer Katzen erhöht, desto obligatorischer wird diese ganze Schaufelei. Es ist eine schmutzige Arbeit, aber Sie sind nun einmal derjenige, der sie erledigen muß. Es ist immer noch sehr viel besser, als Urin aus dem Teppich zu entfernen.

Geht den Katzen etwas daneben, und Sie sind sich nicht sicher, wer der Verursacher ist, dann versuchen Sie, jede Katze einzeln zu füttern und jedem Tier etwas natürliche Lebensmittelfarbe ins Futter zu mischen. Auf diese Weise finden Sie heraus, wer für was verantwortlich ist.

Eine weitere Möglichkeit besteht darin, die Katzen einzeln nacheinander jeweils einige Tage lang einzusperren. Hören die „Überraschungen" auf, dann wissen Sie, daß Sie entweder die Schuldige oder die Anstifterin hinter Schloß und Riegel haben. Bei der Anstifterin muß es sich nicht um die Katze handeln, die die Schweinerei

anrichtet, sondern vielleicht um ein Tier, das seine Mitbewohnerin so sehr quält, daß ihr diese Fehlleistungen unterlaufen. So oder so, sobald Sie wissen, wer sich an welcher Stelle Eigenmächtigkeiten erlaubt, lesen Sie bitte auf den Seiten 220 – 232 unsere ausführlichen Hinweise dazu, wie man dieses Problem handhabt.

Eine neue Katze kommt dazu

Ziehen Sie in Betracht, ob nicht ein Freund oder eine Freundin das neue Familienmitglied zu Ihnen bringen kann. Oder, wenn das nicht möglich ist, bringen Sie die Katze in ihrem Transportbehälter in „ihr" Zimmer, öffnen die Tür des Transportkorbs und lassen sie allein. Circa eine Stunde danach können Sie die Zimmertür öffnen und abwarten, was Ihre erste Katze von all dem hält. Wenn Sie sich Sorgen machen, setzen Sie den Neuankömmling wieder in den Transportbehälter, wenn die beiden Katzen einander kennenlernen. So können sie einander beschnüffeln, sich aber keinen ernsthaften Schaden zufügen.

Wie bei allem, was mit Katzen zu tun hat, müssen Sie Ihre Einstellung zu der Situation unter das Motto „Alles zur richtigen Zeit" stellen. Manche Katzen akzeptieren ein neues Familienmitglied rasch, andere benötigen mehrere Wochen oder Monate, um damit fertigzuwerden. Machen Sie sich nicht allzu viel Sorgen darum, wie die beiden miteinander zurechtkommen, solange dabei kein Blut fließt. Eigentlich geht es ja nur die beiden etwas an, nicht wahr?

Wenn Sie weitere Informationen darüber haben möchten, wie man eine neue Katze mit älteren, alteingesessenen Samtpfoten bekanntmacht, lesen Sie auf den Seiten 81 – 84 nach. Wenn es darum geht, eine neue Katze im Haus aufzunehmen, sind Sie gut beraten, sich an den altbekannten Ratschlag „Hoffe auf das Beste, aber bereite dich auf das Schlimmste vor" zu halten.

Reviere

Katzen schätzen es, wenn sie einen eigenen Platz haben. Sie tragen sehr dazu bei, daß Ihre neue Katze sich wohlfühlt, wenn Sie ihr hochgelegene Versteckplätze zur Verfügung stellen. Wenn Katzen unter Streß stehen, klettern sie nach Möglichkeit gern irgendwo hinauf. Wenn Emily unter Streß zu leiden hat, klettert sie auf das aller-

176

höchste Brett in meinen Bücherregalen. Wenn ich mit einem meiner Hunde zum Haus meiner Freundin Audrey hinübergehe, verkriechen sich alle ihre Katzen ganz oben hinter der Vorderfront einer großen Vitrine, die sie dort stehen hat. Ben klettert nie irgendwo hinauf – ich glaube, Unsicherheit liegt nicht in seiner Natur.

Haben Ihre Möbel keine solche Rückzugsmöglichkeit zu bieten, dann denken Sie mal darüber nach, ob Sie nicht einen vom Fußboden bis zur Decke reichenden Kletterbaum mit einem hochgelegenen Ruheplatz bauen oder kaufen können. Damit bietet sich Ihrer neuen Katze nicht nur die Möglichkeit, sich zu verbergen, sie bleibt auf diese Weise auch dem Revier der alteingesessenen Katze fern.

Vergessen Sie nicht: Ihre ältere Katzenfreundin wird bei dieser Transaktion günstigstenfalls etwas Platz abgeben müssen und schlimmstenfalls einen Teil ihres Reviers einbüßen. Keine dieser Möglichkeiten erscheint ihr allzu verlockend. Geben Sie ihr Zeit, damit zurechtzukommen.

Da das Kratzen an Möbelstücken vor allem der Reviermarkierung dient, können Sie damit rechnen, daß das etwas häufiger geschieht, wenn eine neue Katze ins Haus kommt. Das Aufstellen einiger Kratzbäume an kritischen Punkten im Aufenthaltsbereich der einen wie der anderen Katze trägt dazu bei, die Tiere an die dafür bestimmten Oberflächen zu dirigieren. Die Stellen, an denen wahrscheinlich gekratzt werden wird, liegen in der Nähe der Tür, hinter der die neue Katze eingesperrt ist (zu beiden Seiten der Tür), an dem am häufigsten benutzten Zugang zum Lieblings-Aufenthaltsbereich der alteingesessenen Katze und neben deren Lieblingsschlafplatz. Die beste Art, damit umzugehen, ist eine Kombination aus Vorsorgemaßnahmen, einem neuen „Katzenleitsystem" und Lob für das von Ihnen gewünschte Verhalten.

Eine Katze zu bestrafen hat nur sehr selten einmal Erfolg, und eine Katze, die unter Streß steht, zu bestrafen ist schon fast eine Garantie dafür, daß Ihnen noch mehr Schwierigkeiten bevorstehen!

Fütterung

Sobald Sie mehrere Katzen im Haus haben, wird es an Ihrem Tisch zweifellos eine ganze Palette von Geschmacksvorlieben geben. In fast jeder aus mehreren

Katzen bestehenden Gruppe findet sich ein Vielfraß. Bei uns zu Haus ist das Emily, weil sie sich als ehemalige Streunerin anscheinend nie an die Vorstellung gewöhnt, daß es ein paar Stunden später ganz bestimmt wieder eine Mahlzeit geben wird und daß sie sich nicht unbedingt vollfressen muß.

Den Tieren einzelne Mahlzeiten zu geben anstatt das Futter die ganze Zeit über für sie stehenzulassen ist eine einfache Möglichkeit, mit diesen verschiedenen Bedürfnissen und Vorgehensweisen beim Fressen zurechtzukommen. Am besten klappt es, wenn jedes Tier seinen eigenen Napf hat. Füllen Sie als erstes die Näpfe der „Langsamfresser" und die der Tiere, die am schnellsten fressen, zuletzt. Ihr Vielfraß wird sich natürlich über den Napfinhalt der Bummelantin hermachen wollen. Das können Sie auf einfache Weise in den Griff bekommen, indem Sie diese Katze vom Napf wegnehmen und ihr ihren eigenen zeigen. Unter normalen Umständen lenkt das die Aufmerksamkeit der Katze auf den Napf, den Sie für sie vorgesehen haben, und sie wird ihre früheren Gelüste vergessen. Auf diese Art können Sie mit ein wenig zeitlicher Abstimmung erreichen, daß Ihre Katzen die Mahlzeit fast zur gleichen Zeit beenden.

Nennen Sie jede Katze beim Namen, wenn Sie ihr ihren Napf hinstellen. Nachdem Sie das etwa eine Woche lang getan haben, lernen die Katzen, den immer wiederkehrenden Ablauf einzuschätzen, und fressen manierlich. Eine andere einfache Lösung des Problems besteht darin, die Vielfraße einfach in einem getrennten Raum zu füttern.

Hunde und Katzen

Die meisten Hunde und Katzen lernen es, friedlich miteinander zu leben – sofern sie genug Zeit haben und einige klar definierte Grundregeln aufgestellt werden. Jede Katze paßt sich mit der ihr eigenen Geschwindigkeit an die Anwesenheit eines Hundes an. Sie können sie nicht dazu zwingen, den Hund zu mögen, und all Ihre Bemühungen, das zu erreichen, führen unweigerlich dazu, daß es zwischen den beiden vermehrt zu Spannungen kommt.

Wenn Sie eine Katze und einen Hund miteinander bekannt machen, dann stellen Sie zwei Dinge sicher: zum einen, daß die Katze einen sicheren Platz hat, an den sie sich zurückziehen kann, und zum zweiten, daß Sie den Hund unter Kontrolle haben.

Ein sicherer Rückzugsort für Ihre Katze kann ein hochgelegenes Regal oder ein Tisch sein, oder ein separater Raum, dessen Eingang über die ganze Breite der Türöffnung mit einer Babysperre gesichert ist, so daß die Katze hinein- und hinausspringen kann, aber nicht der Hund. Kann Ihr Hund die Sperre überspringen, dann arretieren Sie die Tür mit Haken und Öse in halboffener Stellung so, daß die Katze hineinkommt, aber nicht der Hund.

Ein garantiert sicherer Platz ermöglicht es der Katze, sich zu beruhigen, bis sie ihre fünf Sinne wieder beisammen hat, ohne dem Druck ausgesetzt zu sein, daß der Hund ihr zu nahe kommen kann. Achten Sie darauf, daß die Katze nicht in die Enge getrieben wird, wenn sie dem Hund gegenübertritt. Wenn sie in die Enge getrieben werden, kommen bei allen verängstigten Tieren die schlechtesten Seiten zum Vorschein. Steht ihr ein Fluchtweg zur Verfügung, wird die Katze mutiger sein und sich sicherer fühlen.

Es kommt entscheidend darauf an, daß Sie den Hund unter Kontrolle halten. Das bedeutet immer, daß Sie ihm Halsband und Leine anlegen. Es reicht nicht aus, wenn Sie den Hund einfach festhalten oder sich darauf verlassen, daß er Ihnen gehorcht, denn mit einem Hund, der es darauf abgesehen hat, eine Katze zu jagen, kommt man nur sehr schwer zurecht. Die meisten Hunde werden einer neuen Katze gegenüber mit Neugier reagieren; das ist nur natürlich. Bei manchen Hunden kann die Neugier allerdings schnell in Angriffslust umschlagen. So gut wie jeder Hund wird in Erregung geraten, wenn die Katze vor ihm davonläuft. Das trifft in besonderem Maße auf Hunderassen zu, die ihrer Angriffsbereitschaft wegen gezüchtet wurden, beispielsweise auf manche Gebrauchs- und Wachhundrassen sowie Terrier. Das heißt nicht, daß sie nicht gute Freunde werden können, es heißt nur, daß sich der Hund, wenn er hochgradig erregt ist, vielleicht nicht immer für die richtige Verhaltensweise entscheidet.

Unter idealen Umständen haben Sie den Ausbildungsstand Ihres Hundes kontinuierlich verbessert. Aber die Umstände sind nicht ideal, also haben Sie aller Wahrscheinlichkeit nach nicht sehr viel mit ihm geübt oder haben die Ausbildung im Laufe der Zeit vernachlässigt. Fangen Sie wieder damit an! Gerade jetzt brauchen Sie

ZERKRATZTE AUGEN

Katzen können Hunden an den Augen ernsthafte Kratzwunden beibringen, obwohl uns das, toi, toi, toi, noch nie passiert ist. Die meisten Katzen setzen sich einem Hund gegenüber nur dann ernsthaft mit Kratzen zur Wehr, wenn sie sich selbst verteidigen. Wenn Sie dafür sorgen, daß die Katzen sich sicher fühlen und sich jederzeit zurückziehen können, kommt es seltener zu Unfällen. Probleme dieser Art bilden eine besondere Gefahr für Hunde mit kurzer Nasenpartie, wie Boxer, Möpse, Lhasa Apsos, Bulldoggen und ähnliche. Seien Sie mit solchen Hunden besonders vorsichtig, genau wie mit allen Welpen, die durch ihr Ungestüm in Verbindung mit der kindlichen Gesichtsform ebenfalls einem höheren Risiko ausgesetzt sind. Daß Sie den Hund unter Kontrolle halten und ausbilden, versteht sich von selbst!

eine gute verbale Kontrolle über Ihren Hund und von seiten des Hundes den Respekt vor Ihnen, der damit einhergeht.

So gut wie jedem Hund kann man beibringen, die Kommandos „Halt!", „Aus!", „Raus!" und „Platz!" auf Zuruf auszuführen. Eine solche Ausbildung ist für alle Hunde von Vorteil, aber für die, die Katzen jagen, ist sie ein absolutes Muß!

Sie haben bereits einen Hund, und eine Katze kommt neu dazu

Wenn Sie die Katze in „ihrem" Zimmer einsperren, haben Hund und Katze die Möglichkeit, einander durch die Tür zu beschnüffeln. Legen Sie den Tieren zum Schlafen jeweils eine Decke oder ein Handtuch hin und tauschen Sie sie alle paar Tage aus, so daß den Tieren der Geruch des jeweils anderen vertraut wird. Weigern sie sich, darauf zu schlafen, dann reiben Sie die Tiere mit den Handtüchern einfach ab und tauschen sie trotzdem aus. Der Effekt ist der gleiche. Geben Sie der Katze Zeit, sich in ihrem neuen Zuhause einzuleben und ein entspanntes Verhältnis zu Ihnen aufzubauen, ehe Sie einen Versuch unternehmen, sie mit dem Hund zusammenzubringen. Bitte immer nur eine Belastung auf einmal!

Wenn Sie mit Ihrem Hund geübt haben, daß er in den Transportbehälter geht, ist das wunderbar! Tun Sie ihn abends ungefähr eine Stunde lang in seinen Transportkorb. Damit hat Ihre Katze die Chance, die Wohnung auszukundschaften, ohne daß sie beunruhigt darüber sein muß, daß sie jemand verfolgt. Ist Ihr Hund nicht an den Transportkorb gewöhnt, sperren Sie ihn in ein Zimmer. Geben Sie ihm ein besonderes Spielzeug, mit dem er sich beschäftigen kann. Wenn er bellt und an der Tür kratzt, sollten Sie unbedingt etwas für seine Ausbildung tun. Er kommt mit einigen Dingen nicht zurecht. Die letzte Möglichkeit ist, ihn an die Leine zu nehmen und dicht neben sich zu halten. Das ist nicht die beste Lösung, weil die Katze so nicht zu Ihnen kommen und Kontakt mit Ihnen aufnehmen kann. Außerdem kann es sein, daß sie eilig den Rückzug antritt, wenn sie den Hund sieht. Aber wenn das das Beste ist, was Sie in der Situation machen können, ist es immer noch besser als nichts.

Ein weiteres schönes Geschenk, das Sie Ihrer Katze machen können, besteht darin, daß Sie den Hund bei sich im Zimmer schlafen lassen und damit Ihrem Samt-

pfötchen das ganze Haus zur freien Verfügung steht, um auf Erkundungstour zu gehen. Diese Entdeckungsreisen verleihen Ihrer Katze mehr Selbstvertrauen, geben ihr Gelegenheit, sich einen Überblick über gute Versteckmöglichkeiten zu verschaffen und sich mit der Zeit an den Geruch des Hundes zu gewöhnen.

Jedesmal, wenn der Hund die Katze verfolgt, sollte der Fall sofort ernst und unmißverständlich in die Hand genommen weden. Dieses Verhalten ist nicht erlaubt. So gern wir Ihnen umfassende Hinweise dazu an die Hand geben würden, was nun zu tun ist – es würde den Rahmen dieses Buches sprengen, wollte man sie umfassend abhandeln. Es mag an dieser Stelle genügen, wenn wir sagen: Lassen Sie sich dabei helfen.

Ein besonderer Hinweis zum Thema Katzenkinder

Junge Katzen sind verletzliche kleine Energiebündel. Selbst ein lieber Hund kann ein kleines Kätzchen mit der Pfote versehentlich verletzen, wenn er in übertriebene Begeisterung gerät. Strenge Beaufsichtigung, bis das Katzenkind größer und robuster wird und sich selbst besser verteidigen kann, ist absolut notwendig.

Sie haben bereits Katzen, und ein Welpe kommt dazu

Es ist sinnvoll, dem jungen Hund den Zugang zu den übrigen Teilen des Hauses zu verwehren, sowohl unter dem Gesichtspunkt der Stubenreinheit als auch, was das Verfolgen der Katzen angeht. Wenn Sie ihn nicht direkt beaufsichtigen können, tun Sie ihn notfalls für kurze Zeit in einen Laufstall. Schließen Sie die Türen und stellen Sie Babysperren auf, wenn der Hund bei Ihnen ist, dann kann er nicht umherstromern. Wenn Sie ihn in den Teil des Hauses mitnehmen, in den er sonst nicht hineindarf, nehmen Sie ihn an die Leine. So können Sie sofort eingreifen, wenn er Anstalten macht, die Katze zu jagen. Machen Sie ihm prompt klar, daß er die übrigen Mitglieder der Familie nicht belästigen darf. Wenn Sie nicht sicher sind, wie Sie das anfangen sollen, oder erhebliche Probleme damit haben, erkundigen Sie sich nach einem guten Ausbilder in der Nähe, der Ihnen dabei hilft. Bitten Sie Tierärzte und die örtlichen Tierschutzvereine darum, Ihnen jemanden zu empfehlen. Sie wissen in der Regel, welche der hauptberuflichen Hundeausbilder in der Gegend am besten geeignet sind.

181

Häufig auftretende Probleme zwischen Hund und Katze

Der Hund stiehlt das Katzenfutter

Das läßt sich leicht unterbinden. Entweder Sie geben Ihrer Katze zwei Mahlzeiten in einem Zimmer, zu dem der
Hund keinen Zugang hat, postieren den Napf irgendwo
hoch oben, wo der Hund nicht herankommt, oder Sie
sperren den Hund ein, wenn Sie die Katze füttern. Sie
können auch, wenn Sie mit Ihrem Hund morgens und
abends Gassi gehen, Ihrer Katze das Futter unmittelbar
vor dem Verlassen des Hauses vorsetzen. Bei Ihrer Rückkehr nehmen Sie den Napf sofort wieder weg. Das macht
keine Mühe und ist ganz einfach. Einen Trick gibt es dabei: Lassen Sie Ihren Hund an der Leine, wenn Sie zurück-
kommen, und weisen Sie ihn zurecht, falls er sich auf den
Napf der Katze stürzt. Geben Sie ihm stattdessen das
Kommando „Sitz!" und belohnen Sie ihn dafür, daß er geduldig sitzen bleibt. Hunde merken sich diese Überein-
kunft rasch und bleiben bald wacker sitzen und warten
auf ihre Belohnung.

Der Hund plündert das Katzenklo

Das ist ein wirklich unappetitliches Problem, das aber fast
überall vorkommt, wo Hunde und Wohnungskatzen zusammenleben. Die beste Lösung ist, das Katzenklo da
aufzustellen, wo Ihr Hund es nicht erreichen kann. Bei
kleinen Hunden kann es bereits eine wirksame Gegen-
maßnahme sein, wenn Sie die Klowanne in die Badewanne stellen und für die Katze eine Ausstiegshilfe
installieren. Solange Sie daran denken, sie wieder herauszunehmen, bevor Sie die Dusche anstellen, ist das
eine sehr gute Antwort auf ein ekliges Problem.

   Da wir größere Hunde haben, tun wir die Katzentoilette in den Badezimmerschrank. Eine stabile Schnur, die
wir mit einer Schlaufe über den Türgriff gezogen und
dann an einem Nagel im Türrahmen befestigt haben, hat
sich bewährt. Die beste Lösung ist ein langer Haken und
eine Öse. Das ist ideal, weil sich die Tür dann nicht versehentlich schließen und vom Hund auch nicht einfach
öffnen läßt. Eine Katzentür einzubauen erfordert ein
bißchen mehr Aufwand, löst das Problem aber ebenfalls
ausgezeichnet. Es gibt keinen Grund, warum man eine
Katzentür nicht innerhalb des Hauses benutzen könnte.

Der Hund spielt zu ungestüm

Viele junge, prächtige Hunde spielen einfach ein wenig grob mit der Katze. Das müssen die beiden eigentlich unter sich ausmachen, solange kein Tier dabei zu Schaden kommt. Meist ziehen die Katzen von sich aus klare Grenzen. Aber wenn Ihre Katze außergewöhnlich duldsam ist oder wenn ihr ein übermütiger, aber leicht begriffsstutziger Hund bei aller Liebe einfach übel mitspielt, dann werden Sie im Interesse Ihrer Katze einschreiten müssen.

Sie können eines tun, das gut funktioniert: Fordern Sie Ihren Hund auf, sich hinzulegen. Ein Hund, der aus der „Platz"-Position heraus spielt, geht in der Regel sanfter mit der Katze um als einer, der aufrecht steht und wild herumspringt. Wenn Sie auf dem Kommando „Platz!" bestehen, wenn die Tiere anfangen, miteinander zu spielen, und den Hund dann dafür loben, daß er sich hinlegt, wird er sich bald unaufgefordert hinlegen, wenn er Lust hat, mit der Katze zu spielen.

Die andere Möglichkeit besteht darin, das Spiel mit dem Kommando „Aus!", dem die Kommandos „Komm!" und „Platz!" folgen, ganz zu unterbinden. Das ist das Beste, wenn Ihr Hund beim Spielen völlig außer Rand und Band ist. Wenn es Ihnen schwerfällt, das durchzusetzen, erkundigen Sie sich nach einer guten Ausbildungsgruppe in Ihrer Nähe. Ich weiß, es mag Ihnen unmöglich vorkommen, eine derartige Kontrolle über Ihren Hund zu erlangen, aber wir versprechen Ihnen, es ist durchaus machbar.

Die Katze schleicht sich an den Hund heran

Manche Katzen machen sich einen Spaß daraus, sich an den Hund der Familie anzuschleichen und ihn zu quälen. Manche Hunde macht das ziemlich nervös, und es ist am besten, in ihrem Interesse einzuschreiten. Ein Spritzer aus der Wasserpistole ist das probate Mittel, der Katze das Anschleichen abzugewöhnen, weil das Verhalten der Katze korrigiert wird, ohne daß der Hund dabei einen Schrecken bekommt, wie es bei einer Katzenklapper oder einem Signalhorn womöglich der Fall wäre. Sagen Sie kein Wort, wenn Sie die Katze anspritzen. Das trägt dazu bei, daß sie die Korrektur unmittelbar mit dem Heranpirschen an den Hund verknüpft und ihn deshalb in Zukunft in Ruhe läßt.

183

Alles über Emily

Während ich dies schreibe, liegt unsere Katze Emily faul auf dem Computer-Mousepad, schnurrt vor sich hin und reibt sich an meiner Hand, wenn ich sie ihr entgegenstrecke. Sie ist der jüngste Neuzugang bei uns zu Haus, eine Streunerin, die in teilnahmslosem Zustand gefunden und von großherzigen Leuten fünf Monate lang im Orange Community-Tierkrankenhaus gehalten wurde, bis wir dort vorbeikamen.

Ihr Gesicht war nicht niedlich im klassischen Sinn und ihre Fellfarbe nicht besonders hübsch, aber sie war außerordentlich lieb, und darum geht es uns in erster Linie. So kamen wir auch auf den Namen Emily. In dem Bühnenstück „Unsere kleine Stadt" von Thornton Wilder kommt eine Zeile vor, die ungefähr so lautet: „Mama, bin ich hübsch?" fragt Emily. „Für jeden normalen Anlaß hübsch genug", antwortet Mama. Diese Zeile fiel mir klar und deutlich wieder ein, als ich unsere Emily betrachtete. Sie ist hübsch genug für uns, und seit wir sie besser kennengelernt haben, ist sie in unseren Augen noch schöner geworden.

Als sie bei uns zu Haus eintraf, erklärte sie sofort unseren Wäscheschrank zu ihrem Quartier. Wer von uns hätte ihr daraus einen Vorwurf machen können? Obwohl sie verängstigt und verwirrt war, bekamen wir niemals ihre Krallen oder Zähne zu spüren – damals nicht und heute nicht. Sie ist durch und durch eine Dame, und ich bin ziemlich sicher, daß sie, wäre sie ein Mensch, weiße Handschuhe tragen und Spitzendeckchen auflegen würde. Wie es bei solchen Damen oft der Fall ist, ist sie nicht gerade eine begnadete Sportlerin.

Emily springt auf Verdacht und muß oft mitten im Sprung feststellen, daß sie die Höhe oder Standfestigkeit ihres Zielpunktes völlig falsch eingeschätzt hat. Sie ist inzwischen, was ihre Sprungversuche angeht, vor-

Der Hund drängt sich zwischen Sie und Ihre Katze

Eine felsenfeste Regel bei uns zu Haus besagt, daß sich kein Tier einmischen kann, wenn wir uns mit einem anderen Tier beschäftigen oder mit ihm schmusen. Steht das erst einmal klar und deutlich fest, hören viele penetrante Verhaltensweisen von selbst auf. Jedes Tier, das sich zwischen einen von uns und eine andere Katze oder einen Hund zu drängen versucht, bekommt unmißverständlich zu hören, daß es verschwinden soll. Niemals wird der Störenfried gestreichelt und niemand spricht mit ihm oder lädt ihn freundlich zum Mitmachen ein. Es dauert nicht lange, bis sie alle begriffen haben, daß jeder seinen gerechten Anteil erhält, aber nicht alle zur glei-

184

sichtiger geworden, doch anfangs hatte das alle möglichen Mißgeschicke zur Folge, wenn sie im Haus auf Entdeckungsreise ging.

Sie brauchte zwei Wochen, bis sie bei uns zu Haus zum erstenmal schnurrte. Sie war immer höflich und lieb, und ich vermißte das Schnurren nicht einmal richtig, bis es eines Tages anfing. Ein klitzekleines Schnurren, das man mehr fühlt als hört. Es ist ein Schnurren, das ihr selbst gilt, ein kätzisches Glücksmantra und für uns das erste Anzeichen dafür, daß sie wußte, sie war zu Haus.

Während ich diesen Text abschließe, hat sie sich auf meinem Drucker langgemacht; ihr kleiner Kopf liegt dabei auf einer ausgestreckten Pfote. Sie öffnet ein Auge in meine Richtung und scheint zu fragen: „Na, schreibst du über mich?" Dann zieht sie die Pfote ein, rollt sich zu einer Kugel zusammen und fällt in einen tiefen Schlaf.

Die allgegenwärtige Emily hilft beim Schreiben dieses Buches mit.

chen Zeit. Deswegen gibt es zwischen keinem unserer vier Hunde oder unseren beiden Katzen derartige Probleme.

Mit der Katze auf Reisen

Eine Katze, die gern verreist, ist eine seltene Ausnahme. Doch wenn Sie zufällig solch ein Tier besitzen, oder wenn Sie zu einem längeren Aufenthalt irgendwohin fahren und Ihre Katze dahin mitnehmen möchten, können Sie bestimmte Vorkehrungen treffen, um die Reise für alle Beteiligten einfacher und sicherer zu gestalten.

Eine der wichtigsten Maßnahmen in puncto Sicher-

Wenn Sie eine Katze haben, der im Wagen leicht übel wird, empfehlen wir Ihnen folgendes:

SETZEN SIE SIE IN DEN TRANSPORTKORB

Wenn Katzen nicht mitbekommen, wie die Welt an ihnen vorüberfliegt, übt das bei manchen Tieren eine beruhigende Wirkung auf den Magen aus. Besorgen Sie sich einen Transportbehälter, der für Autofahrten die richtige Größe hat – einen kleinen. Solange sich die Katze darin umdrehen kann, ist er groß genug.

LASSEN SIE EINE MAHLZEIT AUS

Wenn Sie sich Sorgen machen, daß sich aus einem Gewehr ein Schuß lösen könnte, dann laden Sie es nicht. Wenn Sie sich Sorgen darum machen, daß eine Katze sich erbrechen könnte, geben Sie ihr wenigstens vier Stunden vor der Abfahrt nichts mehr zu fressen. Füttern Sie sie im Anschluß an die Fahrt.

LASSEN SIE SIE BEHANDELN

Fragen Sie Ihren Tierarzt nach Präparaten, die Ihrer Katze helfen können, besser damit fertig zu werden.

heit, wenn Sie mit Ihrem Heimtier unterwegs sind, ist, daß Sie ihm ausreichend Kühlung verschaffen. Ohne Klimaanlage würden wir nicht einmal den Versuch unternehmen, im Sommer mit dem Wagen zu verreisen. Schon ein paar Minuten in einem heißen Auto können für Ihre Katze zuviel sein und zu einem Hitzschlag oder zum Tod führen. Wenn Ihre Katze besonders zu Überhitzung neigt (bei Perserkatzen ist das zum Beispiel wegen ihres langen Fells und der kurzen Nase der Fall), dann tun Sie ein paar Kühlelemente in den Eisschrank und legen Sie ihr eines, in ein dünnes Tuch eingewickelt, auf den Boden ihres Transportbehälters. Legen Sie zusätzlich einige davon in eine kleine Kühltasche. So hat es die Katze während der Fahrt kühler und angenehmer. Selbst wenn Sie das tun, lassen Sie trotzdem niemals eine Katze in der Sonne oder an heißen Tagen im Schatten im Auto zurück, auch nicht, wenn es sich nur um wenige Minuten handelt. Sie wären fürchterlich überrascht, wie schnell sich ein Tier überhitzt und ernsthafte gesundheitliche Schwierigkeiten bekommt.

Merkzettel für die Reise

Aktuelles Foto Ihrer Katze

Sollte Ihre Katze, was Gott verhüten möge, verloren gehen, haben Sie es mit einem guten, scharfen reproduktionsfähigen Foto viel leichter, eine Suchanzeige aufzusetzen. Nehmen Sie nach Möglichkeit auch das Negativ mit, so daß Sie irgendwo gleich mehrere Abzüge davon machen lassen können.

Liste mit eindeutigen Kennzeichen und Fellzeichnungsmustern

Setzen Sie sich fünf Minuten hin und schauen Sie sich Ihre Katze genau an. Notieren Sie sich alle ungewöhnlichen oder unverwechselbaren Kennzeichen.

Gesundheitsbescheinigung und Impfnachweise

In einigen Ländern ist es Vorschrift, daß Sie eine aktuelle Gesundheitsbescheinigung Ihrer Katze dabei haben. Diese Nachweise lassen sich leicht beschaffen. Das erfordert nur einen kurzen Besuch beim Tierarzt, eine Untersuchung und eine Überprüfung aller Impfungen. Leidet Ihre Katze unter irgendwelchen chronischen

Krankheiten, sollten Sie Kopien der entsprechenden Unterlagen und die Rufnummer Ihres behandelnden Tierarztes dabei haben. Der Streß der Reise kann dazu führen, daß sich diese Probleme akut verschlimmern, und dann sollten Sie im Fall des Falles alle notwendigen Informationen griffbereit haben.

Das gewohnte Futter

Katzennahrung einiger Hersteller ist in manchen Gegenden schwerer zu bekommen. Da viele Katzen in bezug auf ihr Futter wählerisch sind und da eine plötzliche Ernährungsumstellung eine unangenehme Durchfallattacke auslösen kann, was Ihnen im Auto ganz bestimmt nicht gerade gelegen kommt, zahlt es sich aus, wenn Sie vorausplanen. Packen Sie genügend Futter für die eine oder andere Extramahlzeit ein, dann haben Sie genug, auch wenn Sie mal versehentlich etwas verschütten oder Ihre Reise verlängern.

Die Katzentoilette

Kleiden Sie das Katzenklo mit einem Toilettenbeutel aus. Wenn Ihre Katze ihn nicht zerkratzt, läßt sich der Inhalt des Katzenklos damit auf einfache Weise herausnehmen und wegwerfen. Sie sollten auch nicht glauben, Sie müßten unterwegs tonnenweise Katzenstreu hineintun. Es reicht, wenn der Boden rund einen Zentimeter hoch bedeckt ist. Beginnen Sie in den Wochen vor Ihrer Reise damit, diese Veränderungen allmählich umzusetzen. Dann hat sich Ihre kleine Freundin bereits an den Toilettenbeutel und die geringere Menge an Katzenstreu gewöhnt, ehe Sie den Wagen beladen und losfahren.

Brustgeschirr, das gut paßt

Kaufen Sie ein gut sitzendes Geschirr (vgl. S.168 unten). Es sollte sicher und für Ihre Katze bequem sein.

Stabiler Transportbehälter

Katzentransportbehälter aus festem Kunststoff sind mit Abstand am besten geeignet. Sie zerbrechen nicht, wenn bei einem plötzlichen Bremsmanöver ein Koffer dagegenstößt, und sie haben außenherum einen vorstehenden Rand, der die Luft auch dann frei zirkulieren läßt,

187

wenn sie zwischen Gepäckstücken eingekeilt werden (was, nebenbei bemerkt, keine gute Idee ist). Sie sind sehr strapazierfähig, leicht zu reinigen, und wenn die Katze darin Wasser läßt oder sich erbricht, bleibt der Wagen sauber. Alles in allem erfüllen sie ihre Aufgabe einfach am besten.

Ausziehbare Katzenleine

Ausziehbare Leinen sind eine wunderbare Erfindung. Es gibt sie in verschiedenen Größen; sie brauchen wahrscheinlich die kleinste davon. Sie gewähren der Katze mehr Bewegungsspielraum als eine normale Leine, und – das ist ein weiterer großer Vorteil – , sie verheddern sich selten. Machen Sie mit der Katze zunächst einen kurzen Spaziergang um Ihr Haus oder Ihren Hof, bevor Sie ihr die Leine anlegen. Es dauert ein paar Minuten, bis man den Dreh mit der Stopvorrichtung und dem Arretiermechanismus raus hat.

Wassernapf und Wasser

Es ist von größter Wichtigkeit, daß es Ihre Katze immer kühl genug hat und daß sie gut mit Wasser versorgt wird. Ihre Katze wird, selbst unter bestmöglichen Bedingungen, unter Streß leiden. Wenn sie genügend Flüssigkeit zu sich nimmt, hilft ihr das, mit diesem Streß besser fertigzuwerden. Bieten Sie ihr in regelmäßigen Abständen Wasser an oder gießen Sie eine kleine Menge in einen dieser Näpfe, die man am Einschlupfloch des Transportbehälters anklemmen kann. Wenn Sie dem Wasser etwas Hühner- oder Rinderbrühe beimischen, bildet das einen zusätzlichen Anreiz zum Trinken.

Nehmen Sie von zu Haus einige Flaschen Wasser mit. Ungewohntes Wasser kann bei manchen Katzen eine Magenverstimmung hervorrufen, genau wie ungewohnte Nahrung. Wenn Sie Ihr Ziel erreichen, füllen Sie die Flasche nach jedem Gebrauch mit etwas frischem Wasser auf. Nachdem Sie das einige Tage lang getan haben, stellen Sie die Katze ganz auf das neue Wasser um. Dabei sollte es keine Probleme mehr geben.

Reisen mit dem Flugzeug

Die bestmögliche Art, mit Ihrer Katze Flugreisen zu unternehmen, besteht darin, daß die Katze sich in einem

Transportbehälter befindet und bei Ihnen in der Kabine ist. Da viele Fluggesellschaften die Anzahl der Heimtiere begrenzen, die sich während eines Fluges in der Kabine aufhalten dürfen, rufen Sie unbedingt rechtzeitig vorher an und reservieren Sie einen Platz.

Stellen Sie Ihre Katze auf den Flug ein, indem Sie ihr während der letzten vier bis fünf Stunden vor dem Abflug nichts zu fressen geben. Wir empfehlen Ihnen, Ihre Katze vor dem Flug einige Stunden lang im Transportkorb zu lassen und ihr dann, kurz bevor Sie das Haus verlassen, etwa eine Stunde lang Zugang zu ihrer Klokiste zu gewähren. So erreichen Sie mit etwas Glück, daß sie sich verhältnismäßig kurz vor dem Abflug völlig entleert.

Nehmen Sie für den Flug eine kleine Flasche mit Wasser von zu Haus mit. Bekommt die Katze unvermittelt anderes Wasser, kann sich daraus eine Magenverstimmung entwickeln, vor allem, wenn sie unter Streß steht.

Verwenden Sie für den Flug nur die kleinen, von den Fluggesellschaften zugelassenen Transportbehälter aus Kunststoff. So ist Ihre Katze geschützt, falls der Behälter während des Fluges ins Rutschen kommt oder Gepäckstücke darauf fallen. Sorgen Sie dafür, daß sowohl Ihre Katze als auch der Transportbehälter Namensschildchen tragen. Nehmen Sie die Katze nicht aus dem Behälter heraus, wenn Sie an Bord sind. Das unnötige Hin und Her macht ihr ohnehin Angst genug.

Transport von Schalter zu Schalter

Muß Ihr Tier ohne Sie fliegen, ist in den USA der Von-Schalter-zu-Schalter-Service bei weitem die beste Möglichkeit, für die Sie sich entscheiden können. Sie haben damit die Möglichkeit, Ihre Katze eine Stunde vor dem Abflug oder noch etwas später persönlich am Abfertigungsschalter abzugeben und sie am Zielort am Sondergepäckschalter in der Nähe der regulären Gepäckausgabe wieder in Empfang nehmen zu lassen. Ohne diesen Service müssen Sie die Katze als Luftfracht aufgeben. Dabei ist es normalerweise erforderlich, daß Sie das Tier zwei oder mehr Stunden vor Abflug im Frachtzentrum abgeben, und beim Empfang am Bestimmungsort kann es ebenso lange dauern. Das ist hart für alle Beteiligten.

Rufen Sie grundsätzlich rechtzeitig vorher an und reservieren Sie Ihrer Katze einen Platz, dann rufen Sie, bevor Sie zum Flugplatz fahren, noch einmal an und erkundigen sich, ob der Flug planmäßig abgeht.

Wenn Sie am Flughafen sind, bleiben Sie ruhig. Jede Aufregung, die Sie sich anmerken lassen, überträgt sich direkt auf Ihre Katze. Ganz gleich, wie mulmig Ihnen vor dem Flug auch ist, tun Sie, als sei das alles normal und alltäglich. An den Nägeln kauen können Sie später noch. Öffnen Sie unter gar keinen Umständen die Tür des Transportbehälters und nehmen Sie Ihre Katze auch nicht heraus. Wenn Ihnen Ihre Katze im Flughafengebäude entwischt, wünschen wir Ihnen viel Glück beim Suchen!

Wir geben dem Angestellten, der unser Tier in Empfang nimmt, immer ein gutes Trinkgeld. Wir meinen, die Leute sind dann eher geneigt, unsere Katze freundlich zu behandeln. Wir möchten auch, daß der Betreffende mit seinen Kollegen darüber spricht, damit die Leute wissen, daß es jemanden gibt, dem das Tier am Herzen liegt.

Jede Fluggesellschaft handhabt es etwas anders, aber von den folgenden Anforderungen und Regularien können Sie ausgehen: Temperatur-Ober- und -Untergrenzen, die dem Schutz Ihrer Katze dienen, sind die Regel. Der zulässige Toleranzbereich liegt normalerweise zwischen 7 und 29°C. Manche Fluggesellschaften transportieren Ihre Katze auch bei tieferen Temperaturen, wenn Sie ein von Ihrem Tierarzt unterzeichnetes Attest vorweisen. Eine aktuelle Gesundheitsbescheinigung wird im Normalfall verlangt. Es kann sein, daß Sie Futter, Wasser und zwei Näpfe in einer Reißverschlußtasche zur Verfügung stellen müssen oder ein Schreiben Ihres Tierarztes, aus dem hervorgeht, daß Ihre Katze unterwegs nicht versorgt werden muß. Besorgen Sie sich nach Möglichkeit eine solche Bescheinigung, weil Sie ja nicht möchten, daß jemand die Tür des Transportkorbs öffnet. Muß Ihre Katze irgendwelche Medikamente einnehmen, werden Sie das der Gesellschaft mitteilen und sich an deren Vorschriften halten müssen. Und verwenden Sie um Himmels willen einen stabilen Transportbehälter, der von den Fluggesellschaften akzeptiert wird! Es ist schon vorgekommen, daß Katzen im Laderaum freigekommen sind und sich tagelang in panischer Angst versteckt haben. Vergewissern Sie sich, daß Ihre Katze sicher aufgehoben ist. Zu diesem Zweck sollten sowohl Ihre Katze als auch der Transportbehälter immer vollständig gekennzeichnet sein.

In den USA bieten alle wichtigen Fluggesellschaften einen Von-Schalter-zu-Schalter-Service an. Manche garantieren sogar, daß Ihr Tier nur von Hand befördert, das

Kennzeichnen Sie Ihre Katze!

Eine Katze, die auf Reisen geht, zur Pflege in eine Katzenpension kommt oder auch nur mit einer Aufsichtsperson allein zu Haus bleibt, sollte unbedingt gekennzeichnet werden.

Namensschildchen am Halsband

Verwenden Sie für Ihre Katze ausschließlich Sicherheits-Halsbänder mit Sollbruchstelle. Das kann Ihrer Katze das Leben retten, wenn sie sich an irgend etwas verfängt. Wenn die Katze auf Reisen ist, achten Sie darauf, auf dem Schildchen eine Telefonnummer anzugeben, unter der auch jemand erreichbar ist. Vorteile: Leicht in die Tat umzusetzen, preiswert, jeder kann sie lesen. Nachteile: Lassen sich leicht entfernen oder gehen verloren.

Mikrochips

Sie werden als permanenter Identitätsnachweis unter der Haut Ihrer Katze implantiert. Vorteile: Lassen sich nicht entfernen und bilden einen zuverlässigen Nachweis der Besitzverhältnisse. Nachteile: Diese Art, Katzen zu kennzeichnen, ist noch nicht sehr weit bekannt. Bisher haben erst wenige Tierheime oder Tierärzte die zum Ablesen notwendigen Scanner. Es gibt mehrere konkurrierende Systeme, und nicht alle Scanner können alle Chips einlesen. Dies ist eine vielversprechende Technik, aber zu dem Zeitpunkt, als dieses Buch geschrieben wurde, war sie noch nicht ausgereift.

Tätowieren

Die Katze bekommt eine Folge von Ziffern dauerhaft ins Ohr tätowiert. Vorteile: Lassen sich nicht entfernen und bilden einen zuverlässigen Nachweis der Besitzverhältnisse. Die meisten Versuchslabors verwenden tätowierte Tiere nicht für Experimente. Das Tätowieren dauert nur eine Minute oder weniger und tut der Katze nicht weh. Nachteile: Manche Katzen mögen das nicht mit sich machen lassen, weil es dabei erforderlich ist, daß das Tier festgehalten wird und mit einem recht lauten, vibrierenden Gerät in Berührung kommt. Wenn man das Tier gut unter Kontrolle hat und eine erfahrene Person die Tätowierung vornimmt, läßt sich das Problem lösen. Nicht alle Tierheime achten auf eintätowierte Nummern oder können sie zuordnen, aber die Zahl derer, die das tun, wächst ständig.

In Deutschland werden die Nummern über den Tierarzt ins Haustierregister beim Deutschen Tierschutzbund eingetragen.

heißt, nicht auf ein Transportband gestellt wird. Es wird als letztes ein- und am Zielort als erstes wieder ausgeladen.

Am besten erkundigen Sie sich rechtzeitig bei Ihrer Fluggesellschaft nach den genauen Modalitäten.

Wer kümmert sich um meine Katze?

Einen guten, verläßlichen Catsitter zu finden ist ein großer Segen für jeden Katzenbesitzer, der auf Reisen geht. (Catsitter nennt man auch hierzulande, analog zu Babysitter, Menschen beiderlei Geschlechts, die Katzen betreuen, während ihre Besitzer nicht zu Hause sind.)

Das Orange Community-Heimtierkrankenhaus ist für die Unterbringung von Tieren ausgezeichnet eingerichtet. Große Käfige mit zwei Ruheplätzen, einer davon mit einer bequemen Abdeckung, eine große Katzentoilette, makellos saubere Näpfe. Hier würden wir unsere Katzen jederzeit in Pflege geben.

Ein guter Catsitter kommt entweder mehrmals am Tag bei Ihnen vorbei und füttert das Tier, säubert das Katzenklo und spielt mit der Katze, oder er bleibt während Ihrer Abwesenheit ganz in Ihrer Wohnung. Weitere Arbeiten, die Catsitter für Sie erledigen können, sind: den Briefkasten ausleeren, die Zimmerpflanzen pflegen, das Licht ein- und ausschalten und darüber hinaus leichte Hausarbeiten verrichten. Ein guter Catsitter ist sein (oder ihr) Gewicht in Gold wert.

Inzwischen gibt es auch bei uns zahlreiche Catsitter-Clubs, in denen sich Katzenbesitzer und Katzenbesitzerinnen zusammengeschlossen haben, um ihre Tiere auf

Die Katze in der Tierpension

Ein abgetrennter Bereich für Katzen

Ein Aufenthalt in der Tierpension ist eine Erfahrung, die für die meisten Katzen mit Streß verbunden ist. In einer Tierpension den Blicken fremder Hunde und Menschen ungeschützt preisgegeben zu sein, ist für Katzen ein Alptraum. Die besten Einrichtungen dieser Art verfügen über abgetrennte Räume, die für Ihren geliebten Stubentiger besonders geeignet sind.

Riecht es sauber?

In einem Gebäude, in dem nur Tiere untergebracht sind, wird es vermutlich auch nach Tieren riechen, aber es sollte nach sauberen Tieren riechen. In einer Katzenabteilung, die richtig saubergehalten und gut belüftet wird, riecht es kaum.

Belüftung

Frische Luft ist für Katzen außerordentlich wichtig, weil viele Katzenkrankheiten über die Luft verbreitet werden. Jeder Raum, in dem Katzen untergebracht sind, sollte über eine eigene und ausreichend dimensionierte Belüftung verfügen.

Sicherheit

Zwischen Ihrer Katze und der Außenwelt sollten sich mindestens zwei Türen befinden.

Genügend Freiraum

Jeder Käfig sollte von den Nachbarkäfigen vollständig abgetrennt sein. Eine solide Zwischenwand verleiht nicht nur mehr Sicherheit, sie verringert auch das Ausbreitungsrisiko von Krankheiten. Eng nebeneinandergestellte Drahtkäfige reichen nicht aus.

Vorgeschriebene Impfungen

Jede gute Betreuungseinrichtung wird einen Impfnachweis verlangen (gegen Tollwut, Feline Infektiöse Peritonitis, Katzenleukose, Katzenseuche sowie den nachgewiesenen Schutz vor dem Katzenschnupfenkomplex). Tierpensionen, die diesen Nachweis nicht verlangen, sind suspekt.

Gegenseitigkeit zu pflegen. Wenn Sie sich einem solchen Verein anschließen, haben Sie die Gewißheit, daß Ihr Tier gut betreut wird. Die Anschriften erfahren Sie bei Katzen- und Tierschutzvereinen, beim Bundesverband Tierschutz und beim Verein Deutscher Katzenfreunde.

Wenn es in Ihrer Nähe keinen professionellen Catsitter gibt, geben Sie die Hoffnung nicht auf. Durch Herumfragen bei den Tierärzten, Zoofachhandlungen und Katzenpflegesalons in Ihrem Ort können Sie möglicherweise ebenfalls geeignete Personen ausfindig machen. Achten Sie beim Vorstellungsgespräch darauf, wie die oder der Betreffende mit Ihrer Katze umgeht. Mag die Katze diesen Menschen? Fragen Sie nach Referenzen, vor allem von einschlägigen Stellen wie Tierärzten oder Tierschutzvereinen. So gut wie jeder kann eine oder zwei Personen benennen, die eine Empfehlung aussprechen können. Wie lange machen sie das schon? Sind sie örtlich oder zeitlich gebunden? Wieviel Erfahrung haben sie mit Katzen? Stellen Sie vorher eine detaillierte Liste auf, aus der hervorgeht, was Sie genau erledigt haben möchten. Wie oft brauchen die Katzen täglich ihr Futter, wie oft soll die Katzenstreu ausgewechselt und wann sollen die Blumen gegossen werden, und so weiter. Gehen Sie die Liste mit dem Catsitter Punkt für Punkt durch, damit Sie sichergehen, daß die betreffende Person alles ausführen kann, worauf es Ihnen ankommt, und damit ihr Ihre Wünsche eindeutig klar sind.

Leute, die Heimtiere betreuen, sind in den meisten Fällen verantwortungsbewußte Tierfreunde, die Ihr Tier so behandeln werden, als wäre es ihr eigenes. Es ist aber trotzdem wichtig, in diesen Dingen ein wenig vorsichtig zu sein, denn Sie vertrauen Ihr Herz und Ihr Heim ihrer Obhut an.

Umziehen

Die meisten Katzen mögen keine Veränderungen. Ich glaube, wenn es an ihnen wäre, über den Lauf der Welt zu bestimmen, würden alle Mahlzeiten pünktlich serviert, Fremde kämen nur selten einmal zu Besuch, alle katzenjagenden Hunde würden verbannt, und Umziehen wäre verboten.

So manche Katze ist schon aus der Haustür geflitzt, während die Möbelpacker gerade mal wieder einen Karton hinaustrugen, und hat ihrem Menschen damit einige graue Haare eingebracht. Eine verängstigte Katze kann es sich durchaus in den Kopf setzen, die Vorgänge von weitem zu beobachten und sich tagelang weigern, nach Haus zu kommen. Das ist gefährlich für das Tier, herzzerreißend für Sie und kann, wenn Sie an einen knappen Zeitplan gebunden sind, in eine Katastrophe münden.

Und dann gibt es noch all die Katzen, die sich in einem Umzugskarton wiederfinden. Sie halten es vielleicht nicht für möglich, daß Katzen in einen Karton geraten und im Möbelwagen landen können, aber glauben Sie mir, es kommt vor. Sie rollen sich zu einem Schläfchen zusammen, bekommen Angst wegen der ungewohnten Geräusche, kauern sich auf den Boden, und ruckzuck ist Ihre Katze in einem Karton auf der Ladefläche gefangen.

Schützen Sie sich und die Katze vor solchen traumatischen Erfahrungen, indem Sie vorausplanen. Sie helfen Ihrer kleinen Freundin am besten dabei, die Umzugszeit durchzustehen, wenn Sie sie entweder in Pflege geben, während im Haus gepackt wird, oder ihr einen nur für sie bestimmten Raum einrichten, wo sie in Sicherheit ist.

Wenn Sie ihr ein Zimmer einrichten wollen, eignet sich ein unbenutztes Badezimmer gut dazu. Sie können dessen Einrichtung leicht selbst zusammenpacken und es Ihrer Katze dann darin gemütlich machen. Dort kann sie während der ganzen Tortur ungestört bleiben. Richten Sie ihr ihren Schlafplatz darin ein, geben Sie ihr eines Ihrer abgelegten Sweatshirts oder T-Shirts, ihre Katzentoilette, Futter und Wasser und ein paar Spielsachen. Ein Radiogerät, das Sie auf einen Sender mit Wortbeiträgen eingestellt haben, wird dazu beitragen, Ihre Katze von den ungewohnten Geräuschen abzuschirmen, die dann durch Ihre Wohnung hallen. Hängen Sie auf jeden Fall ein Schild mit der Aufschrift „Nicht betreten" an die Tür und sagen Sie den Möbelpackern, daß sie diesen Raum auf keinen Fall betreten sollen.

Sobald Sie an Ihrem neuen Wohnort angekommen sind, richten Sie ihr wieder einen Extraraum ein. Haben Sie eine Katze, die einen Teil ihrer Zeit im Freien verbringt, dann sperren Sie sie in Ihrem neuen Zuhause mindestens eine Woche lang ein. Wenn sie erst einmal weiß, wo Sie sind, wo das Futter ist und wo sich ihr Lieblingsplatz an der Sonne befindet, wird die Wahrscheinlichkeit, daß sie sich aus dem Staub macht, geringer.

Sperren Sie sie jedesmal dann ein, wenn Sie häufig ein und aus gehen müssen, um Umzugskartons hineinzubringen oder den Wagen auszuräumen. Sie können es zu

Katze entlaufen!

Ein Alptraum ist wahr geworden, Ihre Katze ist verschwunden. Was tun Sie jetzt?

Setzen Sie ein Flugblatt auf

Stellen Sie ein Flugblatt zusammen, das alle notwendigen Informationen enthält, und verwenden Sie dazu ein Foto, auf dem die Katze gut zu erkennen ist. Wann ist das Tier entlaufen, wo wurde es zuletzt gesehen, besondere Kennzeichen und so weiter. Vermerken Sie darauf mehrere verschiedene Telefonnummern, damit der Anrufer, wenn Sie draußen unterwegs sind und Ihre Katze suchen, einen Menschen erreicht und keinen Anrufbeantworter. Hängen Sie die Flugblätter in Supermärkten, an Kiosken, in Zoofachhandlungen und an belebten Kreuzungen aus – überall da, wo viele Leute vorbeikommen.

Setzen Sie eine Belohnung aus

Belohnungen motivieren die Leute. Seien Sie beim Betrag großzügig. Wir wollen hoffen, daß Ihre Katze nicht von Leuten gestohlen wurde, die Versuchslabors beliefern, ist das aber doch der Fall, haben Sie mit einer saftigen Belohnung eine Chance, sie zurückzubekommen.

Geben Sie Zeitungsanzeigen auf

In den meisten örtlichen Tageszeitungen gibt es Rubriken für entlaufene und aufgefundene Tiere. Manche Zeitungen veröffentlichen Suchanzeigen sogar kostenlos. Überfliegen Sie die Rubrik jeden Tag.

Setzen Sie sich mit Tierärzten, Tierheimen und der Polizei in Verbindung

Verschicken Sie die Flugblätter per Post, fahren Sie nach Möglichkeit bei allen Adressaten persönlich vorbei, hängen Sie Fotos aus, rufen Sie die Leute an und fragen Sie nach, ob sie etwas gehört haben. Je mehr freundliche Beharrlichkeit Sie an den Tag legen, desto länger bleibt Ihr Tier im Gedächtnis der Leute haften.

Bitten Sie Kinder um Hilfe

Kinder sind länger draußen und mehr in der Nachbarschaft unterwegs als die meisten Erwachsenen. Für sie ist eine Belohnung ein besonderer Anreiz.

diesem Zeitpunkt nicht gebrauchen, wenn Ihre Katze einen Ausbruchsversuch in die Freiheit unternimmt.

Es ist keine schlechte Idee, wenn Sie der Katze während der ersten Woche besonders leckere Mahlzeiten vorsetzen. Das wird bei ihr nachhaltig den Eindruck hinterlassen, daß es sich hierbei um ein wunderbares Fleckchen handelt.

Was nun folgt, sind ein paar Hinweise für den Fall, daß Sie sich dafür entscheiden, Ihre Katze ins Freie zu lassen. Ihre Katze hinauszulassen stellt immer ein Risiko dar. Mit diesen Verhaltensregeln können wir Ihnen keine Garantie bieten. Wenn Sie sich Sorgen um die Sicherheit Ihrer Katze machen, dann lassen Sie sie im Haus.

Nachdem die Katze eine oder zwei Wochen strikt unter Hausarrest verbracht hat, können Sie damit beginnen, zeitweise unter Aufsicht mit ihr nach draußen zu gehen. Bevor Sie einen Fuß vor die Tür setzen, kennzeichnen Sie sie mit ihrem Namensschildchen – dem neuen Namensschildchen, das Sie zuvor mit Ihrer neuen Adresse und Telefonnummer versehen haben.

An diesem Punkt kommen Ihre ausziehbare Leine und das gut sitzende Brustgeschirr wieder ins Spiel. Lassen Sie die Katze den Hof und die Umgebung des Hauses erkunden. Sollten Sie sich Sorgen machen, daß sie auf eine Straße laufen könnte, bitten Sie einen Bekannten, sich an der Straße zu verstecken. Kommt Ihre Katze zufällig in die Nähe des Gehsteigs, lassen Sie Ihren Freund oder Ihre Freundin aus dem Versteck hervorspringen, ein paar Schritte auf die Katze zulaufen und dabei mit mehreren Katzenklappern Radau machen. Jagen Sie die Katze nicht davon! Ihre Katze wird von der Straße verduften, worin natürlich der Sinn des Ganzen besteht.

Häufig gestellte Fragen

Können Katzen, genau wie mein Hund, von Herzwürmern befallen werden?
Ja, das ist sehr selten, kommt aber gelegentlich vor. Fragen Sie Ihren Tierarzt, ob es in Ihrer Wohngegend irgendeinen Anlaß zur Sorge gibt.

Ich verwöhne meine Katze gern. Spricht etwas dagegen, wenn ich ihr nur Thunfisch aus der Dose gebe? Der schmeckt ihr wirklich gut.
Wie die meisten von uns aus eigener schmerzlicher Er-

197

fahrung wissen, ist das, was wir besonders gern mögen, unter Umständen nicht immer das, was uns guttut. Für Ihre samtpfotige Freundin gilt das gleiche. Thunfisch aus der Dose stellt an und für sich keine ausgewogene Ernährung dar. Wir gehen davon aus, daß Sie Ihre Katze aus Liebe verwöhnen. Wenn Sie sie lieben, gehört dazu, daß Sie für sie das tun, was ihr zuträglich ist, auch wenn die Katze darauf nicht gerade hellauf begeistert reagiert.

Ihre Aufgabe als derjenige, der für ihre Pflege verantwortlich ist, besteht nicht darin, ihre Launen zu befriedigen, sondern sie gesund zu erhalten, damit Sie sie zu ihrem eigenen Wohl noch viele Jahre lang verwöhnen können. Sie kennen doch die alte Redensart „Ich liebe dich einfach zu Tode"? Achten Sie darauf, daß es bei Ihnen nicht so weit kommt.

Geben Sie ihr eine ausgewogene Katzenvollnahrung. Probieren Sie eine mit Thunfischgeschmack aus. Oder mischen Sie etwas Thunfisch ins Futter, damit es ihr besser schmeckt. Es kann sein, daß es anfangs zu Auseinandersetzungen mit Ihrer Katze kommt, aber geben Sie nicht nach. Auf den Seiten 286 – 288 finden Sie genauere Hinweise dazu, wie Sie Abhilfe schaffen können, wenn Ihre Katze beim Futter wählerisch ist.

Bei meiner Katze fließt Speichel aus dem Mäulchen, wenn sie schnurrt, und außerdem tritt sie mich dabei mit den Pfoten. Was hat das alles zu bedeuten?
Dieses sogenannte Milchtrittverhalten, das mit verstärktem Speichelfluß, Treteln und Schnurren verbunden ist und das viele Katzen als erwachsene Tiere zeigen, ist ein Überbleibsel aus der Kindheit. Jetzt, als ausgewachsenes Tier, vollzieht die Katze diese Verhaltensweise aus längst vergangenen Tagen nach, wenn sie ausgesprochen glücklich und zufrieden ist. Man findet es oft bei Jungkatzen, die zu früh entwöhnt worden sind. Es ist, wie wir meinen, eine harmlose und liebenswerte, wenngleich auch eine feuchte Angewohnheit.

Ich ernähre meine Katze mit guter Katzennahrung. Warum will sie dann noch Gras fressen?

So gut abgestimmt viele Katzenfuttermischungen auch sind, die meisten Katzen haben doch das Bedürfnis, sie regelmäßig durch etwas frisches Grün zu ergänzen. Das Gras enthält eindeutig Ballaststoffe und möglicherweise andere Inhaltsstoffe, die man noch nicht genau bestimmt hat. Stellen Sie ihr das ganze Jahr einen Blumentopf mit

198

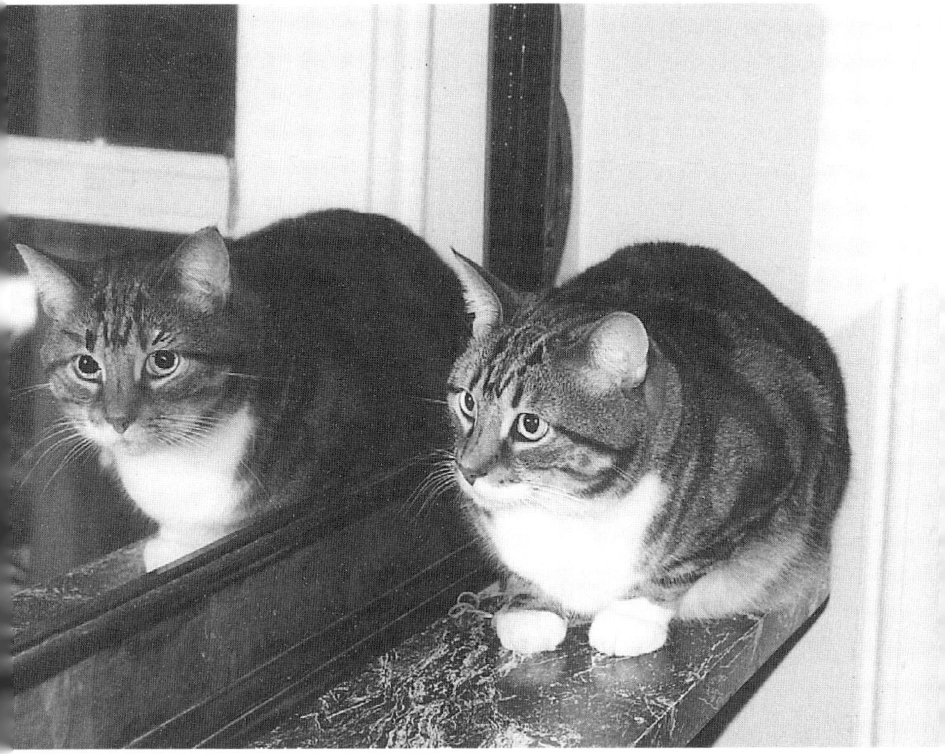

Spieglein, Spieglein an der Wand ...

Katzengras oder Weizen zur Verfügung. Sie wird sich darüber freuen.

Erbricht sich die Katze, nachdem sie Gras gefressen hat, ist das normalerweise kein Grund zur Sorge. Manche Katzen tun das anscheinend gewohnheitsmäßig, um Haarballen erbrechen zu können, andere knabbern nur an dem Gras und bringen es nicht wieder zum Vorschein. Katzen haben keine besonderen Beschwerden, wenn sie sich erbrechen, sie tun es hauptsächlich dann, wenn sie es selbst wollen. Wenn es sehr oft geschieht und Ihnen lästig fällt, streichen Sie die Grünpflanzen vom Speiseplan oder bieten Sie sie immer nur ein paar Minuten lang an.

Das Fell meiner schwarzen Katze verfärbt sich im Sommer ins Rötliche. Warum?

So wie Menschenhaar in der Sonne ausbleichen kann, kann es auch mit dem Fell Ihrer Katze geschehen. Schwarze Katzen, die sich gern sonnen, können einen rötlichen Farbton annehmen, besonders dann, wenn das

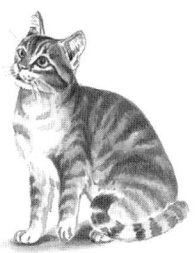

Licht das Haar genau im richtigen Winkel trifft. Das ist normal und natürlich kein Grund zur Sorge. Im Winter wird Ihre Katze das Haarkleid wechseln und ist dann wieder ganz die alte: schwarz wie die Nacht und glänzend wie eh und je.

Gibt es irgendeine Möglichkeit, wie ich meine Katze richtig sauber bekomme, ohne sie zu baden?
Die beste Art, dafür zu sorgen, daß Ihre Katze in guter äußerlicher Verfassung bleibt, besteht darin, die abgestoßenen Haare immer gut auszukämmen. Hat Ihre Katze trotz regelmäßiger Pflege dauernd Schuppen oder ein fettiges Fell, dann fragen Sie Ihren Tierarzt, was Sie tun sollen. Vielleicht ist eine Ernährungsumstellung notwendig.

Es gibt Trockenshampoos, die Sie bei Ihrer Katze anwenden können. Sie sind in den meisten Zoofachhandlungen erhältlich. Man bekommt sie in Form von Schaum oder Puder, manchmal auch als flüssiges Mittel; alle werden ohne Wasser angewendet. Schaum und flüssige Mittel trägt man auf, läßt sie eintrocknen und bürstet sie dann aus. Puder werden ins Fell eingestreut, gut eingerieben und dann gründlich ausgebürstet. Solche Puder absorbieren Fett, reinigen das Fell und desodorieren es gleichzeitig.

Trockenshampoos eignen sich sehr gut bei kaltem Wetter, bei älteren, jungen oder kränklichen Tieren, auf Reisen oder immer dann, wenn es einfach ungünstig ist, Ihre Katze zu baden.

Verhaltensprobleme und wie man sie löst

Sie lieben Ihre Katze. Sie mögen es, wie sie sich auf Ihrem Schoß zusammenrollt, wenn Sie lesen; wie sie Ihnen ins Ohr schnurrt, wenn Sie fernsehen; und wie sie Ihnen zur Begrüßung entgegenläuft, wenn Sie nach Haus kommen. Aber einiges an ihr lieben Sie nicht. Sei es, daß sie Ihre Zimmerpflanzen frißt, Angriffe auf Ihre Knöchel unternimmt, die Badewanne als Katzenklo benutzt oder Sie jeden Morgen um vier Uhr früh weckt. Ganz gleich, worin das Problem besteht: Sie finden es überhaupt nicht komisch. Aber Sie denken darüber nicht viel nach, weil ja *jeder* weiß, daß man eine Katze nicht erziehen kann – richtig?

Falsch. Katzen kann man hervorragend ausbilden, nur macht man das bei ihnen anders als bei einem Hund. Um zu verstehen, wie man Katzen erzieht, müssen Sie zunächst begreifen, daß Katzen bestimmte vorhersagbare, instinktbedingte Verhaltensweisen an den Tag legen, die man ihnen nicht abgewöhnen kann. Wenn Sie ihnen bewußt eine Betätigungsmöglichkeit dafür anbieten, werden Sie sich über das Verhalten nicht ärgern. Wenn Sie das nicht tun, dann machen Sie sich auf einigen Ärger gefaßt.

Was meinen wir damit? Damit meinen wir zum Beispiel, daß alle Katzen das Bedürfnis haben zu kratzen. Es ist ein angeborenes Verhalten, das vielen Zwecken dient, so etwa dem Körpertraining, der Reviermarkierung und der Krallenpflege. Ihre Katze wird garantiert an Gegenständen kratzen. Wenn Sie ihr etwas zur Verfügung stellen, woran sie gerne kratzt, dann wird sie es dort tun. Tun Sie das nicht, wird die Katze etwas anderes finden – in der Regel etwas Teures, wie die Zierapplikationen an der Tür oder Ihr Sofa.

Wenn Sie versuchen, Katzen dafür zu bestrafen, daß sie kratzen, ist das so, als würden Sie einen Vogel dafür ausschimpfen, daß er fliegt. Schimpfen Sie, soviel Sie wollen, aber das Tier macht damit weiter, weil es nicht anders kann. Die beste Art, mit Verhaltensweisen umzugehen, die Sie Ihrem Heimtier nicht abgewöhnen können, besteht darin, ihm eine akzeptable Betätigungsmöglichkeit zur Verfügung zu stellen, in diesem Fall

einen Kratzbaum. Tun Sie das, und mit einem kleinen bißchen Mühe, Zuwendung und Lob von Ihrer Seite wird Ihre Katze ihre Aufmerksamkeit bald zufrieden auf diesen Gegenstand konzentrieren.

Warum Ihre Katze tut, was sie tut

Das Verhalten einer Katze wird von verschiedenen im vorhinein bekannten Bedürfnissen bestimmt. Diese Bedürfnisse – Jagen, Fressen, ein Revier abstecken und verteidigen, Spielen, sich fortpflanzen, das Streben nach Sicherheit und das Bedürfnis, sich aktiv mit anderen auseinanderzusetzen – bilden die Grundlage der weitaus meisten Aktivitäten der Katze.

Wenn Sie erst einmal verstehen, welches dieser Bedürfnisse jeweils eine Rolle spielt, ist es normalerweise eine recht einfache Angelegenheit, Ihren Hausgenossen in die richtigen Bahnen zu lenken.

Sehen wir uns die Bedürfnisse eines nach dem anderen genauer an:

Jagen

Katzen sind Raubtiere – vom äußersten Ende der Schnurrhaare bis in die Zehenspitzen. Das Anschleichen, der Beutesprung und das Töten bereiten den meisten von ihnen sehr viel Freude. Es gibt Katzen, bei denen der Jagdinstinkt nicht oder nur wenig ausgeprägt ist, aber sie bilden die Ausnahme. Eine Katze dafür zu bestrafen, daß sie jagt, ist völlig nutzlos. Überlegen Sie statt dessen, wie Sie es verhindern können – durch Einsperren, eine Halsglocke oder höher angebrachte Vogelfutterhäuser –, und wie Sie es in akzeptable Bahnen lenken können – indem Sie oft und viel mit ihr spielen.

Das Töten kleiner Tiere, das Belästigen kleinerer Heimtiere, Angriffe auf menschliche Fußknöchel: all das läßt sich diesem Jagdbedürfnis zuschreiben.

Fressen

Das Bedürfnis nach Nahrung spielt für Katzen, diese einzigartigen Individualisten, als Antriebsmoment eine unterschiedlich große Rolle. Doch viele von ihnen verschmähen eine zusätzliche Mahlzeit keineswegs, wenn es sich so ergibt. Sobald sie lernen, daß der Küchentisch

203

viele leckere Geheimnisse bereithält, sollten Sie sich darauf einstellen, entsprechende Maßnahmen zu ergreifen. Betteln, das Herumlaufen auf dem Tisch, Beutezüge auf den Arbeitsflächen in der Küche, das Umwerfen des Mülleimers, das Jammern nach Futter am frühen Morgen gehören ausnahmslos in diese Kategorie.

Revierverhalten

Kater, die nicht kastriert sind, unterliegen in dieser Hinsicht einem besonders starken Druck. Je mehr Katzen Sie bei sich zu Haus haben oder je mehr Katzen Ihr Grundstück regelmäßig aufsuchen, desto wahrscheinlicher ist es, daß Revierstreitigkeiten eine entscheidende Rolle spielen. Spritzen, das Absetzen von Kot an ungelegenen Stellen, Beschädigungen durch Kratzen und kämpferische Auseinandersetzungen – all dies gehört dazu. Dazu gehört auch, nebenbei bemerkt, daß Katzen Hunde angreifen, die ihr Gebiet betreten. Eine kleine, aber lebhafte gestromte Tigerkatze namens Little hatte die Angewohnheit, große Hunde aus ihrem Revier zu vertreiben. Sie wurde mit ihnen sehr rasch fertig, indem sie den bekannten Griff „Katze-verkrallt-sich-an-der-Hundenase" anwandte, eine Methode, mit der Katzen seit Hunderten von Jahren Erfolg haben.

Spielverhalten

Gutgenährte Raubtiere, die kaum Gefahren ausgesetzt sind und viel Zeit zur Verfügung haben, setzen das Spielverhalten dazu ein, ihre Jagdfertigkeiten nicht verkümmern zu lassen und sich die Zeit zu vertreiben. Zum ungerichteten Spielverhalten können solche im Grunde albernen, mitunter aber auch nervenaufreibenden Beschäftigungen wie Beutesprünge auf menschliche Zehen, Pfotenhockey mit irgendwelchem Krimskrams, Schaukeln an Jalousienschnüren, Papierzerfetzen und anderes mehr gehören.

Fortpflanzungsverhalten

Alle Tiere unterliegen einem alles beherrschenden Fortpflanzungsdrang, es sei denn, sie sind kastriert. Dieser Umstand wird Ihnen unmißverständlich klar werden, wenn Sie eine rollige Katze im Haus haben. Katzen wissen mehr über den Klang der Sehnsucht als hochbezahlte Kinostars. Kater kennen, wenn sie sich einer rolligen Katze gegenübersehen, nur noch ein Ziel, und werden aggressiv.

Heimtiere sollten am besten kastriert werden. Wenn Sie das Gefühl haben, das sei grausam oder unnatürlich, dann überwinden Sie das Gefühl. Wirklich grausam ist, das *jedes Jahr* Millionen und Abermillionen Katzen getötet werden, weil sie kein Unterkommen finden. Wenn Sie Katzen lieben, dann lassen Sie die Ihre kastrieren. Wenn Sie es tun, wird sie (oder er) ein längeres, gesünderes und problemloseres Leben führen.

Das Sicherheitsbedürfnis

Katzen haben in bezug darauf, was gefährlich und was ungefährlich ist, ihre eigenen Vorstellungen. Sind sie einmal zu der Ansicht gekommen, eine bestimmte Situation sei für sie gefährlich, ist es am besten, wenn man sich überhaupt nicht einmischt. Viele Katzen verlassen sich nicht darauf, wenn Sie ihnen klarmachen, daß ihnen nichts geschieht. Zu ihrem eigenen Schutz ist ihnen jedes Mittel recht, das ihnen mit ihren vier Pfoten zu Gebote steht.

Die Beziehung zwischen Katze und Mensch

Da Emily, während ich dies schreibe, auf meinem Schoß sitzt und sich an meinen Handgelenken reibt, komme ich um dieses Thema nicht herum. Sie ist nicht hungrig oder durstig, und sie braucht auch sonst nichts, außer daß sie ein bißchen mit mir zusammensein will. Der Wunsch, sich eng an ihre Menschen anzuschließen, ist bei Katzen mal stärker, mal schwächer ausgeprägt. Bei manchen kann es sein, daß sie niemals von sich aus Ihre Nähe suchen, andere tun das dauernd.

Die hier angesprochenen Antriebsmomente liegen nahezu allem zugrunde, was die Katze tut. Wenn Sie diese Triebfedern des Verhaltens auf irgendeine Art unterbinden, können Sie damit rechnen, daß sich daraus unerwünschte Verhaltensweisen entwickeln. Bestimmte Grundwahrheiten sind in der Katzenwelt unumstößlich. Schimpfen Sie eine Katze aus, weil sie an den Möbeln gekratzt hat, hört sie mit dem Kratzen nicht auf. Sie wird nur dann nicht mehr kratzen, wenn Sie es mitbekommen. Aber kratzen muß sie, und kratzen wird sie, denn das ist ein Teil ihres Wesens.

Die meisten von uns – seien wir uns selbst gegenüber mal vorbehaltlos ehrlich – benehmen sich regelmäßig falsch. Als Entschuldigung dafür machen wir geltend, wir seien gestreßt, gelangweilt, einsam, unglücklich, oder wir hätten eine Kindheit hinter uns, die nicht gerade ideal verlaufen sei. Wenn wir uns mit diesen Begründungen wappnen, läßt sich vieles an unserem Verhalten entschuldigen, zumindest tun wir das vor uns selbst. Bitte bringen Sie Ihrer Katze genauso viel Toleranz entgegen. Katzen verhalten sich oft aus genau den gleichen Gründen falsch, wie wir das tun, und sie haben mindestens einen kleinen Bruchteil der Geduld und des Verständnisses verdient, die wir in bezug auf uns selbst erwarten. Bevor Sie zu rasch die Beherrschung verlieren, überlegen Sie zunächst, ob Sie das Problem lösen können, indem Sie dessen Ursachen auf den Grund gehen. Wenn Sie Ihre Katze anbrüllen, sie durch die Gegend jagen und schlagen, vergrößern Sie damit nur den Streß des Tieres und machen alles noch schlimmer.

Wenn Sie versuchen, eine verängstigte Katze aufzuhalten, die sich auf dem Rückzug befindet, dann sehen Sie sich vor. Ihr Wunsch, sich in Sicherheit zu bringen, wird in den meisten Fällen stärker sein als ihr Vertrauen zu Ihnen. In neunundneunzig von hundert Fällen sind Sie einfach ein Gegenstand, der ihr im Weg ist, und zum Beweis dafür können Sie hinterher die entsprechenden Kratzspuren vorweisen.

Die meisten Probleme zwischen Katze und Mensch entstehen daraus, daß wir das grundlegende Wesen der Katze falsch verstehen, sowie aus dem albernen menschlichen Glauben heraus, eine Katze könnte aufhören, eine Katze zu sein. Der Beschluß, sich eine Katze anzuschaffen, hat nichts damit zu tun, eine Katze zu *besitzen*. In geistiger und moralischer Hinsicht teilen wir unser Leben mit unseren Tieren. Wir besitzen sie nicht, wie wir ein Möbelstück besitzen. Wir passen auf sie auf, und sie passen auf uns auf, jeder auf seine Weise und so, wie es seinem Wesen entspricht. Unsere Katzen bitten uns nicht darum, ab sofort keine Menschen mehr zu sein, obwohl sie es vielleicht tun würden, wenn sie könnten. Und Sie können die Katzen nicht darum bitten, keine Katzen mehr zu sein. Die Freude, die uns Katzen als unsere Hausgenossen schenken, hat ihren Ursprung darin, daß wir sie so akzeptieren, wie sie sind, und daß wir daran unseren Spaß haben. Und Spaß machen sie, und zwar mehr als genug.

Wie Probleme entstehen

Katzen sind keine statischen Lebewesen. Solange sie leben, bilden sich neue Verhaltensweisen bei ihnen aus. Problematische Verhaltensweisen können auf verschiedene Weise entstehen, und die Art, wie sie entstehen, ist aufschlußreich. Tritt eine neue, unerwünschte Verhaltensweise plötzlich und unvermittelt auf, ist das im allgemeinen ein Anzeichen dafür, daß es im Leben des Tieres eine intensive, vorher nicht vorhandene Belastung gibt oder daß das Tier unter Streß leidet.

Verhaltensweisen entstehen in der Regel nicht aus heiterem Himmel, aber wenn das doch der Fall zu sein scheint, suche ich nach dem Grund ihres Auftretens. Fängt eine vorher stubenreine Katze plötzlich an, auf den Teppich zu urinieren, würde ich zum Tierarzt laufen – nicht gehen. Das Verhalten ist ein Symptom; Ihre Aufgabe ist es, die Ursache zu finden. Beseitigen Sie die Ursache, und das Symptom wird verschwinden. Schenken Sie der Ursache keine Beachtung, dann wünschen wir Ihnen viel Glück bei dem Versuch, das Symptom wieder loszuwerden!

Ist Ihre Katze körperlich gesund, dann suchen Sie nach einer klar erkennbaren Veränderung in der Umwelt, die das unerwünschte Verhalten eventuell ausgelöst haben könnte. Vielleicht haben Sie versuchsweise ein neues Katzenstreufabrikat benutzt, oder Sie haben renoviert, Ihr Ehepartner ist ein- oder ausgezogen, oder die Klokiste hat einen anderen Standort bekommen. Hat sich die Welt Ihrer Katze irgendwie verändert? Haben Sie neue Möbel gekauft, ist eine Katze neu hinzugekommen, wurde der Tagesablauf geändert? Da Tiere Ihnen nicht in Worten mitteilen

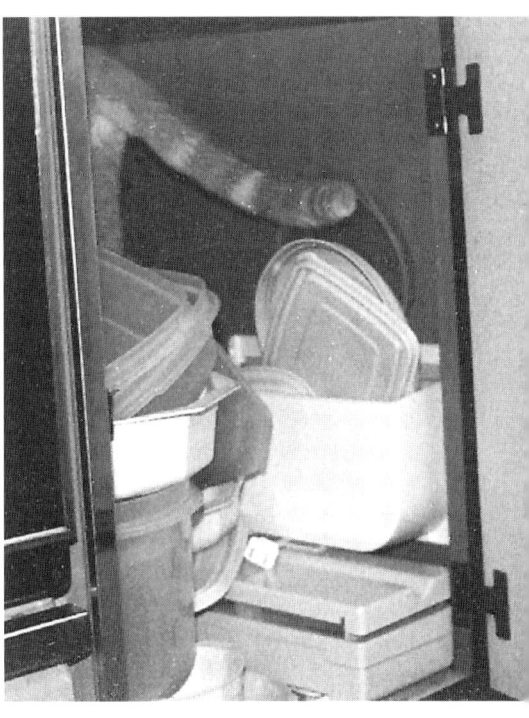

können, was passiert ist, ist es normalerweise erforderlich, daß der Besitzer Detektivarbeit aus der Perspektive der Katze leistet.

Gelangweilte Katzen kommen auf dumme Gedanken.

Ein weiterer Grund, warum eine Katze eine neue, unerwünschte Verhaltensweise annimmt, kann darin bestehen, daß sie irgendeine Freude daran empfindet. Das Springen auf den Küchentisch ist ein gutes Beispiel. Eine Katze, die nie im Leben auf einen Küchentisch geklettert ist, kann sich nachhaltig darauf fixieren, sobald sie da oben einmal durch Zufall auf ein Stück Hähnchenbrust gestoßen ist. Etwas Leckeres zu finden und zu fressen ist eine wunderbare Belohnung dafür, daß sie auf den Küchentisch klettert, die Spüle ausplündert oder den Mülleimer umwirft. Sie können Ihrer Katze erzählen, daß es sich nicht gehört, so etwas zu tun, aber das wird bei ihr keinen Eindruck hinterlassen. Das Verhalten läßt sich am schnellsten abstellen, indem man die Situation so verändert, daß die Katze anstelle von etwas, das sie haben will, etwas bekommt, das sie nicht will (einen Schuß Wasser aus der Blumenspritze zum Beispiel).

Eine andere Antwort auf die Frage, wie problematische Verhaltensweisen entstehen, ist häufig auch Lange-

weile. Obwohl Katzen mit dem Alleinsein meist ganz gut zurechtkommen, macht ihnen die Langeweile zu schaffen. Den ganzen Tag über in einer Wohnung eingeschlossen zu sein, in der nichts passiert, ist für die Katze eine Einladung, sich selbst ein bißchen Spaß zu verschaffen. Wenn eine Katze sich selbst Abwechslung verschafft, kann das unendlich viele Aktivitäten zur Folge haben, von denen die meisten aus der Perspektive des Menschen nicht gut sind.

Zu Problemen dieser Art, die mit Langeweile zu tun haben, kommt es typischerweise bei jungen Katzen, die noch nicht zwei Jahre alt sind, und bei aktiven Rassen wie Siamkatzen und Abessiniern.

Hat Ihre Katze die meisten Schwierigkeiten immer dann, wenn Sie nicht zu Hause sind, ziehen Sie folgendes in Betracht: Besorgen Sie ihr einen Spielgefährten. Selbst wenn sie sich mit der anderen Katze nie richtig anfreundet, so füllt die andere ihren Tag doch aus, indem sie für Abwechslung sorgt. Wir kennen Katzen, die ihren Spielgefährten zu Lebzeiten anscheinend keine Beachtung geschenkt, sich aber nach deren Tod nach ihren fehlenden Kameraden gesehnt haben.

Gestalten Sie die Umgebung der Katze abwechslungsreicher, bieten Sie ihr Bereiche an, wo sie klettern kann – je mehr verschiedene Ebenen es in einem Haus gibt, desto interessanter für die Katze. Lassen Sie Überraschungen im Haus zurück, vielleicht hier und da ein paar kleine Häufchen Katzenminze oder ein neues Spielzeug. Gestalten Sie eine Ostereiersuche für Ihre Katze, indem Sie Leckerbissen im Haus verstecken. Besorgen Sie sich einen Futterautomaten mit Zeitautomatik, und servieren Sie ihr die Mittagsmahlzeit, während Sie außer Haus sind. Legen Sie einen Tischtennisball so auf die Oberkante einer Tür, daß er, wenn die Katze leicht gegen die Tür stößt, herunterfällt und mehrmals auf und ab springt. Seien Sie kreativ! Ihre Katze wird es zu schätzen wissen, und wenn Ihre Katze glücklich ist, werden *Sie* das zu schätzen wissen.

Durch turnusmäßiges Auswechseln der Lieblingsspielzeuge bringen Sie auf einfache Weise Abwechslung ins Leben. Bilden Sie aus den Spielsachen der Katze drei oder mehr Teilmengen. Nach einigen Tagen nehmen Sie jeweils einen Satz weg und stellen dafür einen anderen bereit. Wenn es um Spielzeug geht, ist Abwechslung in der Tat die Würze des Lebens.

Spielen Sie auf jeden Fall täglich mit Ihrer Katze, und

widmen Sie sich auch jeden Tag ihrer Ausbildung, denn das trainiert sowohl ihren Geist als auch ihren Körper und erhöht beträchtlich die Wahrscheinlichkeit, daß sie schläft, wenn sie allein ist. Katzen sind klug, aber eigentlich nicht darauf eingestellt, sich über längere Zeit zu konzentrieren. Wenn man sie dazu ermuntert, das zu tun, vergrößert man damit tendenziell ihr Schlafbedürfnis.

Sind Sie selbst Teil des Problems?

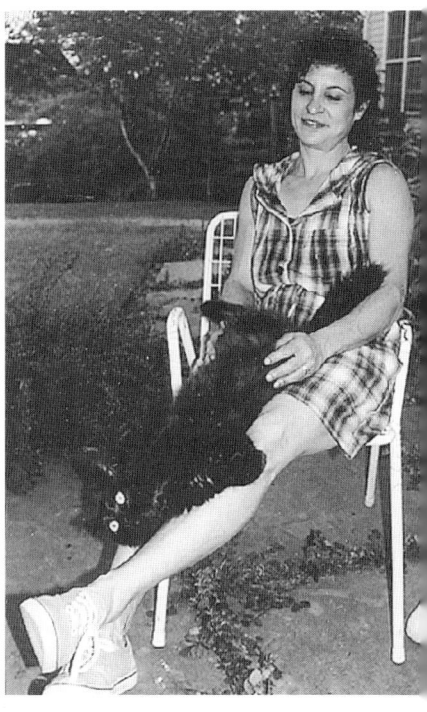

Viele von uns Katzenbesitzern tragen unbewußt zu den Verhaltensproblemen unserer Tiere bei. Wir glauben, wir seien durchweg liebevoll und hilfreich und halten unsere Verhaltensmaßregeln für unmißverständlich, während wir uns in Wirklichkeit anmaßend oder zu gefühlsbetont verhalten oder Strafen ohne erkennbaren Zusammenhang verhängen. Erkennen Sie sich in irgendeiner dieser Situationsbeschreibungen wieder?

Mangelnde Stubenreinheit und Prügel

Wie viele von Ihnen haben schon einmal den Rat bekommen, die Katze mit der Nase in ihren eigenen Dreck zu stoßen? Oder sie zu verprügeln? Körperliche Strafen machen bei Katzen alles nur noch schlimmer! Klar, Sie werden Ihrer Katze damit etwas beibringen, Sie werden Ihr beibringen, Angst vor Ihnen zu haben. Sie werden ihr nichts, aber auch gar nichts darüber beibringen, wie sie die Katzentoilette benutzen soll. Da viele Probleme, die mit der Klokiste zu tun haben, dadurch entstanden sind, daß das Tier unter Streß steht, steigern körperliche Strafen den Streß noch mehr, und wenn sich der Streß erhöht, erhöht sich damit die Anzahl der Fälle, in denen etwas danebengeht.

Diese Katze hat volles Vertrauen zu ihrem Menschen. Soviel Vertrauen ist kostbar.

Die meisten Menschen verlegen sich auf körperliche Strafen, wenn sie völlig frustriert sind, in Zeiten, in denen sie nicht wissen, wie sie ihre Bedürfnisse und Wünsche miteinander in Einklang bringen können. Doch verwechseln Sie Frustration nicht mit Üben oder Ausbildung; es ist weder das eine noch das andere. Es ist ein

Mangel an Selbstkontrolle, den Ihre Katze leicht als solchen erkennt. Katzen sind sich nicht zu gut dafür, sich selbst zu verteidigen. Sie streben nach Sicherheit, und wenn es diese Sicherheit irgendwo anders gibt als bei Ihnen, wird die Katze in dem Bemühen, sie zu finden, entweder fliehen oder Sie vertreiben.

Plötzlich gelten neue Regeln

Die folgende Fallbeschreibung ist ein Klassiker: Ihre geliebte Katze, die ihr ganzes Leben lang auf Ihrem Kopfkissen geschlafen hat, wird jetzt ausgeschimpft und mit der Fliegenklatsche geschlagen, sobald sie aufs Bett springt, weil Ihr neuer Freund (oder Ihre neue Freundin) die Katze nicht im Bett haben will. Wenn Sie jetzt morgens aufwachen, ist das Toilettenpapier zum ersten Mal seit Jahren in kleine Schnipsel zerrissen. Sie schimpfen die Katze aus, aber das führt zu nichts. Sie glauben, sie sei eifersüchtig und gemein wegen Ihres neuen Freundes (oder Ihrer neuen Freundin), aber denken Sie darüber noch einmal richtig nach. Ihre Katze wacht ganz bestimmt nicht morgens auf und denkt als erstes: „Ha, ich möcht' mal wissen, wie ich es schaffe, heute meinen Besitzer zu ärgern und ausgeschimpft zu werden!"

Sie leidet unter Streß, weil ihr regelmäßiger Tagesablauf aus einem für sie nicht erkennbaren Grund geändert wurde. Sie wurde in ihrem eigenen Heim von dem Menschen, den sie am meisten liebt, aus unverständlichen Gründen angegriffen. Wäre sie ein Mensch, würde sie vielleicht eine Dose Kekse auf den Boden feuern, vor Selbstmitleid zerfließen oder eingeschnappt abziehen. Aber das kann sie nicht, sie ist eine Katze. Ihr steht nur eine begrenztere Auswahl von Verhaltensweisen zur Verfügung, wenn sie Streß abbauen will. Sie kann jaulen, kratzen, urinieren oder Kot absetzen, etwas zerbeißen oder irgend etwas umwerfen. Sie hat sich fürs Kratzen entschieden. Genausogut hätte sie auf Ihrem Lieblingssessel einen nassen Fleck hinterlassen können.

Keine Zeit mehr für die Katze

Sie war Ihre beste und, ehrlich gesagt, Ihre einzige Freundin, als Sie in die Stadt gezogen sind. Sie sind abends von der Arbeit heimgekommen, haben die Schuhe abgestreift und den Tischtennisball für sie durch die Wohnung gerollt. Sie hat auf Ihrem Kopfkissen geschlafen und Ihnen morgens das Gesicht geleckt, wenn der Wecker klingelte. Sie hat mit Ihnen gegessen und geweint. Jetzt geht es in Ihrem Beruf ordentlich rund, und in Ihrem Privatleben ebenfalls. Mal sind Sie zu Haus, mal sind Sie weg. Sie verbringen so viel Zeit wie möglich mit ihr, aber Sie sind müde. Ganz plötzlich schlägt sie ihre Krallen in Ihren Lieblingssessel und stößt Gegenstände von den Regalen. Sie war immer so lieb, warum macht sie Ihnen da jetzt das Leben schwer?

Komisch, Ihre Katze stellt Ihnen ganz genau die gleiche Frage! Warum machen Sie ihr das Leben schwer? Meinen Sie bloß nicht, Sie könnten die Beziehung zu einer an menschliche Nähe gewöhnten Katze abrupt einstellen, ohne daß Ihre Freundin darauf irgendwie reagiert. Sie hat keine Ahnung, was sich in Ihrem Leben abspielt. Alles, was sie weiß, ist: Sie waren hier, und nun sind Sie wieder weg. Jetzt wäre vielleicht der richtige Moment, sich nach einem Spielkameraden für sie umzusehen. Eine ältere Katze, die mit anderen Katzen zusammen aufgewachsen ist, käme dafür gut in Frage. Es gibt immer ältere Katzen, die ein gutes Zuhause brauchen. Wenn Sie im Beruf und im Leben viel beschäftigt sind, ist dies nicht der richtige Zeitpunkt, um ein Katzenkind aufzunehmen.

Belohnung für unerwünschtes Verhalten

Sie haben es sich auf dem Sofa vor dem Fernseher bequem gemacht. Sie sind erschöpft. Da ist aus der Küche ein „Miiauuu!" zu hören. Dann noch einmal. Sie versuchen, nicht darauf zu achten, aber darauf läßt sich die Katze nicht ein. Als nächstes ertönt ein lauterer, nachdrücklicherer Ruf. Sie geben nach. Sie sagen „Du möchtest also eine Kleinigkeit zwischendurch, großer Tiger?", raffen sich vom Sofa auf und machen sich auf den Weg in die Küche. „Na schön, hier ist was für dich." Und damit trotten Sie zum Sofa zurück und hoffen, daß jetzt eine Weile Ruhe und Frieden herrscht.

Was ist da gerade eben geschehen? Kurz gesagt: Ihre Erziehung macht langsam Fortschritte. Aber da es hier nicht um Ihre Erziehung geht, drücken wir es mal andersherum aus und sagen: Die Katze wurde gerade eben dafür belohnt, daß sie gejault hat. Was ist vermutlich das Resultat? Sie wird in Zukunft *öfter* jaulen. Und was noch schlimmer ist: Sie haben ihr gerade beigebracht, nicht bloß einmal zu jaulen. Sie wollen Ihre Katze ja nicht aus-

211

gerechnet zur Hartnäckigkeit erziehen, denn dazu neigen Katzen von Natur aus ohnehin schon.

Deshalb folgen hier nun zwei Regeln für den Umgang mit der Katze, wenngleich wir gehört haben, daß sie auch auf die Kindererziehung und auf die subtile Beeinflussung von Ehepartnern zutreffen:

1. Wenn eine Erpressung Erfolg hat, wird sie stets wiederholt.

2. Wenn Sie vorhaben nachzugeben, dann tun Sie das zu einem frühen Zeitpunkt.

Inkonsequenz zahlt sich nicht aus

Fehlverhalten zuzulassen und sogar zu fördern, wenn *Sie* das im Moment gerade für richtig halten, und es dann zu korrigieren, wenn Sie es gerade nicht so gern sehen, ist der schnellste Weg, um bei fast jeder Tierart unerwünschten Verhaltensweisen Vorschub zu leisten. Hier ist ein Beispiel dafür: Sie ist als Katzenkind Ihren Fingern nachgejagt, und Sie fanden das hinreißend. Sie haben mit der Hand eine Spinne nachgeahmt, die über den Boden läuft. Wenn sie danach sprang, haben Sie gelacht und sie auf den Rücken gerollt. Dann haben Sie sie am Bauch gekitzelt, während sie Sie sanft und spielerisch gebissen hat. Jetzt, als ausgewachsene Katze, springt sie nach Ihren Füßen, wenn Sie sich im Bett umdrehen. Wenn Sie sie mit dem Fuß wegschubsen und ihr das verbieten, wehrt sie sich dagegen mit den Hinterpfoten und beißt fester zu. Sie denken, sie sei vielleicht nicht ganz normal und fragen sich, wie so etwas passieren kann. So ein Verhalten kann man schließlich nicht durchgehen lassen, nicht wahr?

Um es mit den unsterblichen Worten eines klugen Menschen zu sagen: „Überlegen Sie sich Ihre Wünsche gut – sie könnten in Erfüllung gehen!" Sie haben Ihrer Katze beigebracht, sich auf diese Art zu verhalten, also machen Sie ihr keinen Vorwurf, wenn sie es tut. Zu den Verhaltensweisen, bei denen man sich gut überlegen muß, ob man kleine Katzen dafür belohnt, gehören das Emporklettern an Hosenbeinen, Fingerhaschen, Bisse in die Hand, das Herumkauen auf den Haaren, Ohrläppchenlecken, der Beutesprung nach dem Fuß und so weiter.

Katzen handeln erbarmungslos konsequent; sie tun selten etwas, ohne daß es dafür einen Grund gibt, ganz gleich, wie sich das anfangs aus unserer Perspektive darstellen mag. Unsere Aufgabe als Beschützer, Bezugspersonen, Pfleger und Kameraden unserer Tiere besteht darin, die Dinge aus dem Blickwinkel der Katze zu betrachten und entsprechend zu reagieren. Die meisten Verhaltensweisen lassen sich ändern, sobald wir begreifen, wodurch sie entstanden sind. Katzen sind eigentlich nicht so geheimnisvoll, auch wenn ihre Reaktionen auf den ersten Blick diesen Eindruck hervorrufen.

Wie man das Verhalten der Katze ändert

Es gibt viele Wege, um eine Verhaltensweise zu ändern. Sie lassen sich grundsätzlich in zwei große Kategorien unterteilen. Auf der einen Seite können Sie unerwünschtes Verhalten auf die eine oder andere Weise mit unangenehmen Erfahrungen verknüpfen; andererseits können Sie erwünschtes Verhalten mit angenehmen Erfahrungen verbinden. Die besten und nachhaltigsten Ergebnisse zeitigt eine Methode, die diese beiden grundlegenden Vorgehensweisen miteinander kombiniert.

Wenn Sie Ihre Katze auf dem Küchentisch erwischen und sie dafür ausschimpfen, lernt sie lediglich, sich aus dem Staub zu machen, wenn Sie das Zimmer betreten.

Sie können eine Katze nicht dazu zwingen, irgend etwas zu tun. Wenn Sie sich aus diesem Kapitel auch nur irgend etwas zu eigen machen, dann behalten Sie diesen Satz im Kopf. Zwang läßt sich in verschiedene Kategorien unterteilen, aber sie haben grundsätzlich alle damit zu tun, daß man versucht, die Katze mit Gewalt dazu zu bringen, etwas zu tun.

Die wirkungsvollsten und humansten Methoden, mit denen sich das Verhalten einer Katze beeinflussen läßt,

Mit Schlägen erreicht man nicht viel, vor allem nicht bei Katzen. Katzen können sich ohne weiteres gegen Sie wenden und Sie beißen, was Sie, nebenbei bemerkt, auch reichlich verdient haben. Sie sollten sich darüber nicht wundern; schließlich haben Sie die Katze soeben angegriffen, warum sollte sie darauf nicht ihrerseits mit einem Angriff antworten? Bei der Ausbildung von Pferden gibt es den alten, unumstößlichen Grundsatz, daß Gewalt da anfängt, wo das Wissen endet. Nie wurde je etwas Richtigeres gesagt. Gewaltanwendung ist ein Verlust an Selbstbeherrschung, deren Ursache gewöhnlich Enttäuschung ist. Da es bei der Ausbildung von Tieren meistens darum geht, daß man sie bittet, ein wenig Beherrschung an den Tag zu legen, – zum Beispiel, indem die Katze nicht auf den Küchentisch springt oder nur an ihrem Kratzbaum kratzt – fragt sich, wie man sie darum bitten kann, wenn man sich selbst nicht beherrschen kann. Vergessen Sie die Schläge, und werden Sie statt dessen zur Lehrerin oder zum Lehrer Ihres Tieres.

haben damit zu tun, daß man bei der Katze den Eindruck erzeugt, die von Ihnen gewünschte Verhaltensänderung sei *ihre eigene* Idee. Wenn Sie Ihre Katze zur Mitarbeit gewinnen können, läßt sich so gut wie alles erreichen. Hier nun ein Beispiel dafür:

Ihre Katze zerkratzt Ihr Sofa. Sie brüllen sie an, schlagen mit der Fliegenklatsche nach ihr und zwingen ihr im großen und ganzen Ihre Vorstellungen auf. Ihre Botschaft lautet: „Ich will nicht, daß du das Sofa zerkratzt." Die Antwort der Katze: „Wo lebst du eigentlich? Ich mag das Sofa, also kratze ich an dem Sofa. Wenn dir das nicht gefällt, dann kratze ich eben einfach daran, wenn du nicht da bist." Ein Punkt für die Katze.

Nun benutzen wir, anstatt die Katze auszuschimpfen, ein bißchen unseren gesunden Menschenverstand und bitten sie um ihre Mitarbeit an diesem Projekt. Schaffen Sie einen stabilen Kratzbaum an, dessen Oberfläche aus geeignetem Material besteht und der ungefähr die gleiche Höhe wie das Sofa hat oder auch etwas größer ist. Reiben Sie ihn mit Katzenminze ein, falls Ihre Katze sich daraus etwas macht. Das wird ihr helfen, sich an den Gegenstand zu gewöhnen und ihm gegenüber eine freundliche Einstellung zu entwickeln. Loben und streicheln Sie die Katze jedesmal, wenn Sie sie in seiner Nähe sehen. Stellen Sie den Kratzbaum neben das Sofa, an dem sie so gern kratzt.

Dann verleiden Sie der Katze das Sofa, um weitere Beschädigungen zu verhindern. Das können Sie auf vielerlei Weise tun. Am besten decken Sie den Bereich mit doppelseitigem Klebeband ab. Jedesmal, wenn Sie die Katze dabei erwischen, wie sie am Sofa kratzt, schlagen Sie klatschend gegen die Wand. Dabei sagen Sie *nichts*.

Ihre Botschaft für die Katze: „Hier ist ein phantastisches Ding zum Kratzen, fühlt sich gut an, riecht gut, steht am richtigen Platz, und du wirst gelobt, wenn du es benutzt. Und an dieser alten Stelle, an der du früher gekratzt hast, macht's keinen Spaß mehr. Du hast die Wahl." Die Antwort der Katze: „Ich bin ja nicht blöd. Ich mag dieses neue Ding, das du mir besorgt hast. Dank dir!" Ein Punkt für Sie, und das, ohne daß irgend jemandes Gefühle verletzt worden sind.

Die Macht der Gewohnheit: Fluch und Segen

Katzen sind Gewohnheitstiere. Die beste Art, mit einer schlechten Angewohnheit fertigzuwerden, ist, sie gar nicht erst aufkommen zu lassen, aber falls Sie diesen Abschnitt lesen, gehen wir mal davon aus, daß Sie auch nur ein Mensch sind und daß sich Ihre Katze schon eine schlechte Angewohnheit zugelegt hat. Die Vorliebe, die die Katze von Natur aus für regelmäßig wiederkehrende Ereignisse hegt, kann zwar lästig sein, wenn es sich dabei um unerwünschte Verhaltensweisen dreht. Sie können sie aber auch zu Ihrem Vorteil einsetzen, wenn es darum geht, neue, akzeptable Verhaltensweisen zu entwickeln.

Die meisten Tiere, Katzen inbegriffen, tun Dinge, die ihnen auf die eine oder andere Art Freude bereiten oder die Unerfreuliches abwenden. Die Freude läßt sich mitunter leicht nachvollziehen, zum Beispiel, wenn die Katze einen Hamburger vom Tisch stiehlt, oder sie kann auf kompliziertere Weise zustande kommen, wie die für Menschen unverständliche Freude, die manche Katzen empfinden, wenn sie auf Plastik urinieren.

Das Vermeiden unangenehmer Erfahrungen kann sich ganz einfach abspielen, zum Beispiel, wenn die Katze vor einem Wasserspritzer das Weite sucht, oder auf subtilere Weise, wenn sie sich etwa nach dem für sie unangenehmen Baden mehrere Stunden lang dagegen wehrt, hochgehoben zu werden. Wie auch immer, die Beweggründe einer Katze sind immer sonnenklar – zumindest der Katze.

Katzen tun niemals etwas deswegen, weil sie sich vorgenommen haben, Ihre Habseligkeiten zu zerstören, oder um Sie zu ärgern, Unruhe in Ihr Leben zu bringen oder Sie vor Freunden in Verlegenheit zu bringen, obwohl alles das natürlich passieren kann. Vergessen Sie bitte nicht, daß eine Katze, ganz gleich, wie prächtig sie ist, die Welt nur mit Katzenaugen betrachten kann und daß ihr Verhaltensrepertoire dadurch immer begrenzt bleibt.

Begreifen Sie das Verhalten einer Katze vom Standpunkt der Katze aus, dann werden Sie es mit gutem Erfolg ändern können. Wenn Sie versuchen, es aus dem menschlichen Blickwinkel zu sehen, steuern Sie geradewegs auf Streitigkeiten, Enttäuschungen, Mißverständnisse und Mißerfolge zu.

Wenn Sie sich schon längere Zeit wegen eines bestimmten Verhaltens mit Ihrer Katze streiten und Ihre Katze nicht nachgibt: Halt! Holen Sie tief Luft, entspannen Sie sich, und überlegen Sie noch einmal ganz von vorn. Wenn Sie das Verhalten richtig verstehen und Verhaltensänderungen richtig in Angriff nehmen, werden

Beispiel: Sie stellen eine Katzenklapper auf die rückwärtige Kante eines Papierkorbs. Ihre Katze stößt den Papierkorb um. Die Dose fällt mit Getöse herunter. Die Katze verknüpft das Umstoßen des Papierkorbs mit dem furchterregenden Lärm, womit die Wahrscheinlichkeit sinkt, daß sie den Papierkorb in Zukunft noch einmal umwerfen wird.

Das Wunderbare an automatischen Korrekturen ist, daß das Verhalten der Katze genau in dem Moment korrigiert wird, in dem sie es ausführt, ganz gleich, ob Sie zu Hause sind oder nicht. Wenn die Katze eine Verhaltenskorrektur mit Ihrer Anwesenheit verknüpft, wartet sie einfach, bis Sie sich entfernen, und stürzt sich dann in Schwierigkeiten. Verknüpft sie sie hingegen – wie in diesem Fall – direkt mit dem Papierkorb, wird sie von dem Korb wegbleiben, auch wenn Sie gerade nicht da sind. Bei solchen Korrekturen sind Fehler ausgeschlossen. Die Katzenklapper fällt nur, wenn die Katze den Korb umstößt. Keine Mißverständnisse, und das Problem hat sich erledigt.

Sie sehen, daß sich die Katze fast sofort anders benimmt. Können Sie das nicht erkennen, dann machen Sie nicht so weiter wie bisher. Es funktioniert nicht. Es ist so, als wählten Sie immer wieder die falsche Nummer in der Hoffnung, daß irgendwann die richtige Person den Hörer abnimmt. Das wird nicht geschehen. Wenn Sie dauernd die falsche Nummer wählen, hören Sie damit auf und rufen Sie die Auskunft an. Haben Sie keinen Erfolg mit Ihrer Katze, hören Sie auf, und holen Sie sich Hilfe. Damit wird es Ihnen besser gehen, und Ihrer Katze ebenfalls.

Ihre Trickkiste für Verhaltensänderungen

Korrekturmaßnahmen, die Ihre Katze nicht mit einer Person verbindet, sind – in Kombination mit Lob und Belohnungen – *das* Mittel schlechthin, um sie davon zu überzeugen, daß sie ihre Lebensweise ändert. Um diese Korrekturmaßnahmen durchführen zu können, benötigen Sie Hilfsmittel. Diejenigen, die hier aufgeführt sind, gehören zu den erprobten und bewährten. Verwenden Sie sie alle, verwenden Sie einige davon, verwenden Sie das, womit Sie Erfolg haben. Solange Sie merken, daß diese Mittel Wirkung zeigen, und solange Ihre Katze eine Abneigung dagegen hat, treffen Sie nach Belieben Ihre Wahl. In dieser Zusammenstellung gibt es keine besser oder weniger gut geeigneten Alternativen.

Sprühflaschen

Sprühflaschen oder Zerstäuber werden oft zum Befeuchten von Zimmerpflanzen benutzt oder dienen als Behälter für Reinigungsmittel. Bei der Ausbildung von Katzen kann man sie hervorragend einsetzen. Sie erweisen sich bei den meisten Katzen als wirkungsvoll, und wir geben zu, daß es, vom Standpunkt des Menschen aus betrachtet, Spaß macht, damit zu arbeiten. Bitte keine Zusätze hineintun; alles, was Sie brauchen, ist Wasser. Wenn Sie den Sprühkopf auf Einzelstrahlstellung einstellen, können Sie damit eine Katze in zirka zwei Metern Entfernung anspritzen. Je raffinierter Sie vorgehen, desto größer ist die Wirkung. Der Gedanke, der dahintersteht, ist, daß die Katze den plötzlichen Wasserstoß mit dem unerwünschten Verhalten verknüpft, und nicht mit Ihrer Anwesenheit. Wenn Sie die Katze ausschimpfen oder auf sie zugehen, während Sie sie anspritzen, wird sie zwar rasch lernen, sich in Ihrer Gegenwart richtig zu benehmen, wird aber vermutlich das gleiche Verhalten beibehalten, wenn Sie nicht in der Nähe sind.

Katzenklappern

Eine leere, gereinigte Mineralwasser- oder Bierdose mit einem Dutzend kleiner Münzen darin gibt ein phantastisches Hilfsmittel zur Verhaltenskorrektur mittels Lärm ab. Wenn man sie mit der Hand schüttelt oder in die Nähe der Katze (nicht direkt auf die Katze!) wirft, erschrecken sich die meisten Tiere so sehr, daß sie das, was sie gerade tun, auf der Stelle unterbrechen. Man kann sie auch als „Lärmfallen" benutzen, indem man sie wackelig an den Orten aufstellt, von denen man die Katze fernhalten möchte. Es sind schöne Hilfsmittel, aber für lärmempfindliche Katzen oder für neu ins Haus kommende Tiere, die ohnehin ängstlich genug sind, sind sie für uns nicht das Mittel der Wahl. Davon abgesehen sind sie gefahrlos und wirkungsvoll.

Preßluft-Signalhörner

Kleine, mit Preßluft betriebene Signalhörner für den Handbetrieb gibt es in vielen Fahrradgeschäften und bei Bootsausrüstern. Diese kleinen Behälter geben ein gewaltig lautes Geräusch von sich, wenn man den Auslöseknopf drückt, und erschrecken die meisten Katzen so sehr, daß sie sich auf der Stelle aus dem Staub machen.

Es handelt sich dabei um ein ernstzunehmendes Werkzeug für grobes Fehlverhalten, beispielsweise eine aggressive Attacke oder Spritzen in der Wohnung. Richtig angewendet, wirken sie hervorragend. Bei lärmempfindlichen oder streßanfälligen Katzen oder bei Tieren, die kurz zuvor einer schweren Belastung ausgesetzt waren, würden wir dieses Hilfsmittel nicht einsetzen.

Vorsicht ist geboten beim Einsatz in Mehrfamilienhäusern: Mit diesem Lärm machen Sie sich bei Ihren Nachbarn wahrscheinlich nicht gerade beliebt.

Preßluft-Spraydosen

Diese Spraydosen, die man in Fotobedarfsgeschäften bekommt, setzen einen Strahl komprimierter Luft frei, wenn man auf den Auslöseknopf drückt. Man benutzt

sie, um Dias und Negative auf ungefährliche Weise von Staub zu befreien. Für Verhaltenskorrekturen bei Katzen leisten sie genau so gute Dienste. Ein rascher Luftstoß ins Gesicht hält die meisten Stubentiger, die das als gewaltiges Fauchen wahrnehmen, von ihrem jeweiligen Vorhaben ab.

Obgleich wir niemals Probleme damit hatten und diese Spraydosen für ein sicheres, wirkungsvolles Hilfsmittel halten, würden wir sie nicht benutzen, wenn sich in der Nähe eine feinkörnige Substanz befindet, die unter Umständen die Augen der Katze reizen könnte.

Doppelseitiges Klebeband

Katzen hassen klebrige Pfoten. Sie können es wirklich nicht ausstehen. Funktioniert gut, doch einmal angebracht, läßt sich das Klebeband von manchen Oberflächen schlecht wieder lösen. Ziehen Sie deshalb in Bereichen, die Sie nur vorübergehend sichern wollen, Dekofolie in Betracht, oder legen Sie ein Stück Papier unter das Klebeband, das Sie an beiden Enden etwas überstehen lassen, damit es auf der Oberfläche haftet. Dann funktioniert es wie Dekofolie.

Selbstklebende Dekofolie

Phantastisch geeignet, wenn man sie verkehrt herum benutzt, denn Katzen hassen es, sich darauf zu bewegen. Legen Sie auf jeden Fall die Kanten um und heften Sie die Folie fest, sonst hat sich die Katze vielleicht in eine Folienbahn eingewickelt, wenn Sie nach Hause kommen. Die Folie soll der Katze unangenehm sein, sie aber nicht quälen. Läßt sich leicht auf verschiedene Grundrisse zuschneiden.

Abweismittel

Auf dem Heimtiermarkt gibt es heute zahllose Abweismittel. Es gibt Produkte, die eigens für den Gebrauch in geschlossenen Räumen bestimmt sind. Es gibt Produkte auf pflanzlicher Basis und solche auf nichtpflanzlicher Basis – die Auswahl ist riesig. Mittlerweile gibt es die Sprays auch in umweltfreundlichen Pumpflaschen. Probieren Sie sie nacheinander aus, bis Sie einen Geruch ausfindig machen, den Ihre Katze haßt und mit dem Sie leben können. Denken Sie immer daran, daß Katzen eine

218

Amica: Wie wir lernten, das Unvermeidliche zu akzeptieren

Amica war reinweiß und hatte blaue Augen. Sie war eines der hübschesten Katzenkinder, das wir je gesehen hatten. Sie kam aus einem Tierheim zu uns, kurz nachdem meine Eltern sich hatten scheiden lassen. Sie war lieb. Sie war verspielt. Sie war stocktaub – wie übrigens viele weiße Katzen mit blauen Augen. Wegen Ihrer Behinderung war sie allerdings streng an unsere vier Wände gebunden. Da sie nicht hören konnte, wenn eine Gefahr auf sie zukam, mußten wir sie beschützen, weil sie sich nicht selbst schützen konnte.

Abgesehen davon und daß sie nicht kam, wenn man sie rief, passierte nichts Besonderes. Als Spielzeug für taube Katzen kann ich den Lichtstrahl einer Taschenlampe oder einen Lichtfleck, den man mit einem Handspiegel an die Wand wirft, sehr empfehlen. Viele Tiere, die einen ihrer Sinne eingebüßt haben, kompensieren diese Einschränkung oft dadurch, daß sie sich den übrigen um so aufmerksamer widmen. Amica konnte hervorragend nachlaufen und springen. Bewegung faszinierte sie, und wir amüsierten uns stundenlang damit, ihr Abwechslung zu verschaffen.

Einer der Nachteile der Taubheit bei Katzen besteht darin, daß sie sich selbst nicht hören können. Als Amica rollig wurde, saß sie am Fenster und heulte sich ihre sexuelle Erregung dermaßen hemmungslos von der Seele, wie es meine jungen Ohren nie zuvor mitbekommen hatten. Ihr Geheul war wirklich peinlich. Es schlug einen dermaßen in seinen Bann, daß Captain, unser schon etwas älterer kastrierter Kater, verzweifelt angesprungen kam, zu ihr hinrannte und sie bestieg – ohne dabei etwas auszurichten. Er tat sein Bestes, aber er war der Aufgabe sozusagen nicht gewachsen. Amica nahm einen Moment lang die auffordernde Hockstellung ein, drehte sich dann feurigen Blickes zu ihm um und verprügelte den armen Captain, daß ihm Hören und Sehen verging. Er schlich geschlagen davon, und sie kehrte auf ihren Fenstersims zurück, um ihrer Begierde durch Gesang Ausdruck zu verleihen. Wir ließen sie so rasch wie möglich kastrieren.

Amica ist ein gutes Beispiel dafür, daß eine Katze eben einfach nichts anderes als eine Katze ist. Für *sie* war ihr Verhalten kein Problem; es war ein Problem für *uns*. Der Versuch, eine Katze aufzuhalten, die sich mitten im Irrgarten der Hormone und des Instinkts befindet, führt in der Regel zu gar nichts. Daher ist es wichtig, daß wir Menschen daran denken, daß den meisten Katzen der Kratztrieb ebenso angeboren ist wie der Fortpflanzungstrieb – nur nicht ganz so laut.

KATZENKLO ADE!

Es gibt Katzen, die ihre Bedürfnisse plötzlich, nachdem sie viele Jahre lang treu und brav das Katzenklo benutzt haben, auf glatten Oberflächen verrichten. Warum tun sie das? Gewöhnlich handelt es sich bei diesen Katzen um Tiere, die besonders eifrig kratzen und scharren, nachdem sie sich erleichtert haben. Ein solches Tier steht in der Klokiste und unternimmt durch Kratzen an deren Seitenwänden oder an der rückwärtigen Zimmerwand einen ritualisierten Versuch, seine Hinterlassenschaften zu bedecken. Daraus entwickelt sich eine Vorliebe für bestimmte Oberflächen. Woran oder worauf die Katze nach vollbrachter Tat kratzt, wird zum entscheidenden Faktor dafür, wohin sie am liebsten geht. Kratzt sie an der Wand, entsteht bei ihr vielleicht eine Vorliebe für glatte Oberflächen. Solche Katzen fangen an, die Spüle oder die Badewanne zu benutzen, wenn sie ein entsprechendes Bedürfnis verspüren. Langt die Katze über den Rand der Klokiste und kratzt am Teppich, kann es gut sein, daß sie anfängt, den Teppich als Toilette zu benutzen.

empfindliche Nase haben. Damit es seine abweisende Wirkung auf normale Katzen ausübt, brauchen Sie nicht den ganzen Zimmerbereich damit zu tränken.

Außerdem gibt es immer noch die altbewährten Mittel: bestimmte Parfums, Raumluftverbesserer mit Zitrusduft oder einfach Schalen von Zitrusfrüchten. Alles dies übt seit eh und je eine abschreckende Wirkung auf Katzen aus.

Probleme rund ums Katzenklo

Eine der häufigsten Klagen von Katzenhaltern betrifft Katzen, die ihre Katzentoilette um ein paar Zentimeter oder aber meilenweit verfehlen. Während das Problem an sich nichts Ungewöhnliches darstellt, können die Gründe dafür recht kompliziert sein.

Als erstes müssen Sie sich Klarheit darüber verschaffen, ob die Katze der Klokiste einfach aus dem Weg geht, sie also meidet, oder ob sie spritzt, eine Verhaltensweise, die der Reviermarkierung dient. Im folgenden listen wir einige Hinweise auf, mit deren Hilfe Sie auf einfache Weise herausfinden können, was bei Ihnen zu Haus vorgeht:

- Katze uriniert an senkrechten Flächen: Revierverhalten
- Katze uriniert auf waagerechten Flächen: normalerweise Vermeidungsverhalten
- Katze zuckt beim Urinieren mit dem aufgerichteten Schwanz und trippelt mit den Pfoten: Revierverhalten
- Katze tritt rückwärts an das zu kennzeichnende Objekt heran oder uriniert schnell in geduckter Haltung: Revierverhalten
- Katze versucht, durch Kratzen Urin oder Kot zuzudecken, auch wenn sie es völlig mechanisch tut: Vermeidungsverhalten
- Katze benutzt die Klokiste gar nicht mehr: Vermeidungsverhalten
- Katze harnt und kotet im gleichen Bereich: Vermeidungsverhalten; das wird allerdings kontrovers diskutiert.

In diesem Abschnitt sprechen wir über Katzen, die die Katzentoilette nicht benutzen, wenn sie sich erleichtern müssen. Das Spritzen wird auf den Seiten 232 – 238 besprochen.

Fehlverhalten in bezug auf die Katzentoilette kann sich auf vielerlei Art äußern. Die nachfolgend beschriebenen Fehler kommen am häufigsten vor:

Aus heiterem Himmel

Ihre Katze, die sich vorher untadelig benommen hat, ist ganz plötzlich nicht mehr stubenrein. Sie haben keine Ahnung, was dieses Verhalten ausgelöst hat, aber Sie haben keine Lust mehr, dauernd in nasse Flecken zu treten. Worin kann die Ursache dieser plötzlichen Verhaltensänderung liegen?

Wenn eine Katze außerhalb des Katzenklos zu urinieren beginnt, kann das an einer Harnröhrenentzündung oder einer anderen Erkrankung liegen. Katzen teilen einem normalerweise zuverlässig mit, wann sie Hilfe nötig haben – vorausgesetzt, Sie verstehen, auf welche Weise sie darum bitten. Wenn Katzen sich nicht wohlfühlen, kommt es gar nicht so selten vor, daß sie direkt vor Ihren Augen oder an einer leicht einsehbaren Stelle im Haus urinieren. Sobald aber Ihr Tierarzt Ihrer Katze ein einwandfreies Gesundheitszeugnis ausstellt, ist es an der Zeit, daß Sie Ihren Detektivhut aufsetzen.

Wenn Katzen anfangen, die Klokiste nicht mehr zu benutzen, steckt normalerweise die eine oder andere Art von Belastung dahinter, für so manche Katze ohnehin der erste Schritt auf dem Weg ins Verderben:

Emily käme sich vielleicht wie in einem Hinterhalt vor, wäre da nicht die Schlaufe, die verhindert, daß unsere Hunde die Tür zu dem Bereich öffnen, in dem ihre Klokiste steht. Aber sie befindet sich in Sicherheit, und sie weiß das auch.

- Sie hat eine Woche im Tierheim oder bei einer Freundin verbracht, die einen Hund hat.
- Eine Katze oder ein Hund ist neu im Haus oder hat die Familie verlassen.
- Unruhe in der Familie – das reicht von tätlichen Auseinandersetzungen bis zu Auszugsvorbereitungen.
- Renovierungsarbeiten – Arbeiter kommen und gehen und machen den dabei üblichen Lärm.
- Die Einrichtung wurde verändert. Neue Möbel sind dazugekommen, oder die alten wurden umgestellt.

221

- Gäste halten sich über einen viel längeren Zeitraum als gewöhnlich im Haus auf.
- Ein neuer enger Freund oder eine Freundin bleibt regelmäßig über Nacht.
- Ein Baby oder ein kleines Kind ist neu in der Familie.

Wissen Sie jetzt, was gemeint ist? Wenn Sie den gewohnten Tagesablauf Ihrer Katze umstoßen, sollten Sie sich nicht wundern, wenn die Katze zum Ausgleich dafür den Ihren umstößt.

Manche Katzen mögen es nicht, wenn um und an ihrer Klokiste irgend etwas verändert wird. Wenn Sie die Katzentoilette zum Beispiel umstellen, oder wenn Sie sie mit einem neuen Reinigungsmittel säubern (nebenbei bemerkt sollten Sie zum Reinigen *nie* etwas anderes als milde Seife und Wasser benutzen – intensiv riechende Reinigungsmittel können Katzen vergrämen). Oder wenn Sie eine andere Katzenstreu ausprobieren (Vorsicht bei Katzenstreu mit Duftzusätzen; nicht alle Katzen wissen den Geruch zu schätzen). Oder wenn Sie mehr oder weniger Streu als sonst in die Kiste schütten. Jeder dieser Anlässe kann eine Lawine von „Unglücksfällen" auslösen. Haben Sie in der letzten Zeit irgend etwas verändert, machen Sie es rückgängig und stellen Sie den Zustand wieder her, an den die Katze gewöhnt ist.

Noch einmal und immer wieder: Halten Sie die Katzentoilette peinlich sauber. Wechseln Sie die Streu jeden Tag, wenn es erforderlich ist. Das ist nur eine geringe Mühe dafür, daß Sie ein sauberes Haus haben. Sollte die Klokiste stinken, wenn Sie die Streu wechseln, dann tauschen Sie sie in kürzeren, nicht in längeren Abständen aus. Wenn es sein muß, belohnen Sie sich selbst: Gönnen Sie sich etwas Besonderes, nachdem Sie die Katzentoilette gereinigt haben. Nichts spricht gegen eine solche positive Verstärkung, und sie erleichtert Ihnen ganz sicher die Arbeit.

Wenn Sie es zulassen, daß sich im Katzenklo einiges ansammelt und wenn die Katze dann anfängt, Ihr Bett als Alternative zu benutzen: zehn Punkte für die Katze. Ich selbst hätte es nicht besser ausdrücken können.

Wenn einmal etwas danebengegangen ist, sollte man nach der Reinigung ein geruchsneutralisierendes Mittel aus der Zoofachhandlung oder vom Tierarzt anwenden. Das ist die einzige Möglichkeit, den Urin- oder Kotgeruch so zu beseitigen, daß auch die Katze nichts mehr

riecht. Auch wenn Sie eine Stelle, an der der Katze ein Mißgeschick unterlaufen ist, mit Wasser und Seife so lange schrubben, bis Sie keinen Geruch mehr wahrnehmen, riecht Ihre Katze ihn immer noch. Dieser Geruch ist für die Katze gleichbedeutend mit einem großen Schild, auf dem steht: „Komm hierher, wenn du mal mußt!"

Badewannenattentate

Captain hatte die Angewohnheit, mir ab und zu in der Badewanne eine Visitenkarte zu hinterlassen. Ich kann Ihnen nicht erklären, warum Katzen die Badewanne gern als Alternative zum Katzenklo benutzen, aber sie tun es. Stellt man sich alle Stellen vor, die dafür in Frage kommen, ist das an und für sich kein schlechter Platz. Leicht zu reinigen und zu desinfizieren; keine Flecken. Mich hat das nie ernstlich gestört.

Es gibt allerdings viele Menschen, die so etwas abstoßend finden, und denen gebe ich folgenden Rat: Lassen Sie zwei oder drei Zentimeter Wasser in Ihrer Wanne stehen. Das ist eine hundertprozentig sichere Methode, Ihre Katze davon abzuhalten, die Badewanne als geheimes Örtchen zu benutzen. Aber, und das ist ein gewichtiges Aber, es gibt keine Garantie dafür, daß Ihre Katze sich dann nicht anderswohin verfügt und einen anderen, noch weitaus weniger akzeptablen Platz als Toilette benutzt. Finden Sie heraus, warum Ihre Katze sich so verhält. Macht sie diesen Fehler, weil Sie sie, ohne es zu wollen, von ihrer Klokiste ausgeschlossen haben, na schön. Dann lassen Sie das Wasser in der Wanne und die Tür(en) zur Katzentoilette offen. Wenn Sie sich aber überhaupt keinen Reim darauf machen können, dann gehen Sie behutsam vor. Ein bekanntes Übel ist mitunter besser als eines, das man nicht kennt.

Streß-Attentate

Der Besitzer einer besonders couragierten Katze geriet mit seinem Stubentiger in einen Streit, in dem es um ein gewisses ruiniertes Kleidungsstück ging, an dem ihm sehr viel lag. Der wütende Katzenhalter jagte die Katze mit viel Lärm und Tamtam aus dem Haus.

Als er zwei Stunden später zu seinem Wagen ging, fand er einen großen Haufen Katzenkot auf der Motorhaube. So etwas war vorher nie passiert und geschah auch nach-

223

her nie wieder. Dies ist kein boshafter Racheakt, wie viele glauben möchten. Vielmehr benutzen Katzen ihren Kot dazu, ihr Revier zu markieren, und im Anschluß an den Krach zwischen den beiden erwachsenen Männchen dieser Gruppe beschloß das vierfüßige Gruppenmitglied, die Grenzen seines Gebiets neu festzulegen und das Revier seines Angreifers, nämlich dessen Auto, darin einzubeziehen.

Solche Verhaltensweisen können durch einen neuen Liebhaber, einen Gast, der lange im Haus logiert, intensive Auseinandersetzungen in der Familie oder irgendeinen anderen mit Streß verbundenen Übergriff auf das Revier oder die Lebensweise einer Katze ausgelöst werden. Die klassischen Orte, an denen man derlei Hinterlassenschaften findet, sind auf der Seite des Bettes, auf der der Schuldige nächtigt, in seinem oder ihrem Kleiderschrank, auf einem Wäschestück desjenigen oder auf seinem Lieblingssessel.

Will man mit so etwas fertigwerden, gehört es dazu, daß man den Streß ausschaltet. Ist es ein Mensch, der sich danebenbenommen hat, dann sollte er außer der Reihe etwas Zeit mit der Katze verbringen und sich um sie kümmern. Er sollte ihr Leckerbissen anbieten, ganz allgemein Frieden mit ihr schließen und der Katze die Aufmerksamkeit und Verehrung zukommen lassen, die ihr zusteht. Werden die Auseinandersetzungen im Haus beendet, kommt das allen Beteiligten sehr zugute! Nehmen Sie diesen Wink Ihrer Katze ernst – regeln Sie Ihre Meinungsverschiedenheiten auf andere Weise.

Bitte nicht stören!

So manche Katze ist schon überraschend gestört oder erschreckt worden, während sie gerade ihr Katzenklo benutzte. Ein einziger nachhaltiger Schreck kann eine Katze völlig von ihrer Klokiste vergraulen. Eine im selben Haus wohnende Katze, die sie schikaniert, wenn es ihr nicht gut geht, ein Gegenstand, der durch einen merkwürdigen Zufall auf sie oder neben sie fällt, oder plötzlich einsetzender Lärm, der ihr gerade in dem Moment Angst macht, in dem sie sich in der Streu niederläßt, all das kann die Katze vergrämen. Wenn ein Mensch sie unverhofft stört oder sie bestraft, während sie sich in der Kiste aufhält, kann es sein, daß sie dabei genau das lernt, was Sie ihr nicht beibringen wollen – daß die Katzentoilette ein gefährlicher Ort ist und die gefahrlosere Mög-

lichkeit darin besteht, hinter das Sofa zu pinkeln. Wenn das geschehen ist, stellen Sie mehrere Klokisten an verschiedenen Stellen im Haus auf. Ihre Katze entscheidet sich dann eventuell für einen anderen Platz, an dem sie sich sicherer fühlt.

Wird sie von einer anderen Katze belästigt, sollten Sie das Opfer ein paar Tage mit einer eigenen Katzentoilette einsperren. Dadurch erhält dieses Tier die Möglichkeit, sich in Frieden zu erleichtern. Wenn die eingesperrte Katze wieder ganz normal das Katzenklo benutzt, dann stellen Sie ihr Katzenklo in einiger Entfernung von demjenigen auf, das normalerweise benutzt wurde. Anschließend öffnen Sie die Tür und beobachten, was passiert. Wenn nicht alles schiefgeht, wird der Rabauke die alte Kiste als sein Privateigentum beanspruchen und die Katze, der er zuvor aufgelauert hat, nicht mehr beachten, so daß sie ihre neue Klokiste in Frieden benutzen kann.

Ist es ein Hund, der der Katze auflauert, kann man leicht Abhilfe schaffen, indem man ein Katzenzimmer einrichtet. Halten Sie den Hund mit einer Babysperre, einem stabilen Haken und einer Öse oder einer Katzentür vom Bereich der Katze fern. Jeder, selbst Ihre Katze, hat ein bißchen Ruhe und Frieden auf der Toilette verdient.

Schmerzliche Erfahrungen

Es gibt bestimmte Krankheitsbilder, die Katzen starke Schmerzen verursachen, wenn sie sich zu erleichtern versuchen. Anstatt nun die Schmerzen ihrem gesundheitlichen Problem zuzuschreiben, schieben Katzen mit der ihnen eigenen Logik, gegen die man nichts einwenden kann, der Klokiste die Schuld dafür zu. Dieses Vermeidungsverhalten gegenüber der Katzentoilette tritt üblicherweise dann auf, wenn das Tier zuvor einen durch FUS bedingten Krampf hatte oder bei Verstopfung. Da sich die Schmerzen nur dann bemerkbar machen, wenn sich die Katze in der Kiste befindet, fällt es nicht schwer einzusehen, warum sie ihr aus dem Weg geht.

Um es noch einmal zu sagen: Die ersten Anzeichen einer FUS-Erkrankung sind häufiges Aufsuchen der Katzentoilette, Wasserlassen unter erheblicher Anspannung mit begrenztem oder ganz ohne Erfolg, Blut im Urin, Klagen während des Urinierens, allgemein häufiges Klagen überall im Haus, Urinieren außerhalb der Klokiste. GEHEN SIE SO SCHNELL WIE MÖGLICH ZU IHREM

225

TIERARZT! In dieser Situation ist das Leben Ihrer Katze in Gefahr. Warten Sie nicht länger. Legen Sie das Buch weg und machen Sie sich sofort auf den Weg!

Anzeichen einer Verstopfung sind Teilnahmslosigkeit, Niedergeschlagenheit und häufiges Aufsuchen der Klokiste, wo die Katze unter erheblicher Anstrengung Kot abzusetzen versucht, allerdings ohne Ergebnis. Das ist nicht unbedingt ein Notfall. Trotzdem sollten Sie so bald wie möglich zum Tierarzt gehen und die Katze gründlich untersuchen lassen. Möglicherweise ist eine Ernährungsumstellung erforderlich.

Verborgene Schätze

Sie haben eine schöne saubere Klokiste für Ihre Freundin, aber die zieht es vor, hinter dem Sofa oder unter dem Bett zu verschwinden. Warum?

Manche Katzen erledigen ihre Geschäfte gern in einem abgeschlossenen Raum. Sie können diese Annahme überprüfen, indem Sie Ihre Katze in einen Raum sperren, in dem sich nichts befindet, wohinter oder worunter sie sich verstecken kann. Stellen Sie zwei Katzentoiletten auf, eine „im Freien", die andere decken Sie mit einem großen Karton mit ausgeschnittener Einschlupföffnung ab. Beobachten Sie, für welche von beiden sich die Katze entscheidet.

Ist ihr die abgedeckte Kiste lieber: in Ordnung. Dann ist die Lösung einfach. Entweder Sie lassen der Katze den Karton als Abdeckung, oder Sie kaufen eine überdachte Katzentoilette, wie sie in Zoofachhandlungen erhältlich ist. Wenn sie Wert auf ihr Privatleben legt, kann sie das haben.

Gleichzeitig versperren Sie der Katze den Zugang zu den Stellen, an denen sie sich bis dahin erleichtert hat, oder Sie verleiden Ihr diese Bereiche mit selbstklebender Dekofolie, Kartons, doppelseitigem Klebeband oder einem Abweismittel. Wenn sie dort nicht mehr hinkommt, kann dort auch nichts mehr passieren. Einfach, aber wirkungsvoll!

Halt, das ist mein Platz!

Es kann sein, daß Ihre Katze eine ausgeprägte Vorliebe für eine oder zwei Stellen im Haus entwickelt, zu denen das Katzenklo selbstverständlich nicht gehört! Selbst wenn Sie sie gründlich mit einem geruchsneutralisierenden Mittel reinigen – Ihre Katze kehrt immer wieder an dieselben Plätze zurück. Selbst wenn Sie den Teppich wegnehmen, von dem Sie sicher angenommen haben, er habe der Katze besonders gut gefallen, kommt sie trotzdem dahin zurück. Hier sind ein paar Strategien, die Sie anwenden können. Sofern der Platz dafür irgendwie in Frage kommt, stellen Sie die Klokiste dort auf. Warum wollen Sie dagegen angehen? Sobald mit der Katze alles wieder in gewohnten Bahnen verläuft, können Sie die Kiste langsam, zentimeterweise, wieder in einen Bereich verschieben, der Ihnen besser paßt.

Läßt sich das Katzenklo nicht an der betreffenden Stelle aufstellen, dann versuchen Sie, die Katze an diesem Platz zu füttern. Das sollte eigentlich helfen. Eventuell hält es die Katze fern, wenn Sie den Bereich mit Alufolie abdecken. Auch ein für die Anwendung im Innenbereich geeignetes Abweismittel wird sie möglicherweise veranlassen, einen anderen Platz aufzusuchen. Wenn Sie mit der Katze an der betreffenden Stelle spielen, kann das ebenfalls ein Grund für sie sein, noch einmal über ihre schmutzigen Angewohnheiten nachzudenken.

Wenn die Katze die Kiste total ablehnt

Die Katze weigert sich ab sofort, das Katzenklo zu benutzen. Obgleich das äußerst selten vorkommt, kann es wirklich zur Plage werden. Ist das der Fall, müssen Sie sofort etwas dagegen unternehmen und so lange entschieden dagegen vorgehen, bis das Problem gelöst ist.

Denken Sie zuerst nach: Haben Sie in der letzten Zeit irgend etwas an der Klokiste verändert? Eine neue Einstreu verwendet, beim Reinigen eine neue Seife benutzt? Haben Sie die Kiste umgestellt? Fällt Ihnen sonst noch irgend etwas ein? Ist das der Fall, dann machen Sie es auf der Stelle rückgängig. Wenn das Problem damit ausgestanden ist: wunderbar. Wenn sich doch nur alles so einfach lösen ließe! Hat sich aber nichts geändert, müssen Sie einen anderen Weg einschlagen.

Versuchen Sie es damit, daß Sie eine Weile sehr wenig Einstreu in die Kiste einfüllen und Ihre Katze in ein Zimmer sperren, das nicht in der Nähe der Bereiche des Hauses liegt, die sie neuerdings so bevorzugt. Außerdem kann es notwendig sein, eine Zeitlang eine flachere Klokiste zu verwenden, bis die Katze sich wieder darauf einstellt, eine Katzentoilette zu betreten, wenn sie sich erleichtern will.

Sie können auch versuchen, die Katze mit der Klokiste in ihrem Zimmer einzuschließen, doch wenn ihr dort ebenfalls etwas danebengeht, werden Sie direktere Maßnahmen ergreifen müssen. Für solche Fälle empfehlen wir Ihnen, die Katze strikt in einen bequemen Transportbehälter zu verbannen. Er sollte so groß sein, daß sie darin stehen, sich umdrehen und sich hinlegen kann, aber nicht so groß, daß Sie eine Ecke als Toilette benutzen kann und dann noch genügend Platz hat, um sich aus dem Malheur herauszuhalten.

Wenn Sie sich nicht bei der Katze aufhalten können, sperren Sie sie in ihren Transportbehälter. Geben Sie ihr Wasser, vorzugsweise in einem Napf, den man direkt am Transportkorb befestigen kann, damit nicht so viel verschüttet wird. Alle vier bis sechs Stunden bringen Sie die Katze in ihre Klokiste. Ermuntern Sie sie mit freundlichen Worten dazu, sie zu benutzen. Beobachten Sie unauffällig, was geschieht. Lesen Sie eine Zeitschrift, entspannen Sie sich. Benutzt die Katze die Klokiste, dann loben Sie sie ausgiebig. Geben Sie ihr nach jedem erfolgreich absolvierten Ausflug zur Klokiste ihr Futter.

In der Enge des Transportbehälters wird die Katze nichts schmutzig machen wollen. Indem Sie sie zwingen, ihr Bedürfnis aufzuhalten, und sie dafür belohnen, daß sie die Kiste benutzt, arrangieren Sie eine Situation, in der die Katze ein Erfolgserlebnis haben kann und in der Sie anwesend sein können, um ihr dabei Mut zu machen. Nachdem Sie das einige Wochen lang so gemacht haben, sollte eigentlich alles wieder im Lot sein.

Wenn Sie gern mit Ihrer Katze zusammen sein möchten, ihr aber nicht über den Weg trauen, legen Sie ihr Brustgeschirr und Leine an. So können Sie und die Katze zusammensein und schmusen, ohne daß Sie sich Sorgen machen müssen, daß sie sich heimlich davonmacht und wieder mal das Gästebett mit einem Andenken versieht.

Bei manchen Katzen entwickelt sich eine ausgeprägte Vorliebe für bestimmte Oberflächenstrukturen, die anders sind als Einstreu. Wenn Ihre Katze gern auf Zeitungen uriniert, warum wollen Sie dann dagegen ankämpfen? Zerreißen Sie Zeitungen in kleine Schnipsel und tun Sie sie in die Klokiste. Sperren Sie die Katze in ihr Zimmer, in dem die bevorzugte Oberflächenstruktur nicht einmal in Ansätzen vorhanden sein sollte, außer natürlich im Katzenklo.

Sobald die Katze ihre Kiste regelmäßig benutzt, geben

Sie etwas unparfümierte Katzenstreu zu dem Zeitungspapier dazu. Akzeptiert sie dieses neue Material, fahren Sie fort, immer etwas mehr dazuzugeben und dafür weniger Zeitungen zu verwenden. Mit der Zeit können Sie es dann schaffen, daß die Katze ihre Ansichten zum Thema Katzenstreu ändert.

Katzen entwickeln nicht nur Vorlieben für bestimmte Oberflächen, sondern sie können auch feste Vorstellungen in bezug darauf haben, wie sich der betreffende Gegenstand beim Kratzen verhalten und anfühlen soll. Es kann zum Beispiel sein, daß die Katze besonderen Gefallen an Frottee findet, das sie durch Kratzen aufbauschen kann, ehe sie darauf uriniert. Es mag sein, daß Sie eine Zeitlang tatsächlich ein Handtuch in die Klokiste legen müssen. Verwenden Sie dafür Handtücher, die Sie nicht mehr benötigen. Akzeptiert die Katze dann die Kiste, können Sie den Frotteestoff allmählich in immer kleinere Stückchen zerschneiden. Tun Sie gleichzeitig kleine Mengen Katzenstreu in die Kiste.

Scheuen Sie sich nicht, der Katze zu sagen, wie sehr Sie sich darüber freuen, daß sie sich neuerdings reinliche Manieren angewöhnt hat. Freundliches Lob und kleine Belohnungen durch Futter nach einem erfolgreichen Besuch der Klokiste schaden nichts, und bei manchen Katzen sind sie äußerst hilfreich.

Glauben Sie nicht, daß die Katze, wenn sie die Katzentoilette mit Erfolg benutzt, damit ihre alte Vorliebe aufgegeben hat. Seien es nun Zeitungspapier, Plastik, Handtücher oder Teppichboden, Sie werden sie von ihren Lieblingsoberflächen fernhalten müssen. Wir können uns alle nur schwer von alten Angewohnheiten trennen, und Ihre Katze bildet da keine Ausnahme.

Entfernen Sie, soweit Sie können, alles, was die Katze in Versuchung führt. Verleiden Sie Ihrer Katze alle Bereiche, in denen sie Zugang zu ihrer Lieblings-Oberflächenstruktur findet. Machen Sie dabei nach Belieben von den verschiedenen Methoden Gebrauch – selbstklebende Folien, Abweismittel, versteckte „Lärmfallen". Verwenden Sie das, was Ihnen und Ihrer Katze am besten ins Konzept paßt. Von jetzt an verbringt Ihre Katze in den „Gefahrenzonen" keine Sekunde mehr ohne Aufsicht. Halten Sie ein Hilfsmittel bereit, mit dem Sie korrigierend eingreifen können, sei es nun eine Katzenklapper, ein Signalhorn oder etwas zum Spritzen. Fängt die Katze an, an einer bestimmten Stelle herumzuschnüffeln, korrigieren Sie dieses Verhalten. Sagen Sie dabei kein

229

Wort. Loben Sie sie, nachdem sie sich aus dem Staub gemacht hat. Das verstärkt bei dem Tier die Angst vor dem betreffenden Bereich, aber nicht vor Ihnen. Auch hier gilt wieder: Wenn die Katze an der Leine geht und in Ihrer Nähe bleibt, können Sie hervorragend kontrollieren, wann und wie lange sie Zugang zu den verbotenen Bereichen des Hauses erhält.

Naturliebhaberinnen

Sie besitzen die geräumigste, schönste Katzentoilette im ganzen Land. Sie halten Sie tadellos sauber. Sie steht an einem unauffälligen, aber bequem erreichbaren Platz. Sie haben alles richtig gemacht, und doch erledigt Ihre Katze das Unumgängliche lieber in den Zimmerpflanzen. Wenn Sie wissen möchten, was Sie dagegen unternehmen können, lesen Sie bitte auf den Seiten 89 – 90 nach.

Hängepartien

Ihre Katze sucht die Klokiste mit gewissenhaftem Eifer auf, geht aber allem Anschein nach niemals hinein. Nachdem sie eine ganze Weile darum herumgetanzt ist, hockt sie sich auf die Kante und läßt ihre Hinterlassenschaften nach außen fallen. So frustrierend das auch ist, schimpfen Sie die Katze niemals deswegen aus, denn wahrscheinlich verknüpft sie dann die Schelte mit der Katzentoilette, und Sie sind schlechter dran als zuvor.

Tiere, die solche „Hängepartien" unternehmen, versuchen Ihnen oft lediglich verständlich zu machen, daß sie die Einstreu, die Sie verwenden, nicht ausstehen können. Sie vermeiden es, damit in Berührung zu kommen. Sie schütteln die Pfoten aus, nachdem sie sich darin aufgehalten haben. Sie kratzen nicht in der Einstreu, sondern ziehen es vor, Kratzbewegungen in der Luft auszuführen oder an den Wänden der Kiste zu kratzen. Unternehmen Sie einen kleinen Feldversuch in Ihren eigenen vier Wänden. Besorgen Sie sich mehrere Katzentoiletten und füllen Sie sie jeweils zwei bis drei Zentimeter hoch mit verschiedenen Einstreufabrikaten. Zieht die Katze eines davon den anderen deutlich erkennbar vor? Wenn sie das tut, dann verwenden Sie die betreffende Streu. Es hat keinen Sinn, mit Ihrer Katze deswegen zu streiten.

Eine überdachte Klokiste schafft nahezu unmittelbar Abhilfe, außer wenn die Katze sich auf die Türschwelle hockt. Wenn Ihre Katze eine solche Kiste annimmt, ist das eine hervorragende Lösung. Als Alternative dazu werden heute Klokisten mit nach innen überstehenden Rändern hergestellt, die es den Tieren zumindest erschweren, sich dort niederzulassen. Es lohnt sich, solch ein Modell einmal auszuprobieren. Außerdem werden für Katzen mit derartigen Neigungen inzwischen auch schon Sonderanfertigungen mit hohen Seitenwänden angeboten. Sie können aber Ihre Katzentoilette auch einfach in einen Karton mit annähernd gleich großer Grundfläche hineinstellen und vorn eine Einschlupföffnung ausschneiden. Das sieht nicht unbedingt besonders chic aus, erfüllt seinen Zweck aber verblüffend gut und kostet keinen Pfennig.

Einige Katzen sind gezwungen, sich auf den Rand ihrer Kiste zu hocken, weil sich der Kot darin zu ekelhaft hohen Bergen türmt. Tun Sie Ihrer Katze einen Gefallen; beklagen Sie sich nicht länger über das Tier, und machen Sie sich daran, die Kiste zu reinigen. Wenn Sie meinen, das Saubermachen sei eine schmutzige Arbeit, dann überlegen Sie sich mal, was es heißt, so etwas benutzen zu müssen!

Die Einstreu fliegt überall herum

Wäre Ihre Katze ein Mensch, wäre sie vielleicht ein bekannter Baseballstar. Da sie aber nun einmal eine Katze ist, vertreibt sie sich die Zeit damit, die Katzenstreu energisch in alle Himmelsrichtungen zu verteilen. Wie bereits gesagt, Sie sollten sie deswegen nicht ausschimpfen, das würde ihr nur die Katzentoilette völlig verleiden. Nehmen Sie stattdessen versuchsweise einige Veränderungen vor, die schon bei vielen Katzen ihre Wirkung getan haben.

Füllen Sie vor allem weniger Einstreu ein. Damit begrenzen Sie die Menge, die der Katze zum Verstreuen zur Verfügung steht. Wenn weniger drin ist, kann sie nicht so viel hinauswerfen. Oder verwenden Sie eine der im letzten Abschnitt beschriebenen höherwandigen Klokisten.

Die überdachten Katzentoiletten, zu denen wir bereits einiges gesagt haben, können das Problem verringern, obwohl eine Katze mit gutem Zielvermögen einige Einstreubrocken aus der Türöffnung herausscharren wird. Die beste Lösung ist allerdings eine Klokiste mit überstehendem Rand. Die meisten Katzen scharren die Einstreu mit kräftigen Bewegungen gegen die Seiten-

wände der Kiste; sind die Seiten oberseits abgedeckt, kann keine Streu mehr herausfliegen.

Alles in allem ist dies nicht so sehr ein Problem, es bedeutet lediglich ein Mehr an Arbeit. Die endgültige Lösung besteht darin, stets einen Handstaubsauger in Reichweite zu haben.

Spritzen

Mit dem Versprühen ihres Harns treffen Katzen, vor allem männliche Tiere, in der Regel eine Aussage, die ungefähr soviel zu bedeuten hat wie „Das gehört mir!" Aus diesem Grund kann sich ein Kater einem neuen Sofa oder einem kürzlich neu erworbenen Gegenstand rückwärts nähern und dort seine Visitenkarte hinterlassen. Er markiert vielleicht Ihr Bett, Ihre Wäsche oder Ihre Schuhe, vielleicht auch Ihren Lieblingssessel. Warum tut er das? Weil es stark nach Ihnen riecht. Indem er die Bereiche, in denen Sie sich oft aufhalten, mit seinem Duft markiert, beansprucht er Sie selbst und Ihre Wohnung als seinen Besitz. Unter Umständen wird alles, was in der Umgebung des Tieres neu ist, gekennzeichnet. Dazu gehören Plastiktüten, Koffer, die gerade vom Speicher geholt wurden, die Handtasche Ihrer Tante Mabel – Sie wissen schon, was gemeint ist. Die Liste ist bei weitem nicht vollständig.

Was können Sie dagegen unternehmen?

Die schlechte Nachricht ist, daß sich dieses Problem mitunter nur sehr schwer abstellen läßt. Stellen Sie sich also darauf ein, daß Sie konsequent und hartnäckig sein müssen. Die gute Nachricht ist: Sie können eine ganze Menge tun, um dieses Verhalten zu ändern.

Sprechen wir das Wichtigste zuerst an:

Lassen Sie Ihr Tier kastrieren!

Kater, die nicht kastriert wurden, markieren fast durchweg ihre Reviere – unweigerlich und zwangsläufig. Kümmern Sie sich einfach darum, daß der Eingriff vorgenommen wird, und Ihr Kater wird Ihnen mit großer Wahrscheinlichkeit (der Erfolgsfaktor beträgt 90%) Ihr Haus nicht länger verstänkern. Je eher Sie ihn kastrieren lassen, desto besser, denn wenn dies erst einmal zur festen Angewohnheit geworden ist, kann es sein, daß er sogar nach der Kastration damit fortfährt. Dieses Verhalten

232

verliert sich auch nicht im Laufe des Lebens. Mit Schelten und Strafen werden Sie nichts dagegen ausrichten. Bevor der Kater nicht kastriert ist, sind verhaltensändernde Maßnahmen ebenfalls völlig wirkungslos.

Sperren Sie Ihren Kater ein

Sind Sie umgezogen? Haben Sie renoviert oder die Möbel umgestellt? All das kann dazu führen, daß Ihr Kater intensiv mit Harn markiert. Zu den Gegenmaßnahmen gehören in diesem Fall das Einsperren des Tieres während der ersten Wochen, wenn Sie es nicht beaufsichtigen können, kombiniert mit wiederholten Besuchen unter Aufsicht in den Problemzonen. Sorgen Sie dafür, daß sich die Spritzflasche oder das Signalhorn in Reichweite befinden, und korrigieren Sie das Verhalten des Katers, wenn er sich rückwärts an irgendeinen Gegenstand heranmacht.

Nehmen Sie Ihren Kater an die Leine

Wenn Sie zu Haus sind, aber nicht wollen, daß Ihr Kater allein irgendwohin kann, auch nicht für eine Minute, dann legen Sie ihm Brustgeschirr und Leine an. Es spricht nichts dagegen, Ihren Kater an der Leine gehen zu lassen, wenn Sie mit ihm im Haus unterwegs sind, aber eine ganze Menge dafür. Auf diese Weise kommt der Kater in den Genuß, einige Schmusestunden mit Ihnen zu verbringen, ohne daß er dabei irgendwie in Schwierigkeiten geraten kann.

Schalten Sie den Streß aus

Das ist nicht immer leicht und manchmal unmöglich, aber versuchen Sie, einzugreifen, wo immer Sie können. Es wird Ihrem Tier helfen. Je mehr Streß Sie von Ihrem Kater fernhalten können, um so weniger wird er sich genötigt fühlen, sein Revier intensiv zu markieren. Im folgenden finden Sie einige oft auftretende streßauslösende Faktoren aufgelistet, die zur Folge haben, daß Kater durch Markieren Schweinereien anrichten:

Willy trägt ein Brustgeschirr und bleibt an der Leine, wenn er Zeit mit seinem Besitzer verbringt. Läuft er frei herum, setzt er Duftmarken.

233

Kommt ein neues Familienmitglied ins Haus, ganz gleich, welcher Art es angehört, kann das Markierverhalten beim Kater auslösen. Selbst eine unbekannte Katze, die in Sichtweite vorbeigeht, kann ihn in Markierungsstimmung versetzen. Wenn es sich um ein Tier handelt, das sich draußen im Freien aufhält und Ihren Haus- oder Wohnungskater in Erregung versetzt, dann überlegen Sie sich entweder, wie Sie den Eindringling daran hindern können, Ihr Grundstück zu betreten, oder wie Sie Ihr Tier vom Fenster fernhalten können.

Das Fernhalten des Störenfrieds kann mit Hilfe von Abweismitteln geschehen, oder Sie können ihn mit einem lauten Stoß aus dem Signalhorn oder einem Spritzer aus dem Gartenschlauch korrigieren, wir würden aber nicht davon ausgehen, daß eine dieser Methoden ein für allemal Abhilfe schafft. Der sicherste Weg, mit diesem Problem fertig zu werden, besteht darin, dafür zu sorgen, daß Ihr eigenes Tier das fremde Tier nicht zu Gesicht bekommt. Sperren Sie ihn anderswo ein; rücken Sie alles vom Fenster ab, worauf der Kater sitzen könnte; verleiden Sie ihm die Fensterbank mit umgekehrt verlegter Klebefolie oder doppelseitigem Klebeband.

Hat ein neu in die Familie aufgenommenes Heimtier die Unruhe ausgelöst, lesen Sie im Abschnitt „Bekanntschaft mit anderen Haustieren" auf den Seiten 81 – 88 nach, was Sie in einem solchen Fall unternehmen können, um den bestmöglichen Erfolg mit möglichst wenig Streß zu erzielen.

Auch das Zusammenleben auf engem Raum ruft Streß hervor. Sind Sie ein großer Katzenliebhaber mit zehn oder mehr Tieren, tritt das Markierverhalten unter Ihren Hausgenossen mit großer Wahrscheinlichkeit auf. Warum? Grundsätzlich gilt: Je höher die Populationsdichte in einem Gebiet ist, desto mehr Teile des Reviers sind umstritten und werden daher immer wieder neu abgesteckt und markiert. Auf den zwischenmenschlichen Bereich übertragen: Wenn jeder ein Grundstück von hundert Hektar besäße, warum sollte man sich dann damit aufhalten, Zäune zu errichten? Leben Sie aber auf engen Parzellen mit kleinen Gärten, die alle Ihre Nachbarn für sich selbst nutzen möchten, wie lange würden Sie dann dazu brauchen, einen Zaun aufzustellen? Bei Katzen ist es nicht anders. Ihr Revier ist wichtig für sie. Je größer die Konkurrenz um das Revier ist, desto häufiger tritt das Spritzen auf. Das ist eben die Art, wie Katzen Zäune errichten.

Sie können in Ihrem Haus zusätzliche Kletterbäume aufstellen, die vom Boden bis zur Decke reichen. Je mehr Plätze zur Verfügung stehen, an denen sich die Tiere ungestört aufhalten können, desto weniger Streitigkeiten treten auf. Und dennoch sollten Sie – unter realistischen Vorzeichen – als Besitzer zahlreicher Katzen entweder das Spritzen akzeptieren oder einige Tiere aus Ihrer Gruppe in gute, liebevolle Hände abgeben.

Viele Katzen reagieren empfindlich und schreckhaft auf laute, unerwartet auftretende Geräusche. Finden bei Ihnen in der Nähe Bauarbeiten statt? Hat Ihre Jüngste über Nacht eine Freundin zu sich eingeladen? Wird bei Ihnen viel gebrüllt, werden die Türen oft zugeschlagen? Richten Sie Ihrem Kater nach Möglichkeit ein ruhiges Zimmer ein, das vom Unruhezentrum etwas entfernt liegt. Lassen Sie ein Radio an. Es kann dazu beitragen, die störenden Geräusche auszublenden.

Haben Sie erst einmal die Ursache im Griff, die den Streß bei Ihrem Kater auslöst und das Markierungsverhalten hervorruft, dann können Sie darüber nachdenken, wie Sie das Verhalten selbst abstellen können. Doch zunächst müssen Sie herausfinden, was den Streß auslöst, und dagegen etwas unternehmen, sonst werden alle Anstrengungen der Welt an diesem Verhalten nichts ändern.

Sexueller Druck übt auf Tiere sehr viel Streß aus. Ich habe es an anderer Stelle bereits gesagt, aber falls Sie das Buch nur überfliegen, spreche ich es noch einmal an: Lassen Sie Ihren Kater kastrieren! Es handelt sich dabei um eine grundlegende Maßnahme zur Behebung dieses Problems.

Beseitigen Sie den Geruch

Besorgen Sie sich aus dem Zoofachhandel oder vom Tierarzt ein geruchsneutralisierendes Mittel, das speziell für den Einsatz gegen Katzenharn bestimmt ist. Benutzen Sie es. Benutzen Sie es, wenn nötig, mehrmals nacheinander. Wenn Sie die Stellen, an denen der Kater durch Spritzen markiert hat, mit Wasser und Seife reinigen, werden Sie nichts ausrichten. Kann er den Urin noch riechen, wird er an der gleichen Stelle erneut eine Markierung setzen.

Verleiden Sie ihm die kritischen Stellen

Wenn Sie zu Haus sind, können Sie die kritischen Punkte zusammen mit Ihrem Kater mit aller gebotenen Vor-

sicht aufsuchen. Aber selbst, wenn Sie ihn sorgfältig im Auge behalten, schadet es nicht, wenn Sie zusätzliche Vorsichtsmaßnahmen ergreifen. Wenn Sie das tun, erfährt er in jedem Fall eine Verhaltenskorrektur, sollte er seine alten Lieblingsplätze wieder aufsuchen, auch dann, wenn Sie mal einen Moment nicht auf ihn achten. Eine Korrekturmaßnahme, die nicht durch Sie, sondern automatisch an Ort und Stelle ausgelöst wird, wird ihn lehren, sich von den kritischen Bereichen fernzuhalten und nicht bloß aus Ihren Augen zu verschwinden.

Bekleben Sie die Wände, die Ihr Kater früher mit Harn markiert hat, mit Aluminiumfolie; umgeben Sie den kritischen Bereich mit einem klebrigen „Burggraben" aus Dekofolie oder doppelseitigem Klebeband. All das sind wirksame Maßnahmen, mit denen Sie Ihrem Kater beibringen können, daß er seine Visitenkarte hier nicht hinterlassen soll.

Füttern Sie ihn dort, wo er Duftmarken hinterläßt

Eine andere Art, an dieses Problem heranzugehen, besteht darin, daß Sie ihm an der Stelle, die er beschmutzt, sein Futter bereitstellen. Dadurch, daß Sie ihn dort füttern (aber bitte erst, nachdem Sie gründlich saubergemacht haben!), verringern Sie bei ihm den Drang, dort seine Markierungen zu setzen. Das funktioniert natürlich nur dann, wenn der Kater seine Duftmarken an ein oder zwei Stellen verspritzt. Tut er das an vielen verschiedenen Stellen im Haus, wird er einfach eine andere aufsuchen und dort markieren. Aber einen Versuch ist es jedenfalls wert.

Betreten ab jetzt verboten!

Diese Regel wird liebevoll als „Nicht-rein-nicht-drauf"-Regel bezeichnet. Das Tier darf nicht ins Zimmer und nicht aufs Bett. Es ist ganz einfach. Es ist menschlich. Es kostet nichts. Es geht schnell. Es funktioniert. Was wollen Sie da noch mehr?

Manche Leute sperren sich, diese Frage zu beantworten, weil sie das Gefühl haben, dem Kater nichts beigebracht zu haben. Und sie haben recht. Es ist eher so, als hätte das Tier Ihnen etwas beigebracht. Aber was soll's ? Wir sind hier nicht in der Erziehungsanstalt, hier geht es um das richtige Leben. Warum den langen beschwerlichen Weg einschlagen, wenn auch ein kurzer, einfacher

Weg zum Ziel führt? Wenn Ihr Kater oder Ihre Katze gern auf dem Gästebett uriniert, bringen Sie an der Gästezimmertür einen automatischen Türschließer an. Erledigt! Es tut nicht weh, und das Bett bleibt sauber.

Oder decken Sie das Bett mit einer Tagesdecke aus Plastik ab. Nützt nichts bei Tieren, die wild auf Plastik sind, aber viele Katzen setzen ihren Harn nicht gern ab, wenn sie dabei nasse Pfoten bekommen. Und falls Sie einen der Plastikfetischisten Ihr eigen nennen, versuchen Sie, mehrere Bahnen Alufolie aneinanderzukleben und das Bett damit abzudecken. Ihren Freunden können Sie ja erzählen, Sie hätten vor, eine riesengroße Folienkartoffel zu backen ... Ja, es sieht wirklich ziemlich albern aus, aber es funktioniert in vielen Fällen.

Übung macht den Meister

Körperliche und geistige Übung hat bei nahezu allen Problemen, die bei Katzen auftauchen, positive Auswirkungen. Übung ist zwar mit Sicherheit kein Allheilmittel, bildet aber einen wesentlichen Bestandteil jedes Verhaltensänderungsprozesses. Sorgen Sie dafür, daß Ihr Kater reichlich Gelegenheit bekommt, seine Pfoten zu strecken und auch geistig beweglich zu bleiben. Bringen Sie ihm neue Verhaltensweisen bei. Denken Sie sich Spiele aus, die Spaß machen. Das hilft nicht nur dem Kater, die Langeweile zu vertreiben, es trägt auch dazu bei, die Bindung zwischen Ihnen und dem Tier lebendig zu erhalten. Positive gemeinsame Erlebnisse sind vor allem dann wichtig, wenn das Verhältnis durch unerwünschte Verhaltensweisen starken Belastungen ausgesetzt ist.

Lassen Sie Ihren Kater behandeln

Es gibt Medikamente, mit denen man das Markierverhalten beeinflussen kann. Da sich das Spritzen an sich nur unter erheblichen Schwierigkeiten unterdrücken läßt, sollten Sie die Verwendung solcher Medikamente schon sehr früh in Betracht ziehen. Sprechen Sie mit Ihrem Tierarzt darüber, welche Möglichkeiten Ihnen zur Verfügung stehen. Die Präparate, mit denen man das Markierverhalten beeinflussen kann, lassen sich in zwei große Gruppen einteilen: Es gibt Hormonpräparate und Sedativa (Beruhigungsmittel).

Es werden ständig neue Mittel entwickelt, die immer genauer auf die Probleme abgestimmt werden, um die es

uns hier geht. Viele davon sind sehr wirksam und haben, selbst wenn sie über längere Zeit angewendet werden, wenig oder gar keine Nebenwirkungen. Das Spritzen bei Katern ist eine Verhaltensweise, bei der man irgendwann vor der Frage „Alles oder nichts" steht. Das bedeutet, daß Sie, wenn das Tier damit nicht aufhört, eventuell nicht in der Lage sind, es länger bei sich zu behalten. Und glauben Sie nur nicht, die Leute stünden Schlange, um ausgewachsene Tiere aufzunehmen, die ihr Territorium mit Duftmarken kennzeichnen. Das ist ganz bestimmt nicht der Fall. Im Grunde läuft es darauf hinaus, daß das Tier entweder auf das Markieren verzichtet oder eingeschläfert werden muß. Wenn man sich das einmal klarmacht, verliert die Frage nach den Nebenwirkungen vielleicht doch etwas an Bedeutung. Aber besprechen Sie die Behandlung trotzdem eingehend mit Ihrem Tierarzt. Sie sollten wissen, worauf Sie und Ihre Katze sich einlassen.

Beschädigungen durch Kratzen

In diesem Abschnitt beschäftigen wir uns mit Kratzschäden an Gegenständen. Wenn Sie mit Ihrer Katze Probleme haben, weil sie Menschen kratzt, lesen Sie bitte den Abschnitt über Aggression auf den Seiten 244-257.

Vergessen Sie nicht, daß es sich beim Kratzen um eine natürliche Verhaltensweise handelt, ein Verhalten, über das Sie sich nur deshalb ärgern, weil es dabei um Dinge geht, die Sie schätzen. Würde Ihre Katze nur an ihrem Kratzbaum oder an einem Baum im Garten kratzen, würden Sie nie auch nur einen Gedanken daran verschwenden. Bei der Lektüre dieses Abschnitts sollte Ihnen zunächst klar sein, daß das Problem darin besteht, *woran* die Katze kratzt, und nicht darin, *daß* sie überhaupt kratzt.

Die drei häufigsten Gründe, warum Katzen kratzen und damit Schaden anrichten, sind Krallenpflege, Reviermarkierung und Streßabbau.

Die Pflege der Krallen ergibt sich als zusätzlicher Vorteil beim Kratzen meist mehr oder minder von selbst. Nach dem Gesichtsausdruck zu urteilen, den Katzen beim Kratzen zeigen, vermuten wir, daß es für sie eine angenehme Erfahrung ist, wenn sie ihre Krallen irgendwo hineinschlagen und kräftig ziehen. Es ist vermutlich eine herrliche Entspannung sämtlicher Zehenstreckmuskeln in den Pfoten.

Ben markiert sein Revier für alle deutlich sichtbar, indem er an der Bank kratzt.

Beim Kratzen werden die Krallen gesäubert; die obere, abgenutzte Hornschicht wird dabei entfernt. Außerdem werden dabei die Krallen geschärft.

In der Regel kratzen Katzen, um damit ihr Revier zu markieren. Da alle Katzenreviere aus verschiedenen Zonen bestehen, deren Bedeutung den Tieren bewußt ist, kümmern sich alle Katzen, insbesondere männliche Tiere, eingehend um diese Revierbereiche. Da sie keine Schilder mit der Aufschrift „Mein Gebiet" aufstellen oder Zäune errichten können, hinterlassen sie ihre Visitenkarten durch Kratzen. Das Kratzen hinterläßt sowohl visuelle (die von den Krallen eingeritzten Kratzspuren), als auch olfaktorische Spuren (den Geruch, den die Duftdrüsen in den Pfotenballen absondern), die alle anderen Katzen sehen und riechen können.

Ein Grund dafür, daß Katzen sich beim Kratzen oft nach oben strecken und die Krallen nach unten ziehen, besteht darin, daß sie damit einen Hinweis auf ihre Größe hinterlassen. Je weiter oben die Kratzspuren, desto größer die Katze. Je größer die Katze, desto durchsetzungsstärker ist sie als Revierkonkurrent. Wenn man schon eine Vorstellung davon hat, wie groß der Gegner ist, bevor man ihn zu Gesicht bekommt, kann man sich manche Auseinandersetzung sparen.

Man kann im voraus sagen, wo Katzen ihre Kratzspuren hinterlassen: am Zugang zu ihrem eigenen Grundstück, am Lieblingsschlafplatz, an umstrittenen Grenzlinien und an häufig benutzten Ein- und Ausgängen.

Der andere Grund, aus dem Katzen kratzen, der allerdings auch mit der Reviermarkierung zu tun hat, ist Streß. Wenn Ihre Katze am Fenster sitzt und eine fremde

239

Katze über „ihren" Hof streichen sieht, wird sie das frustrieren. Diese Frustration kann sich durchaus dadurch äußern, daß sich Ihre Katze umdreht und die Fensterbank zerkratzt. Sie markiert ihr Revier, doch dieses Revierverhalten wird durch Streß ausgelöst.

Worauf Sie beim Kratzbaum achten sollten

Ehe wir uns ausführlicher damit beschäftigen, wie man mit Katzen umgeht, die Kratzschäden anrichten, wollen wir noch einmal kurz ansprechen, was einen Kratzbaum für Katzen attraktiv macht. Damit eine Katze lernt, einen Kratzbaum regelmäßig zu benutzen, muß es sich um die richtige Art von Kratzbaum handeln. Die Kratzgelegenheiten, die am besten angenommen werden, weisen verschiedene gemeinsame Eigenschaften auf.

Standfestigkeit

Einen wackligen Kratzbaum wird Ihre Katze nicht annehmen. Die Katze möchte sich richtig anstrengen und unter Kraftaufwand an der Oberfläche reißen können, an der sie kratzt. Dieses Bedürfnis ist ein Grund dafür, warum schwere Möbelstücke bei Katzen so gut

Bens Lieblings-Kratzbaum ist zugleich Ruheplatz und Ausguck.

ankommen. Ein robuster, strapazierfähiger Fuß kann einem Kratzbaum Stabilität verleihen, ebenso wie eine feste Verankerung an der Wand, am Boden oder an der Zimmerdecke.

Höhe

Die meisten Katzen haben es gern, wenn sie sich in die Höhe strecken, dort festen Halt suchen und die Krallen abwärts an der Unterlage entlangziehen können. Das heißt, der ideale Kratzbaum muß eine vernünftige Höhe aufweisen – je höher er ist, desto besser. Es ist eine gute Richtlinie, wenn Sie sich einen Kratzbaum besorgen, der mindestens so hoch ist wie der Gegenstand, an dem das Tier am liebsten kratzt.

240

Oberflächenstruktur

Untersuchungen haben gezeigt, daß die meisten Katzen Materialien bevorzugen, deren Strich oder Faserstruktur vertikal verläuft. Dort können sie ihre Krallen ohne Schwierigkeiten von oben nach unten hindurchziehen. Oberflächen aus Sisal oder Teppichboden werden normalerweise beide akzeptiert. Wenn Sie den Kratzbaum selbst bauen, sollten Sie in Betracht ziehen, den Teppichbelag mit der Rückseite nach außen anzubringen, da das Grundgewebe aus grobem Sackleinen vielen Katzen besonders zusagt.

Besonders wichtig: der Standort

Sie können den allerbesten Kratzbaum im ganzen Wohnviertel haben, aber wenn er an der falschen Stelle steht, wird er nicht benutzt. Wie oft würden Sie ein Badezimmer im Keller benutzen, wie chic das auch immer sein mag, wenn Sie ein anderes hätten, das Sie bequemer erreichen können, weil es in dem Stockwerk liegt, in dem Sie sich aufhalten? Genau so denkt die Katze. Warum soll ich den ganzen Weg bis ins hintere Schlafzimmer machen und dort den Kratzbaum benutzen, wenn ich ein perfekt geeignetes Sofa direkt vor der Nase habe?

Außerdem ist das für Katzen nicht nur eine Frage der Bequemlichkeit. Da sie mit Hilfe der Kratzspuren Informationen austauschen, warum sollten sie dann ein Schild an einer Stelle aufstellen, an der niemand vorbeikommt?

So verhindern Sie weitere Kratzschäden

Solange die Katze noch jung ist, können Sie ihr Kratzverhalten am leichtesten beeinflussen. In dieser Zeit können Sie mit ihr erwünschte Verhaltensweisen erarbeiten und müssen nicht versuchen, dem Tier eingefahrene Verhaltensweisen abzugewöhnen, die Ihnen nicht gefallen.

Materialpräferenzen

Bevor Sie damit beginnen, verhaltensändernde Maßnahmen zu ergreifen oder das Verhalten in eine bestimmte Richtung zu lenken, müssen Sie zunächst herausfinden, an welchem Material Ihre Katze gern kratzt.

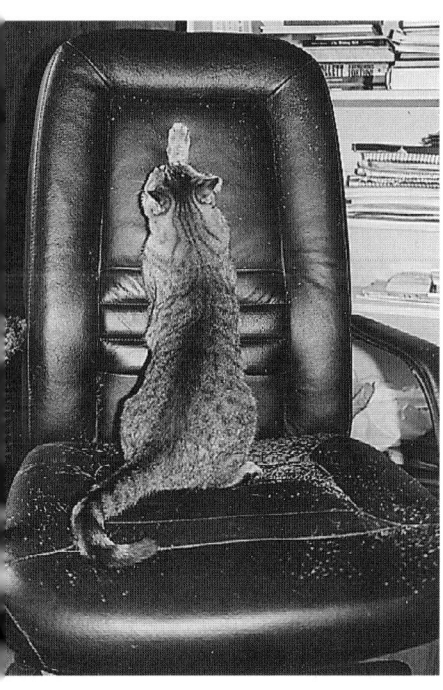

Während sich einige Katzen auf horizontale Oberflächen kaprizieren – sie mögen Läufer, Teppiche, Sitzflächen von Stühlen oder Sofas oder auch Türmatten – bevorzugen die meisten vertikale Strukturen – Ecken von Möbelstücken, Stuhllehnen, Seitenteile und dergleichen.

Was auch immer Ihre Katze am liebsten hat, wenn Sie Erfolg haben wollen, müssen Sie darauf eingehen. Das ist das eine, doch bei den meisten Katzenkindern bilden sich die Vorlieben schon früh aus, und wenn Sie anfangen, mit der Katze zu arbeiten, solange sie noch jung ist, können Sie ihr das Material in gewissen Grenzen vorschreiben.

Stubenarrest

Das Einsperren ist der Schlüssel, mit dem man sowohl bei Katzenkindern gutes Benehmen erarbeiten als auch bei

Innerhalb kürzester Zeit wird großer Schaden angerichtet.

älteren Katzen unerwünschte Verhaltensweisen in neue Bahnen lenken kann. Wenn Sie Ihre Katze in ein Zimmer sperren, in dem sie, abgesehen vom Kratzbaum, keine zum Kratzen geeigneten Oberflächen vorfindet, ist das eine zuverlässige Methode, um zu erreichen, daß sie sich auf den Kratzbaum konzentriert, wenn sie ihr Kratzbedürfnis befriedigen will. Plazieren Sie den Kratzbaum neben ihrem Schlafplatz, beeinflußt das die Entwicklung noch nachhaltiger zu Ihren Gunsten.

Sie können Ihre Katze sogar mit sanftem Nachdruck zum Kratzbaum tragen und ihre Pfoten daran entlangziehen. Damit überträgt sich ein wenig von ihrem Geruch auf den Kratzbaum, was der Katze helfen kann, zu kapieren, worum es geht. Tun Sie das aber nur dann, wenn Ihre Katze diese Behandlung entspannt über sich ergehen läßt. Ist sie nervös, erreichen Sie auf diese Art nur, daß sie mit dem Kratzbaum eine schlechte Erfahrung verknüpft.

Lob, Lob und nochmals Lob

Katzen sprechen gut auf Lob an. Lob steht zu jeder Zeit ohne weiteres zur Verfügung, kostet nichts und läßt sich leicht einsetzen. Überhäufen Sie Ihre Katze damit! Wenn Sie Ihre Katze dabei überraschen, wie sie sich gerade an ihrem Kratzbaum zu schaffen macht: Loben Sie sie! Flüstern Sie ihr süße Nichtigkeiten ins Ohr, knuddeln Sie mit ihr, ermuntern Sie sie – tun Sie alles, was ihr gut gefällt!

Mogeln gestattet!

Es ist absolut legitim, akzeptabel und moralisch einwandfrei, wenn Sie zu Ihren Gunsten etwas mogeln. Reiben Sie den Kratzbaum mit Katzenminze ein oder verstecken Sie dort Leckerbissen. Wenn das die Katze auch nicht unbedingt dazu verleitet, auf der Stelle daran zu kratzen, wird sie doch überall ihren Geruch hinterlassen, wenn sie vor Begeisterung den Kopf daran reibt. Haftet dem Kratzbaum erst einmal ihr Duft an, besteht eine größere Wahrscheinlichkeit, daß sie später dahin zurückkehrt.

Indem Sie Spielzeug verführerisch am Kratzbaum emporziehen, ermuntern Sie die Katze, ihre Krallen hineinzuschlagen. Lassen Sie sich etwas einfallen! Machen Sie etwas Lustiges mit ihr. Je öfter sie mit dem Kratzbaum in Kontakt kommt, desto mehr Erfolg haben Ihre Anstrengungen.

Verleiden Sie der Katze alte Kratzstellen

Katzenliebhaber sind einfallsreiche Leute. Sie haben sich schon alles mögliche ausgedacht, um Katzen davon abzuhalten, an Stellen zu kratzen, wo sie das vorher gern getan haben. Dazu zählen unter anderem: das Abkleben des betreffenden Bereichs mit Alufolie, das Aufhängen von Luftballons, das Abdecken mit Selbstklebefolie, wobei die klebrige Seite nach außen zeigt, oder mit doppelseitigem Klebeband, das Einsprühen mit einem Abweismittel, das sich für den Gebrauch in geschlossenen Räumen eignet, das Auslegen von Zitrusfruchtschalen, Sperren aus Plexiglas und vieles mehr. Die Liste ließe sich beliebig verlängern. Probieren Sie diese Möglichkeiten aus und lassen Sie sich selbst weitere einfallen. Sofern es dem Tier keinen Schaden zufügt und funktioniert, ist es eine prima Methode, ganz gleich, ob Sie sie in einem Buch gefunden haben oder ob Ihnen der tolle Einfall ganz von selbst gekommen ist.

Versuchen Sie niemals, eine Verhaltensweise abzustellen, ohne dafür eine andere, besser geeignete anzu-

bieten. Katzen müssen und werden kratzen. Nutzen Sie diesen Umstand zu Ihrem eigenen Vorteil, anstatt dagegen anzukämpfen.

Aggression

Mit der Angriffslust von Katzen zu leben kann durchaus eine furchterregende Erfahrung sein. Das Aggressionsspektrum reicht vom spielerischen Sprung aus der Deckung eines Sofas bis zum ernstzunehmenden Angriff. Zum Glück ist Aggression bei Katzen, wenn man einiges darüber weiß, weitgehend vermeidbar.

Obwohl Aggression bei Katzen, die mit Menschen zusammenleben, nicht erwünscht ist, erfüllt sie im Alltag wildlebender Katzen viele wichtige Funktionen. Ohne sie wäre die Jagd gar nicht möglich. Aggression spielt eine Rolle bei der Revierverteidigung, beim Schutz der Jungen, eines getöteten Beutetieres oder beim Selbstschutz. Sie gehört meist auch dazu, wenn Katzen spielen, und bildet einen wesentlichen Bestandteil ihres Sexualverhaltens. Da das so ist, ist aggressives Verhalten ein Teil des Wesens der Katze. Wenn Katzen aggressiv werden, geschieht das meistens aus einem der im folgenden genannten Gründe:

Defensive Aggression

Eine Katze, die Angst hat, ist eine Katze, die unbedingt in Ruhe gelassen werden will. Keine Diskussion. Versuchen Sie nicht, Ihre Katze zu beruhigen, zu tragen oder Kontakt mit ihr aufzunehmen, es sei denn, sie befindet sich in einer Situation, in der ihr Leben in Gefahr ist. Die Katze, die Sie liebt, ist in diesem verängstigten Zustand nicht anwesend. Sie stehen einem Tier gegenüber, dessen einziges Interesse darin besteht, sein eigenes Leben zu retten. Es wird jeden Versuch, ihm gut zuzureden, lediglich als zusätzliche Bedrohung betrachten. Geben Sie der Katze die Möglichkeit, sich zu verstecken. Erlauben Sie ihr, sich zurückzuziehen. Ermöglichen Sie es ihr, sich wieder zu beruhigen.

Sollte die Katze im Begriff stehen, sich selbst irgendwie in Gefahr zu bringen, können Sie sie daran hindern, indem Sie ihr einen stabilen Karton oder einen Papierkorb überstülpen. Seien Sie sich aber bewußt, daß sie das ebenfalls erschrecken und, falls sie den Karton auf sich zukommen sieht, zum Weglaufen veranlassen kann. Sprechen Sie besänftigend auf sie ein, bewegen Sie sich langsam, und versuchen Sie den Karton so gut wie möglich versteckt zu halten. Weitaus besser ist es jedoch, sie einfach in Ruhe zu lassen.

Woher wissen Sie, ob eine Katze einen panischen Schrecken bekommen hat? Sie preßt ihren Körper dicht an den Boden, die Ohren sind eng am Kopf angelegt, ihre Pupillen sind erweitert, und es kann sein, daß sie knurrt oder faucht. Es kann sogar passieren, daß sie sich auf den Rücken rollt, was wie eine unterwürfige Geste wirkt. Der Eindruck ist falsch; bleiben Sie ihr vom Leib.

Zeit ist für eine verängstigte Katze die beste Medizin. In dem Moment, in dem sie sich erschrickt, braucht sie Zeit, um sich zu beruhigen. Je nachdem, welches Ereignis, welcher Gegenstand oder welches Tier die Angst ausgelöst hat, braucht sie Zeit, um sich daran zu gewöhnen. Geben Sie ihr soviel Zeit, wie sie nötig hat. Wann sie sich wieder gefangen hat, merken Sie daran, daß sie anfängt, sich zu putzen, sich etwas Leckeres schmecken läßt oder zu Ihnen kommt, weil sie Ihre Aufmerksamkeit wecken möchte.

Wenn die Furcht sehr groß ist, wenn Sie deren Ursache nicht beseitigen können und Ihre Katze sich allem Anschein nach auch durchaus nicht daran gewöhnt, dann sprechen Sie mit Ihrem Tierarzt. Es gibt Medikamente, die einer Katze in einer solchen Situation helfen können. Medikamente darf man niemals leichtfertig oder als rasche Problemlöser verabreichen, und mit Sicherheit nie, ohne mit einem Tierarzt darüber gesprochen zu haben, aber sie haben ihren Nutzen. Eine Katze einige Wochen oder Monate mit Medikamenten behandeln zu lassen, bis sie lernt, mit einer neuen Situation zurechtzukommen, ist besser, als wenn man sie genau so lange oder noch länger in panischer Angst leben läßt.

Gereiztheit als Ursache von Aggression

Das ist durchaus wörtlich gemeint – ihre Katze ist gereizt und beißt oder kratzt Sie deswegen. Die gute Nachricht, wenn man sie denn als solche bezeichnen kann, ist, daß es sich hierbei normalerweise um Scheinangriffe handelt. Die Krallen bleiben eingezogen, oder zumindest weitgehend eingezogen, und die Bisse, falls es dazu kommt, verletzen die Haut normalerweise nicht.

Die beste Art, darauf zu reagieren, besteht darin, sich

absolut passiv zu verhalten. Halten Sie still, solange die Katze Ihre Hand umklammert. Völlige Passivität ist eine Unterwerfungsgeste, die die meisten Katzen nahezu sofort respektieren, indem sie loslassen. Wenn Sie sich wehren, hat die Katze den Eindruck, daß Sie die Botschaft, die da lautet „Ergib dich jetzt!", nicht verstehen, und sie kann dann noch angriffslustiger werden. Jetzt sind Sie auf dem besten Weg, Hautverletzungen davonzutragen.

Ein plötzlich auftretendes lautes Geräusch kann die Katze ablenken und zum Rückzug veranlassen. Wenn Sie mit der flachen Hand gegen die Wand, auf den Tisch oder gegen irgendeine andere harte Oberfläche in der Nähe schlagen, wird die Katze meist erschrocken von Ihnen ablassen. Ein rasch ausgeführter Luftstoß aus der Preßluftflasche wird die meisten Katzen ebenfalls veranlassen, sich zurückzuziehen.

Manche Katzen zeigen dieses Verhalten selten oder überhaupt nicht. Andere demonstrieren es jedesmal, wenn Sie bei ihnen auch nur ein ganz kleines bißchen zu weit gehen. Und daß man bei ihnen zu weit geht, kann leicht passieren. Die klassische Situation, in der Gereiztheit zu Aggression führt, ist beim Streicheln gegeben. Sie streicheln Ihre Katze, alles ist in Ordnung, und dann dreht sie sich um und beißt Sie. Genauso schnell, wie es hier beschrieben wird, und genauso überraschend. Was ist geschehen? Grundsätzlich schätzt die Katze, wie wir alle, den persönlichen Kontakt bis zu einem gewissen Punkt, und möchte ihn dann nicht länger haben. Wir neigen nur dazu, ihre Signale mißzuverstehen. Eine entscheidende Geste, auf die Sie achten sollten, ist das Schlagen mit dem Schwanz. Beginnt das Tier, mit dem Schwanz zu schlagen, hören Sie besser auf.

Diese Art der Aggression besagt absolut nicht, daß Ihr Tier Sie nicht mehr mag oder sich Ihnen nicht mehr zugehörig fühlt. Betrachten Sie es so: eine sehr gute Freundin sitzt neben Ihnen und tätschelt Ihnen freundlich den Arm. Allerdings macht sie damit immer weiter – fünf, vielleicht sogar zehn Minuten lang. Es gibt Tage, an denen Sie womöglich nichts dagegen haben. An einem anderen Tag sagen Sie vielleicht: „Hey, hör sofort damit auf!" Das ist Ihre Katze. Es ist nicht persönlich gemeint, sie ist immer noch Ihre Freundin, aber: Hör sofort damit auf!

Einer der ganz großen roten Schaltknöpfe, die das Signal „Jetzt beiße ich dich gleich!" auslösen, ist der Bauch Ihrer Katze. Manche Katzen rollen sich sogar auf den Rücken und präsentieren Ihre Bauchseite, was dem Be-

sitzer wie eine Aufforderung vorkommt, diesen wunderbar weichen Körperteil zu streicheln. Seien Sie von jetzt ab vorsichtig. Streicheln am Bauch veranlaßt viele Katzen sofort dazu, Ihre Hand mit den Vorderpfoten zu umklammern, Sie ins Handgelenk zu beißen und sich durch Strampeln mit den krallengespreizten Hinterpfoten gegen Ihren Arm zu wehren. Nichts davon ist angenehm. Aber noch einmal: wenn Sie ruhig und entspannt bleiben, wird sich die Katze vermutlich eher beruhigen, als wenn Sie sich wehren.

Die Toleranzgrenze beim Streicheln unterliegt bei Katzen großen Schwankungen. Manche genießen es. Manche fordern dazu auf und wollen lange Zeit gestreichelt werden. Einige wenige Katzen möchten einfach in Ihrer Nähe oder auf Ihrem Schoß sein, wollen aber nicht gestreichelt werden. Wenn das so ist, dann akzeptieren Sie es. Ihre Aufgabe besteht darin, zu beobachten, zu lernen und dann das zu tun, was Ihre Katze gern hat. Je mehr Sie ihre Wünsche akzeptieren und respektieren, desto besser sind die Aussichten, daß Ihre Katze mehr Geduld und Verständnis aufbringt. Wenn Sie gern möchten, daß sie das tut, lesen Sie den Abschnitt „Wenn sich die Katze nicht anfassen läßt" auf den Seiten 257 – 259.

Punk, ein Kater, der Menschen gern in die Knöchel beißt, muß jeden Tag ausgiebig Gelegenheit erhalten, seinen Jagdtrieb abzureagieren, damit sich seine Aggressionsanfälle in Grenzen halten. Dieses Angriffsspiel mit einer zusammengerollten Zeitung funktioniert gut bei ihm.

Spielerische Aggression

Angriffe auf Ihre Fußknöchel, das Schlagen mit den Pfoten nach Ihrer Hand, Überfälle aus dem Hinterhalt von überkopfhohen Stellen herab: all das gehört in diese Kategorie. Diese Art von Spielen beinhaltet üblicherweise einen Überraschungseffekt. Sie bringen gerade die Wäsche ins Schlafzimmer, und Ihre Katze kommt hinter der Tür hervorgeschossen. Es kann sein, daß sie seitlich auf

247

Sie zuläuft, dabei einen leichten Buckel macht und dann herumwirbelt und wegrennt. Oder sie klammert sich an Ihrem nächsterreichbaren Körperteil fest, der sich bewegt – normalerweise ist das einer Ihrer Füße – und beißt mehrmals hinein. Solche Bisse sind unterschiedlich fest. Das hängt von Ihrer Katze und dem Grad ihrer Erregung ab. Wenn Sie sich wehren oder aufschreien, verschlimmern Sie damit diese Art von Aggression. Auch hier gilt: verhalten Sie sich passiv. Eine reglose Beute macht weniger Spaß. Ein plötzliches, lautes Geräusch – wie oben beschrieben –, kann Ihnen auch in dieser Situation helfen.

Wenn Sie wissen, daß Ihre Katze entsprechend veranlagt ist, halten Sie immer ein kleines preßluftbetriebenes Signalhorn in der Tasche bereit. Das wird sie ein bißchen davon abbringen. Wenn Sie in einem Mehrfamilienhaus wohnen, wo Ihnen derartig laute Geräusche vermutlich Beschwerden seitens der Nachbarn einbringen, dann verwenden Sie eine Blumenspritze, eine Katzenklapper, oder eine Preßluftflasche, um die Katze von ihrem Vorhaben abzuhalten.

Es genügt nicht, dieses Verhalten zu korrigieren. Die Aggression ist ein Symptom, sie ist nicht das eigentliche Problem. Das Problem an sich, das diese Gefühlsausbrüche hervorruft, ist der unbefriedigte Jagdtrieb der Katze. Um diesem Problem wirklich abzuhelfen, nehmen Sie sich Zeit und beschäftigen Sie sich mit Ihrem Stubentiger. Bewegungsspiele, die „Grundausbildung" und regelmäßiges Austauschen der Spielzeuge tragen dazu bei, Ihrer Katze Abwechslung zu verschaffen, ohne daß Sie dabei Schmerzen leiden. Am besten geeignet für solche Katzen sind Spielsachen, die man jagen und anspringen kann und solche, in die man hineinbeißen und die man kaputtreißen kann. Zum Nachlaufen und Anspringen eignet sich alles, was man an einen Bindfaden binden oder mit einer Schnur an einem Stock befestigen kann. Spielsachen zum Hineinbeißen und Zerkratzen müssen größer sein, so daß sie die Katze mit den Pfoten richtig umklammern und „töten" kann. Oft ist ein ausgestopftes Tier an einer Schnur genau das richtige, um diese Art von Energie abzubauen.

Eine der am besten geeigneten Möglichkeiten, mit spielerischer Aggression umzugehen, besteht darin, für Ihre gelangweilte Katze eine zweite Katze ins Haus zu holen. Dann können sich die beiden gegenseitig die Zeit vertreiben, und Ihre Knöchel bleiben heil.

Aggression gegenüber einer neuen Katze

Wenn eine neue Katze ins Haus kommt, kann man damit rechnen, daß aggressives Verhalten in einem gewissen Umfang auftritt. In der Zeit, in der die Reviere abgesteckt werden und die beiderseitige Akzeptanz sich entwickelt, können Sie davon ausgehen, daß Fauchen, die bekannte Buckelhaltung, gesträubtes Fell, angelegte Ohren und dergleichen an der Tagesordnung sind. All das ist im Normalfall eher Imponiergehabe als ernsthafte Auseinandersetzung, und die Tiere haben kaum wirklich Kontakt miteinander. Es kommt höchstens einmal zu einer kurzen Rauferei, gefolgt von einem raschen Rückzug. Dabei fließt kein Blut, und verletzt werden nur die Gefühle.

Andererseits nehmen es Katzen in seltenen Fällen sehr übel, wenn in ihrem Lebensbereich ein weiteres Tier auftaucht. Sollte das der Fall sein, werden Sie Maßnahmen ergreifen müssen, die den Tieren helfen, sich gegenseitig zu akzeptieren. Dazu finden Sie im Abschnitt „Bekanntschaft mit anderen Haustieren" auf den Seiten 81 – 84 genauere Hinweise.

Territoriale Aggression

Katzen kämpfen miteinander um ihre Reviere. Für nicht kastrierte Kater ist die Auseinandersetzung die Lebensmaxime, ein Hauptanliegen und das Lieblingshobby zugleich. Alle Katzen, die mit Menschen zusammenleben, sollten kastriert werden, und bei Katern geschieht das genauso sehr zu ihrer eigenen Sicherheit wie zum Schutz unserer Nase vor unangenehmen Düften.

Wenn es sich bei Ihrem Kater um eine eingefleischte Kämpfernatur handelt, die sich drinnen und draußen aufhält, können Sie sich zwischen mehreren Möglichkeiten entscheiden. Sie können ihn daran gewöhnen, innerhalb der vier Wände zu bleiben. Damit ist das Problem mit hundertprozentiger Sicherheit vom Tisch. Wenn er seinem alten einäugigen Rivalen nicht mehr hinter den Büschen über den Weg läuft, dann bleibt ihm auch die 920. Auseinandersetzung mit ihm erspart.

Wenn es nicht in Betracht kommt, ihn durchgehend im Haus zu halten, dann lassen Sie ihn nur tagsüber ins Freie. Revierstreitigkeiten werden größtenteils nachts ausgetragen. Wenn Sie ihn ausschließlich abends füttern, können Sie sicherstellen, daß er rechtzeitig nach Haus kommt.

ABSZESSE

Aus kleinen Riß- oder Bißwunden, wie sie Katzen oft davontragen, wenn sie miteinander kämpfen, bilden sich oft Abszesse. Das geschieht dadurch, daß bei einem Biß oder einer Kratzverletzung Schmutz tief in die Wunde eindringt. Anschließend heilt die Wunde oberflächlich zu. Darunter bildet sich zunächst eine mit Eitererregern gefüllte Tasche, die sich von Tag zu Tag heftiger entzündet und anschwillt. Wenn Ihre Katze beim Nachhausekommen aussieht, als habe sie einen Kampf absolviert, waschen Sie ihre Wunden mit einem Medikament nach Angaben des Tierarztes aus. Es kommt darauf an, daß die Wunde offen bleibt und von innen heraus verheilt. Ist die Wunde tief, gehen Sie zum Tierarzt. Entwickelt sich daraus eine Schwellung, gehen Sie zum Tierarzt. Wird die Wunde heiß, rot oder sieht sie gefährlich aus, gehen Sie zum Tierarzt.

Denken Sie auch darüber nach, ob Sie ihm nicht draußen einen geräumigen Auslauf einrichten können, aus dem er nicht heraus- und in den andere Katzen nicht hineinkommen. Das gibt ihm die Möglichkeit, sich draußen aufzuhalten, ohne daß er Gefahr läuft, weitere Verletzungen davonzutragen.

Sexuell motivierte Aggression

Katzen sind in der Liebe nicht zimperlich. Der Kater beißt das weibliche Tier während der Kopulation in den Nacken, ein Verhalten, das auch durch Streicheln des Bauches ausgelöst werden kann. Auf diese Weise können auch verschiedene Arten von Aggression auslöst werden, aber das Heilmittel ist für alle das gleiche: Streicheln Sie Ihrem Kater nicht den Bauch. Aber Sie brauchen das, was wir Ihnen sagen, gar nicht für bare Münze nehmen: Tun Sie, was Sie wollen, Ihr Kater wird es Ihnen schon beibringen.

Auseinandersetzungen zwischen befreundeten Katzen

Katzen, die zusammenleben, gewöhnen sich in den meisten Fällen ein, vorausgesetzt, sie haben die Zeit dazu. Manche schließen rasch Freundschaft, schlafen eng aneinandergekuschelt und putzen sich gegenseitig zärtlich. Andere halten höflich Abstand zueinander und leben in einem allseits akzeptierten Waffenstillstand.

In den meisten Haushalten, in denen mehrere Katzen leben, kommt es immer mal wieder zum Krach, wie es unter Freunden überall passiert, aber das hat gewöhnlich keine großen Folgen. Normalerweise ist so etwas schnell wieder vergessen, und es fließt dabei kein Blut. Gelegentlich kommt es aber doch zum Ausbruch einer größeren Feindseligkeit. Das geschieht in der Regel dann, wenn eine Katze irgendeinen Schrecken davongetragen hat, für den sie einer anderen die Schuld in die Schuhe schiebt. Ein Beispiel: Ein Buch fällt aus dem Regal und verfehlt eine Katze um Haaresbreite. Sie springt jaulend zurück und sucht rasch das Weite. Unterwegs rempelt sie die andere Katze versehentlich von der Seite an. Die ist der Meinung, sie würde angegriffen und revanchiert sich entsprechend. Die verängstigte Katze, die jetzt nur noch aus Furcht besteht, setzt sich heftig zur Wehr. Und damit ist das Problem da.

Ähnliche Schwierigkeiten können entstehen, nach-

dem eine erkrankte Katze eine Zeitlang beim Tierarzt war und dann wieder nach Hause kommt, oder wenn eine Langhaarkatze aus dem Pflegesalon heimkommt. In beiden Fällen kann die Heimkehrerin deutlich anders riechen und aussehen. Es kann sein, daß die daheimgebliebene Katze sie wirklich nicht wiedererkennt. Wenn das der Fall ist, befolgen Sie die entsprechenden Hinweise auf den Seiten 81 – 84.

So merkwürdig Ihnen das auch vorkommen mag, Sie müssen so tun, als käme das Tier neu ins Haus. Oft beansprucht das Eingewöhnen deutlich weniger Zeit, aber Sie werden Geduld aufbringen müssen. Es gibt keine Erklärung dafür, worin für die Katzen das Problem besteht. So groß die Versuchung auch ist, überhäufen Sie die heimkehrende, verwirrte Katze nicht tonnenweise mit Aufmerksamkeiten außer der Reihe. Das führt nur zu noch größeren Spannungen zwischen den beiden Tieren. Widmen Sie sich beiden Katzen und behandeln Sie beide normal.

Bei Problemen, die durch Angst ausgelöst wurden, ist mitunter nichts weiter nötig, als daß man allen ein paar Stunden Zeit läßt, in denen sie sich wieder beruhigen können. Gelegentlich bleiben allerdings beide Katzen weiterhin in Verteidigungsbereitschaft und beobachten einander, um dann aus heiterem Himmel anzugreifen. Richten Sie in diesem Fall zwei getrennte Bereiche ein, einen für jede Katze. Jeder Bereich sollte über alle Annehmlichkeiten verfügen – Katzenklo, Nahrung, Wasser, Schlafmöglichkeit und Spielzeug. Lassen Sie die Katzen jeden Tag die Räume tauschen. Nachdem Sie das zwei bis drei Tage so gehandhabt haben, beginnen Sie damit, ihnen im gleichen Zimmer ihr Futter zu geben. Plazieren Sie die Futternäpfe anfangs in gegenüberliegenden Zimmerecken und schieben Sie sie langsam, bei jeder Mahlzeit, ein bißchen näher zueinander. Wenn Sie zu irgendeiner Zeit den Eindruck haben, daß eine der Katzen angespannt oder nervös wird, vergrößern Sie den Abstand wieder um einen halben Meter und lassen die Näpfe während der nächsten drei oder vier Mahlzeiten in diesem Abstand. Anschließend verringern Sie den Zwischenraum allmählich wieder.

Aggressionsübertragung

Zu Aggressionsübertragungen kommt es, wenn eine Katze von jemandem oder etwas heftig gereizt wird und die-

se Erregung dann am nächsten lebenden Wesen ausläßt, bei dem es sich, wenn Sie Pech haben, um Sie selbst handelt. Ein Beispiel dazu: Ihr Kater schaut aus dem Wohnzimmerfenster in seinen Hinterhof hinunter. Er beobachtet, wie eine Nachbarskatze, die er sehr haßt, Ihren Hof überquert. Ihr Kater beginnt zu knurren. Er findet das ganz und gar nicht lustig. Sie gehen zu ihm, weil Sie nachsehen wollen, was los ist. Sie strecken die Hand aus, um sich auf der Fensterbank, direkt neben Ihrem Kater, abzustützen. Er dreht sich um und beißt Sie kräftig. Sie schreien und schütteln Ihren Arm. Er beißt noch einmal zu und läuft weg.

Sie sind außer sich, und außerdem bluten Sie. Warum hat Ihnen Ihr geliebter Freund das angetan? Fassen Sie Mut! Obwohl Sie der Leidtragende bei diesem Mißgeschick waren, waren gar nicht Sie persönlich gemeint. Manche Katzen lassen, wenn sie einen bestimmten Grad an Erregung oder Gereiztheit erreichen, ihren Groll an jeder beliebigen Person aus, die sich in der Nähe befindet. Die weitaus überwiegende Mehrzahl aller Katzen tut so etwas nie. Bei kastrierten Tieren ist die Wahrscheinlichkeit, daß sie so etwas tun, viel geringer. Unter all den Katzen, die im Laufe der Jahre bei uns gelebt haben, befand sich keine einzige, die uns das angetan hat. Aber wir hatten Klienten, die so etwas erlebt haben, und wenn Sie mit diesem Problem konfrontiert werden, sollten Sie darüber Bescheid wissen.

Will man dieses Problem in den Griff bekommen, gehört dazu folgendes: In bezug auf eine Kastration haben sie *keine* Wahl. Hat die Aggression mit dem Fenster zu tun, was oft der Fall ist, sorgen Sie dafür, daß Ihr Kater keinen Zugang mehr zu dem betreffenden Fenster hat. Sperren Sie ihn in einiger Entfernung von dem Fenster in einen Raum. Verleiden Sie ihm den Bereich der Fensterbank mit doppelseitiger Klebefolie. Decken Sie das Fenster ab, so daß er nicht hinausschauen kann. Lassen Sie sich etwas einfallen, aber entscheiden Sie sich für eine wirksame Strategie. Dieses Verhalten ist zu furchterregend, als daß Sie sich mit halbherzigen Maßnahmen abgeben könnten. Halten Sie Störenfriede davon ab, Ihren Hof zu überqueren. Verwenden Sie draußen Abweismittel. Errichten Sie einen Zaun,wenngleich auch manche Katzen so gut wie jeden Zaun überwinden können. Bespritzen Sie den Eindringling mit dem Gartenschlauch, werfen Sie Katzenklappern so aus dem Fenster, daß sie in seiner Nähe auftreffen. Tun Sie ihm nicht weh,

aber rücken Sie ihm augenblicklich auf den Pelz, sobald er auch nur eine Pfote auf Ihren Hof setzt.

Lassen Sie Ihren Kater in Ruhe, wenn er sich beunruhigt. Gehen Sie anderswohin, wenn Sie sehen, daß Ihre Katze ihre Aufmerksamkeit auf etwas richtet und dabei knurrt. Halten Sie ein kleines Preßluft-Signalhorn bereit. Ein Signalhorn ist ein Mittel, mit dem Sie sowohl Ihre Katze, als auch jede andere, die sich in der Nähe aufhält, wirksam beeinflussen können. Allerdings setzt man so etwas nicht ohne triftigen Grund ein. Halten Sie es griffbereit und machen Sie ohne zu zögern davon Gebrauch, wenn Sie den Eindruck haben, daß Ihre Katze in aggressiver Stimmung auf Sie zukommt. Brechen Sie sofort ab, wenn sich das Tier abwendet. Es muß begreifen, daß, wenn es seinen Angriff abbricht, auch Ihre Gegenmaßnahmen aufhören.

Besteht das Problem weiter, bemühen Sie sich sofort um fachkundige Hilfe. Fragen Sie Ihren Tierarzt, ob er Ihnen einen Verhaltenstherapeuten in Ihrer Gegend empfehlen kann.

Durch schlechte Erfahrung hervorgerufene Aggression

Katzen greifen oft an, wenn sie selbst angegriffen werden. Das ist nicht schwer zu verstehen, aber es kann sein, daß der eine oder andere doch nicht so ganz genau begreift, worum es dabei geht. Dann beklagen sich die Leute darüber, daß ihre Katze sie gekratzt oder gebissen hat, aber wenn man genauer nachfragt, geben sie zu, daß sie wütend waren, als sie die Hand nach der Katze ausgestreckt haben. Wenn Sie eine Katze schlagen, verletzen Sie sie. Verletzen Sie eine Katze, wird Sie Ihnen das vermutlich mit gleicher Münze heimzahlen. Wurde sie von Ihnen oder irgend jemand anders in der Vergangenheit schon einmal verletzt, und bemerkt nun, daß Sie in wütender Stimmung auf sie zukommen, kann es sehr wohl sein, daß sie sich zu verteidigen versucht, bevor sie noch einmal verletzt wird. Was die Katze betrifft, ist das eine vernünftige Strategie.

Vermeiden Sie diese Art von Aggression, indem Sie sich selbst beherrschen. Ängstigen oder verletzen Sie Ihre Katze nicht, dann wird dieses Verhalten sofort ganz und gar aufhören.

253

Plötzlich auftretende Aggression ohne erkennbaren Grund

Wenn Ihre Katze plötzlich aggressiv wird und Sie nicht dahinterkommen können, warum das so ist, gehen Sie zu Ihrem Tierarzt. Möglicherweise ist ein durch eine verborgene Krankheit hervorgerufener Schmerz die Ursache des Problems. Physiologische Unregelmäßigkeiten können unvorhersehbares Verhalten verursachen. Es lohnt sich mit Sicherheit, diese mögliche Ursache überprüfen zu lassen, wenn Sie aus dem Verhalten Ihrer Katze überhaupt nicht schlau werden. Wenn Ihr Tierarzt dem Tier ein einwandfreies Gesundheitszeugnis ausstellt, machen Sie einen qualifizierten Verhaltenstherapeuten ausfindig, der sich mit Katzen auskennt. Mit Ihrer Katze ist eindeutig etwas nicht in Ordnung.

Aggression beim Beutefang

Katzen sind Jäger. Wenn es Sie stört, daß Ihre Katze kleine Tiere tötet, dann sorgen Sie dafür, daß sie im Haus bleibt. Es gibt nichts, womit Sie sie vom Jagen abhalten können, was sie nicht schlicht und ergreifend auch aus Ihrer Nähe vertreibt. Es ist natürlich fair, wenn man die Kleintiere davor warnt, daß der Tod draußen herumschleicht: Durch ein Halsband mit einem Glöckchen daran kann man das bis zu einem bestimmten Ausmaß erreichen.

Medizinische Hilfen für aggressive Katzen

Zur Behandlung von Aggression bei Katzen steht eine Reihe hochwirksamer neuer Arzneimittel zur Verfügung. Diese neuartigen Präparate sind genauer auf die Probleme abgestimmt, derentwegen sie verabreicht werden. Dabei haben sie, auch bei längerer Anwendung, weniger Nebenwirkungen und sind wirksamer als die bisher bekannten Arzneimittel. Wenn wir ein Tier hätten, das auf verhaltenstherapeutische Ansätze nicht ansprechen würde, würden wir nicht zögern, es mit solchen Präparaten behandeln zu lassen.

Sie sollten wissen, daß es diese Mittel gibt, daß sie gut wirken, in der Regel nur geringe Nebenwirkungen haben und daß sie Ihrer Katze das Leben retten können. Falls Sie befürchten, Ihre Katze könnte infolge einer solchen Behandlung benommen und desorientiert sein,

Katzen sind Jäger. Hier spielt Ben mit einer gefangenen Maus. Warum? Weil er eine Katze ist!

255

beruhigen Sie sich: So etwas kommt heutzutage nicht mehr vor.

Wenn aggressive Katzen eingeschläfert werden müssen

Es kommt selten vor, daß man eine Katze einschläfern lassen muß, weil sie zu aggressiv ist, aber gelegentlich muß man sich doch für diese Lösung entscheiden. Wenn Sie irgendwelche Bedenken oder Zweifel haben, schöpfen Sie bitte zuvor jede andere Möglichkeit aus. Lassen Sie sich von Ihrem Tierarzt helfen und sich von ihm Medikamente empfehlen, mit denen man das Tier versuchsweise behandeln könnte. Erkundigen Sie sich, wo Sie einen erfahrenen Verhaltensspezialisten oder -therapeuten finden, der Ihnen helfen kann, das Verhalten Ihrer Katze günstig zu beeinflussen. Wenn Sie aber bereits alles versucht haben, und es kommt mit Ihrer Katze trotzdem immer noch zu ernsthaften aggressiven Zwischenfällen, dann müssen Sie eine Entscheidung treffen.

Eine solche Entscheidung fällt niemals leicht. Ganz gleich, wie viele Versuche Sie bereits unternommen haben, fast immer gibt es im Hintergrund eine leise Stimme, die Ihnen zuflüstert: „Soll ich nicht doch nochmal versuchen, ...?“ Sollten Sie nicht doch nochmal versuchen, mit ihr zu einem anderen Arzt zu gehen? Was wäre, wenn die Katze irgendwo anders untergebracht wäre? Daß Sie den Wunsch haben, eine positive Lösung für das Problem Ihrer Katze zu finden, ist ganz natürlich. Es ist auch natürlich, daß man das Tier nicht einschläfern lassen will. Aber manchmal ist es leider die einzige Lösung.

Es kann verlockend sein, die Katze anderswo unterzubringen. Es ist scheinbar eine einfache Art, Ihr Problem zu „regeln“, so daß Sie die Entscheidung, vor der Sie zurückschrecken, nicht fällen müssen. Aber tun Sie das nicht. Bei Ihnen findet die Katze die mit Abstand liebevollste und verständnisvollste Umgebung, die sie sich wünschen kann. Wenn Sie sich Zeit dafür nehmen, dieses Buch zu lesen, tun Sie schon mehr dafür, Ihrer Katze zu helfen, als viele andere Menschen tun würden. Die Katze an jemand anders abzugeben ist aus verschiedenen Gründen die falsche Lösung. Erstens haben Sie keine Garantie dafür, daß diese neuen Leute so liebevoll und verständnisvoll mit ihr umgehen werden wie Sie. Ihre Katze der Gefahr auszusetzen, von einem wütenden

256

Menschen geschlagen zu werden oder Schlimmeres erleiden zu müssen, ist nicht akzeptabel. Zweitens, was geschieht, wenn sie wirklich jemanden verletzt, vor allem ein Kind? Sie hätten dabei nicht nur ein entsetzliches Gefühl, man könnte Sie möglicherweise auch dafür mit verantwortlich machen. Und schließlich: Wenn die Katze von den neuen Besitzern in einem Tierheim abgegeben oder noch einmal an Dritte weitergegeben wird, kann es sein, daß sie zu guter Letzt ganz allein und verwirrt irgendwo in einem Käfig endet und von Fremden eingeschläfert wird.

So schwer es Ihnen auch fallen mag: Ihrem Tier auf möglichst sanfte und liebevolle Weise dabei zu helfen, diese Welt zu verlassen, kann der letzte Liebesdienst sein, den Sie Ihrer Freundin erweisen. Dann geht sie, von liebevollen Händen gehalten, und das letzte, was sie hört, ist eine liebe Stimme.

Gehen Sie davon aus, daß Ihnen anschließend eine Weile elend zumute ist. Wie lange Sie trauern, hängt davon ab, was für ein Mensch Sie sind. Manche sind tagelang verzweifelt, bei anderen stellen sich wochenlang in Abständen Depressionen ein. Versuchen Sie, sich nicht selbst zu verurteilen. Wie immer Sie damit umgehen, Sie tun es auf Ihre Art, und so ist es gut. Die Schuld- und Trauergefühle, die einen überwältigen, wenn man eine derartige Entscheidung zu treffen hat, können äußerst heftig sein. Zum Glück sind Sie nicht die oder der einzige, denen so etwas passiert. In den USA gibt es Selbsthilfegruppen, die sich mit solchen Situationen auseinandersetzen. Mit Menschen reden zu können, die Verständnis aufbringen, ist eine wunderbare Sache. Erkundigen Sie sich, ob in Ihrer Umgebung Gesprächs- oder Selbsthilfegruppen existieren, und scheuen Sie sich nicht, mit Menschen in ähnlicher Situation über Ihre Gefühle zu sprechen. Es kann Ihnen helfen, mit dem Verlust besser fertigzuwerden.

Wenn sich die Katze nicht anfassen läßt

Manche Katzen möchten, daß es in der Welt ganz und gar nach ihren Vorstellungen zugeht. Dabei handelt es sich um Tiere, die im allgemeinen zu einer von drei verschiedenen Gruppen gehören: Entweder sind sie schlecht behandelt worden, was sie mißtrauisch gegenüber jedweder Art von Berührung macht; oder sie sind nie von

257

Emily ist nicht gerade eine Freiluft-Fanatikerin und zeigt hier deutlich, wie schwierig es ist, eine Katze festzuhalten, die eigentlich lieber woanders wäre. Dank ihrer gutmütigen Art hat sie Sarah dabei nicht wehgetan.

Menschen berührt worden, Berührungen sind ihnen also fremd; oder sie gehören einfach nicht unbedingt zu den Schmusekatzen. Wenn Sie Grund zu der Annahme haben, daß die Katze bisher nie von Menschen berührt wurde, lesen Sie bitte im Abschnitt über das Zähmen verwilderter Katzen auf den Seiten 291 – 293 nach, was Sie in dem Fall tun können.

Wurde Ihre Katze schlecht behandelt, dann sorgen Sie zu allererst dafür, daß jedwede falsche Behandlung, die womöglich immer noch andauert, auf der Stelle aufhört. Wenn Sie das in Ihrem Haushalt nicht verhindern können, unternehmen Sie keinen Versuch, bei der Katze Verhaltensänderungen durchzuführen. Suchen Sie lieber anderswo ein Zuhause für sie, wo sie liebevoll behandelt wird. Wenn sich bei Ihnen zu Haus derartiges abspielt, und Sie dem keinen Einhalt gebieten können, dann sollten Sie sich über andere Dinge Gedanken machen.

Hat die Katze mit Streicheln und Schmusen einfach nicht viel im Sinn oder ist sie als vorher falsch behandeltes Tier in Ihr verständnisvolles Zuhause gekommen, finden Sie hier einige Tips zum Ausprobieren:

Nehmen Sie Rücksicht auf die Katze

Wenn sie sich von Ihnen zurückziehen möchte, dann lassen Sie sie gewähren. Indem Sie ihre Wünsche respektieren, bringen Sie ihr bei, daß sie Ihnen vertrauen kann. Nehmen Sie an, was immer das Tier Ihnen bieten möchte. Vielleicht wünschen Sie sich eine Katze, die gern auf dem Schoß liegt, und Sie haben eine, die sich einfach in Ihrer Nähe aufhalten möchte. Dann beginnen Sie an diesem Punkt.

Bringen Sie ihr bei, freundlich zu sein

Bieten Sie Ihrer Katze jedesmal, wenn sie in Ihrer Nähe sitzt, Leckerbissen an. Sollte sie Spaß daran finden, strecken Sie die Hand mit dem Leckerli nicht mehr so weit aus, so daß sie sich strecken muß, um es zu bekommen. Sobald ihr das zuviel wird, wird sie näher zu Ihnen herankommen.

258

Wenn Sie damit schneller vorankommen möchten, füttern Sie die Katze nicht mehr aus dem Napf, sondern nur noch aus der Hand. Akzeptiert sie das, halten Sie die Hand immer dichter am Körper. Wann Sie den Abstand weiter verringern können, merken Sie daran, daß die Katze die Nahrung in der Stellung, bei der Sie gerade angelangt sind, bereitwillig annimmt.

Zeigt die Katze kein Verlangen nach den Leckerbissen, obwohl Sie wissen, daß sie sie normalerweise gern mag, lassen Sie es dabei. Machen Sie für diesmal Schluß mit der Übungsstunde. Versuchen Sie es acht bis zwölf Stunden später noch einmal. Wenn sie Hunger bekommt, kommt ihr Ihr Schoß sicher nicht mehr wie der übelste Fleck auf der Welt vor.

Sitzt die Katze erst einmal zufrieden neben Ihnen oder auf Ihrem Schoß, beginnen Sie, sie jeweils einmal vorsichtig zu streicheln, bevor Sie ihr den Leckerbissen geben. Einmal streicheln, ein Happen.

Wenn die Katze irgendwann im Verlauf dieses Übungsprogramms von sich aus Zeichen von Freundlichkeit zeigt oder einen größeren Schritt nach vorn macht, geben Sie ihr eine große Extrabelohnung. Spendieren Sie ihr eine Handvoll leckerer Naschereien, und dann lassen Sie es für den Tag genug sein! Lassen Sie sie lernen, daß sie für besondere Anstrengungen, die sie selbst unternimmt, jedesmal eine große Belohnung erntet.

Wenn sie sich allmählich an diese Übungssitzungen gewöhnt, streicheln Sie sie öfters immer mal wieder am ganzen Körper. Beschränken Sie sich aber darauf, nicht mehr als eine Neuerung pro Sitzung einzuführen. Möchten Sie gern versuchen, sie zum erstenmal zweimal hintereinander zu streicheln, dann tun Sie das, aber probieren Sie dann nicht noch zusätzlich, die Katze am Schwanz zu berühren. Immer nur eine neue Erfahrung zur Zeit.

Gefangen auf dem Baum

Wenn eine Katze es schafft, auf einen Baum hinaufzukommen, kommt sie meistens auch wieder hinunter – irgendwann jedenfalls. Katzen klettern dann wieder nach unten, wenn es ihnen paßt, und nicht unbedingt dann, wenn Sie das vielleicht gern hätten.

Sarahs prachtvoller alter Kater Captain brachte sich

DER UMGANG MIT KLEINEN KRATZ-BÜRSTEN

Was tun Sie, wenn Sie eine Katze behandeln wollen, von der Sie wissen, daß sie sich nicht bürsten und sich keine Medikamente verabreichen läßt? Wir nähern uns dem Tier mit einem dicken Badehandtuch. Rufen Sie die Katze nicht zu sich; gehen Sie stattdessen wie beiläufig zu ihr. Nehmen Sie sich ein paar Sekunden Zeit, um Sie liebevoll zu kraulen, und sprechen Sie dabei freundlich mit ihr. Dann legen Sie ihr sorgfältig das Handtuch um den Hals, so als wollten Sie ihr ein Lätzchen umlegen. Wickeln Sie die Handtuchenden eng um die Schultern und heben Sie die Katze hoch. Jetzt haben Sie ein Katzen-Wickelkind. Tun Sie vorsichtig das, was getan werden muß. Wenn Sie fertig sind, nehmen Sie sich eine Minute Zeit und reden Sie sanft mit der Katze. Streicheln Sie sie liebevoll und wickeln Sie sie dann langsam wieder aus. Behandeln Sie sie grob, schaffen Sie nur die Voraussetzungen dafür, daß es beim nächsten Mal zu einer noch heftigeren Auseinandersetzung kommt.

Wer hinaufgeht, muß auch wieder herunter – normalerweise jedenfalls.

einmal in eine wirklich prekäre Situation. Er kletterte auf eine große alte Eiche. Schließlich landete er, absichtlich oder nicht, in der Nähe eines Blauhähernestes. Der arme Captain kauerte in der obersten Astgabel und hoffte, daß man ihn in Ruhe ließ. Wie er so da oben hockte, wobei sein prachtvoller schwarzer Schwanz hinten herunterhing, bildete er ein perfektes Ziel für Luftangriffe. Während einer der Häher im Sturzflug auf seinen Kopf herabstieß, kam der andere im Bogen von unten herangeflogen und hackte nach seinem Schwanz. Er wirbelte herum, um sich zur Wehr zu setzen, doch da war der Vogel längst verschwunden und der andere zog ihn von hinten am Schwanz. Wir taten, was wir konnten, um ihm zu helfen, doch er saß hoch oben im Baum, und die Vögel hatten eine Aufgabe zu erfüllen. Nachdem diese Quälerei ungefähr eine halbe Stunde gedauert hatte, beschloß er, das beste an der Tapferkeit sei der Rückzug, und kam wieder vom Baum herunter.

Die meisten ausgewachsenen Katzen kommen wieder auf den Boden herunter, wenn sie sich in guter körperlicher Verfassung befinden. Aber junge Katzen, fettleibige oder verängstigte Tiere schaffen nicht immer den Abstieg. Folgendes können Sie tun, um ihnen zu helfen:

Lassen Sie dem Tier Zeit

Oft legt sich die Katze selbst einen Plan zurecht, wie sie wieder hinunterkommt.

Holen Sie eine Leiter

Benutzen Sie nur dann eine Leiter, wenn Sie wissen, wie, und wenn Sie jemanden haben, der Sie dabei im Auge behält. Wenn Sie sich mit dem gefahrlosen Gebrauch einer Leiter nicht so gut auskennen, brauchen Sie am Ende vielleicht selbst Hilfe.

Holen Sie Hilfe

Rufen Sie den Tierschutzverein an, wo man Ihnen vermutlich helfen oder Ihnen zumindest sagen kann, an wen Sie sich sonst wenden können. Sonstige Personen, die Sie eventuell in Betracht ziehen sollten, sind Baumchirurgen, Feuerwehrleute, Dachdecker, Schornsteinfeger, Bauarbeiter und Angehörige anderer Berufe, die ihrer Tätigkeit in großen Höhen nachgehen müssen. Sie alle können Hilfestellung leisten. Rufen Sie verschiedene Leute an, es gibt viele Menschen, die Katzen mögen.

Kinder und Katzen

Kinder im Säuglingsalter

Obgleich Katzen sich meist leicht an die veränderten Umstände anpassen, wenn ein Baby ins Haus kommt, gibt es doch einige wenige Dinge, an die Sie denken sollten, wenn es um Katzen und Babys geht.

Dieser Vater macht einfach alles richtig. Er ist da und achtet genau darauf, wie Kind und Katze miteinander umgehen; die Katze kann, wenn sie will, jederzeit weglaufen, und das Kind hat einen Riesenspaß. Perfekt!

Wenn Ihre Katze anfängt, sich merkwürdig aufzuführen, nachdem das Baby da ist – wenn mit der Katzentoilette etwas nicht klappt, wenn sie an ungewohnten Stellen kratzt oder zu ungewöhnlichen Zeiten schreit – dann erhält sie aller Wahrscheinlichkeit nach nicht mehr die gleiche Aufmerksamkeit wie vorher. Wenn Sie während der Schwangerschaft all Ihre elterliche Sorge der Katze haben zuteil werden lassen und wenn diese nun zugunsten des richtigen Kindes plötzlich vernachlässigt wird, können Sie damit rechnen, daß sie völlig verrückte

261

SICHERHEIT GEHT VOR

Es ist nicht besonders schwer, darauf zu achten, daß nichts passiert, wenn ein Kind und eine Katze zusammen sind.

PASSEN SIE AUF
Wenn Katzen und kleine Kinder zusammen sind, müssen sie immer beaufsichtigt werden. Auch eine entzückende Katze kann, wenn sie Angst hat, auf jemanden losgehen. Auch ein entzückendes Kind kann zu fest zudrücken oder das Gleichgewicht verlieren.

HANDELN SIE VORAUSSCHAUEND
Katzen sind Katzen, und Kinder sind Kinder. Wenn Sie vorab damit rechnen, daß sie sich so verhalten, wie es in ihrer Natur liegt, werden Sie kaum Probleme haben.

SEIEN SIE KONSEQUENT
Wenn Sie Ihrem Kind einmal verboten haben, die Katze am Schwanz hochzuheben, dann sorgen Sie auch dafür, daß es das nicht mehr tut.

SETZEN SIE SICH DURCH
Bestätigen Sie Ihr Kind ausgiebig immer dann, wenn es sanft mit der Katze umgeht, aber dulden Sie keinen Unsinn, der der Katze weh tut.

Verhaltensweisen an den Tag legt. *Bevor* Ihr Baby da ist, können Sie schon einiges tun, um sich das Leben anschließend zu erleichtern.

Stellen Sie einen festen Tagesplan auf

Katzen lieben feste Zeiten. Setzen Sie die Mahlzeiten und die Tagesabschnitte, an denen Sie sich mit der Katze beschäftigen und mit ihr spielen, so fest, daß Sie glauben, sie auch einhalten zu können, nachdem das Baby da ist. Damit haben Sie eine Grundlage dafür geschaffen, daß der Übergang allen leichtgemacht wird. Seien Sie bei Ihrer Planung realistisch. Nur wenige Babys schlafen nachts durch. Halbdurchwachte Nächte zehren vielleicht mehr an Ihren Kräften, als Sie sich vor der Geburt vorstellen können.

Schenken Sie ihr nicht zuviel Aufmerksamkeit

Überhäufen Sie Ihre Katze nicht mit Aufmerksamkeit, bevor das Baby da ist, weil Sie den ohnehin vergeblichen Versuch unternehmen möchten, sie für die fehlende Zuwendung während der kommenden Monate zu entschädigen. Damit machen Sie Ihrer Katze das Leben schwer, wenn sie den Übergang vom Schlaraffenland (haufenweise Zuwendung) ins Hungerland (wenig oder keine Aufmerksamkeit) vollzieht. Planen Sie stattdessen langfristig unter Berücksichtigung der begrenzten Zeit, die Ihnen als frischgebackenen Eltern zur Verfügung steht: Stellen Sie Ihre Katze vor der Geburt auf die veränderten Bedingungen ein. So bleibt ihr Tagesablauf der gleiche, der Streß für die Katze ist minimal, und Sie müssen sich nicht mit Verhaltensauffälligkeiten auseinandersetzen – zumindest nicht, soweit es Ihre Katze betrifft.

Halten Sie die Katze vom Baby fern

Vielleicht sollten Sie auch den Eingang des Kinderzimmers vorsorglich mit einem Schutzschirm sichern. So können Sie ihr Baby ohne weiteres hören, aber die Katze kann nicht zu ihm hinein. Die meisten Katzen lieben Babys über alles. Das einzige Problem dabei ist, daß Ihre Katze sich in aller Freundschaft neben oder auf Ihrem Kind zusammenrollen könnte, um gemeinsam mit ihm ein Schläfchen zu halten, und das Baby dabei ersticken kann.

Kleinkinder

Der Schlüsselbegriff, mit dessen Hilfe man im allgemeinen die Zeit, solange die Kinder noch klein sind, gut übersteht, lautet: Beaufsichtigung. Diese Binsenwahrheit gilt auch für alles, was sich zwischen Kleinkind und Katze abspielt. Neulich rief ein Klient an und berichtete, seine Katze fauche das Kind an. Was war geschehen? Tja, anscheinend liebte die Katze das Kind über alles und erlaubte ihm, „ohne weiteres, alles mit ihr anzustellen". Machen Sie bitte nicht den Fehler zu glauben, daß eine Katze, nur weil sie es bis zu einem gewissen Grad erträgt, von einem Kind falsch behandelt zu werden, das gern hat oder die Absicht hegt, es noch längere Zeit hinzunehmen. Sie können sich an folgende Grundregel halten: Beaufsichtigen Sie Ihr Kleinkind, wenn es mit der Katze zusammen ist, so, wie Sie das tun würden, wenn es mit einem Baby zusammen wäre. Verhaltensweisen, die einem Baby gegenüber nicht in Ordnung wären, sind auch gegenüber einer Katze nicht angemessen.

Lassen Sie es niemals zu, auch nicht ausnahmsweise, daß ein Kleinkind mit einer Katze oder einem anderen Heimtier unbeaufsichtigt allein ist. Kleine Kinder meinen es normalerweise nicht böse, sie haben sich körperlich und psychisch eben einfach noch nicht so gut in der Gewalt. Sie lassen sich von Impulsen leiten, und dann kommt es bei Tieren zu Verletzungen. Machen Sie Ihrem kleinen Kind eindeutig klar, daß Sie es nicht durchgehen lassen, wenn es der Katze weh tut. Damit verringert sich auch das Risiko, daß Ihre Katze dem Kind etwas tut, ganz beträchtlich.

Dies ist eine der Situationen, in denen Ihre Katze davon profitiert, wenn sie ein eigens für sie eingerichtetes, mit einer Babysperre gesichertes Zimmer hat. Ein sicherer Platz, an den sie sich vor Ihrem Zweijährigen zurückziehen kann, ist vielleicht genau das, was sie braucht.

Jüngere Kinder

Jetzt ist die Zeit gekommen, in der das Kind, die Eltern und die Katze Spaß miteinander haben. Das Kind ist körperlich und geistig schon so weit, daß es verantwortungsvoll mit einer Katze umgehen kann. Dieses Alter ist die Zeit der gemeinsamen Erlebnisse, des miteinander Spielens und der beständigen Kameradschaft.

In diesem Alter helfen Kinder auch schon sehr gern

263

Wo bleibt denn der Butler?

Ein großer alter, kastrierter, fauler Kater, den wir kennen, jault an der Haustür, bis ihn jemand hereinläßt, wandert dann in aller Gemütsruhe den Flur entlang bis zur Hintertür, wo er alsbald wieder jault, damit ihn jemand hinausläßt. Er ist schlicht und einfach zu faul dazu, ums Haus herumzulaufen.

Wer möchte, kann dieses Problem durch den Einbau einer Katzentür umgehen. Der Vorteil einer Katzentür besteht darin, daß die Katze nach Belieben herein und hinaus kann, womit Sie völlig aus dem Schneider sind. Die Nachteile sind, daß sie auch dann nach Belieben herein und hinaus kann, wenn sie ein halbtotes Nagetier im Maul trägt oder nach einem heftigen Regen bis auf die Haut naß ist. Außerdem können durch eine Katzentür auch andere Katzen ins Haus, die Sie vermutlich nicht eingeladen haben. Diese potentiellen Gefahren kann man vollkommen ausschalten: Entweder sorgt man dafür, daß die Katzentür in einen eingezäunten, für fremde Katzen nicht zugänglichen Bereich hinausführt oder man verwendet eine Katzentür, die sich nur über einen Sender öffnet, den die Katze am Halsband trägt.

Viele Katzen verstehen das Prinzip sofort und benutzen die Tür praktisch vom ersten Tag an. Für weniger pragmatische Stubentiger sind die folgenden Hinweise bestimmt.

So bringen Sie Ihrer Katze bei, eine Katzentür zu benutzen

Geben Sie der Katze zu Beginn ein paar Tage Zeit, die Tür zu akzeptieren, nachdem sie eingebaut wurde. Erst dann versuchen Sie, das Tier in die Geheimnisse ihrer Benutzung einzuweihen. Wenn Sie ihren Napf genau neben die Tür stellen, trägt das dazu bei, eine positive Verknüpfung herzustellen.

Als nächstes legen Sie einen Leckerbissen, den die Katze besonders schätzt, jenseits der Tür ab und reiben auch die Tür selbst damit ein. Wenn die Katze das Futter ableckt, bewegt sich die Tür, und wenn sie sich bewegt, riecht die Katze, daß draußen noch mehr Futter bereitliegt. Das sollte sie veranlassen, den Kopf ins Freie zu stecken.

Weigert sie sich, das zu tun, dann verkeilen Sie die Tür oder befestigen sie so mit Klebeband, daß sie offen steht und auch offen bleibt. Vergewissern Sie sich, daß sie stabil ist, damit sie der Katze nicht auf den Kopf fällt, wenn sie dagegenläuft. Das könnte sie so erschrecken, daß sie sich nie mehr in die Nähe wagt. Dann versuchen Sie, die Katze mit Leckerbissen dazu zu bewegen, durch die Tür zu gehen. Ziehen Sie ein Spielzeug durch die Öffnung. Spielen Sie dieses Spiel mehrmals am Tag einige Minuten lang, dann wird die Katze begreifen, worum es geht.

bei der Hausarbeit. Es gibt keinen Grund, warum Ihr Kind jetzt nicht allmählich einige kleinere Aufgaben bei der Versorgung des Tieres übernehmen könnte. Selbst die jüngsten Katzenliebhaber sind bereits in der Lage, den Wassernapf auszuspülen und aufzufüllen. Das Futter austeilen, das Katzenspielzeug wegräumen, erste Pflegearbeiten mit der Bürste: All das kann ein Kind, wenn es älter wird, selber machen.

An dieser Stelle ist allerdings eine Warnung am Platz. Kein Kind besitzt so viel Verantwortung, daß es sich ganz allein um eine Katze kümmern könnte. Die Pflege einer Katze kann schon für einen Erwachsenen eine Herausforderung darstellen – von einem Kind ist das ein bißchen viel verlangt. Teilen Sie sich stattdessen die Arbeit mit dem Kind und wechseln Sie sich bei den einzelnen Tätigkeiten immer mal wieder ab. Auf diese Weise lernt Ihr Kind von Ihnen etwas über das Teilen mit anderen, Verantwortung und Zusammenarbeit. All dies lernt sich leichter, wenn man es vorgelebt bekommt, als wenn man nur Vorträge darüber hört.

Lassen Sie uns auch noch etwas anderes ansprechen, und wir meinen das sehr ernst: Wenn Tiere von Kindern schlecht behandelt werden, kann das ein Hinweis darauf sein, daß das Kind emotional ernsthafte Probleme hat. Fast alle Kinder benehmen sich mal daneben, aber wenn Sie Grund zu der Annahme haben, daß Ihr Kind Tiere wiederholt und absichtlich quält, dann sorgen Sie dafür, daß es sofort die nötige Hilfe erhält.

Verbotene Klettertouren

Wir Katzenbesitzer haben zumeist schon kleinere Katastrophen im Haushalt erlebt, die durch die Angewohnheit der Katzen ausgelöst wurden, auf jede auch nur irgendwie erreichbare Oberfläche hinaufzuklettern. Ihrer Katze beizubringen, daß sie sich aus bestimmten Bereichen fernhalten soll und an manchen Stellen nicht klettern darf, ist einfach: Sie müssen diesen Bereichen den Reiz nehmen, den sie auf Ihre Katze ausüben. Es liegt auf der Hand, aber es sei hier noch einmal gesagt: Wenn Ihre Katze einen bestimmten Ort nicht aufsuchen möchte, dann wird sie es auch nicht tun.

Wie bekommt man es hin, daß ein bestimmter Bereich des Hauses keinen Reiz auf die Katze ausübt? Die beiden besten Möglichkeiten bestehen darin, sie zu über-

raschen oder ihr Ekel davor einzuflößen. Katzen schätzen beides nicht besonders und ziehen sich fast stets zurück, wenn sie eine dieser beiden Erfahrungen machen. Begegnet ihnen das eine oder das andere mehrmals hintereinander, halten sie sich auf Dauer von dem betreffenden Bereich fern.

Überraschungen erzielt man z. B. mit Katzenklappern, die nahe am Rand einer waagerechten Oberfläche aufgestellt werden, so daß sie mit großem Getöse herunterfallen, wenn man dagegenstößt. Der Lärm kann Katzen so erschrecken, daß sie sich der Oberfläche nicht mehr nähern. Sie können mehrere solcher gefüllten Dosen mit Klebeband aneinanderkleben und eine davon als Auslöser nah an der Kante aufstellen, die übrigen aber auf dem Regal verteilen, so daß der „Auslöser", wenn er fällt, alle anderen mitzieht. Das verursacht einen ordentlichen Radau.

Eine Katze auf einer Computertastatur kann ein heilloses Chaos anrichten, da sprechen wir aus Erfahrung. In diesem Bereich haben unsere Katzen eindeutig nichts zu suchen.

Flößen Sie Ihrer Katze mit einem Duft, den sie verabscheut, Ekel ein. Manche Geruchsnoten können Katzen einfach nicht ausstehen. Abweismittel – bitte nur solche, die sich zum Gebrauch in geschlossenen Räumen eignen – können eine ausgezeichnete Wirkung entfalten. Zu den übrigen Gerüchen, die Katzen nicht besonders mögen, zählen Deodorants mit Zitrusduft und bestimmte Parfüms. Es kann sich als notwendig erweisen, den Duft so lange alle paar Tage neu aufzutragen, bis Ihre Katze keinen Versuch mehr macht, die betreffende Oberfläche aufzusuchen.

Ekel erzeugen auch Oberflächen, die Sie mit Selbst-

266

klebefolie oder doppelseitigem Klebeband so präpariert haben, daß sie sich klebrig anfühlen. Schneiden Sie ein Stück Dekofolie in der richtigen Breite zu, das aber in der Länge einige Zentimeter übersteht. Entfernen Sie an beiden Längsseiten auf ein oder zwei Zentimeter Breite die Rückenbeschichtung. Dann legen Sie die Fläche mit der Folie aus, wobei die Rückseite nach oben zeigt, und streichen die klebrigen Seitenränder nach unten, so daß sie an den Kanten haften. Jetzt entfernen Sie die Rückenbeschichtung ganz.

Wenn Sie Klebeband verwenden, legen Sie einen Streifen an der Oberflächenkante entlang aus. Wenn Sie nicht möchten, daß es überall an der Oberfläche haftet, legen Sie ein Stück Zeitungspapier unter das Klebeband, außer an den Enden. So können Sie es immer noch ankleben, es läßt sich aber leichter wieder entfernen.

So machen Sie aus einer Katze mit Auslauf eine Wohnungskatze

Eine Katze, die bisher ins Freie durfte, davon zu überzeugen, daß sie im Haus bleibt, ist normalerweise eine einfache, wenn auch oft langwierige Angelegenheit. Dazu gehört, daß Sie einen stärkeren Willen haben als die Katze und außerdem besser vorbereitet und wachsamer sind als sie.

Katzen sind Gewohnheitstiere. Was das heißt, werden Sie bis ins letzte verstehen lernen, wenn Sie diese Umstellung vornehmen. Die Katze verbringt ihre Zeit draußen nach einem festen Tagesplan, der unter anderem die Überprüfung der Reviergrenzen, Besuche der Lieblingskratz- und -schlafplätze und einen gemütlichen Streifzug durch die Gebiete umfaßt, in denen man am besten kleine Tiere jagen kann. Genau genommen spielen sich die meisten wirklich interessanten Dinge im Leben der Katze im Freien ab. Wenn Sie sie also ein für allemal ins Haus umsiedeln, wird sie zu dem Thema zweifellos eine ganze Menge zu sagen haben.

Sorgen Sie zu allererst dafür, daß sie innerhalb Ihrer vier Wände alles vorfindet, was sie braucht: Eine Katzentoilette, die so groß ist und so aussieht, wie es die Katze gern hat, und die mit Einstreu gefüllt ist, die sie auch benutzt; frisches Wasser und Nahrung in erreichbarer Nähe; Kratzgelegenheiten, mit denen die Katze zurechtkommt, und ein privates Plätzchen, an dem sie ungestört

bleibt. Darüber hinaus braucht sie reichlich Gelegenheit, ihren Jagdtrieb abzureagieren. War sie früher eine erfolgreiche Jägerin, kommt es darauf ganz besonders an. Das heißt, daß Sie jeden Tag, mitunter auch zweimal am Tag, mit ihr spielen. Aber Vorsicht! Passen Sie auf Ihre Finger auf. Manche dieser Katzen geraten in große Erregung, wenn man mit ihnen Spiele veranstaltet, bei denen die Beutefangtechniken eine Rolle spielen. Sie nehmen so etwas sehr ernst. Haben Sie dafür gesorgt, daß alle Bedürfnisse der Katze erfüllt sind, dann ist es an der Zeit, einen endgültigen Einschnitt zu machen.

Legen Sie einen Tag fest, von dem ab die Katze nicht mehr ins Freie darf, und das war's dann. Keine Ausflüge mehr nach draußen, Punkt. Dem Tier seinen Freigang langsam abzugewöhnen, wird nicht funktionieren. Setzen Sie einfach einen Schlußpunkt, und von da ab ist das erledigt. Sobald das geschehen ist, wird die Katze, wie jeder, der sich etwas abzugewöhnen versucht, nicht gerade begeistert sein. Sie wird an der Tür heulen, sie wird Sie sehnsuchtsvoll ansehen, sich vor Kummer verzehren, sich beklagen, jammern und davon abgesehen auch tüchtig mit Ihnen schimpfen. Na und? Lassen Sie sie wieder nach draußen, auch wenn es nur ein einziges Mal ist, haben Sie ihr nichts weiter beigebracht, als daß sich mit Nörgeln etwas erreichen läßt, und bei der nächsten Gelegenheit jammert sie dann noch länger und noch lauter!

Geben Sie nicht nach. Rechnen Sie damit, daß zunächst etwa eine Woche lang unerwünschte Verhaltensweisen auftreten. Ihre Katze steht infolge der Umstellung unter Streß, und streßgeplagte Katzen entwickeln Verhaltensweisen, die Sie nicht unbedingt immer glücklich machen. Es hilft der Katze, wenn Sie mit ihr herumtollen, zögern Sie aber nicht, sie in ein Zimmer zu sperren, in dem sie nichts anrichten kann, sofern sie Dinge kaputtmacht oder vor lauter Enttäuschung auf einmal die Katzentoilette nicht mehr benutzt. Das geht vorbei, sobald sie sich an den neuen Tagesablauf gewöhnt hat. Hier sind einige Vorschläge dazu, wie Sie Ihrer Katze den Übergang erleichtern können.

Setzen Sie positive Verstärkung ein

Indem Sie der Katze den Aufenthalt im Haus so angenehm wie möglich machen, unterstützen Sie sie dabei, sich damit zufriedenzugeben, daß sie drinnen ist. Gehen Sie, nachdem sie den Eingangsbereich in der Nähe der

268

Tür verlassen hat, einige Sekunden danach zu ihr. Belohnen Sie sie mit irgend etwas, das sie gern hat – loben Sie sie, geben Sie ihr etwas Leckeres oder spielen Sie ein Weilchen mit ihr.

Korrigieren Sie das Verhalten der Katze

Sorgen Sie dafür, daß der Aufenthalt im Eingangsbereich für die Katze mit leichten Unannehmlichkeiten verbunden ist. Das trägt dazu bei, den Lärmpegel in Ihrem Haus niedrig zu halten. Spritzen Sie die Katze mit der Spritzflasche an, um sie ruhigzustellen. Machen Sie Lärm mit der Katzenklapper. Wenn das nichts nützt, werfen Sie sie in die Nähe der Tür (aber bitte nicht die Katze damit treffen!), das müßte eigentlich den gewünschten Erfolg haben. Zusätzlich dazu belohnen Sie Ihre Katze jedesmal dann, wenn sie sich von der Haustür entfernt. Damit werden sich Fortschritte ohne große Reibungsverluste einstellen.

Helfen Sie ihr, geistig beweglich zu bleiben

Nicht allein Spielangebote helfen der Katze dabei, sich anzupassen, sondern auch gemeinsame Übungen. Bringen Sie ihr bei, was immer Sie wollen: Tricks, einfache Verhaltensweisen, ganz gleich, was es ist. Das wird das Band zwischen Ihnen und der Katze verstärken, und die Katze hat vieles, worüber sie nachdenken kann. Sie wird ihre Gewohnheiten umstellen, solange Sie sich wirklich dafür einsetzen, daß sie es tut.

Hat sich die Katze erst einmal damit abgefunden, sich nur noch drinnen aufzuhalten, können Sie mit ihr ab und zu einen Ausflug ins Freie unternehmen. Bauen Sie für Ihre Katze außen vor einem Fenster einen großen, eingefriedeten Käfig, dann können Sie ihr den Aufenthalt im Freien gestatten, nach dem sie sich so sehnt, ohne sie dabei irgendeinem Risiko auszusetzen. Achten Sie bei einem solchen Käfig immer darauf, daß er rundum ausbruchsicher ist. Stellen Sie einen großen Ast zum Klettern hinein, pflanzen Sie darin ein bißchen Katzenminze an, seien Sie kreativ! Ihre Katze wird ihre eigene, abgeschlossene Oase, die voller Katzenfreuden steckt, sehr zu schätzen wissen.

Oder unternehmen Sie einen Streifzug mit Ihrer Katze. Es dauert ein bißchen, bis sie sich an Brustgeschirr und Leine gewöhnt hat, doch wenn das erst einmal gut

Wie der Blitz aus der Tür

Katzen sind wendig, haben ein ausgezeichnetes Gespür für zeitliche Abläufe und sind mächtig flink. Die Kombination dieser Eigenschaften kann dazu führen, daß aus Katzen erstklassige Ausbruchsspezialisten werden, die um ihre Freiheit rennen, sobald sie hören, daß jemand den Schlüssel ins Schloß steckt.

Das ist eine gefährliche Angewohnheit, und zwar nicht nur für die Katze, sondern auch für jede arme Seele, die, die Arme voller Taschen, vor der Tür steht. Zum Glück läßt sich das „Türflitzen" mit etwas Planung Ihrerseits leicht abstellen. Nehmen Sie sich die Zeit, sich auf die Situation einzustellen, wenn Sie nicht gerade in Eile oder mit Tüten vom Gemüsehändler überladen sind. Ein paar zeitlich gut aufeinander abgestimmte und sorgfältig ausgeführte Korrekturen können Ihrer Katze eines Tages vielleicht das Leben retten.

Wenn Ihre Katze es haßt, mit Wasser bespritzt zu werden, dann korrigieren Sie dieses Verhalten mit einer Pflanzenspritze, deren Sprühkopf Sie auf Einzelstrahlstellung eingestellt haben. Haßt sie laute, unerwartet auftretende Geräusche, verwenden Sie eine Katzenklapper oder ein Preßluft-Signalhorn, um sie von ihrem Vorhaben abzubringen. Setzen Sie Ihr Hilfsmittel folgendermaßen ein:

Tragen Sie das Hilfsmittel bei sich oder stellen Sie es draußen neben der Tür bereit. Wenn Sie heimkommen, nehmen Sie das Hilfsmittel zur Hand. Dann öffnen Sie die Tür vorsichtig nur einen Spaltbreit.

Ist die Katze da, spritzen Sie nach ihr. Sagen Sie dabei nichts, denn Sie wollen ja, daß sie die unangenehme Erfahrung mit dem Öffnen der Tür verknüpft, und nicht mit Ihrer Anwesenheit.

Ist die Katze nicht in der Nähe, öffnen Sie langsam die Tür, damit Sie viel Zeit zum Reagieren haben, falls sie doch auf die Tür zustürzt.

Überrascht Sie die Katze unverhofft, dann benutzen Sie Ihre Schlüssel. Werfen Sie sie direkt vor Ihren Füßen auf den Boden. Das erschreckt Ihre Katze, ohne ihr auch nur im geringsten wehzutun. Schlüssel sind kein perfektes Hilfsmittel, aber dafür haben Sie sie fast immer zur Hand, wenn Sie das Haus betreten.

Durchbricht die Katze diese Blockade, dann drehen Sie sich nicht nach ihr um, um ihr Verhalten zu korrigieren, während sie wegläuft. So würde sie nur lernen, sehr rasch vom Haus wegzurennen. Ist die Katze einmal zur Tür hinausgelaufen, ist es zu spät dazu, ihr beizubringen, daß sie nicht aus der Tür laufen soll. Sie sollten die Tür beim nächsten Mal entweder langsamer öffnen oder ein anderes Hilfsmittel ausprobieren, vor dem die Katze größere Angst hat.

Haben Katzen solche Erfahrungen zwei- oder dreimal gemacht, halten sie sich von der Tür fern, wenn Sie sie aufschließen.

klappt, wird es ihr viel Spaß machen, ihr altes Revier mit Ihnen zusammen zu durchstreifen. Auf den Seiten 168 – 171 können Sie nachlesen, wie Sie Ihrer Katze beibringen, an der Leine zu gehen. Die einzige Regel, an die ich mich dabei halten würde, lautet: Nehmen Sie die Katze nicht mit nach draußen, wenn sie nach draußen will. Damit bestätigen Sie das Tier nur in seinem Anspruchsverhalten, und das wirft Sie zurück auf den Stand, bei dem Sie begonnen haben. Legen Sie der Katze lieber dann das Brustgeschirr an und gehen mit ihr hinaus, wenn sie sich gerade in einem anderen Teil des Hauses aufhält und ruhig ist. So weiß sie nie, wann es wieder mal so weit ist.

Binden Sie niemals eine Katze im Freien an. Sie ist eine leichte Beute für jeden Hund, der des Weges kommt, und wenn Sie sie in der Nähe eines Baumes anbinden, weil Sie meinen, sie könne sich ja zurückziehen, wenn sie bedroht werde, haben Sie sie zusätzlich noch in die Gefahr gebracht, sich womöglich selbst aufzuhängen.

Wenn sich die Katze über den Teller hermacht

So gut wie jeder Katze muß man beibringen, daß das Essen auf Ihrem Teller für sie keine offene Einladung darstellt.

Am einfachsten kommt man damit zurecht, wenn man es gar nicht erst zuläßt, daß daraus ein Problem entsteht. Füttern Sie Ihre Katze nicht, wenn sie sich auf dem Tisch aufhält. Füttern Sie Ihre Katze nicht von Ihrem eigenen Teller, Punkt. Erlauben Sie Ihrer Katze nicht, nach der Mahlzeit die Teller abzulecken. Wenn Sie ihr von der Fülle etwas abgeben möchten, geben Sie ihr etwas Essen in ihren Napf, damit sie glaubt, alle guten Dinge kämen aus ihrem Napf, und zwar *nur* aus ihrem Napf. Erlauben Sie Ihrer Katze nicht, von den Tellern zu naschen, die am Abwasch stehen.

Sollte sich Ihre Katze schon angewöhnt haben, Essensreste vom Teller zu lecken, dann arrangieren Sie die folgende Situation: Stellen Sie das Hilfsmittel bereit, mit dem Sie arbeiten möchten, bereiten Sie sich einen Teller Essen zu, setzen Sie sich damit an den Tisch und tun Sie, als wollten Sie essen, nur daß es Ihnen diesmal vorrangig um die Ausbildung der Katze geht. Haben Sie einige Sitzungen darauf verwendet, Ihre Katze zu erziehen, werden Sie künftig Ihre Mahlzeiten jahrelang in angenehmer Ruhe verzehren.

271

Steuert die Katze auf Ihren Teller zu, sagen Sie klar und deutlich „Ab!". Folgt sie dem Kommando: wunderbar! Loben Sie sie dafür, denn das hat sie wirklich verdient. Bewegt sie sich nicht von der Stelle, veranlaßt sie ein rascher Spritzer aus der Wasserflasche sofort dazu, sich aus dem Staub zu machen. Eine wassergefüllte Pflanzenspritze, deren Sprühkopf auf Einzelstrahlstellung eingestellt ist, bildet mit Sicherheit ein einfaches und wirksames Mittel, das Verhalten der Katze zu beeinflussen. Die Spritze hat beim Essen den Vorteil, daß man seine Mahlzeit so gut wie gar nicht unterbrechen muß. Wenn Sie gerade nichts zur Hand haben, führt ein rascher Schlag mit der flachen Hand auf den Tisch oder ein Luftstoß aus der Preßluftflasche dazu, daß die Katze das Weite sucht.

Gleichgültig, wie Sie es fertigbringen, daß Ihre Katze sich vom Tisch zurückzieht – loben Sie sie, nachdem sie sich entfernt hat. Gehen Sie, wie immer in solchen Fällen, unbedingt so vor, daß jegliche Korrektur in dem Augenblick aufhört, in dem die Katze tut, was Sie möchten. In der Sekunde, in der sie mit allen vier Pfoten den Tisch verläßt, müssen der Wasserbeschuß oder der Lärm aufhören. Die Katze muß den Sprung vom Tisch innerlich damit verknüpfen, daß sie in Sicherheit ist, wenn sie die Lektion lernen soll, die Sie ihr vermitteln möchten.

Wenn solche Verhaltensweisen nicht rasch korrigiert werden, können sie schnell zur Gewohnheit werden.

272

Jaulen und sonstiges Anspruchsverhalten

Katzen machen aus einer ganzen Reihe verschiedener Gründe von ihrer Stimme Gebrauch. In mindestens drei von vier Fällen verfolgen sie damit anscheinend unter anderem auch das Ziel, ihren Besitzern Instruktionen zu erteilen. Katzen sind wunderbare Lehrmeister, wenn es um die Konzentration auf einen bestimmten Punkt, um Ausdauer und Geduld geht. Haben sie sich einmal auf ein bestimmtes Vorhaben festgelegt, zum Beispiel darauf, Sie darauf zu trainieren, auf Befehl eine Tür zu öffnen, oder darauf, Ihnen beizubringen, daß Sie früh aufstehen und ihnen Futter geben, dann engagieren sie sich dafür voll und ganz.

Sie lassen sich durch nichts ablenken. Sie geben nicht auf. Sie sagen nicht, Sie seien dumm, trotzig, störrisch oder schwierig. Sie sitzen einfach da und schreien ... und schreien ... und schreien. Vielleicht sind Sie auf dieses Trainingsprogramm, ohne es zu merken, bereits eingegangen, indem Sie tatsächlich die Tür geöffnet haben oder aufgestanden sind und der Katze das Frühstück zubereitet haben. Wenn das geschieht, sagt Ihre Katze zu sich selbst: „Na ja, das könnte ein bißchen schneller gehen, aber allmählich hat sie den Bogen raus. Morgen übe ich dann mit ihr weiter."

Hier sind die Regeln, mit denen Sie Ihrer Katze abgewöhnen können zu jaulen, damit sie bekommt, was sie will.

Von diesem Augenblick an werden Sie auf das Jaulen Ihrer Katze nicht mehr reagieren. Zumindest werden Sie den Versuch dazu unternehmen. Wenn Sie beschließen, diese Jaulerei auszusitzen, dann sitzen Sie sie auch aus. Korrigieren Sie das Verhalten der Katze, ignorieren Sie die Katze, oder setzen Sie Kopfhörer auf. Gehen Sie nicht auf die Katze ein. Das Schlimmste, was Sie tun können, ist, ungefähr zehn Minuten zu warten und dann dem Druck nachzugeben. Wenn Sie das tun, haben Sie der Katze soeben *beigebracht*, zehn Minuten oder länger pausenlos zu jaulen. Eine schlechte Lektion!

Fassen Sie den Beschluß, daß Sie, falls Sie nachgeben wollen, rasch nachgeben. Machen Sie sich nichts vor: Wenn Sie einen langen Tag hinter sich haben, wenn Sie einfach keine Lust haben, wenn Sie mit Grippe im Bett liegen, oder wenn Sie, aus welchem Grund auch immer, wissen, daß Sie ausgerechnet heute nicht in der Lage sind, dieses Gejammer zu ertragen, dann geben Sie um

Himmels willen auf der Stelle nach. Dann haben Sie die Katze zumindest nicht noch darin bestätigt, hartnäckig bei dieser Verhaltensweise zu bleiben. Wenn die Katze 30 Sekunden lang jault, kann man das sehr viel leichter ertragen, als wenn sie es mehrere Minuten lang tut.

So gewöhnen Sie Ihrer Katze das Jaulen ab

Um das Verhalten einer Katze zu korrigieren, die sich lautstark verhält, gibt es verschiedene Möglichkeiten. Die einfachsten Techniken, die sich im Laufe der Zeit bewährt haben, bestehen im Einsatz von Wasser oder Geräuschen mit dem Ziel, sie auf andere Gedanken zu bringen. Ihre Katze starrt Sie zum Beispiel an und jault dabei. Werfen Sie sofort und so unauffällig wie möglich eine Katzenklapper in die Richtung, in der die Katze sitzt. Zielen Sie sorgfältig, damit Sie die Katze nicht direkt treffen. Das Jaulen ist lästig, aber es ist kein Kapitalverbrechen. Wenn die Klapper zu Boden fällt, wird sie sich fürchterlich erschrecken.

Nachdem ein paar Sekunden lang Ruhe geherrscht hat, rufen Sie die Katze zu sich. Loben Sie sie und geben Sie ihr eine Belohnung. Auf diese Weise belohnen Sie sie dafür, daß sie still ist, versichern ihr, daß alles in Ordnung ist, und zeigen ihr, daß Sie mit dem klappernden Ding, das da eben vom Himmel gefallen ist, nichts zu tun hatten. So etwas passiert eben schon mal, wenn Katzen irgendwo Lärm veranstalten.

Lenken Sie die Katze ab

Mitunter ist ein beherzter Angriff wirklich die beste Verteidigung. Wenn Sie genau dann ein ausgelassenes Spiel beginnen, wenn Sie sehen, daß Ihre Katze die Körperhaltung einnimmt, in der sie gern jault, bieten Sie ihr die nötige geistige und körperliche Übung und lenken sie damit zugleich von ihren Problemen ab.

Belohnen Sie erwünschtes Verhalten

Sie können Ihre Katze einerseits im Anschluß an eine Korrekturmaßnahme loben, aber Sie sollten sich auch darum bemühen, zur Kenntnis zu nehmen, wann sie sich ruhig verhält, und sie zu diesem Zeitpunkt belohnen. Dazu sind ein scharfes Auge und eine geduldige Grundeinstellung nötig, aber ein paar Belohnungen zur rechten

274

Zeit, nämlich wenn die Katze sich ruhig verhält, lösen im Kopf des Tieres interessante Gedanken aus. Es ist allerdings nicht immer leicht, mitzubekommen, wann sich die Katze ruhig verhält und keine Forderungen stellt.

Korrigieren Sie das Anspruchsverhalten

Ihre Katze ist vierundzwanzig Stunden am Tag bei Ihnen. Sie liegt neben Ihrem Kopf, wenn Sie schlafen; sie streckt sich auf Ihrer Zeitung aus, wenn Sie zu lesen versuchen; sie hilft Ihnen beim Bettenmachen, schlägt mit den Tatzen nach dem Duschvorhang, während Sie baden, leckt die Tropfen auf, wenn Sie sich die Zähne putzen, und nimmt überhaupt voll und ganz an Ihrem Alltag teil.

Sie finden das die meiste Zeit über entzückend, aber es gibt Augenblicke, da würden Sie gern mal etwas tun, ohne daß Ihnen Katzenhaare dazwischenkommen. Und so bekommen Sie das hin, ohne sich die Sympathie Ihres Stubentigers zu verscherzen:

Bilden Sie die Katze aus

Die gute Nachricht ist: Sie haben eine äußerst intelligente Katze. Die schlechte Nachricht ist: Sie haben eine äußerst intelligente Katze. Sie hat unter allen Umständen den Wunsch, Kontakt mit Ihnen aufzunehmen, und verbringt den Großteil ihrer Zeit mit dem Versuch, genau das zu tun. Es wird Ihnen unheimlich viel Spaß machen, zusammen mit der Katze einen gemeinsamen Wortschatz aufzubauen. Das ist zugleich eine großartige Möglichkeit, die geistige Entwicklung der Katze zu fördern, und es schafft die Grundlage dafür, daß Sie sie auf positivere, erwünschte Verhaltensweisen hinlenken können.

Denken Sie sich Tricks aus, die Sie ihr beibringen können, und arbeiten Sie daran. Das Schöne beim Üben mit der Katze ist, daß es überhaupt nichts ausmacht, ob sie etwas in zwei Tagen oder in zwei Wochen lernt. Sie nehmen ja nicht an einem Rennen teil. Haben Sie Spaß, gehen Sie das ganze zwanglos an, amüsieren Sie sich mit der Katze und umgekehrt!

Sorgen Sie für Abwechslung

Auf zu Spiel und Sport! Katzen, vor allem energiegeladene Tiere, trainieren sich zwar auch selbst, aber nicht unbedingt immer mit der Art von Übungen, die Sie bei

Ihrer Katze gern sehen. Deshalb holen Sie die Tischtennisbälle hervor und amüsieren Sie sich mit Ihrem Tier, um unerwünschtes Verhalten zu verhindern und die aufgestaute Energie abzubauen. Teilen Sie ihre Spielsachen in drei Gruppen auf und tauschen Sie sie alle paar Tage aus. Bemühen Sie sich gezielt, morgens und abends mindestens fünfzehn Minuten mit der Katze zu spielen.

Besorgen Sie ihr einen Freund

Zwei Katzen vertreiben sich meist gegenseitig die Zeit. Zwei Katzenkinder, die miteinander aufgewachsen sind, sind praktisch unzertrennlich. Und eine kleine Katze, die zusammen mit einem Geschwister aufgezogen wurde, entwickelt sich später nur selten zu einem Tier, das unablässig Forderungen stellt, wie es bei einem allein aufgezogenen Katzenkind der Fall sein kann.

Akzeptieren Sie das Unvermeidliche

Haben Sie sich eine Siamkatze oder eine Abessinier-Katze angeschafft, dann beschweren Sie sich hinterher nicht darüber, was sie für ein Energiebündel ist. Das ist so, als wollten Sie sich darüber beklagen, daß ein Ferrari schnell fährt. Wenn Sie keinen schnellen Wagen haben möchten, kaufen Sie sich keinen, der auf Schnelligkeit ausgelegt ist. Wenn Sie keine Katze haben möchten, die das völlige Einbezogensein in Ihr Leben braucht und fordert, dann schaffen Sie sich keine Rasse an, die genau dafür bekannt ist.

Legen Sie eine Hausordnung fest

Eine Katze hat einen natürlichen Sinn dafür, Grenzen zu akzeptieren. Man muß ihr lediglich klarmachen, wo die Grenze verläuft, und zwar auf eine Art, die sie nachvollziehen kann. Wenn Sie ihr verbieten, einen bestimmten Platz aufzusuchen, weil es Sie glücklich macht, wenn sie das bleiben läßt, wird das bei der Katze nicht besonders gut funktionieren. Sie werden ihr schon einen besseren Grund dafür geben müssen.

Sehr viel wirkungsvoller ist es, wenn man Katzen den Eindruck vermittelt, der betreffende Bereich sei gefährlich für sie. Das kann man erreichen, ohne daß wirklich eine Gefahr besteht, indem man der Katze den Bereich systematisch verleidet oder indem man das Verhalten der

276

Katze korrigiert, wenn sie den betreffenden Bereich betritt. Wird Ihre Katze immer dann zur Nervensäge, wenn Sie beim Fernsehen eine Kleinigkeit knabbern, lassen Sie sie zu dieser Zeit nicht zu sich aufs Sofa. Geben Sie ihr das Kommando „Ab!" und setzen Sie die Wasserflasche, die Preßluftflasche oder ein lautes Geräusch ein, um dieses Verhalten der Katze jedesmal zu korrigieren, wenn sie nicht folgt. Loben Sie sie im gleichen Moment, in dem sie vom Sofa springt. Das ist schließlich das, was Sie wollen, nicht wahr?

Wenn Sie sich dabei inkonsequent verhalten, ziehen Sie sich einen Plagegeist heran, der ärger ist als der, den Sie vorher hatten. Wenn Sie also einmal einen Standpunkt beziehen, dann bleiben Sie auch dabei. Fangen Sie nicht an zu schwafeln. Ihrer Katze fällt es ohnehin schwer genug, Menschen zu verstehen, da müssen Sie sich nicht obendrein auch noch unentschlossen verhalten. Im Grunde ist es so: Wenn Sie es nicht schaffen, für die Einhaltung bestimmter Regeln zu sorgen, wie können Sie dann erwarten, daß sich Ihre Katze danach richtet?

Bleiben Sie ruhig

Bleiben Sie um Himmels willen ruhig! Nur weil Sie beschlossen haben, daß es für Ihre Katze höchste Zeit wird, sich andere Verhaltensweisen zuzulegen, heißt das noch lange nicht, daß Ihre Katze auch dieser Meinung ist! Da Sie diese Verhaltensweisen inzwischen vermutlich schon eine Weile toleriert haben, holen Sie erst einmal tief Luft und entspannen Sie sich. Verhaltensweisen, die sich monatelang eingeschliffen haben, verlieren sich nicht wieder über Nacht. Bei der Ausbildung eines Tieres ist keine Zauberei im Spiel. Was dabei den Erfolg ausmacht, ist zum größten Teil je eine Riesenportion Konsequenz, Hartnäckigkeit und Belohnung. Das bedeutet nicht, daß man das Verhalten nicht innerhalb kürzerer Zeit in den Griff bekäme, es heißt nur, daß Sie von einer Katze nicht erwarten können, daß sie ein Verhalten, das sie lange an den Tag gelegt hat, augenblicklich und vollständig einstellt.

Kauen und Saugen als lästige Verhaltensweisen

Beschädigungen durch Zerkauen

Schäden durch Zerkauen lassen sich verhindern. Der erste Schritt besteht darin, das Verhalten gar nicht erst aufkommen zu lassen. Das kann bedeuten, daß die Katze in ein Zimmer gesperrt wird, in dem sie keinen Schaden anrichten kann. Wenn man verhindert, daß ein Verhalten sich wiederholt, ist die Schlacht gegen eine unerwünschte Verhaltensweise schon halb gewonnen.

Wenn Katzen an Gegenständen kauen, reagieren sie damit meistens auf Streß. Indem Sie die Streßursache beseitigen – was immer das auch ist –, beseitigen Sie den Auslöser dieses Verhaltens. Je eher Sie dagegen etwas unternehmen, desto besser, denn je länger ein Tier etwas tut, desto mehr verselbständigt sich das betreffende Verhalten und wird dann völlig unabhängig von seiner Ursache, dem Streß, gezeigt.

Bestrafen Sie Ihre Katze *nicht* dafür, daß sie auf Gegenständen herumkaut. Verleiden Sie ihr lieber die bevorzugt aufgesuchten Stellen, verwehren Sie ihr den Zugang, beaufsichtigen Sie sie, machen Sie jeden Tag mit ihr Fang- oder Beutespiele und bieten Sie ihr viele Spielsachen an, auf denen sie herumkauen darf. Wenn Sie sie einfach jedesmal loben, wenn sie sich mit einem Spielzeug beschäftigt, tragen Sie sehr dazu bei, daß die Spannung bei der Katze abgebaut wird, und gleichzeitig ermuntern Sie sie dazu, das erwünschte Verhalten zu zeigen.

Wenn sich die Katze selbst verletzt

Als Emily zu uns kam, hatte sie ausgedehnte kahle Stellen am Bauch, an denen das Fell fehlte. Der Tierarzt bestätigte, daß sie körperlich absolut gesund war, aber es ist immer von Vorteil, wenn man zweimal hinschaut, denn Flöhe, Allergien, Pilzkrankheiten und Infektionen sind nur einige der Gründe, aus denen sich eine Katze eventuell selbst durch Beißen verletzen kann.

In Emilys Fall war allerdings Streß die Ursache. Bei sensiblen Katzen ist Streß oft die Ursache für Kahlstellen im Fell. Man hatte Emily völlig teilnahmslos in einer Allee aufgegriffen, sie hatte mehrere Monate beim Tierarzt im Käfig verbracht und landete schließlich bei uns,

zwischen mehreren Hunden und einer weiteren Katze. Ihr Streßpegel sprengte alle Maßstäbe.

Dazu kommt noch Emilys empfindsame Art. Sie neigt dazu, sich über die kleinen Dinge im Leben zu ärgern und faucht dann alles an. Sie reagiert heftig auf plötzliche Geräusche oder Bewegungen, und ihr Verhalten läßt deutlich erkennen, daß sie, bevor man sie von der Straße holte, von Menschen geschlagen wurde.

Angesichts all dieser Umstände knabberte Emily energisch an sich selbst herum, als sie bei uns ankam. Sie putzte sich immer ganz normal und beugte sich dann unvermittelt heftig zu ihrem Bauch hinunter. Zum Glück können wir berichten, daß sich ihr Verhalten jetzt, nur wenige Monate danach, sehr verbessert hat. Ihr Fell ist nicht perfekt, wird aber zusehends besser. Um ihr zu helfen, haben wir unter anderem folgendes unternommen:

Beunruhigen Sie sich deswegen nicht

Sie verletzte sich dabei nicht. Der leichte Haarausfall stellte eigentlich kein Problem dar, deshalb atmeten wir alle tief durch und beschlossen, dieses Phänomen als Verhaltensbarometer zu betrachten, als Streßsymptom, aber nicht als das eigentliche Problem.

Wenn Ihre Katze sich die Haut aufreißt und blutet, gehen Sie mit ihr zum Tierarzt. Eventuell braucht sie vorübergehend Medikamente, die ihr helfen, diese Periode zu überstehen. Beginnen Sie während der Behandlung damit, den Tagesablauf einzuüben. Gegen Ängstlichkeit und Streß bei Katzen werden mittlerweile viele neue Präparate eingesetzt, die wirksam sind und keinen Schaden anrichten. Zögern Sie nicht, sie einzusetzen, wenn Ihr Tierarzt Ihnen dazu rät.

Geben Sie der Katze die Möglichkeit, sich zurückzuziehen

Wir richteten mein Büro, in dem ich in diesem Moment sitze und schreibe, als Katzenzimmer für Emily ein. Wir sicherten die Tür mit einer Babysperre. Die Umgebung ist hundefrei. Als sie diesen sicheren Rückzugsort hatte, konnte sie ihre Spannung abbauen.

Legen Sie einen geregelten Tagesablauf fest

Je mehr sich im Leben einer Katze vorhersagen läßt, desto weniger Streß tritt auf. Aus diesem Grund bekam

Emily zu bestimmten Zeiten ihr Futter, die Zeit, in der wir mit ihr spielten, ließ sich genau vorhersagen, und die Schmusestunden wurden konsequent eingehalten.

Richten Sie störungsfreie Zeiten ein

Um Emily eine Pause zu gönnen, brachten wir alle übrigen Tiere am frühen Abend ein paar Stunden lang anderswo unter, so daß sie unbekümmert und ohne Unterbrechungen mit uns zusammensein konnte. Sie schätzte das sehr. Dadurch, daß wir ihr diese störungsfreie Zeit widmeten, wurde nicht nur die Verbindung zwischen ihr und uns enger, sie wurde auch mutiger und bewegte sich freier im Haus. Sie wagte sich mehrmals am Tag aus ihrem sicheren Zimmer bis in unser Schlafzimmer und zurück.

Kümmern Sie sich um ihre Ernährung

Weil Emily Anzeichen von Streß zeigte und weil ich wußte, daß sie monatelang unter Streß gestanden hatte, achtete ich besonders darauf, daß sie alle Nährstoffe bekam, die sie brauchte. Ich stellte sie auf eine hochwertige, leichtverdauliche Nahrung um, die wenig künstliche Zusätze enthielt. Ich bot ihr reichlich frisches Wasser an. Sie erhält täglich einen Futterzusatz zur Fellpflege und ein Multivitaminpräparat.

Bauen Sie den Streß ab

Spiel und körperliche Übung bilden für uns alle die beste erreichbare Möglichkeit, Streß abzubauen. Katzen bilden da keine Ausnahme. Emilys Spielrepertoire ist ziemlich begrenzt, aber sie ist sich nicht zu schade dafür, einem Ball nachzujagen. Machen Sie mit der Katze nur das, was sie interessiert. Alles andere wäre vollkommen sinnlos.

Lassen Sie die Katze über andere Dinge nachdenken

Es hilft immer, wenn man ihr einige Grundfertigkeiten wie „Komm!" und „Sitz!" beibringt. Das macht der Katze und Ihnen Spaß und übt auf die Katze einen stabilisierenden Effekt aus. Sie würden sich wundern, wie deutlich Ihre Katze darauf anspricht.

Mit all dem, was bisher genannt wurde, ist schon einmal der Grund für einen guten Anfang gelegt. Doch mitunter bekommt man das Problem nur mühsam in den Griff. Gehen Sie davon aus, daß sich der Erfolg im Laufe von Wochen und Monaten, aber nicht innerhalb weniger Tage einstellt. Wie jede durch Streß ausgelöste Angewohnheit – bei uns Menschen etwa Nägelkauen, Abreißen der Nagelhaut oder zuviel essen – wird sich auch diese nicht sofort verlieren. Emily knabbert immer noch hin und wieder an sich selbst herum, aber wir fassen das als Hinweis darauf auf, daß es ihr zuviel wird. Sobald wir die Belastung verringern, hört sie mit dem Knabbern wieder auf.

Wenn die Katze an Gegenständen saugt oder auf Wolle herumkaut

Dieses Saugverhalten, wobei die Katze an Ihrer Kleidung, an einem anderen Heimtier oder an einer Decke saugt, ruft bei vielen Besitzern ganz unterschiedliche Reaktionen hervor. Manche finden es süß – sie halten es für einen eigentlich ganz liebenswerten Rückfall in die Kindheit der Katze. Andere finden es eklig, lästig und widerwärtig. Für die Katze ist es weder das eine noch das andere. Sie tut es aus einem inneren Drang heraus, den sie nicht versteht und auch nicht beeinflussen kann. Man glaubt, daß es damit zu tun hat, daß die Katze zu früh entwöhnt wurde, noch ehe sich der Saugreflex auf natürliche Weise abgebaut hat. Freilebende verwilderte Katzen können ihre Jungen viele Monate lang säugen. Hauskatzen werden meist sehr viel früher entwöhnt und bald darauf von ihrer Mutter getrennt.

Manche Katzen gewöhnen sich sogar an, an ihrem eigenen Bauchfell oder an ihren Pfoten zu saugen. Das ist anscheinend auch eine Möglichkeit des Streßabbaus und tritt häufiger und intensiver auf, wenn das Tier unter Streß leidet.

Das Herumkauen auf Wolle hat damit ganz und gar nichts zu tun. Wenn Sie eine Katze haben, die das gewohnheitsmäßig tut, kennen Sie das Problem zur Genüge. Wenn nicht, dann lassen Sie es mich erklären: Es geht um Katzen, die an Wollsachen herumkauen und manchmal innerhalb von Minuten Löcher in eine völlig intakte Decke beißen.

Um dieses Verhalten in den Griff zu bekommen, werden Sie es auf mehreren Ebenen in Angriff nehmen müssen.

Stellen Sie ihr Ballaststoffe zur Verfügung

Das hat allem Anschein nach etwas damit zu tun, daß die Katzen Fasern aufnehmen müssen. Es hilft, wenn Sie Ihrer Katze rund um die Uhr Trockenfutter bereitstellen. Säen Sie für die Katze Grünzeug aus. Belohnen Sie sie jedesmal mit Lob und Streicheleinheiten, wenn sie an ihren Pflanzen knabbert. Wir wollen sie darin bestätigen, daß sie ihre Energie auf erneuerbare Reserven wie zum Beispiel Katzengras konzentriert, und nicht auf die brandneuc ungebrauchte Wolldecke auf dem Gästebett.

Bieten Sie ihr einen akzeptablen Ersatz an

Es ist nur fair, wenn Sie der Katze ein Spielzeug geben und sie ermuntern, daran zu saugen oder darauf herumzukauen. Wie immer, können Sie kaum erwarten, daß sie eine gern ausgeübte Beschäftigung völlig aufgibt, ohne daß Sie ihr eine akzeptable Betätigungsmöglichkeit anbieten, bei der sie den dem Verhalten zugrundeliegenden Drang abreagieren kann. Es gibt viele eigentlich für Hunde gedachte, mit Lammfell überzogene Spielsachen, die sich gut für diesen Zweck eignen. Oder fertigen Sie selbst ein Spielzeug aus Wolle an, das die Katze benutzen kann. Wenn Ihnen auffällt, daß sie Anstalten macht, irgend etwas Unpassendes zu tun, korrigieren Sie das Verhalten mit einem lauten Geräusch – schlagen Sie mit der flachen Hand gegen die Wand – und dirigieren Sie sie anschließend zu ihrem Spielzeug. Gehen Sie dahin, wo es liegt, und sagen Sie dabei: „Wo ist dein Spielzeug?" Anschließend deuten Sie darauf. Ermuntern Sie die Katze, das Spielzeug aufzusuchen, und loben Sie sie, wenn sie es tut. Anderenfalls bringen Sie ihr das Spielzeug, überreden sie, damit zu spielen, und loben sie anschließend. Im Laufe der Zeit wird sie begreifen, was Sie von ihr wollen.

Räumen Sie alles weg, was sie in Versuchung führt

Bis Sie Ihrer Katze angewöhnt haben, auf geeigneten Gegenständen herumzukauen, räumen Sie das, was sie bis dahin gern dazu benutzt hat, weg. Verstauen Sie die Decken, halten Sie die Katze aus bestimmten Zimmern fern. Vorsorge ist, wie immer, das beste Heilmittel. Wenn Sie nicht alles wegräumen können, kommt es entscheidend darauf an, daß Sie die Katze beaufsichtigen.

Verwenden Sie ein Anti-Knabber-Spray aus der Zoofachhandlung, damit die Gegenstände, an denen die Katze besonders gern kaut, keinen Reiz mehr auf sie ausüben. Es kann sein, daß Sie das eine Weile lang täglich auftragen müssen. Verwenden Sie immer nur wenig davon an einer unauffälligen Stelle, bevor Sie die ganze Decke damit einsprühen. So fallen Ihnen Farbveränderungen oder Flecken rechtzeitig auf, bevor es zu einem größeren Mißgeschick kommt. Sie können außerdem ein Abweismittel verwenden, das für den Gebrauch in geschlossenen Räumen bestimmt ist.

Hyperaktivität

Ihre Katze ist völlig durchgedreht! Sie stürmt auf alles hinauf und über alles hinweg, was sich im Haus befindet; sie liegt unter den Möbeln und springt Sie von dort aus an; sie sitzt auf dem Kühlschrank und schlägt mit der Tatze nach Ihnen; sie flitzt um Mitternacht im Haus herum und wirft Dinge um. Was ist bloß mit ihr los?

Vielleicht überhaupt nichts. Wie alt ist Ihre Katze? Bei jeder Katze, die jünger ist als ein Jahr, ist dieses Verhalten völlig normal, selbst manche Katzen, die etwas älter sind als ein Jahr, tun das noch. Bestimmte Rassen sind von Natur aus wahre Energiebündel – Siamkatzen und Abessinier fallen einem da sofort ein. Rechnen Sie damit, daß diese Katzen sich viele Jahre lang so benehmen.

Nun, normales Verhalten heißt nicht unbedingt, daß es auch akzeptabel ist. Also ist es an Ihnen, das Zuviel an Aktivität in andere Bahnen zu lenken oder ihm zuvorzukommen. Und so können Sie das erreichen:

Die Katze muß eine derartig ausgeprägte Energie abreagieren. Sie können nicht von ihr verlangen, daß sie überhaupt nicht herumrennt, denn sie ist nicht in der Lage, sich ruhig zu verhalten, und Sie sind nicht in der Lage, sie dazu zu bringen. Die beste Reaktion darauf ist, ihr eigens ein Ventil dafür zu verschaffen. Stellen Sie sich vor, daß sie ein Hobby braucht. Vielleicht könnte unser junger Leichtathlet eventuell Geschmack am Tennisballjagen oder am Verfolgen von Nachziehspielzeug finden? Ganz gleich, wofür Sie sich letztlich entscheiden: Sie werden es regelmäßig, gewissenhaft und mit äußerster Pünktlichkeit machen müssen. Glauben Sie bloß nicht,

daß es Ihrem jungen Wildfang als Ausgleich für die nächsten 24 Stunden reicht, wenn Sie einmal am Tag halbherzig Fangen mit ihm spielen.

Überlegen Sie sich, ob Sie Ihrem Akrobaten nicht einen Spielgefährten besorgen wollen, am liebsten einen, der es etwas ruhiger angehen läßt als Ihr Draufgänger. Zwei Katzen, die sich gut miteinander vertragen, können viel Spaß daran haben, sich gegenseitig fit zu halten, und sie machen Ihnen das Leben damit sehr viel leichter. Wenn Sie sich natürlich zwei Tempofanatiker ins Haus holen, gehört Ihnen unser Mitgefühl.

Holen Sie Ihrer Katze Klettergelegenheiten ins Haus, auf denen sie sich nach Herzenslust austoben kann. Wenn Sie nicht wollen, daß sie Ihre Möbel als Turngeräte benutzt, dann bieten Sie ihr eine andere Möglichkeit zum Klettern. Ein Katzenkletterbaum, der vom Fußboden bis an die Decke reicht, ist eine hervorragende und auf lange Sicht preiswertere Wahl als Ihre Wohnzimmereinrichtung.

Geben Sie der Katze die Hauptmahlzeit spät am Abend. Eine Katze, die einen vollen Magen hat, ist oft eine müde Katze. Die zeitliche Abstimmung der Mahlzeiten ist eine Möglichkeit, die Aktivitätsperioden Ihrer Katze zu beeinflussen.

Richten Sie ihr ein eigenes Zimmer ein. Das soll zwar nicht heißen, daß sie dorthin verbannt wird, doch wenn Sie Ihren Straßenflitzer dort zur Nachtruhe einquartieren, haben Sie gute Aussichten, ein wenig Ruhe zu bekommen, ohne daß es um Mitternacht irgendwo kracht, rumst oder plumpst. Wenn die Katze älter wird, kann sie überall im Haus herumlaufen, aber erst dann, wenn sie aufhört, wie wild durch das Haus zu toben.

Die Plünderung des Mülleimers

Mülleimer sind in der Katzenwelt die Gelegenheit schlechthin, rasch etwas Freßbares aufzutreiben. Wenn Ihre Katze es darauf abgesehen hat, sich möglichst alles einzuverleiben, was sie finden kann, haben Sie vermutlich jemanden in Ihrer Mitte, der überfallartig den Mülleimer heimsucht.

Es gibt grundsätzlich zwei Wege, wie man dieses Problem angehen kann: Entweder entfernt man die Katze vom Eimer oder aber den Eimer von der Katze. Wir werden uns nacheinander mit beiden Wegen beschäftigen.

Viele Katzen betrachten es als Hobby, den Papierkorb umzuwerfen. Pumpkin bildet da keine Ausnahme.

Stellen Sie den Mülleimer außer Reichweite

Das können Sie ganz wörtlich nehmen. Stellen Sie den Müllbehälter unter die Spüle, in einen Schrank oder anderswohin, wo kein Schaden angerichtet werden kann. Auch die Anschaffung eines Mülleimers mit Deckel ist eine Lösung, die nicht wehtut. Warum wollen Sie großartig kämpfen, wenn sich das Problem aus der Welt schaffen läßt, indem Sie Ihren derzeitigen Eimer umstellen oder sich einen neuen anschaffen?

Lassen Sie die Katze nicht an den Mülleimer

Wenn es immer weniger Spaß macht, die Nase in den Mülleimer zu stecken, wird Ihre Katze das auch immer seltener tun. Sollten Sie das unverhoffte Glück haben, Ihre Katze dabei zu überraschen, wie sie bis zum Hals im Mülleimer steckt, dann schleichen Sie sich an und versetzen dem Eimer einen ordentlichen Schlag. Der plötzliche Krach wird ihr einen Riesenschrecken einjagen. Wenn Sie es fertigbringen, dabei aufrecht stehenzubleiben und unverzüglich in eine andere Richtung zu schauen, kann es sein, daß Ihre Katze dem Eimer die Schuld für die Überraschung gibt und nicht Ihnen.

Verleiden Sie der Katze den Mülleimer

Wenn Ihre Katze die Angewohnheit hat, den Abfalleimer umzuwerfen, bereiten Sie drei oder vier Katzenklappern vor. Stellen Sie sie auf eine Tischkante oder eine Arbeits-

fläche in der Nähe. Befestigen Sie mit Klebeband einen Faden an den Dosen, dessen Ende Sie dann an den Rand des Mülleimers kleben. Achten Sie darauf, daß der Faden ziemlich straff gespannt ist. Führen Sie den Faden außen um den Eimer herum und befestigen Sie ihn auch an der Rückseite. Das verringert die Wahrscheinlichkeit, daß die Dosen aus Versehen herunterfallen. Dann lassen Sie einfach der Natur ihren Lauf. Wirft die Katze den Abfalleimer um, fallen die Katzenklappern herunter und erschrecken den Übeltäter. Sie können auch einige Dosen mit klapperndem Inhalt so auf die rückwärtige Kante des Abfalleimers stellen, daß sie an der Zimmerwand Halt finden. Wird der Abfalleimer angestoßen, fallen sie herunter.

Wenn Ihre Katze den Mülleimer nicht umwirft, sondern plündert, probieren Sie folgendes aus: Legen Sie ein Stück Selbstklebefolie mit der klebrigen Seite nach außen oben auf den Abfall oder aber am Rand des Eimers entlang – in beiden Fällen wird es die Katze davon abhalten, an den Eimer zu gehen.

Gourmetkatzen

Fangen wir mit dem Grundsätzlichen an. Wenn Ihre Katze nicht an Gewicht verliert, jeden Tag regelmäßig Stuhlgang hat und Ihr Tierarzt keinen Anlaß zur Sorge sieht, dann hat Ihre Katze, was das Fressen betrifft, kein Problem. Es kann sein, daß es für *Sie* ein Problem ist, was und wie sie frißt, aber Ihrer Katze geht es prima. Ich empfehle Ihnen, sich ein gutes Buch zuzulegen, sich ein neues Hobby zu suchen oder Fallschirmspringen zu lernen, aber lassen Sie die Katze aus dem Spiel. Wenn Sie normal aussieht, wenn bei ihr alles normal funktioniert und sie sich auch normal verhält – wissen Sie was? Dann ist sie normal! Lassen Sie sie einfach in Ruhe. Wenn Sie aber Gewicht verliert, nicht regelmäßig Stuhlgang hat und Ihr Tierarzt sich Sorgen macht, dann haben Sie recht, dann hat Ihre Katze ein Problem.

Unter all den Wesen, die je den heiligen Gral gesucht haben, ist es die Katze, die ihn gefunden hat – er steckt üblicherweise in einer ganz bestimmten Katzenfutterdose. Manche Katzen, ja viele Katzen werden mit der Zeit sehr wählerisch, wenn es darum geht, was sie auch nur als unter Umständen genießbar betrachten, ganz zu schweigen davon, was sie eventuell zu sich nehmen wür-

den. Oft beschränkt sich die Auswahl dessen, was überhaupt in Betracht kommt, auf eine einzige Geschmacksrichtung einer bestimmten Katzenfuttermarke. Darüber sollten Sie sich keine Sorgen machen, es sei denn, dieses Futter ist schwer erhältlich oder Ihr Tierarzt hat das Gefühl, daß es sich dabei nicht um eine vollwertige Nahrung handelt. Wenn sie sich leicht beschaffen läßt und der Tierarzt keine Bedenken hat, dann kaufen Sie ein paar Schachteln davon und schätzen Sie sich glücklich.

Doch was ist, wenn Sie die Ernährung eines wählerischen Stubentigers umstellen müssen oder gar vor der Aufgabe stehen, eine wählerische Katze überhaupt zum Fressen zu bewegen?

Fangen wir an, indem wir tief Luft holen und uns wieder beruhigen. Noch nie ist ein gesundes Tier aus freien Stücken Hungers gestorben. Appetitlosigkeit gilt unter Katzen nicht als chic, auch wenn sie Ihnen vielleicht ein paar Tage lang den Eindruck vermitteln, es wäre so.

Machen Sie sich als nächstes klar, daß Katzen, da es sich bei ihnen um Raubtiere handelt, von Natur aus darauf eingestellt sind, einen oder zwei Tage lang zu fasten, ohne daß ihnen daraus ein Schaden erwächst. Solange sie Zugang zu sauberem, frischem Wasser haben, machen ihnen ein paar Mahlzeiten weniger nichts aus. Mit diesen Erkenntnissen gewappnet, können Sie sich ans Werk machen.

Es ist am einfachsten, wenn Sie damit beginnen, einen oder zwei Tage lang die Menge der gewohnten Nahrung zu verringern. Geben Sie der Katze bei jeder Mahlzeit nur einen oder zwei Teelöffel Nahrung und nehmen Sie den Napf nach zwanzig Minuten wieder weg. Das sollte eigentlich reichen, um den Appetit Ihrer Katze zu wecken und sie dazu zu bewegen, im Laufschritt zum Futternapf zu kommen.

Am dritten Tag mischen Sie ein klein wenig von der neuen Nahrung ins Futter. Lassen Sie der Katze einen Teelöffel davon zwanzig Minuten lang stehen und nehmen Sie es dann wieder weg. Frißt die Katze: wunderbar. Das war leicht! Haben Sie den Eindruck, daß sie Hunger hat, geben Sie ihr noch einen Teelöffel oder etwas mehr. Aber lassen Sie nicht zu, daß sie sich sattfrißt – noch nicht.

Frißt die Katze das Futter nicht, machen Sie sich deswegen keine Sorgen. Bieten Sie ihr bei der nächsten Mahlzeit noch einmal die gleiche Mischung an (frische Nahrung, bitte, aber in der gleichen Mischung). Sagen

Sie sich immer wieder, daß sie niemals freiwillig verhungert. Hat sie diese Futtermischung einen oder zwei Tage lang zufrieden verzehrt, geben Sie etwas mehr von dem neuen Futter dazu. Es sollte jetzt ungefähr 25 % der Gesamtmahlzeit ausmachen. Auch hier gilt wieder: Wenn sie gut frißt, geben Sie ihr eine zweite Portion. Sobald die Katze das Futter ohne Murren frißt, mischen Sie die neue und die alte Nahrung im Verhältnis 50 : 50. Jetzt haben Sie Ihr Ziel fast erreicht. Frißt die Katze erst einmal „halb und halb", ist der Erfolg Ihres Vorhabens sichergestellt. Lassen Sie es einen oder zwei Tage lang bei der Mischung halb und halb. Jetzt können Sie die Futtermenge wieder erhöhen, bis das gewohnte Quantum erreicht ist.

Nun verringern Sie allmählich die Nahrung, die die Katze bisher gewohnt ist, und erhöhen den Anteil der neuen. Das kann sich ungefähr über eine Woche erstrecken. Manche Katzen passen sich problemlos an, wenn sie einmal so weit gekommen sind. Andere weigern sich von einer bestimmten Menge oder einem bestimmten Anteil ab. Machen Sie sich nichts daraus. Halten Sie es während der nächsten paar Tage auf einem für Ihre Katze annehmbaren Level. Sie wird sich daran gewöhnen.

Jetzt haben Sie es geschafft, und das ganze hat nicht sehr lange gedauert. Eine allmähliche Umstellung ist für die meisten Katzen nicht nur mental einfacher, sondern ihr Verdauungssystem kann sich so auch besser auf die neue Nahrung einstellen. Dadurch werden Durchfall und Magenverstimmungen vermieden.

An dieser Stelle ist eine Warnung angebracht: Eine hungrige Katze ist einfallsreich. Räumen Sie in der Küche alles vom Tisch und stellen Sie das Geschirr gleich in den Geschirrspüler. Wir wollen ja nicht, daß die Katze ihre Ernährung mit gestohlenen Essensresten anreichert und den ganzen Umstellungsprozeß sabotiert.

Pflanzen als Bestandteil der Nahrung

Katzen brauchen Grünpflanzen und verlangen auch danach. Manche Tiere mögen sie lieber als andere, aber die meisten tun sich irgendwann daran gütlich. Wenn ihnen keine anderen Grünpflanzen zur Verfügung stehen, können Katzen Zimmerpflanzen abfressen, von denen viele giftig sind. Eine detaillierte Liste finden Sie auf Seite 50.

Dieses Problem regeln Sie am besten so, daß Sie Ihrer Katze einerseits geeignete grüne Pflanzen zum Anknabbern zur Verfügung stellen und andererseits die ungeeigneten dorthin stellen, wo sie keinen Schaden stiften können.

Will man die Zimmerpflanzen außer Reichweite der Katze unterbringen, kann man sie an der Zimmerdecke aufhängen oder sie in einen Raum stellen, zu dem man der Katze den Zugang verwehren kann. Außerdem kann man die Pflanzen mit Abweisspray besprühen oder einen Ring aus klebrigem Material darum herumlegen.

Katzen fressen draußen in der freien Natur nicht nur Fleisch. Hier gönnt sich Ben ein wenig frisches Gras.

Es gibt Abweissprays, die speziell für den Einsatz an Pflanzen entwickelt wurden und diesen keinen Schaden zufügen. Es kann sich als notwendig erweisen, die Pflanzen alle paar Tage erneut zu besprühen, weil das Mittel seine Wirkung meist im Laufe der Zeit verliert. Solange Sie Ihrer Katze etwas anbieten, woran sie knabbern darf, wird sie ihre zerstörerischen Angewohnheiten gegenüber Zimmerpflanzen sicher bald vergessen.

Wenn Sie mit doppelseitigem Klebeband oder umgedrehter Selbstklebefolie einen klebrigen Sperrstreifen um eine große Topfpflanze legen, wird das die Katze in den meisten Fällen daran hindern, sich der Pflanze zu nähern. Aber noch einmal: wenn Sie ihr keine geeignete Alternative bieten, hat sie kaum eine andere Wahl, als sich zu überlegen, wie sie Ihre Konstruktion umgehen kann.

Es ist einfach, selbst verschiedene Grünpflanzen für Katzen heranzuziehen, und wer Katzen davon abbringen

will, sich über die Zimmerpflanzen herzumachen, kommt darum nicht herum.

So ziehen Sie Grünpflanzen für Ihre Katze

Selbst Grünpflanzen heranzuziehen ist nicht schwer, solange Ihnen eines klar ist: Pflanzen wollen wachsen. Sofern sie nur einigermaßen günstige Bedingungen vorfinden, werden aus Samenkörnern grüne Pflanzen. Und einigermaßen günstige Bedingungen bedeutet: Nährstoffe, Licht und Wasser.

Hier ist eine einfache Methode, mit der Sie selbst Grünpflanzen heranziehen können. Wir haben dabei auf unnötige Finessen verzichtet, und der Erfolg ist Ihnen sicher. Ich setze jeden Monat einen neuen Topf an, so daß ich meinen Tieren jederzeit frisches Grün zur Verfügung stellen kann.

1. Füllen Sie einen Plastikblumentopf, der nicht so leicht umkippt, mit Blumenerde. Der Topf sollte am Boden ein Abzugsloch zur besseren Dränage haben und auf einem Untersetzer stehen. Gießen Sie die Erde gut und lassen Sie das Wasser eine halbe Stunde lang ablaufen.

2. Streuen Sie die Samenkörner (Weizen oder gewöhnliche Rasengräser) auf die Erde, dann „eggen" Sie die Blumenerde kreuz und quer mit den Fingern und arbeiten die Samenkörner dabei flach in die Erde ein. Drücken Sie die Erde leicht an.

3. Decken Sie den Topf mit Plastikfolie ab und stellen Sie ihn an einen warmen, dunklen Platz. Schauen Sie jeden Tag nach, ob die Gräser auskeimen. Wenn die Erde an den Rändern trocken aussieht, befeuchten Sie sie ab und zu. Setzt sich an der Plastikabdeckung viel Kondenswasser ab, lüften Sie den Topf eine Stunde lang und decken ihn dann wieder ab.

4. Sobald die ersten grünen Sprosse sichtbar werden, stellen Sie den Topf auf eine helle Fensterbank und feuchten die Erde je nach Bedarf etwas an. Vermeiden Sie direkte Sonneneinstrahlung, ein helles Fenster eignet sich besser. Haben die Pflanzen eine gewisse Höhe erreicht, nehmen Sie die Plastikabdeckung ab und gießen von unten, über den Untersetzer.

5. Sorgen Sie dafür, daß die Erde immer feucht, aber nicht naß ist, und lassen Sie die Katze das frische Grün genießen. So einfach ist das!

So zähmt man verwilderte Katzen

Katzen, die frei und ohne jeden Kontakt zum Menschen aufwachsen, kann man nicht als Heimtiere bezeichnen. Wenn sie nicht als Jungtiere lernen, sich in menschlicher Gesellschaft wohl zu fühlen, ist es schwierig, ihnen die Fähigkeit dazu später noch zu vermitteln, und nur selten stellt sich dabei ein vollständiger Erfolg ein.

Katzen, die in menschlicher Obhut aufgewachsen sind, aber später gezwungen waren, sich, aus welchem Grund auch immer, eine Zeitlang allein durchzuschlagen, lassen sich leichter wieder eingewöhnen. Da aber Katzen nun einmal keine Schilder um den Hals tragen, auf denen steht „Ich wurde bereits sehr jung ausgesetzt", müssen Sie in beiden Fällen auf die gleiche Weise vorgehen und aus den jeweiligen Umständen Ihre Schlüsse ziehen.

Wenn Sie mit dem Eingewöhnungsprozeß beginnen, werden Sie zwei Dinge brauchen: erstens Geduld, und zweitens einen Ansatzpunkt. Die Geduld ist von entscheidender Bedeutung, denn ein Tier zu zähmen dauert so lange, wie es eben dauert. Es bleibt einzig und allein der Katze überlassen, ob sie Vertrauen zu Ihnen gewinnt. Sie können das Vertrauen nicht erzwingen, und wenn Sie den Versuch dazu unternehmen, wird Sie das bei Ihrem Vorhaben zurückwerfen, womöglich sogar für immer.

Eines sollte Ihnen an dieser Stelle klar sein: Der Grund dafür, daß die meisten Katzen in Freiheit überleben, besteht darin, daß sie scheu sind, eher weglaufen als kämpfen, sich lieber zurückziehen als genauer nachforschen und das Leben, allgemein gesagt, von einer äußerst konservativen Warte aus betrachten. Sie werden nachts zu Ihnen kommen, sie werden verängstigt sein und räuberisch auftreten – wäre das anders, hätten sie nie und nimmer auch nur eine Woche lang allein überlebt. Will man sie wieder an Menschen gewöhnen, dann kostet das Zeit, wahrscheinlich viel Zeit, und vermutlich wird dabei bestenfalls eine ziemlich zahme halbwilde Streunerin herauskommen, aber kein normales Heimtier. In diesem Bewußtsein machen wir uns ans Werk.

Mit „Ansatzpunkt" meinen wir, daß Sie über etwas verfügen müssen, das die Katze haben will, so daß Sie ihr Verhalten beeinflussen können. Dieses Etwas ist normalerweise Futter. Eine verläßliche Quelle, die schmackhafte Nahrung bietet, übt auf ein Tier, das eine Zeitlang allein da draußen einen harten Kampf ums Überleben

VORSICHT BEI NEUEN KATZEN!

Schreckhafte Katzen, ängstliche Katzen und Katzen, die neu im Haus sind, versuchen eventuell wegzulaufen. Überzeugen Sie sich davon, daß alle Fenster fest geschlossen oder mit gut passenden Fenstergittern versehen sind, die so stabil sind, daß sie dem Gewicht Ihres Tieres standhalten. Achten Sie darauf, daß sich zwischen Ihrem neuen Heimtier und der Außenwelt immer zwei oder mehr Türen befinden. Wenn sie wollen, sind Katzen erstaunlich flink.

291

geführt hat, eine ziemlich unwiderstehliche Anziehungskraft aus.

Geben Sie der Katze zweimal pro Tag eine Mahlzeit. Als Nahrungslieferant sind Sie in den Augen der Katze bereits eine wichtige Bezugsperson geworden. Versuchen Sie anfangs nicht, sich der Katze zu nähern, und schauen Sie sie nicht an. Betreten Sie einfach den Raum, stellen Sie das Futter ab und gehen Sie wieder. Sprechen Sie freundlich und ruhig mit der Katze, während Sie das tun. Versuchen Sie, jedesmal das gleiche zu sagen; für die Katze gehört es dann bald zur beruhigenden Routine.

Fahren Sie auf diese Weise fort, bis die Katze keine Anzeichen von Unruhe mehr zeigt, wenn Sie hereinkommen. Kommt sie auf Sie zu, weil sie sich aufs Fressen freut: sehr gut. Das ist fabelhaft. Aber selbst wenn sie einfach nur dasitzt und sich nicht zusammenkauert oder versteckt, sollten Sie das als Sieg betrachten. Wendet die Katze den Kopf und beobachtet Sie bei Ihrer Tätigkeit, ist das ein ausgezeichnetes Zeichen dafür, daß sie zumindest nicht mehr so hoffnungslos verängstigt ist, daß sie kein Glied rühren kann. An den Augen des Tieres werden Sie ablesen können, wie es in seinem Inneren aussieht. Sind die Pupillen erweitert, hat sie immer noch Angst. Sind sie, den Lichtverhältnissen entsprechend, normal geöffnet, dann ist sie wirklich dabei, allmählich ruhiger zu werden. Ist das erst einmal erreicht, gehen Sie etwas weiter auf die Katze zu, wenn Sie das Futter abstellen. Behalten Sie Ihren Plauderton bei; das vertraute Geräusch Ihrer Stimme und Ihrer Worte hilft der Katze dabei, ihre Angst abzubauen.

Bleiben Sie so lange wie möglich im Zimmer, doch tun Sie dabei so wenig wie möglich. Verlegen Sie sich im Aufenthaltsbereich der Katze aufs Lesen. Schauen Sie sie während dieser Besuche nicht an, und versuchen Sie auch nicht, sie zu berühren. Selbst wenn sie Kontakt mit Ihnen aufnimmt, lassen Sie immer das Tier bestimmen, wie weit es zu gehen bereit ist. Gestatten Sie der Katze, die Umgebung auszukundschaften, ohne daß Sie sich dabei auf sie zubewegen oder sie ansehen. Es kann nicht schaden, wenn Sie immer leckere Kleinigkeiten dabeihaben. Wenn die Katze in Ihre Nähe kommt, werfen Sie eine davon ungefähr in ihre Richtung. Selbst wenn sie es erst später frißt, ist das absolut in Ordnung. Mit der Zeit wird sie ruhiger werden und es in Ihrer Gegenwart fressen. Davon ganz abgesehen wird die Katze Ihren Geruch nun mit einer kleinen Freude verknüpfen.

Lassen Sie ein Radio- oder Fernsehgerät mit geringer Lautstärke laufen, damit sie sich an menschliche Stimmen gewöhnt. Besprechen Sie ein Tonband und spielen Sie das ab, wenn Sie nicht zu Haus sind. Lesen Sie laut mit ruhiger Stimme. Jeder kleine Schritt bringt Sie weiter.

Wenn alle Ihre Anstrengungen fruchtlos bleiben und Ihre samtpfotige Freundin nach mehreren Wochen noch immer so verängstigt ist wie am Anfang, sprechen Sie mit Ihrem Tierarzt. Es gibt verschiedene wirksame, ungefährliche Medikamente, die der Katze eventuell helfen, sich so weit zu beruhigen, daß sie lernen kann, Ihre Anwesenheit zu genießen.

Zeigen die Arzneimittel keine Wirkung, können Sie versuchen, der Katze einen Bereich einzurichten, in dem sie ungestört und in Frieden leben kann. Ein großer Zwinger mit reichlich Gelegenheit zum Klettern und vielen Versteckmöglichkeiten kann für die Katze zum sicheren Zufluchtsort werden.

Alternativ dazu können Sie ihr auch, nachdem sie kastriert worden ist, die Möglichkeit geben, nach Belieben nach draußen zu gehen. Auf diese Weise kann sie dem Streß durch den Menschen ausweichen und selbst entscheiden, wie oft sie zu Ihnen kommt.

Wenn die Katze ängstlich ist

Eine gewisse Scheu vor unbekannten Örtlichkeiten, Menschen und Dingen ist für eine Katze ganz normal. Es ist absehbar, daß eine streunende, eine zuvor schlecht behandelte oder eine neu ins Haus gekommene Katze besonders scheu sein wird. Niemand sieht es gern, wenn ein Tier Furcht zeigt, und obwohl eine gewisse Zurückhaltung natürlich ist, gibt es manches, was Sie tun können, um Ihrer Katze zu mehr Selbstvertrauen zu verhelfen.

So gewöhnen Sie Katzenkinder an fremde Menschen

Je mehr positive Erfahrungen Ihre kleine Katze frühzeitig in ihrem Leben mit Menschen macht, desto entspannter und vertrauensvoller ist sie, wenn sie älter wird. Haben Sie eine ausgewachsene Katze, können Sie sich natürlich immer noch darum bemühen, deren Horizont zu erweitern. Das kann allenfalls ein wenig länger dauern.

Haben Sie ein draufgängerisches Katzenkind, wird Ihre Aufgabe darin bestehen, Ihre Gäste vor deren aufdringlicher Neugier zu bewahren. Sollte dem nicht so sein, probieren Sie einmal folgendes aus:

Gestatten Sie Ihrem Katzenkind oder Ihrer älteren Katze, daß sie, wie bei allen Dingen, selbst bestimmt, wie rasch sie dazulernt. Ihre Aufgabe ist es, die Begegnung mit fremden Personen angenehm zu gestalten, sofern sich Ihre Katze entscheidet, diese Begegnung zu suchen. Sagen Sie Ihren Freunden, daß sie dem Kätzchen nicht nachlaufen, sondern lieber abwarten sollen, bis es von sich aus zu ihnen kommt. Macht das Katzenkind einen Annäherungsversuch, lassen Sie es zuerst seine eigenen Untersuchungen anstellen, bevor die betreffende Person die Anwesenheit des Kätzchens zur Kenntnis nimmt. Bitten Sie Ihren Freund oder Ihre Freundin, dem Tier einen Leckerbissen anzubieten, den es besonders schätzt. Das Katzenkind sollte ihn ohne Unterbrechung fressen dürfen. Wiederholen Sie das drei- oder viermal. Macht das Kätzchen einen entspannten Eindruck oder ist es sogar mit Eifer bei der Sache, dann lassen Sie die betreffende Person das Tier ein bißchen streicheln, während sie den Leckerbissen verabreicht.

Sie können auch so vorgehen, daß Sie Ihren Freund oder Ihre Freundin bitten, das Kätzchen zu einem Spiel einzuladen. Oft ist nichts weiter nötig als ein Nachziehspielzeug, das wie zufällig so hin- und hergezogen wird, daß die Katze es sieht, und es entspinnt sich eine ausgelassene Toberei. Das Spielen baut die Spannungen der Katze ab und macht ihr Freude, wobei beides mit der Anwesenheit der fremden Person verknüpft wird.

Ein Versteck für die Katze

Jede Katze, die Angst hat, braucht ein Plätzchen, an dem sie sich verstecken kann und an dem sie sich sicher fühlt. Es ist sehr viel praktischer, ihr einen leicht erreichbaren Platz zuzuweisen, als zuzulassen, daß sie sich selbst einen aussucht, der sich dann unweigerlich irgendwo weit weg befindet.

Oft genügt es den Ansprüchen des Tieres vollauf, wenn Sie einen Karton mit einem alten Pullover darin in den hinteren Teil eines Schranks stellen. Doch ganz gleich, ob Ihre Katze den Platz benutzt, den Sie ihr zugedacht haben, oder sich selbst einen aussucht: Respektieren Sie die Entscheidung. Greifen Sie niemals dort

hinein und befördern die Katze heraus, es sei denn, es ist
unumgänglich, etwa wenn das Haus in Brand steht, wenn
die Katze während des Badens weggelaufen ist, wenn sie
etwas Giftiges gefressen hat oder wenn Sie in zwanzig
Minuten einen Tierarzttermin haben und die Fahrt dahin
dreißig Minuten dauert. Lassen Sie sie in allen anderen
Fällen in Ruhe! Wenn sie sich darauf verlassen kann, daß
sie an ihrem Zufluchtsort ungestört bleibt, wird sie sich
viel eher daraus hervorwagen.

Belohnen Sie die Katze für ihren Mut

Für eine junge oder eine ältere Katze ist es eine enorme
Belohnung für ihren Mut, wenn sie von einem Fremden
einen besonders leckeren Bissen bekommt. Wenn sie
aber vorläufig noch nicht soweit ist, dann versuchen Sie,
sie etwa einen Tag lang hungern zu lassen. Dann legen
Sie, wenn der Gast zu Besuch kommt, eine Spur aus
leckeren Happen vom Versteck Ihrer Katze bis zur Tür
des Zimmers, in dem Sie den Besuch empfangen. Legen
Sie anfangs kleine Leckereien in größeren Abständen aus.
Nähert sich die Spur allmählich der Tür, legen Sie größere und attraktivere Häppchen aus, und den Abschluß
bildet dann eine kleine Extraüberraschung. Dann harren
Sie der Dinge, die da kommen.

Achten Sie in keiner Weise darauf, ob die Katze näherkommt oder nicht. Ist der Besuch beendet, gehen Sie zu
der ausgelegten Spur, sammeln alles ein, was übriggeblieben ist, und schauen nach, wie weit Ihre Katze gekommen ist. Im Laufe der Zeit wird Ihre Katze dabei
mehr Mut zeigen und es schließlich ganz bis zur Tür
schaffen. Phantastisch! Beim nächstenmal legen Sie die
Extraüberraschung etwas weiter ins Zimmer hinein. Sobald es die Katze regelmäßig bis dahin schafft, verschieben Sie die besondere Überraschung aufs neue, ungefähr
dreißig Zentimeter weiter.

Dauert das nicht eine ganze Weile? Sicher, aber warum muß es denn so schnell gehen? Es macht doch eigentlich überhaupt nichts aus, wenn es etwas länger
braucht, oder? Wenn Ihre Katze sich an ihrem sicheren
Rückzugsort verstecken möchte, ist das ihre Angelegenheit. Versuchen Sie, sich da nicht allzu sehr einzumi-
schen. Sie ist bei der ganzen Angelegenheit wahrscheinlich lange nicht so aufgeregt, wie Sie es sind.

Nehmen Sie Angst nicht zur Kenntnis

Fast alle tierliebenden Menschen machen ungewollt einen Fehler, nämlich das Tier dafür zu belohnen, daß es Angst hat. Die Katze beginnt einen ängstlichen Eindruck zu machen, Sie streicheln sie und sagen dabei in beschwichtigendem Ton: „Alles in Ordnung, Schätzchen, reg dich nicht auf." Herzlichen Glückwunsch, soeben haben Sie Ihre Katze dafür gelobt, daß sie sich ängstlich benommen hat.

Es trifft allgemein zu, daß keiner von uns jemals sagt „Reg dich nicht auf" oder „Alles in Ordnung", wenn es nicht wirklich etwas gibt, worum man sich Sorgen machen kann. Die Redewendungen „Reg dich nicht auf" und „Alles in Ordnung" werden für die Tiere zu Schlüsselwörtern dafür, daß etwas Schlimmes geschieht oder in Kürze geschehen wird. Den Grund für diese Entwicklung liefern oft die Besitzer mit ihrer Angst davor, wie die Katze wohl reagieren wird, und weniger die Situation an sich. Ein Beispiel: Sie gehen mit Ihrem neuen Katzenkind zum Tierarzt. Das Kätzchen ist vorsichtig, hat aber keine Angst. Sie haben Angst vor den Spritzen und machen sich Sorgen, daß die Katze Angst bekommen könnte. Sie beginnen, sie hastig zu streicheln und sagen „Alles in Ordnung, alles in Ordnung". Die kleine Katze wird nervös, weil Sie nervös sind. Wenn sie dann die Spritzen bekommt, verstärken sie die Ängste des Katzenkindes noch. Jetzt versetzen die Worte „Alles in Ordnung" und die Tonlage, in der Sie das sagen, das Kätzchen auf der Stelle in Alarmstimmung. Da ist etwas im Gange, etwas Schlimmes.

Wenn wir nervös sind, neigen wir alle dazu, schneller und nachdrücklicher zu atmen, zu sprechen und zu streicheln. Ihre Anspannung als Anzeichen dafür, daß Gefahr im Verzug ist, wird sich unmittelbar auf Ihre Katze übertragen. Helfen Sie Ihrer Katze, indem Sie bewußt langsamer sprechen, Ihre Hände langsamer bewegen und langsamer atmen. Holen Sie tief Luft, atmen Sie langsam aus und entspannen Sie sich. Bemühen Sie sich um einen beiläufigen Tonfall und lässige Bewegungen. Ihr ruhiges Auftreten wird Ihre Katze beruhigen.

Wenden sie niemals Zwang an

Eine verängstigte Katze zu etwas zu zwingen, ist keine gute Idee. Katzen, die Angst haben, werden so ziemlich

296

So helfen Sie der älteren Katze, sich einzugewöhnen

Der Umzug in ein anderes Zuhause kann eine bis dahin normale Katze veranlassen, sich dauernd versteckt zu halten, vor allem dann, wenn es im neuen Zuhause völlig anders zugeht. Emily, die zunächst von der Straße und dann aus der Obhut des Tierarztes kam, war unglaublich schockiert, als sie unseren turbulenten Haushalt kennenlernte. Sie verkroch sich einfach im Schrank. Erst, als sie selbst fand, daß es soweit war, tauchte sie wieder auf und schloß sich uns an.

Normalerweise wird sich Ihre Katze vom Verhalten her neu orientieren und sich wieder in die Familie eingliedern. Behalten Sie sie während dieser Zeit gut im Auge, denn Streß kann Krankheiten auslösen, und wenn Ihre Katze nirgends zu sehen ist, kann es sein, daß eine Krankheit unentdeckt bleibt.

Hält sie sich länger als eine Woche durchgehend versteckt, sollten Sie zu einer List greifen. Halbieren Sie ihre Rationen. Dann legen Sie nachts, wenn alles ruhig ist, mit ihrem Futter eine Spur durch die ganze Wohnung und gehen ins Bett. Füttern Sie die Katze mit Feuchtnahrung, dann verwenden Sie kleine Pappteller. Legen Sie in den entlegeneren Ecken ihres neuen Reichs größere Portionen aus. Achten Sie darauf, daß sonst überall nur winzigkleine Häppchen angeboten werden, damit sie ihren Appetit nicht verliert. Vielleicht bringt sie ihr knurrender Magen dazu, mehr Mut an den Tag zu legen.

Gehören noch weitere Tiere zur Familie, sperren Sie diese nachts ein, damit die Katze ungestört auf Entdeckungsreise gehen kann.

Natürlich gilt nichts von dem, was oben gesagt wurde, für den Fall, daß sie nicht mit ihrer Katzentoilette umgehen kann. Sollte das der Fall sein, kümmern Sie sich zuerst darum (siehe Seite 220). Anschließend machen Sie sich daran, ihre Angst zu bekämpfen.

Beim Umgang mit verängstigten Katzen sollte man immer besonders liebevoll vorgehen. Solange die Katze ruhig ist, strecken Sie die Hand nach ihr aus, bis sie etwa 30 cm von ihrem Gesicht entfernt ist, aber nicht weiter. Schauen Sie sie kurz an und wechseln Sie dann die Blickrichtung. Starren Sie die Katze nicht an. Sprechen Sie ruhig mit ihr, nennen Sie sie beim Namen.

Zieht sich die Katze, während Sie ihr näherzukommen versuchen, zu irgendeinem Zeitpunkt zurück, brechen Sie sofort ab. Entfernen Sie sich entweder, oder setzen Sie sich ruhig in die Nähe der Katze. Lesen Sie ein Buch, malen Sie ein Bild, schreiben Sie einen Brief, aber was immer Sie tun, seien Sie ruhig und leise und lassen Sie sie zufrieden. Wenn sie an Ihrer Hand schnuppert und ein bißchen Neugier erkennen läßt, strecken Sie langsam die Hand aus und streicheln sie unter dem Kinn und am Hals. Alles ganz langsam angehen zu lassen, ist die schnellste Art, das Vertrauen Ihrer Katze zu gewinnen.

alles unternehmen, um aus dieser Situation herauszukommen. In solchen Augenblicken sind Sie nicht ihr bester Freund, sondern Sie stehen ihnen im Weg. Sie werden durch Sie hindurch, um Sie herum oder über Sie hinweg laufen, wenn sie nur entkommen können. Der Versuch, eine verängstigte Katze zu etwas zu zwingen, ist oft nicht nur mit schmerzlichen Erfahrungen verbunden, er ist auch widersinnig. Er kostet Sie das Vertrauen Ihres Tieres, ohne das sich in diesem Bereich keinerlei Fortschritt erzielen läßt. Vermutlich verstärkt sich dadurch die Furcht Ihres Tieres noch, denn jetzt weiß es, daß es nichts tun kann, um dem, was die Angst ausgelöst hat, aus dem Weg zu gehen, ganz gleich, worum es sich dabei handelt. Alles in allem ist Zwang, wenn man mit einer Katze arbeitet, die größtmögliche Zeitverschwendung überhaupt.

Angst vor dem Alleinsein

Katzen, die Probleme mit dem Alleinsein haben, leiden unter Streß. Es kann vorkommen, daß sie klagen, Zerstörungen anrichten oder sich außerhalb der Klokiste erleichtern. Es gibt Verschiedenes, was Sie in diesem Fall tun können.

Sperren Sie Ihre Katze ein, wenn Sie nicht im Haus sind

Jedesmal, wenn Ihre Katze eine bestimmte unerwünschte Verhaltensweise an den Tag legt, prägt sie sich bei ihr tiefer ein und wird zur Gewohnheit. Wenn Sie dafür sorgen, daß sie den Fehler von vornherein gar nicht erst macht, sind Sie Ihrem Ziel, den unerwünschten Kreislauf zu durchbrechen, ein großes Stück nähergekommen.

Sorgen Sie dafür, daß sie sich körperlich anstrengt

Eine gelangweilte Katze ist oft auch eine ungezogene Katze. Achten Sie darauf, daß Sie zweimal am Tag zehn Minuten lang ordentlich mit ihr trainieren, einmal morgens und einmal abends. Mit Hilfe eines der vielen Nachziehspielzeuge oder der Katzenspielzeuge, die, ähnlich wie eine Angelrute, an einem Stock angebunden sind, können Sie Ihre Katze ganz nebenbei trainieren, während Sie Kaffee trinken oder sich die Morgennachrichten ansehen.

298

Sorgen Sie dafür, daß sie sich geistig anstrengt

Wenn Sie mit der Katze spielen, wird sie dadurch geistig angeregt, wenn Sie ihr aber Verhaltensweisen beibringen, erreichen Sie damit, daß sie geistig richtig arbeitet. Geistige Arbeit hat fast denselben beruhigenden Effekt wie körperliche Arbeit; vergessen Sie deshalb nicht, auch daran zu denken.

Bestrafen Sie die Katze nicht

Wer eine Katze bestraft, die unter Streß leidet, verstärkt damit nur den Streß. Mehr Streß bedeutet mehr unerwünschtes Verhalten. Ganz gleich, was Sie zu Haus vorfinden, wenn Sie heimkommen: Bleiben Sie ruhig. Wenn Sie schon jemanden ausschimpfen wollen, schimpfen Sie sich selbst aus. Die Katze hätte doch in ihrem Zimmer bleiben sollen, oder etwa nicht?

Wie wär's mit einem Spielkameraden?

Die meisten Katzen sind gern in Gesellschaft oder wissen sie zumindest mit der Zeit zu schätzen. Wenn die Katze nicht allein ist, geht der Tag mit Sicherheit schneller herum, und Sie werden dadurch entlastet. Überlegen Sie es sich. Zwei Katzen machen nur wenig mehr Arbeit als eine, es sei denn, Sie haben Langhaarkatzen mit weichem Fell, die jeden Tag ihre Pflege brauchen.

Was tun, wenn die Katze in den Sandkasten oder in den Garten läuft?

Viele Katzen suchen, wenn sie ein naheliegendes Bedürfnis überkommt, Plätze auf, an denen der Boden locker ist und das Scharren keine Mühe macht. Das Pech für uns ist nun, daß die Plätze, an denen wir und unsere Kinder am liebsten unsere Freizeit verbringen, zugleich auch die Plätze sind, an denen Katzen am liebsten ihre Hinterlassenschaften vergraben. Was kann man dagegen tun?

Sandkästen

Manchmal sind die einfachsten Lösungen die besten. Kurz und schlicht: Decken Sie den Sandkasten ab. Es

SETZEN SIE IHR TIER NICHT AUS!

Nach der Anzahl der Katzen zu urteilen, die in Wäldern und an einsamen Autobahnabschnitten Jahr für Jahr ausgesetzt werden, scheint der Glaube, Heimtiere könnten auf sich gestellt überleben, weit verbreitet zu sein. Doch das können sie nicht. Sie geben den Tieren keinesfalls eine „Chance", sondern Sie verurteilen sie zum Tode. Es handelt sich dabei allerdings um einen Tod, mit dem Sie sich nicht auseinandersetzen müssen. Ausgesetzte Tiere kommen normalerweise auf schreckliche Art ums Leben. Sie werden von Hunden oder wilden Tieren übel zugerichtet, von Autos angefahren, aber nicht auf der Stelle getötet, sie verhungern, sie fressen Gift oder verschlucken Knochen, die endlos langes Leiden auslösen – die Aufzählung ist nicht schön, aber sie ist realistisch. Wenn Sie Ihr Tier nicht bei sich behalten können, bringen Sie es ins Tierheim. Dort wird es zumindest, sofern es sich nicht in ein neues Zuhause vermitteln läßt, eines raschen und schmerzlosen Todes sterben. Das ist das mindeste, was Sie für das Tier tun können, das auf Sie angewiesen ist.

gibt Sandkästen, die bereits mit einer Abdeckung geliefert werden. Sie können auch selbst einen einfach zu handhabenden Deckel konstruieren. Planen wiegen nicht viel und sind preiswert, doch bei ihnen sammelt sich in der Mitte oft Wasser an, was lästig werden kann. Die beste Wahl ist eine je nach Größe des Sandkastens ein- oder zweiteilige Abdeckung aus Holz. Damit halten Sie nicht nur Ihre Katze vom Sandkasten fern, sie hält dazu noch den Sand trocken, was für Ihre Kinder günstig ist.

Gärten

Umgibt Ihren Garten ein guter Zaun, kann das die Katze daran hindern, ihn zu betreten. Allerdings hängt das von der Katze ab. Spot kletterte gern auf den Zaun, der aus Kettengliedern bestand. Sie tat das regelmäßig und lief dann auf dem Geländer entlang, das den oberen Abschluß bildete. Ben gewöhnte sich das niemals an, obwohl er viele Male dabei war, wenn Spot das tat.

Wenn Ihre Katze nicht auf Zäune klettert, ist ein guter Zaun vermutlich die richtige Lösung. Wenn sie es aber tut, oder wenn Sie keinen Zaun haben wollen, gibt es noch ein paar andere Möglichkeiten: Decken Sie Ihre frisch eingesäten Beete mit Plastikfolie ab. Das hält nicht nur die meisten Katzen vom Scharren ab, sondern verbessert auch die Wachstumsbedingungen für die Mehrzahl der Pflanzen. Stattdessen können Sie außen um Ihren Garten herum ein ungiftiges Abweismittel ausbringen oder einen niedrigen elektrischen Zaun aufstellen.

Wenn Sie Ihre Katze nicht behalten können

Wenn Sie eine Katze neu in Ihr Haus aufnehmen, gehen Sie damit eine langfristige Verpflichtung ein, über deren Bedeutung Sie sich hoffentlich restlos im klaren waren, bevor Sie sich Ihre samtpfotige Freundin angeschafft haben. In einigen wenigen Fällen kann es allerdings vorkommen, daß Sie Ihre Katze einfach nicht länger behalten können.

Mir sind schon viele Gründe dafür zu Ohren gekommen, warum jemand seine Katze abschaffen mußte, und viele davon waren lachhaft. Eine der dümmsten Begründungen, die wir jemals gehört haben, lautet: „Sie paßt nicht zu meiner neuen Innenausstattung." Eine Katze ist ein lebendiges Wesen mit eigenen Empfindungen und kein Dekorationsobjekt. Wenn Sie Ihre Katze, aus welchem Grund auch immer, nicht länger behalten können, gibt es einen richtigen und einen falschen Weg, ein neues Zuhause für sie zu finden.

Nehmen Sie sich Zeit

Wenn Sie ein gutes Zuhause für Ihre Freundin finden wollen, nehmen Sie sich Zeit, um eventuelle künftige Besitzer ausführlich zu befragen. Es sollte auch genug Zeit vorhanden sein, um notfalls einigen Interessenten abzusagen, ehe Sie das richtige Unterkommen finden.

Machen Sie Ihr Anliegen bekannt

Es scheint immer freundliche Menschen zu geben, die auf der Suche nach freundlichen Tieren sind, aber die werden nicht auf Sie aufmerksam, wenn Sie Ihr Anliegen nicht bekanntmachen. Entwerfen Sie Flugblätter und hängen Sie sie bei den umliegenden Tierärzten, in Zoofachgeschäften, Tierpflegesalons und Supermärkten aus. Geben Sie eine Anzeige in Ihrer Lokalzeitung auf. Informieren Sie die Leute, die Sie treffen, Freunde, Kollegen und die Kunden der Geschäfte, in denen Sie normalerweise einkaufen. Vielleicht findet Ihr Tier bei der Freundin einer Freundin der Serviererin im Restaurant um die Ecke ein schönes Zuhause!

Verlangen Sie Referenzen

Wir wollen Ihnen keinen Schrecken einjagen, aber in den USA nimmt der Handel mit gesunden unerwünschten Heimtieren rasant zu, die zu Forschungszwecken an Versuchslabors verkauft werden. Wir sind der Auffassung, daß kein Tier, das bei Menschen aufgewachsen ist und mit ihnen zusammengelebt hat, jemals zu Experimentierzwecken benutzt werden sollte. Die Menschen, die so etwas tun, wissen, daß sie nicht beliebt sind, und werden Ihnen deshalb nicht die Wahrheit sagen. Es sind Geschäftemacher, die Sie davon überzeugen wollen, daß sie ein echtes Interesse an Ihrem Tier haben. Sie sind darin geübt, nach außen hin besonders nett aufzutreten. Zum Glück ist es nicht allzu schwierig, sich und Ihrer kleinen Freundin ein solches Schicksal zu ersparen.

301

Wenn die Besitzer in spe schon vorher Heimtiere hatten, ist ihr Tierarzt die ideale Referenzadresse. Doch Empfehlungen von anderer Seite sind ebenfalls in Ordnung. Damit haben Sie keine hundertprozentige Sicherheit, aber für den Anfang ist es nicht schlecht.

Lassen Sie die künftigen Besitzer warten

Geben Sie die Katze niemandem gleich beim ersten Besuch mit. Hüten Sie sich vor Menschen, die Sie in dieser Hinsicht allzu sehr unter Druck setzen. Wenn sie aus der Stadt wegziehen, weit entfernt leben und so weiter – sagen Sie ihnen ab. Menschen, die wirklich Interesse haben, macht es nichts aus, wenn sie einen oder zwei Tage warten müssen.

Stellen Sie Nachforschungen an

Lassen Sie sich die Anschrift und die Telefonnummer geben und rufen Sie dann die Nummer an. Rufen Sie die Auskunft am Wohnort der künftigen Besitzer an und überprüfen Sie, ob die Nummer dort genauso registriert ist. Wohnen die Leute in Ihrem Ort, dann schauen Sie dort vorbei. Das hört sich ein bißchen übertrieben an, aber so mancher Besitzer hat seine Katze schon an jemanden abgegeben, der eine nicht existierende Adresse und eine Telefonnummer genannt hat, unter der es keinen Anschluß gab.

Wenn sich die Angaben als richtig herausstellen, handelt es sich wahrscheinlich einfach um erwartungsvolle, wunderbare Katzenbesitzer in spe. Die meisten Leute sind ehrlich, doch weil mit dem Verkauf von Tieren viel Geld verdient wird, zahlt es sich aus, um Ihrer kleinen Freundin willen ein bißchen vorsichtig zu sein.

Wenn die Katze ins Tierheim muß

Die öffentlichen Tierheime tun für die Tiere unter ihrer Obhut alles, was in ihrer Macht steht, aber die Anzahl ausgesetzter Tiere ist in vielen Landstrichen schier überwältigend. In den USA findet die Mehrzahl der Katzen nie ein Zuhause und muß daher schmerzlos getötet werden. Besonders bei älteren Katzen fällt den Heimen die Weitervermittlung schwer. Wenn Ihre Katze ein bestimmtes Alter überschritten hat, werden viele Tierheime gar nicht erst den Versuch unternehmen, sie weiterzuvermitteln.

302

Sie wird schlicht und einfach eingeschläfert. Das mag Ihnen hart vorkommen, aber die harte Wirklichkeit zwingt die Tierheime dazu. Sie wären glücklich, wenn sie jedes Tier, das zu ihnen kommt, weitervermitteln könnten, aber es gibt einfach nicht genügend Unterbringungsmöglichkeiten. Für jede ältere, schwerer zu vermittelnde Katze, die einen Käfig besetzt, müssen jüngere, leichter vermittelbare Katzenkinder getötet werden. Während die ältere Katze wartet und nicht vermittelt wird, hätten vielleicht zwei bis vier junge Katzen ein neues Zuhause finden können. Nur etwa eines von zehn Tieren, die in einem Tierheim abgegeben werden, findet jemals auf Dauer ein Unterkommen.

Unfair? Mit Sicherheit! Lassen Sie Ihre Katze kastrieren. Sagen Sie auch anderen Leuten, daß sie ihre Katzen kastrieren lassen sollen. Dann müßten derart grausame Entscheidungen niemals getroffen werden. Doch bis das erreicht ist, sollten Sie den Heimen keinen Vorwurf daraus machen, daß sie das tun, was sie tun müssen. Daß so etwas überhaupt nötig ist, ist unser Fehler, der Fehler aller Katzenhalter.

Es gibt viele private Tierheime, in denen die Tiere nicht getötet werden. Die Tiere, die dort aufgenommen werden, werden oft auf langen Wartelisten geführt; rufen Sie deshalb rechtzeitig vorher an. Weil die Tiere nicht eingeschläfert werden, gibt es nicht so häufig freie Plätze, und der Raum, der dort zur Verfügung steht, ist begrenzt. Außerdem kann es sein, daß man dort bei der Entscheidung darüber, welches Tier aufgenommen wird, eine kritischere Auswahl vornimmt. Tiere, die aus Verhaltensgründen oder wegen gesundheitlicher Probleme schwer unterzubringen sind, werden möglicherweise abgelehnt. Rufen Sie an und erkundigen Sie sich nach den genauen Bedingungen. Alle Tierheime an Ihrem Wohnort müßten in den gelben Seiten des Telefonbuchs aufgeführt sein.

Seien Sie mißtrauisch, wenn man Ihnen verspricht, Ihre Katze gegen eine kleine Spende lebenslang zu pflegen, ganz gleich, welche Verhaltens- oder Gesundheitsprobleme sie aufweist. Wenn sich etwas zu schön anhört, um wahr zu sein, dann ist es das vermutlich auch. Wir haben schon allzu oft mitbekommen, wie solche Tierasyle mit guten Absichten anfingen und sich dann in Konzentrationslager für Tiere verwandelten, wo die Lieblinge der Familie in schmutzige Käfige gesteckt werden und kaum Futter und Wasser erhalten. Die genauen Um-

stände sind so entsetzlich, daß man sie gar nicht abdrucken kann, aber geben Sie Ihre Katze niemals irgendwo ab, wenn Sie sich nicht mit eigenen Augen überzeugt haben, wo die Tiere gehalten werden. Wollen Ihnen die Mitarbeiter die Örtlichkeiten nicht zeigen, dann bringen Sie Ihre Katze anderswo unter.

Wenn die Katze älter wird

Wenn Katzen in die Jahre kommen, konzentrieren sie sich verstärkt darauf, daß ihnen das Leben nicht zu beschwerlich wird. Wärme, Muße und praktische Annehmlichkeit stehen zunehmend an erster Stelle. Für den Fall, daß Sie so etwas bisher nicht hatten: Ihre älter werdende Katze wird einen leicht erreichbaren Ruheplatz an einem sonnigen Fenster jetzt mehr denn je schätzen.

Futter- und Wassernapf und die Katzentoilette sollten bequem erreichbar sein. Jeder Sprung, der ihr in den vergangenen Jahren geradezu ein Bedürfnis war, kann für Ihre alternde Freundin jetzt genau ein Sprung zuviel sein.

Einmal rief uns eine Frau an. Sie war ganz aufgeregt, weil ihr sechzehnjähriger Kater, der zuvor immer absolut stubenrein gewesen war, nun in regelmäßigen Abständen das Haus verschmutzte. Meine erste Sorge galt seiner Gesundheit, doch sie versicherte mir, daß der Tierarzt den Kater gründlich untersucht und festgestellt hatte, daß alles in Ordnung war. Er hatte sie an uns verwiesen.

Ältere Katzen sehnen sich nach Wärme. Shotzie ist nicht dumm; er hält sein Nickerchen vor dem Warmluftauslaß.

304

Da dem so war, setzten wir unsere Bemühungen fort. Da Weihnachten vor der Tür stand, fragte ich sie, ob sich ihr Tagesablauf in der letzten Zeit geändert hatte, ob sie öfter ausging oder Gäste ins Haus einlud. Die Antwort auf alle diese Fragen lautete nein. Tja, hatte sie vielleicht das Katzenklo umgestellt oder verwendete sie neuerdings eine andere Katzenstreu? „Nein", antwortete sie, „das Katzenklo steht auf der Feuerleiter, wo es schon immer war." Auf der Feuerleiter? Im Dezember! Damit war der Fall gelöst.

Ihrem älter werdenden Kater bereitete der Sprung aus dem Fenster bei Temperaturen unter Null nicht mehr so viel Freude wie früher. Er hatte beschlossen, daß eine Katze in seinem fortgeschrittenen Alter und mit seiner Erfahrung bestimmt eine bessere Lösung finden konnte, als sich draußen in die Kälte zu hocken. Und das tat er auch – er hockte sich vor das geöffnete Fenster. Als sie die Katzentoilette ins Haus stellte, verschwand das Problem. Katzen sind so beredt.

Katzen werden mit zunehmendem Alter langsamer (das ist übrigens bei Menschen nicht anders). Der Körper beginnt zu schmerzen, Nerven und Hirnzellen sterben unwiderbringlich ab, womit die Informationen, die vom Gehirn zum Körper und zurück geschickt werden, län-

Tina und Larue sind miteinander aufgewachsen. Während diese Zeilen zu Papier gebracht werden, ist Larue mittlerweile vierundzwanzig Jahre alt. Tina ist inzwischen verheiratet und erwartet ihr erstes Kind. Diese beiden sind wirklich Freunde fürs Leben.

305

TUMORE
Achten Sie auf Beulen jeder Art am Körper Ihrer Katze. Sie treten bei manchen älteren Katzen ziemlich häufig auf und sind vielfach harmlos, doch man sollte sie in jedem Fall genau beobachten und auch den Tierarzt darauf aufmerksam machen. Haben Sie Ihre weibliche Katze erst in fortgeschrittenem Alter oder überhaupt nicht kastrieren lassen, dann achten Sie besonders auf jegliche ungewöhnliche Schwellung im Bereich der Brustdrüsen.

HARNWEGS-
ERKRANKUNGEN
Dies ist ein häufig auftretendes Problem bei älteren Katzen. Achten Sie darauf, wieviel Wasser die Katze aufnimmt. Halten Sie ihre Katzentoilette peinlich sauber. Stellen Sie Klokisten in der Nähe der Lieblingsschlafplätze auf. Wenn Ihre Katze älter wird, sollten Sie damit rechnen, daß ab und zu etwas danebengeht. Wenn das allerdings oft geschieht, wenn Ihre Katze sehr viel mehr Wasser zu sich nimmt als früher, wenn sie häufig und reichlich Wasser läßt, dann gehen Sie mit ihr zum Tierarzt.

gere Wege zurücklegen müssen. Und wenn dann die Information angekommen ist, hat der Körper vielleicht überhaupt keine Lust, das, was von ihm gefordert wurde, auch auszuführen.

In dem Maße, in dem die Nerven und Hirnzellen absterben, werden die Sinne stumpfer. Die Sehkraft läßt nach, das Gehör wird schwächer, und der Geruchssinn verringert sich. Doch all das stört das Tier unter normalen Umständen nicht. Katzen kommen damit zurecht. Sie müssen es auch, sie haben keine andere Wahl. Sie träumen nicht davon, daß ihnen ein Trank ihre Jugend zurückbringt; sie bedauern es nicht, daß manches ungetan geblieben ist oder daß manch hartes Wort gefallen ist. Sie akzeptieren das Alter mit der gleichen Anmut, mit der sie ihr übriges Leben hinnehmen.

Älter und langsamer heißt aber noch lange nicht tot. Und deshalb sollten Sie jetzt nicht aufhören, mit der Katze ihre Lieblingsspiele zu spielen oder Spaziergänge zu unternehmen, die sie gern hat. Ältere Katzen lieben Ihre Gesellschaft über alles. Es scheint, als wüßten sie die Annehmlichkeiten eines warmen Schoßes und einer liebevollen Berührung mehr als je zu schätzen.

Was Sie tun können

Sie können Ihrer Katze diesen Lebensabschnitt erleichtern und ihn sicherer für sie gestalten, wenn Sie ein paar einfache Dinge tun.

Stellen Sie Wasser bereit

Achten Sie darauf, daß die Katze viel frisches Wasser an einer leicht erreichbaren Stelle vorfindet. Wenn Katzen älter werden, sind sie besonders anfällig für Nieren- und Harnwegserkrankungen. Wenn sie eine angemessene Wassermenge zu sich nehmen, trägt das dazu bei, diese Probleme in Schach zu halten.

Behalten Sie das Gewicht im Auge

Wiegen Sie Ihre Katze einmal im Monat. Jede drastische Gewichtsveränderung – plus oder minus 15 Prozent – rechtfertigt einen Anruf beim Tierarzt. Gewichtsverlust, ohne daß die Ernährung umgestellt wurde, kann ein Hinweis auf Zahn-, Nieren-, Schilddrüsen- oder andere Probleme sein.

Übergewicht belastet das gesamte Körpersystem. Fettleibigkeit erhöht die Wahrscheinlichkeit, daß Diabetes, Knochenerkrankungen und Probleme mit dem Herzen auftreten. Ich weiß, es ist schwer, einer hungrigen Katze zu widerstehen, aber Sie sollten es tun, und zwar aus Liebe zu ihr. Sie kann ihr Gewicht nicht kontrollieren, das müssen Sie tun.

Mit zunehmendem Alter der Katze kann es sein, daß ihre Ernährung umgestellt oder die Nahrungsmenge eingeschränkt werden muß. Das ist vor allem dann der Fall, wenn sich Ihre Katze nicht mehr so viel bewegt. Wenn sie älter wird, besprechen Sie alles, was die Ernährung betrifft, mit Ihrem Tierarzt, ehe Sie irgendwelche Änderungen vornehmen. Halten Sie sich an das, was Ihnen Ihr Tierarzt empfiehlt.

Lassen Sie die Gesundheit überprüfen

Sobald Ihre Katze ein zweistelliges Lebensalter erreicht hat, ist es empfehlenswert, eine gründliche Generaluntersuchung bei ihr vorzunehmen und außerdem die wichtigsten Blutwerte zu ermitteln. Das verrät Ihnen nicht nur, ob sich bei ihr eine Krankheit anbahnt, sondern gibt Ihnen auch Daten an die Hand, auf die Sie zurückgreifen können, wenn sich zu einem späteren Zeitpunkt Probleme ergeben.

Frühzeitig etwas gegen Störungen zu tun, ist eine der besten Methoden, um sicherzustellen, daß Ihre Katze langfristig gesund bleibt. Wenn Ihre Katze älter wird, ist es empfehlenswert, sie zweimal pro Jahr dem Tierarzt vorzustellen. Katzen altern schneller als wir Menschen. Wenn Sie zwischen den Untersuchungen ein Jahr verstreichen lassen, ist das ein bißchen so, als wenn Sie im Alter zwischen 60 und 66 Jahren nur ein einziges Mal zum Arzt gingen. Das ist keine gute Strategie, meinen Sie nicht auch?

Prüfen Sie den Atem der Katze

Nein, es geht nicht darum herauszufinden, ob sie gestern nacht noch spät herumgesumpft hat, sondern darum, nach Anzeichen von Zahnkrankheiten Ausschau zu halten. Ein schlechter Gesundheitszustand der Mundhöhle und Infektionen im Mundraum können den allgemeinen Gesundheitszustand Ihrer Katze sehr beeinträchtigen. Jeder, der irgendwann einmal heftige Zahnschmerzen

Derartige Schwierigkeiten können vielerlei Gründe haben, aber man kann etwas dagegen tun. Schieben Sie es nicht auf die lange Bank.

VERSTOPFUNG
Ältere Katzen leiden gelegentlich unter Verstopfung. Das ist nichts Ungewöhnliches. Länger andauernde Verstopfungen geben jedoch Anlaß zur Sorge, und Sie sollten mit Ihrem Tierarzt darüber sprechen. Treten die Schwierigkeiten nur ab und zu auf, überlegen Sie sich, ob Sie der Katze nicht etwas Milch geben können, sofern sie die nicht ohnehin regelmäßig bekommt. Milch wirkt bei vielen Katzen auf ganz natürliche Weise abführend. Geben Sie ihr aber nicht viel davon; Sie wollen ja nicht ein Problem beseitigen und sich damit gleich ein anderes einhandeln.

HERZERKRANKUNGEN
Wenn Ihre Katze plötzlich einen teilnahmslosen Eindruck macht, ununterbrochen schläft und eventuell Husten hat, dann fragen Sie Ihren Tierarzt, ob sie möglicherweise Probleme mit dem Herzen hat. So etwas tritt nicht allzu häufig auf, kommt aber vor.

hatte, weiß, wie elend man sich dann fühlt. Ihre Katze bekommt genauso Zahnfleischerkrankungen und Infektionen im Mundraum wie wir, deshalb ist es notwendig, daß Sie ihr mindestens zweimal pro Monat ins Mäulchen schauen. Achten Sie sorgfältig auf geschwollenes, entzündetes Zahnfleisch oder übelriechenden Atem. Entzündungen im Maul können dazu führen, daß die Katze nicht mehr frißt. Bei einer älteren Katze sollte man das ernst nehmen; es könnte eventuell darauf hindeuten, daß mehr dahintersteckt als nur eine Erkrankung im Mäulchen! Entdecken Sie irgendeinen dieser Befunde, sollten Sie sich auf der Stelle auf den Weg zum Tierarzt machen.

Erleichtern Sie ihr das Leben

Stellen Sie Futter- und Wassernapf neben ihrem Lieblingsschlafplatz auf den Boden. Katzentoiletten sollten keine allzu hohen Seitenwände aufweisen, da Katzen mit zunehmendem Alter langsamer werden. Stellen Sie in jeder Etage ein Katzenklo auf. Bei einer älter werdenden Katze funktioniert die Kontrolle über die Blase unter Umständen auch nicht mehr so wie früher. Hat sie einen Ruheplatz, den sie besonders schätzt, aber nur noch unter Schwierigkeiten erreichen kann, überlegen Sie, ob Sie nicht Ihre Möbel etwas verschieben können, damit sie der Katze als Trittleiter dienen können. Eine unter den Ruheplatz auf der Fensterbank geschobene Truhe ist für eine arthritische ältere Katze vielleicht genau das richtige.

Die Katze braucht ein eigenes Plätzchen

Schlafen ist der typische Zeitvertreib für alle Katzen. Bei älteren Katzen ist der Schlaf ein Grundbedürfnis. Geht es bei Ihnen zu Haus turbulent zu oder schätzt Ihre Katze es einfach, wenn sie sich zurückziehen kann, dann richten Sie ihr einen besonderen Platz ein, der warm und gemütlich ist. Ein Bett neben der Heizung, eine mit einer Decke ausgelegte Kiste unter einem Lichtstrahler, ein sonniger Ruheplatz am Fenster – nichts Ausgefallenes, nur ein bequemes Fleckchen, an dem sich gut träumen läßt.

Tierpensionen

Selbst wenn Sie Ihre Katze bereits früher problemlos in einer Katzenpension untergebracht haben, denken Sie darüber nach, ob Sie nicht doch einen Catsitter für sie suchen wollen, wenn sie älter wird. Der Aufenthalt in einer Pension ist für die Katze selbst unter optimalen Bedingungen mit Streß verbunden, und Streß kann Krankheiten auslösen. Wenn Ihr bereits etwas älteres Tier während des Aufenthalts in einer guten Katzenpension krank wird oder das Zeitliche segnet, geben Sie nicht der Einrichtung die Schuld daran. Wahrscheinlich liegt der Fehler woanders. Der mit all dem verbundene Streß hat latent vorhandene Probleme akut werden lassen oder die Widerstandskraft des Tieres gegen Krankheiten geschwächt. Sofern das irgend möglich ist, geben Sie ältere Tiere nicht in Pflege.

Ein Catsitter, der zu Ihnen ins Haus kommt, ist für eine ältere Katze die weitaus bessere Lösung. Dann kann sie sich auf Ihrem Bett zusammenrollen und muß keine Angst vor unbekannten Geräuschen, fremden Leuten oder dem Gebell zahlreicher Hunde haben.

Möglichkeiten, eine geeignete Aufsichtsperson zu finden, bestehen bei Nachbarn, dem Tierarzt an Ihrem Ort, im Tierpflegesalon und in der Zoofachhandlung. Sich umhören und Suchanzeigen aufgeben sind gute Methoden, die richtigen Leute ausfindig zu machen. Außerdem gibt es Katzenfreunde-Klubs, von denen einige mit Adresse im Anhang aufgeführt sind.

Die Pflege der älteren Katze

Ach ja, wenn man nochmal jung wäre – man könnte graziös außen herumlangen und sich an der Ansatzstelle des Schwanzes putzen oder die Hinterpfote gelenkig über den Kopf schlagen, damit man an die Stellen herankommt, die es nötig haben. Solche gelenkigen Kunststückchen sind eventuell nicht mehr so einfach wie früher. Es kann sein, daß Ihre Katze öfter gebürstet werden muß, damit die ausgefallenen Haare aus dem Fell entfernt werden, oder daß Sie sie öfter kämmen müssen, um Haarfilzknoten aufzulösen. Ihre Krallen, einst der ganze Stolz der Katze, haben Ihre Aufmerksamkeit wohl auch nötig. Die Extrapflege, die die Katze jetzt braucht, hat auch ihr Gutes. Dadurch, daß Sie sie mehrmals in der Woche bürsten und kämmen, ist sichergestellt, daß Sie sie am ganzen Körper anfassen und Ihnen dabei jede neue Schwellung und jede Beule auffallen, ebenso wie Haarausfall und verschorfte Hautstellen.

Bitte vorsichtig!

Wenn Ihre Katze in die Jahre kommt, wird ihre Haut empfindlicher, das Fell dünnt aus, eventuell verliert sie an Gewicht – all das zusammen führt dazu, daß sie bei der Körperpflege empfindlicher reagiert. Legen Sie Ihre Haarbürste mit Drahtborsten beiseite und verwenden Sie dafür einen Kamm oder eine Bürste mit Naturborsten. Bürsten Sie sie sanft und vorsichtig, mit langsamen Strichen, und achten Sie dabei darauf, wie Ihre Katze reagiert. Wenn sie richtig gepflegt wird, sollte ihr das auch jetzt noch ein glückliches Schnurren entlocken.

Ein bißchen Gymnastik

Meine Großmutter machte jahrzehntelang jeden Morgen Yogaübungen, und sie war als sechzig- und siebzigjährige Frau gelenkiger als ich mit Anfang oder Mitte zwanzig. Es gibt überhaupt keinen Grund, warum sich eine ältere Katze ihre Stärke und Gelenkigkeit nicht bewahren kann, solange sie es langsam angehen läßt. Sie können mit Ihrer Katze vieles tun, was sie ermuntert, aktiv zu bleiben.

Klimmzüge

Halten Sie Ihre Katze vor der Kante Ihres Bettes in der Schwebe, wobei Sie sie unter der Brust und am Hinterteil mit beiden Händen stützen. Senken Sie sie langsam ab. Aller Wahrscheinlichkeit nach wird sie die Pfoten nach oben ausstrecken, dort Halt suchen und den Versuch unternehmen, sich selbst nach oben zu ziehen. Unterstützen Sie sie dabei. Dann senken Sie sie langsam wieder ab. Dies ist eine gute Grundübung für den Klimmzug, wobei Sie in jeder Phase unterstützend eingreifen.

Strecken zum Fußboden

Fassen Sie Ihre Katze wieder unter der Brust und am Hinterteil und lassen Sie sie von oben auf den Fußboden herab. Neigen Sie sie so, daß der Vorderkörper tiefer liegt als der hintere Teil. Nähert sich die Katze dem Boden, wird sie wahrscheinlich die Pfoten danach ausstrecken. Gut so! Lassen Sie die Katze sich strecken, heben Sie sie dann wieder hoch und wiederholen Sie das ganze.

310

Der Katzenbuckel

Wenn Sie Ihre Katze einfach am Schwanzansatz oder oben am Rückgrat kraulen, wird sie einen „Katzenbuckel" machen. Das ist eine gute Streckübung für den ganzen Körper. Wiederholen Sie das einige Male.

Sanfte Streckübungen

Wenn Ihre Katze entspannt ist und sich hinlegt, setzen Sie sich zu ihr und beginnen sie zu streicheln. Reden Sie liebevoll mit ihr. Nehmen Sie vorsichtig ihre Vorderpfoten in die Hand und strecken Sie sie nach vorn. Meist genießt die Katze diese Streckübung. Sie können spüren, wie sie sich selbst streckt und die Anspannung dann wieder lockert. Lassen Sie sie langsam los, wenn sie sich entspannt. Machen Sie das gleiche mit den Hinterpfoten. Sie können sie auch dazu anregen, den ganzen Körper zu strecken, indem Sie vorsichtig die Vorder- und Hinterpfoten gleichzeitig strecken. Dabei fassen Sie sie mit einer Hand hinter den Ellenbogen, mit der anderen an den Hinterbeinen. Lockern Sie Ihren Griff immer dann vorsichtig, wenn sich die Katze nicht mehr streckt oder wenn es ihr offensichtlich keinen Spaß macht. Bei diesen Übungen kommt es ganz entscheidend darauf an, daß Sie darauf achten, wann die Katze ihre Grenzen erreicht, und niemals etwas erzwingen. Hat die Katze erst einmal begriffen, daß Sie jedesmal wieder loslassen und daß Sie sanft vorgehen, wird sie diese kleinen Übungsphasen sehr zu schätzen wissen.

Mini-Marathonlauf

Setzen Sie die Katze in einiger Entfernung von ihrem Futternapf oder ihrem Lieblingsruheplatz auf den Boden. So ist sie gezwungen, sich ein wenig ins Zeug zu legen, wenn sie dorthin will. Dabei dürfen Sie ruhig ein bißchen gemein sein und ihren Futternapf im Laufe einer Mahlzeit mehrmals umstellen, so daß sie jedesmal ein Stück gehen muß. Halten Sie sie auf dem Schoß, während ihr ein Helfer den Napf zeigt und dann damit ans andere Ende des Hauses geht. Tun Sie, was nötig ist, damit sie sich bewegt. Je mehr sie sich bewegt, desto besser.

Denken Sie sich selbst Übungen aus. Solange sie sanft und langsam vonstatten gehen und Ihre Katze Spaß dar-

an hat, fahren Sie damit fort. Lassen Sie sich etwas einfallen.

Ein Katzenkind zur Gesellschaft

Für manche Katzen kann ein neues junges Kätzchen im Haus genau das richtige sein, um neuen Schwung in ihre Spiele zu bringen, ihr Leben wieder interessant zu gestalten und, allgemein gesagt, ihre Lebensqualität zu erhöhen. Für andere Katzen ist das ein Alptraum, eine Invasion in ihrem Revier, die genau dann stattfindet, wenn sie sich dagegen am wenigsten wehren können. Sie finden ein neues Katzenkind ungefähr so lustig wie eine Zahnbehandlung ohne Betäubung. Sie müssen genau wissen, wie Ihre Katze reagiert, bevor Sie sich ein Katzenkind zusätzlich ins Haus holen.

Wenn Sie meinen, es würde Ihre Katze aufmuntern, ein junges Tier ins Haus zu holen, dann tun Sie das in Ruhe und lassen Sie allen viel Zeit, um sich auf die neue Situation einzustellen. Achten Sie darauf, daß Sie genauso viel, wenn nicht noch mehr Zeit damit verbringen, Ihren „Oldie" zu verwöhnen. Dieses Mehr an Aufmerksamkeit wird ihm helfen, die Anpassungsphase zu überstehen.

Abschied nehmen

Wenn man sein Leben mit einem Tier teilt, hat das lediglich zwei Nachteile, nämlich, daß Tiere nicht so lange leben wie wir und daß wir es in der Hand haben, Ihr Leiden zu beenden. Daß wir in der Lage sind, das Tier von seinem Leid zu erlösen, hat seine zwei Seiten. Einerseits können Sie Ihrem Hausgenossen einen allerletzten, äußerst bedeutungsvollen, selbstlosen Liebesdienst erweisen. Sie können sich sagen, daß Ihre Liebe zu dem Tier so groß ist, daß Sie es nicht zulassen, daß das Unvermeidliche auch noch mit Schmerz und Qual verbunden ist. Wenn es dann unwiderruflich an der Zeit ist, können Sie das Tier mit der gleichen Sanftheit und Liebe aus diesem Leben verabschieden, die Sie ihm zu Lebzeiten haben angedeihen lassen.

Auf der anderen Seite tragen Sie, was diese Entscheidung angeht, die Last der Verantwortung. Wann ist genug wirklich genug? Die gleiche Katze, die morgens Klagelaute ausstößt, wenn sie sich streckt, liegt abends

312

vielleicht zufrieden schnurrend an Ihrer Seite. Woher sollen Sie wissen, wann es an der Zeit ist? Läßt sich vielleicht doch noch ein medizinisches Wunder vollbringen? Könnte man die Katze retten, wenn Sie mehr Geld hätten? Das sind schwere Fragen, und es sind keine erfundenen Fragen. Es sind Fragen, mit denen Sie ins Reine kommen müssen, nachdem Sie sich mit Ihrem Tierarzt beraten haben.

Tun Sie Ihr Bestes. Damit haben Sie in der Vergangenheit stets viel für Ihre Katze getan, und damit werden Sie auch jetzt die richtige Entscheidung treffen. Verlassen Sie sich auf sich selbst und darauf, daß Sie Ihren kleinen Freund oder Ihre Freundin gut kennen. Manche Katzen können Schmerzen gut ertragen, andere können das nicht. Ich stelle mir in solchen Momenten immer vor, daß das Leben meiner Tiere auf zwei Waagschalen verteilt vor mir liegt – Freude und Zufriedenheit auf der einen, Leid und Schmerz auf der anderen Seite. Wenn die Leidensseite schwerer wiegt als die freudvolle, dann ist es vermutlich an der Zeit.

Lassen Sie mich für diejenigen unter Ihnen, die noch nie gesehen haben, wie ein Tier eingeschläfert wurde, etwas von der Erfahrung weitergeben, damit Sie besser vorbereitet sind, wenn es soweit ist.

Sie können entweder bei Ihrer Katze bleiben, wenn es geschieht, oder nicht. Die Wahl liegt ganz bei Ihnen. Es gibt hierbei keine richtige oder falsche Entscheidung. Tun Sie das, wovon Sie das Gefühl haben, daß es für Sie das richtige und für Ihre kleine Freundin das beste ist.

Wenn Sie sich dafür entscheiden, bei Ihrer Katze zu bleiben, dann bemühen Sie sich, so ruhig und zufrieden wie möglich zu bleiben, bis es vollbracht ist. Damit ist gewährleistet, daß Ihre Katze sich nicht beunruhigt oder Angst bekommt. Es ist eine furchtbare Wahl, die man da zu treffen hat, aber ich möchte, nachdem die Entscheidung einmal gefallen ist, daß mein Tier so entspannt und zufrieden wie möglich ist. Ich möchte, daß meine liebevolle Stimme das letzte ist, was es auf der Welt hört, und meine Hand, die es zärtlich streichelt, wie millionenmal zuvor, das letzte, was es auf der Welt fühlt. Wenn es sich aus dieser Welt verabschiedet hat, breche ich zusammen, aber bis dahin gebe ich mir Mühe, meine Haltung zu bewahren.

Der Tod tritt sehr rasch ein. Es ist nur eine Injektion nötig. Der einzige Schmerz, den das Tier fühlt, ist der Einstich. Während der wenigen Sekunden, in denen der

Eine Lobrede auf Spot

Irgend etwas bei uns zu Haus mußte einfach den Namen Spot erhalten, und zu diesem winzigkleinen Ding, das eine Manx-Katze war, paßte er eben. Sie war reinweiß und hatte grauschwarze Flecken in der Ohrgegend und einen am Ansatz ihres nicht vorhandenen Schwanzes. Sie war so, wie wir es uns nicht besser hätten wünschen können: lieb und geradezu unglaublich auf Menschen geprägt. Für sie war es das Größte, wenn sie bei jemandem auf der Schulter reiten durfte. Wenn wir uns in unserem Garten nach vorn beugten, sprang sie uns vom Zaun aus auf den Rücken. Sie schnurrte von Anfang an und unterbrach ihr Schnurren kaum einmal. Ihre Liebe zu den Menschen erstreckte sich auch auf Kinder, die sie unglaublich gern mochte.

Sie hatte allerdings ein körperliches Problem, das aus einem genetischen, für Manx-Katzen charakteristischen Defekt erwächst, dessen Ursache in dem züchterischen Ideal der Schwanzlosigkeit liegt. Wenn eine Katze keinen Schwanz hat, kann es passieren, daß manchmal auch ihre Wirbelsäule zu kurz ist. Das wiederum kann dazu führen, daß solche Tiere ihre Ausscheidungsfunktionen nicht kontrollieren können, und in Spots Fall war es tatsächlich so.

Das brach uns allen buchstäblich das Herz, vor allem ihr selbst, da sie zu allen Zeiten in der Nähe eines menschlichen Wesens sein wollte. Bei ihr entwickelte sich ein langwieriger Ausschlag, sie war die meiste Zeit über schmutzig und konnte überhaupt nicht begreifen, warum sie niemand mehr auf der Schulter reiten lassen wollte.

Es war eine entsetzliche Situation, und wir mußten eine entsetzlich schwere Entscheidung fällen. Ihre Krankheit verursachte ihr keine Schmerzen; sie stiftete nur Verwirrung und einen Riesenkummer, weil ihr die, die ihr im Leben am wichtigsten waren, nämlich die Menschen, aus dem Weg

Kolben heruntergedrückt und die Nadel herausgezogen werden, ist Ihr kleiner Freund bereits eingeschlafen und hat das Bewußtsein verloren. Ein paar Sekunden später ist alles vorbei. Sprechen Sie mit Ihrem Tierarzt den Ablauf vorher durch, damit er Sie in dieser schwierigen Situation nicht noch zusätzlich verunsichert.

Obwohl ich dies in Tierheimen, in der Zeit, als ich bei einem Tierarzt arbeitete, und auch bei meinen eigenen Tieren viele Male selbst ausführen mußte, bin ich doch selten innerlich darauf vorbereitet. Ich habe immer das Gefühl, als geschähe es zu rasch, als sei ich selbst noch nicht so weit. Erleben Sie die letzten gemeinsamen Augenblicke mit Ihrer Katze, bevor die Injektion erfolgt, ganz bewußt. Danach ist es dann vorbei.

gingen. Wir taten, was immer uns einfallen wollte, um die Situation erträglich zu gestalten, hatten damit aber keinen Erfolg. Nach vielen Gewissensprüfungen und langen Diskussionen mit unserem Tierarzt waren wir alle der Meinung, daß es angesichts der grausamen Situation immer noch das beste war, wenn wir sie einschläfern ließen.

Es war das Schlimmste, was wir in dieser Hinsicht jemals erlebt haben. Spotty war liebenswürdig bis zum Schluß. Sie vertraute bedingungslos allem, was wir taten. Sie schnurrte, rieb sich an uns, rieb sich an dem Tierarzt, wehrte sich nicht gegen das, was wir mit ihr tun mußten, wehrte sich nicht gegen die Nadel, wehrte sich nicht gegen ihren eigenen Tod. Wir weinten damals lange.

Spot, die gute Seele, liebte Kinder über alles. Sie wird uns immer fehlen.

Wir weinen jetzt, da wir dies niederschreiben. Es ist das einzige Mal, daß es uns leid tut, Katzenliebhaber zu sein, obgleich es uns niemals leid tut, Spot begegnet zu sein. Sie war ein prachtvolles Geschenk, und wir wollen ihr Leben nicht entehren, indem wir ihren Tod bedauern.

Auf Wiedersehen, Spotty!

Die meisten Tierärzte sind äußerst rücksichtsvoll und können Ihren Verlust gut nachempfinden. Sie werden Ihnen und Ihrem kleinen Freund soviel Zeit lassen, wie Sie brauchen. Bleiben Sie einige Minuten lang bei Ihrem Tier, wenn Sie möchten, oder gehen Sie. Tun Sie das, wovon Sie das Gefühl haben, daß es das richtige ist.

Wenn ich den Termin in der Klinik vereinbare, bitte ich darum, daß man mir eine Rechnung schickt, oder ich überweise das Geld schon im voraus, weil ich anschließend jedesmal vollkommen erledigt bin. Nie macht es irgendeinen Unterschied aus, wie sehr ich vom Kopf her weiß, daß es das richtige ist – mein Herz weigert sich stets, das zu glauben.

Häufig gestellte Fragen

Meine Katze Ruby ist dreizehn Jahre alt. Seit ich vor einigen Monaten in eine neue Wohnung gezogen bin, weckt sie mich mehrmals in der Woche, indem sie im Wohnzimmer jault. Ich kann sie zwar zu mir hereinrufen und sie trösten, aber es scheint immer schlimmer zu werden. Ich habe noch mehrere andere Katzen, von denen keine irgendwelche Schwierigkeiten hat. Was ist los?

Kurz zusammengefaßt ist folgendes geschehen: Was als normale Reaktion auf einen Umzug begonnen hat, ist inzwischen eine erlernte Verhaltensweise geworden. Ohne Sie nach weiteren Einzelheiten fragen zu können, möchte ich wetten, daß es sich bei dieser Katze um das zurückhaltendste unter all Ihren Tieren handelt. Man übersieht sie im Alltagstrott leicht, und Ihre anderen, kontaktfreudigeren Katzen erhalten den Großteil der Aufmerksamkeit.

In der Nacht, in der sie dieses Verhalten zum erstenmal gezeigt hat, hat sie wahrscheinlich die neue Umgebung ein bißchen durcheinandergebracht. Als Sie sie aber zu sich hereingerufen und sie getröstet haben, hat sie gemerkt, daß sie hier auf etwas Schönes gestoßen war. Endlich einmal galt ihr Ihre ungeteilte Aufmerksamkeit, da alle, die sie ihr sonst immer streitig machten, fest schliefen. Dadurch, daß Sie sie gestreichelt und getröstet haben, haben Sie sie im Grunde genommen dafür belohnt, daß sie Sie geweckt hat. Jetzt, nach mehreren Monaten, tut sie einfach das, was Sie ihr anerzogen haben: Sie weckt Sie um drei Uhr morgens.

Tja, was nun?

Um dieses Verhalten zu ändern, müssen Sie auf zweierlei Art vorgehen. Sie müssen zum ersten sicherstellen, daß die Bedürfnisse der Katze zu passenderen Tageszeiten erfüllt werden, und zum zweiten müssen Sie sie davon abbringen, dieses Verhalten weiterhin an den Tag zu legen.

Widmen Sie ihr abends besonders viel Aufmerksamkeit. Spielen Sie zu einer festgesetzten Zeit mit ihr, damit sie dann die Möglichkeit hat, die Energie und den Streß, die sich aufgestaut haben, etwas abzubauen. Bürsten Sie sie, streicheln Sie sie – achten Sie darauf, daß sie viel Aufmerksamkeit bekommt. Das müßte ihr eigentlich helfen, ruhiger zu werden.

Wenn sie dann nachts zu jaulen anfängt, rufen Sie sie nicht zu sich herein. Wenn Sie ihr jetzt Aufmerksamkeit

schenken, belohnen Sie damit nur ihr unausstehliches Verhalten. Schließen Sie die Katze entweder bei sich im Schlafzimmer ein, so daß sie den Raum nicht verlassen und im Haus umherwandern kann, oder schließen Sie sie aus, damit sie Sie nicht aufwecken kann. Ob Sie nun auf die eine oder die andere Art dagegen vorgehen: Ignorieren Sie einfach den Lärm, den die Katze veranstaltet.

Wenn Ihnen das nicht gelingt, korrigieren Sie das Verhalten mit mehreren Spritzern aus der Pflanzenspritze aus größerer Entfernung, ohne dabei etwas zu sagen, und gehen Sie anschließend wieder ins Bett. Sie ist nicht dumm, sie wird zwei und zwei zusammenzählen und zu dem Ergebnis kommen, daß Jaulen unangenehmen Regen heraufbeschwört.

Warum führt meine Katze rund um ihren Futternapf Kratzbewegungen aus?
Sie verscharrt die Nahrung. Es macht der Katze anscheinend nichts aus, daß sie nicht wirklich etwas vergräbt; allein die Bewegungen zählen.

Bei freilebenden Tieren kommt es vor, daß eine Katze ein Beutetier abdeckt, das sie zum Teil verzehrt hat, um es für später aufzuheben. Außerdem ist das offenbar die Art, mit der Katzen ausdrücken, daß etwas nicht nach ihrem Geschmack ist. Wenn Ihrer Katze etwas zuwider ist, kann es durchaus sein, daß sie so tut, als verscharre sie es.

Meine Katzen schlafen den ganzen Tag. Muß ich mir darüber Sorgen machen oder ist das in Ordnung?
Das ist durchaus in Ordnung, normal und kein Grund zur Sorge – jedenfalls unter normalen Umständen. Die meisten Katzen verschlafen den größten Teil des Tages. Tiere, die ihren Lebensunterhalt durch Jagen bestreiten, sparen sich ihre Energie sorgfältig auf, wenn sie nicht draußen sind und dort nach Nahrung suchen. Das ist eine vernünftige Strategie, wenn man nicht weiß, wann man sich die nächste Mahlzeit verschaffen kann. Diese Verhaltensweise geht selbst unseren verwöhnten Hauskatzen nicht verloren, die noch nie in ihrem Leben eine einzige Mahlzeit verpaßt haben. Bestimmte Rassen dösen öfter und ausgiebiger als andere; Perser und Perser-Colourpoint-Katzen fallen einem da als erste ein. Wenn es Ihrer Katze allerdings, obwohl sie normalerweise aktiv ist, wie aus heiterem Himmel offenbar schwerfällt, länger als ein paar Minuten wachzubleiben, sollten Sie auf jeden Fall Ihren Tierarzt anrufen.

Ich bin schwanger, und meine Schwiegermutter meint, es sei besser, wenn ich meine Katzen nicht länger behielte. Sie sagt, sie könnten meinem Baby irgendwie schaden. Stimmt das?
Es gibt eine Krankheit namens Toxoplasmose, die Ihre Katze auf Sie übertragen kann, falls sie sie hat. Sie können sich diese Krankheit auch durch den Verzehr von Fleisch zuziehen, das nicht richtig gar ist. So handeln sich übrigens die meisten Leute die Krankheit ein. Haben Sie Ihr ganzes Leben lang Katzen gehabt, besteht durchaus die Möglichkeit, daß Sie bereits einmal Toxoplasmose hatten. Als Sarah darauf hin untersucht wurde, fand sie heraus, daß sie schon vor langer Zeit daran erkrankt war. Den meisten Menschen fällt es gar nicht auf, daß sie sich damit angesteckt haben, weil die Symptome der Krankheit denen der Grippe ähneln.

Katzen infizieren sich, wie es heißt, durch den Verzehr von Vögeln und Nagetieren mit Toxoplasmose. Wenn Sie eine Wohnungskatze haben, ist es sehr wahrscheinlich, daß sie diese Krankheit nicht hat. Sie können Ihre Katze testen lassen und sie dann nicht mehr ins Freie lassen, bis Ihr Entbindungstermin vorüber ist.

Es dauert einen bis fünf Tage, bis die Toxoplasmose-Erreger im Kot ansteckend werden. Wenn also die Katzentoilette jeden Tag gereinigt wird, ist die Chance gering, daß Sie sich ein Problem einhandeln.

Trotzdem sollte Ihr Partner die Katzentoilette reinigen und sich anschließend gründlich waschen. Wenn Sie das Katzenklo selbst säubern müssen, ziehen Sie Gummihandschuhe an, benutzen Sie eine saubere Schaufel mit langem Griff und waschen Sie sich hinterher gründlich. Machen Sie sich dann bitte keine Sorgen mehr; die Möglichkeit, daß Sie rohes oder halbgares Fleisch essen oder damit in Berührung kommen, ist vermutlich beunruhigender, als wenn Ihr Stubentiger auf Ihrem immer umfangreicher werdenden Bauch liegt und schnurrt.

Wissen Katzen, wie spät es ist?
Das ist eine ausgezeichnete Frage. Auf der einen Seite sagen wir: Nein, nicht in dem Sinn, den wir Menschen damit verbinden. Allerdings können Katzen sich äußerst exakt an regelmäßige Abläufe anpassen, und sie wissen mit Sicherheit ganz genau, wann es sieben Uhr morgens ist. Wir sind schon von so vielen Katzen auf die Sekunde genau geweckt worden, daß wir diese Fähigkeit nicht anzweifeln. Ob sie aber über einen inneren Zeitsinn verfügen oder sich an feinen äußeren Hinweisen orientie-

Linke Seite: Katzen verbringen einen großen Teil ihrer Zeit schlafend. Hier schickt sich Ben gerade an, sein Nachmittagsschläfchen anzutreten.

319

ren, wie etwa an einem Geräusch, das der Wecker, unmittelbar bevor er anschlägt, von sich gibt, können wir nicht sagen.

Im weiteren Sinne können Katzen ein erstaunliches Empfinden für etwas entwickeln, möglicherweise handelt es sich dabei um Zeit. Wenn Sarah als junges Mädchen ins Sommerlager fuhr, pflegte sich auch Captain aus dem Staub zu machen. Acht Wochen lang war er dann nicht zu sehen, aber an dem Tag, an dem Sarah wieder nach Haus kam, saß er immer auf der Treppe oder wurde irgendwo hinter dem Haus gesehen. Er war stets pünktlich zur Stelle, in jedem Sommer, obwohl niemand von uns je herausgefunden hat, wie er das machte. Es ist schön zu wissen, daß es auf der Welt noch immer ein paar Geheimnisse gibt.

Ein Wort zum Schluß

Wir hoffen, daß Ihnen dieses Buch Spaß gemacht hat. Uns hat es ganz sicher Spaß gemacht, es zu schreiben. Wir haben an Vergangenes zurückgedacht, gelacht, uns bemüht und gelernt. Es war eine Reise, eine gute Reise.

Katzen waren stets ein wichtiger Teil unseres Lebens, und sie werden es auch in Zukunft immer sein. Sie begrüßen uns jeden Morgen und kuscheln sich jeden

320

Abend mit uns ein. Sie arbeiten Tag für Tag mit uns, wenngleich sie diesem Buch aus irgendeinem Grund ein ganz besonderes Interesse entgegenbrachten.

Wir hoffen, daß Ihnen dieses Buch dabei hilft, Katzen auf möglichst unkomplizierte Art einen Platz in Ihrem Leben einzuräumen, und daß es sowohl Ihnen selbst als auch Ihren Katzen Freude bereitet.

Möge immer eine Katze zur Stelle sein, um Sie zu trösten, wenn Sie traurig sind, um Sie zu unterhalten, wenn Sie Langeweile haben, um Ihnen Gesellschaft zu leisten, wenn Sie einsam sind, um Sie daran zu erinnern, daß ein Nickerchen in der Sonne etwas ganz Wunderbares ist, und um Ihnen zu zeigen, daß die Welt der Natur immer nur einen kleinen Sprung weit entfernt anfängt.

Mit unseren besten Wünschen für Sie und einer „Streicheleinheit" für Ihre Katze ...

Brian und Sarah

Anhang

Adressen

Verein Deutscher Katzenfreunde e. V.
Silberberg 11
22099 Hamburg
Tel.: 040-45 48 42

Katzenschutzbund e. V.
Cat-Sitter-Club
Grafenberger Allee 147
40237 Düsseldorf
Tel.: 0211-66 32 06

1. Deutscher Edelkatzenzüchter-Verband e. V.
(1. DEKZV)
Berliner Str. 13
35614 Asslar
Tel.: 06441-84 79

Deutsche Rassekatzen-Union e. V. (D. R. U.)
Hauptstr. 56
56814 Landkern
Tel.: 02653-62 07

Deutsche Edelkatze e. V.
Hubertstr. 280
45307 Essen
Tel.: 0201-55 07 55

Österreichischer Verband für die Zucht und Haltung von Edelkatzen (ÖVEK)
Liechtensteinstr. 126
A-1090 Wien
Tel.: 0043-1-31 96 423

Klub der Katzenfreunde Österreichs (KKÖ)
Castellezgasse 8/1
A-1020 Wien
Tel.: 0043-1-21 47 860

Féderation Féline Helvétique (FFH)
Solothurner Str. 83
CH-4053 Basel
Tel.: 0041-61-35 70 64

Register

Erlebnis Katzen

Katzen machen Menschen glücklich.
Und die Katzen selbst sind glücklich, wenn ihre Menschen ihnen geben, was sie wirklich brauchen. Dieses Buch schildert das Leben und Verhalten der geheimnisvollen Samtpfoten, zitiert Mythen und Märchen, Kunst und Literatur.

Erlebnis Katzen

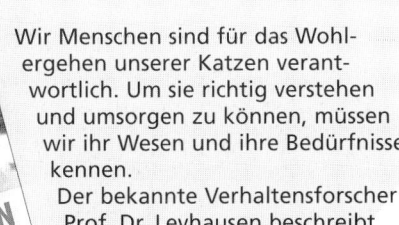

Wir Menschen sind für das Wohlergehen unserer Katzen verantwortlich. Um sie richtig verstehen
und umsorgen zu können, müssen
wir ihr Wesen und ihre Bedürfnisse
kennen.
Der bekannte Verhaltensforscher
Prof. Dr. Leyhausen beschreibt
anschaulich das Verhalten der
Katze, ihr Wesen und ihre Kommunikation mit Artgenossen
und Menschen.

200 Seiten
109 Abbildungen
ISBN 3-440-05843-3

Die sanften Heilweisen der
Naturheilkunde gewinnen
immer mehr an Bedeutung.
Naturheilkunde kann auch
unseren Katzen helfen.
Dieser umfassende Rat-
geber stellt alle Vorbeu-
gungs- und Therapie-
möglichkeiten vor.

272 Seiten
52 Abbildungen
ISBN 3-440-06597-9

Bücher • Videos • CDs • Kalender

zu den Themen : Natur, Garten- und Zimmerpflanzen, Astronomie, Heimtiere,
Pferde, Kinder- und Jugendbücher, Eisenbahn/Nutzfahrzeuge

Erlebnis Katzen

Eine unterhaltsame Katzenlehre: Mit einem Augenzwinkern und den tierisch ernsten Cartoons von Fulvio Federi schöpft der Katzenforscher Dennis C. Turner in diesem ebenso nützlichen wie amüsanten Buch aus seinen langjährigen Erfahrungen mit Katzen.

64 Seiten, 50 Cartoons
ISBN 3-440-07160-X

Bücher • Videos • CDs • Kalender

zu den Themen : Natur, Garten- und Zimmerpflanzen, Astronomie, Heimtiere, Pferde, Kinder- und Jugendbücher, Eisenbahn/Nutzfahrzeuge